JN457697

아동연구와 통계방법

정옥분 지음

학지사

머리말

초보 연구자들에게 "통계"라는 단어만큼 겁나는 단어도 없다. 이들은 "수학에 대한 불안감"으로 '숫자'나 '기호'가 나오면 거의 자동적으로 자신감을 상실하게 된다. 이러한 자신감의 부족은 학위논문이나 연구논문 작성 시 통계처리를 해야 할 경우 다른 사람에게 의존하게 만드는 결과를 초래한다. 심지어 대학원 과정에서 통계학 관련과목을 순조롭게 이수한 학생들조차도 막상 자신의 논문작성에 있어서는 적절한 통계방법을 선택하지 못해 안절부절못하는 경우도 종종 있다.

통계학을 공부하는 데는 왕도(王道)가 따로 없다. 기초부터 차근차근 익혀나가야 한다. 통계학에 대한 이해는 통계학을 공부하기 위해 자신이 투자한 시간과 정비례한다. 이 책은 통계를 두려워하는 학생들이 겁먹지 않고 통계방법을 공부할 수 있도록 가능한 한 '숫자'나 '기호' 대신 말로 쉽게 설명한 책이다. 이 책은 또한 자신이 수집한 자료를 분석함에 있어서 어떤 통계기법이 가장 적합한가를 알아내는 데 도움이 될 것이다. 적절한 통계기법을 선택하는 논리적인 출발점은 자신이 설정한 연구문제와 가설이 된다. 그런 다음 자신이 수집한 자료에 적합한 통계분석을 이용해야 한다.

이 책은 기초통계에 대해서는 어느 정도 알고 있고 최소한 각 통계기법에 대한 명칭과 일반적 사용법을 알고 있는 사람이 그 대상이다. 이 책에서는 특정의 통계치(예: t값 또는 F값)를 어떻게 손으로 직접 계산하는지, 그것이 어디서 유래하였는지에 대해서는 다루지 않을 것이다. 대신 사회과학에서 주로 사용되는 SPSS(Statistical Package for the Social Sciences) 컴퓨터 프로그램을 이용하여 자료를 분석하는 방법을 제시할 것이다.

이 책은 모두 17장으로 구성되어 있다. 제1장은 통계학 이해의 기초로서 통계학을 이해하는 데 필요한 기본 개념을 정리하였으며, 제2, 3, 4장은 기술통계에 관한 것으로 빈도분포, 집중경향치와 분산도, 상관에 관해 정리하였다. 제5장은 측정도구의 가장 중요한 요소인 신뢰도와 타당도에 관해 알아보았으며, 제6장에서는 추리통계의 기초가 되는 가설검증에 관해 살펴본 다음 두 집단 간의 평균차이를 검증할 때 사용하는 통계방법인 t 검증에 관해 정리하였다. 제7, 8, 9장에서는 변량분석, 반복측정 변량분석, 공변량분석에 관해 알아보았으며 제10장과 11장에서는 회귀분석과 판별분석을 정리하였다. 그리고 제12장에서 제15장까지는 다중변인분석에 관한 내용으로 호텔링 T^2와 다변량분석, 요인분석, 구조방정식 모형, 다층선형모형에 관해 정리하였으며 제16장과 17장에서는 비모수통계에 관한 것으로 카이제곱검증과 부호검증, 서열자료의 통계분석에 관해 정리하였다.

이 책은 대학이나 대학원에서 통계학 강의를 위한 교재나 부교재로 사용할 수 있을 뿐만 아니라 석 · 박사 학위논문을 준비 중인 대학원생들이나 학술보고서를 작성하고자 하는 일반 연구자들에게도 통계분석의 길잡이가 되기를 기대한다.

끝으로 『아동연구와 통계방법』이 출간될 수 있도록 여러모로 지원을 아끼지 않으신 학지사 김진환 사장님과 편집업무를 꼼꼼히 챙겨주신 편집부 이세희 과장님의 노고에 감사드린다. 또한 SPSS 컴퓨터 프로그램의 분석과정을 정리해준 고려대학교 임정하 교수와 남서울대학교 김경은 교수에게도 감사의 마음을 전한다.

2009년 초겨울에

안암동산 연구실에서

지은이 씀

차 례

제1장

통계학 이해의 기초

1. 기술통계와 추리통계
2. 확률과 무선표집
3. 이론과 가설
4. 측정의 수준
5. 신뢰도와 타당도
6. 통계학과 컴퓨터

통계학을 공부하는 데는 왕도(王道)가 없다. 기초부터 차근차근 익혀나가야 한다. 특히 기초통계학을 공부하는 것은 사다리를 타고 올라가는 것에 비유할 수 있다. 이전 단계에서 배운 것은 다음 단계의 기초가 된다. 전 단계에서 이해가 되지 않는 부분이 있으면 다른 사람의 도움을 빌려서라도 충분히 이해하고 다음 단계로 넘어가야 한다. 그렇지 않으면 사다리 몇 칸을 건너뛰고 올라가는 것처럼 위험한 일이다. 벼락공부는 통계학에서는 통하지 않는다. 통계학에 대한 이해는 통계학을 공부하기 위해 자신이 투자한 시간과 정비례한다.

이 장에서는 통계학을 이해하는 데 필요한 기본 개념에 대해 살펴보기로 한다. 우선 기술통계는 연구자가 수집한 자료의 특성을 기술하기 위해 사용되는 통계방법이고, 추리통계는 표본집단에서 나온 자료의 특성을 모집단에 일반화시키기 위해 사용되는 통계방법이다. 추리통계의 방법에는 모수통계와 비모수통계가 있다. 연구자들은 비모수통계보다는 모수통계를 선호하지만 경우에 따라서는 비모수통계를 사용해야 할 때가 있다. 예를 들어, 모집단의 분포가 정규분포가 아닌 경우, 동변량성의 가정(비교되는 모집단의 변량이 같다는 가정)이 위배되는 경우, 변인의 측정수준이 명목척도이거나 서열척도인 경우, 표본의 수가 너무 적은 경우에는 비모수통계를 사용해야 한다.

추리통계에서 표본집단의 자료를 통해 모집단에 대한 결론을 추론하기 위한 논리적 근거가 되는 것이 확률의 개념이다. 이상적으로는 우리가 연구하는 표본의 특성이 연구결과를 일반화하고자 하는 모집단의 특성과 동일해야 한다. 무선표집은 모집단의 모든 구성원이 표본에 뽑힐 확률이 똑같은 표집방법으로서 표본의 대표성이 보장된다.

연구에 필요한 자료를 수집하기 위해 어떤 도구를 사용할 것인가를 결정하는 문제는 매우 중요하다. 아무리 연구문제가 명확하게 진술되고 연구대상이 적절하게 표집되었다 하더라도 자료수집의 도구가 적당하지 않으면 그 결과는 별로 의미가 없다. 왜냐하면 신뢰성과 타당성이 결여된 측정도구에 의해 얻어진 결과는 신빙성이 없기 때문이다. 측정도구를 선정할 때에 고려해야 할 기준이 몇 가지 있는데, 그중 대표적인 것이 신뢰도와 타당도이다. 일반적으로 신뢰도는 측정도구가 측정하고자 하는 것을 얼마나 안정적이고 일관성 있게 측정하는가 하는 정도를 뜻하며 타당도는 측정도구가 측정하고자 하는 것을 얼마나 충실하게 측정하는가 하는 정도를 말한다.

측정의 결과로 얻어진 상이한 숫자들이 가지는 성질을 측정수준이라고 한다. 측정수준에는 등가성, 서열성, 동간성, 비율성 중 어떤 수준의 정보를 포함하는가에 따라 명목척도, 서열척도, 등간척도, 비율척도로 구분된다. 연구자는 자신이 수집한 자료의 측정수준을 정확하게 파악해야만 올바른 자료분석방법을 선택할 수 있다.

컴퓨터 프로그램은 통계학에서 문제해결에 필요한 복잡한 계산을 매우 용이하게 해준다. 하지만 통계학에 대한 기본적인 이해 없이 컴퓨터 프로그램을 사용한다는 것은 매우 위험한 일이다. 어떠한 통계 프로그램을 사용하는가가 중요한 것이 아니라 제대로 된 연구설계를 통해 올바른 자료분석방법을 선택하고, 도출된 결과를 제대로 해석하는 것이 더욱 중요하다.

이 장에서는 기술통계와 추리통계, 확률과 무선표집, 이론과 가설, 측정의 수준, 신뢰도와 타당도, 통계학과 컴퓨터 등에 관해 살펴보기로 한다.

1. 기술통계와 추리통계

통계의 두 가지 형태로는 기술통계와 추리통계를 들 수 있다. 기술통계(descriptive statistics)는 원자료로부터 전체 자료를 요약하거나 전체 자료를 특징짓는 자료(예컨대, 분포의 형태, 평균, 분산, 표준편차 등)를 이끌어내기 위하여 사용되는 방법이다. 즉, 기술통계는 연구자가 수집한 자료의 특성을 기술하기 위해 사용된다. 기술통계 분석방법에는 빈도분포, 집중경향치, 분산도, 상관분석방법 등이 있다. 빈도분포는 자료를 요약하는 기본적인 통계치로서 전체 자료를 빈도로 기록하는 것을 말하고, 집중경향치는 집단에서 가장 전형적이고 대표적인 값을 알아보고자 할 때에 사용된다. 각기 다른 점수들이 집중경향치로부터 어느 정도 떨어져 있는가를 나타내주는 것이 분산도인데, 수집된 자료를 요약하는 기술통계에서는 일반적으로 집중경향치와 분산도를 함께 제시한다. 두 변인 간에 어떤 관계가 있는가를 알아보기 위해서는 상관분석이 사용된다.

한편, 추리통계(inferential statistics)는 표본집단에서 나온 자료의 특성을 모집단에 일반화시키기 위해 사용되는 방법이다. 기술통계는 연구자가 수집한 자료의 특성과 관계가 있으나 추리통계는 연구자가 수집한 자료를 보다 더 큰 모집단에 일반화시키는 것과 관련된다.

모집단은 연구자가 일반화하고자 하는 집단으로서 연구자에 의해 결정된다. 모집단의 예로, 전국의 '대학생' 또는 '초등학생'을 들 수 있다. 표본은 모집단의 하위집단으로서 연구자가 추리통계를 사용할 때 모집단에서 표본을 추출한 후 표본으로부터 자료를 수집해서 그 자료의 특성을 모집단에 일반화시킨다. 예를 들어, 연구자가 우리나라 초등학생들(모집단)의 어휘력을 알아보기를 원한다고 할 때, 이상적으로는 전국의 초등학생들 전부를 대상으로 하여 그들의 어휘력을 측정해야 한다. 하지만 이들 전부를 대상으로 연구하기에는 시간과 비용이 많이 들 뿐만 아니라 전국의 초등학생들을 일일이 확인하는 작업도 현실적으로 거의 불가능하다. 이때 추리통계를 적용해서 전국의 초등학생들이라는 모집단으로부터 무작위로 500명의 초등학생(표본)을 추출해서 이들로부터 어휘력을 측정한 다음 그 결과를 모집단의 초등학생들에게 일반화시킨다. 이와 같이 표본집단에서 얻은 자료로 모집단의 특성을 추론하는 통계기법을 추리통계라고 한다.

연구자가 수집한 자료를 기술할 때 그 자료가 모집단에서 추출된 것인지, 표본에서 추출된 것인지를 구분해야 한다. 예를 들어, 모집단의 평균이나 표준편차 같은 특성을 모수치(parameter)라고 부르며, 표본에서 나온 평균점수나 상관계수 등을 통계치(statistic)라고 부른다. 모수치 · 통계치와 관련된 몇 가지 기호가 〈표 1-1〉에 제시되어 있다. 여기서 로마문자는 통계치를 나타

〈표 1-1〉 모수치 · 통계치와 관련된 기호

통계용어	통계치(표본)	모수치(모집단)
평균	$\bar{X}$ 또는 M	μ
변량	S^2	σ^2
표준편차	s	σ
비율	p	p
적률상관계수	r	ρ
순위상관계수	r_s	ρ_s
집단의 크기	n	N

내고, 그리스 문자는 모수치를 나타낸다.

2. 확률과 무선표집

추리통계에서 연구대상(모집단)의 일부(표본)로부터 자료를 수집하고도 연구대상 전체에 대한 결론을 추론해내는 데에 논리적 근거가 되는 것이 확률(probability)의 개념이다. 동전을 던져 앞면이 나올 확률이나 주사위를 던져 1의 눈이 나올 확률 등과 같이 확률이라는 용어는 일상생활에서 자주 사용된다. 동전을 던져 앞면이 나올 확률은 $\frac{1}{2}$이고 주사위를 던져 1의 눈이 나올 확률은 $\frac{1}{6}$이다. 확률의 범위는 0에서 1인데, 0에 가까울수록 사건이 발생할 확률이 낮음을 의미하고 1에 가까울수록 사건이 발생할 확률이 높음을 의미한다. 표집이란 모집단에서 표본을 추출해내는 과정으로서 이 중 무선표집(random sampling)은 모집단(population)의 모든 구성원이 표본(sample)에 뽑힐 확률이 똑같은 표집방법이다.

1) 확률의 정의

(1) 고전적 정의

고전적 정의(Classical Definition)는 논리적 분석에 그 기초를 둔다. 즉,

$$A가\ 일어날\ 확률\ P(A) = \frac{A에\ 속하는\ 사상(event)의\ 수}{전체의\ 가능한\ 사상(event)의\ 수}\ 이다.$$

예를 들어, 동전을 던졌을 때 앞면이 나올 확률은 $\frac{1}{2}$ 이고 뒷면이 나올 확률도 $\frac{1}{2}$ 이다. 또 다른 예로 주사위를 던졌을 때 1의 눈이 나올 확률은 $\frac{1}{6}$ 이고 2의 눈이 나올 확률은 $\frac{1}{6}$ 이며 6의 눈이 나올 확률도 $\frac{1}{6}$ 이다.

(2) 경험적 정의

$$A가\ 일어날\ 확률\ P(A) = \underset{\substack{n \to \infty \\ 시행횟수가 \\ 무한대에\ 접근}}{\lim} \frac{사상\ A가\ 발생한\ 횟수}{총\ 시행\ 횟수}$$

경험적 정의(Empirical Definition)란 사상 A가 발생한 빈도수를 상대적으로 나타내는 것이다. 예를 들어, 서울에서 오늘 교통사고가 일어날 확률은 오랜 세월 계속해서 총 차량 중에서 교통사고가 일어나는 비율을 계산하면 된다. 또 다른 예로, 3월에 서울에 눈이 내릴 확률은 오랜 세월 동안 연간 눈이 온 횟수 중에서 3월에 눈이 온 횟수를 계산하면 된다.

(3) 주관적 정의

주관적 정의(Subjective Definition)는 A가 일어날 확률은 A가 발생할 것이라고 믿는 개인의 신념의 정도에 달려 있다고 보는 것이다. 예를 들어, 어떤 노인이 팔다리가 많이 쑤시면 "오늘 비가 오겠다"라고 말하는 것이 그것이

다. 또 다른 예로, "내가 이번 통계학 시험에서 A를 받을 확률은 ~이다." 주관적 확률은 의사결정을 하는 데 영향을 미침으로써 우리의 일상생활을 지배하기도 한다. 대부분의 사람들은 횡단보도를 건널 때 교통사고를 당할 주관적 확률은 매우 낮다고 생각하기 때문에 안심하고 길을 건넌다. 만약 어떤 일에 대한 주관적 확률이 매우 높다면 그 일의 발생에 대한 만반의 준비를 하게 될지도 모른다.

2) 확률의 법칙

확률에는 공통적으로 사용되는 두 가지 일반적인 법칙이 있는데 덧셈법칙과 곱셈법칙이 그것이다.

(1) 덧셈법칙

덧셈법칙(Addition Theorem)은 가능한 두 가지 사상 중 한 가지 사상이 발생할 확률에 관한 것으로 만일 A와 B 두 가지 사상이 있다면 이때의 덧셈법칙은 다음과 같다.

$P(A \cup B) = P(A) + P(B) - P(A \cap B)$ 이다.

여기서 $P(A \cup B)$: A나 B 또는 둘 다 모두 발생할 확률

$P(A)$: A가 발생할 확률

$P(B)$: B가 발생할 확률

$P(A \cap B)$: A와 B가 동시에 발생할 확률이다.

만약 $P(A \cap B) = 0$이라면, 즉 A와 B가 배타적 집합사상(mutually exclusive events)으로서 동시에 발생할 수 없다면 이때 $P(A \cup B) = P(A) + P(B)$이다.

예를 들어, 주사위 한 개를 던졌을 때 1이나 5가 나올 확률은 다음과 같다.

$$P(1 \text{ 또는 } 5) = P(1) + P(5) - P(1\text{과 } 5)$$
$$= \frac{1}{6} + \frac{1}{6} - 0 = \frac{1}{3} \text{ 이다.}$$

주사위를 한 번 던져서 1과 5가 동시에 나올 수 없으므로 P(1과 5)는 0이 된다.

(2) 곱셈법칙

곱셈법칙(Multiplication Theorem)은 일련의 연속된 사상에 관한 확률 또는 두 사상의 동시발생에 관한 확률로서 만일 A와 B 2개가 가능한 결과라면 A와 B가 연속으로 발생하거나 동시에 발생하는 확률은 다음과 같다.

$$P(A \cap B) = P(A)P(B) \text{ 이다.}$$

이 법칙은 첫 번에 나온 결과가 다음의 사상이 발생할 확률에 아무런 영향을 주지 않는 독립사상(independence event)일 경우에만 유효하다. 예를 들어, 연속적으로 동전을 던지는 것은 독립사상이다. 연속해서 동전 던지기를 했을 때 앞면이 나올 확률은 이전에 던진 결과와 아무런 관계가 없다. 예를 들어, 한 개의 동전을 두 번 던졌을 때 두 번 다 앞면이 나올 확률은 다음과 같다.

$$P(\text{앞면과 앞면}) = P(\text{앞면})P(\text{앞면}) = \frac{1}{2} \times \frac{1}{2} = \frac{1}{4} \text{이다.}$$

카지노에서 룰렛게임을 하는 사람을 어깨너머로 보면 이미 나온 숫자를 기록하는 것을 볼 수 있다. 이 사람은 아직 나오지 않은 숫자에 내기를 걸면 큰 돈을 딸 수 있으리라는 믿음 때문에 게임을 계속하지만 이미 나온 숫자가 앞으로 나올 숫자에 전혀 영향을 미치지 않기 때문에(독립사상) 이 도박꾼은 확률의 오류를 범하고 있는 것이다. 이 오류를 “도박꾼의 오류(gambler’s fallacy)”라고 부른다.

사진 설명: 카지노

사진 설명: 룰렛게임

3) 확률과 정규분포

Abraham De Moivre

정규분포는 통계학에서 가장 중요한 확률분포이다. 정규분포는 드무아브르(De Moivre)가 1733년 쓴 글에서 특정 이항분포의 n이 클 때 그 분포의 근사치를 계산하는 것과 관련하여 처음 소개되었으며, 그 후 라플라스(Laplace)는 그의 저서 『확률론의 해석이론』에서 이 결과를 확장하였는데, 이는 오늘날 "드무아브르-라플라스의 정리"로 알려져 있다. 19세기 초에 가우스(Gauss)가 실험오차는 정규분포를 따른다는 가정 하에 최소제곱법을 이론적으로 정당화했다. 따라서 정

Pierre-Simon Laplace

Carl Friedrich Gauss

Karl Pearson

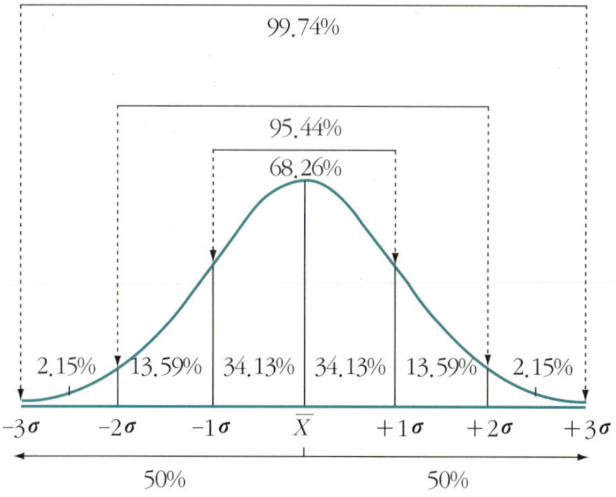

〈그림 1-1〉 정규분포곡선

규분포를 "가우스 분포"라고도 한다. "정규분포"라는 말은 Karl Pearson에 의해 처음 사용되었다.

(1) 정규분포의 특성

정규분포는 수학적 추상개념으로서 가장 흔한 모집단 분포의 형태이다. 그리고 모집단으로부터 수도 없이 많은 무선표본을 표집하여 이들 표본의 평균을 구하면 정규분포를 이루게 된다. 대부분의 점수가 중앙에 집중되어 있고 양극단(높은 점수, 낮은 점수)에 매우 적게 분포되어 있을 때 정규분포를 이룬다고 한다. 정규분포의 정확한 형태는 등식에 의해 정의되지만 일반적인 특성은 다음과 같다.

첫째, 모든 정규분포는 대칭적(symmetrical)이다. 즉, 정규분포를 절반으로 나누었을 때 왼쪽과 오른쪽이 대칭을 이룬다는 것이다. 정규분포에 있는 대부분의 사례는 평균 주위에 있으며 극단의 점수는 상대적으로 드물다.

둘째, 모든 정규분포는 일봉(unimodal)분포이다. 즉, 최빈치, 중앙치, 평균치가 모두 한 지점(종 모양의 가장 높은 봉우리)에 있으며, 곡선의 높이가 양끝으로 갈수록 낮아진다(〈그림 1-1〉 참조).

셋째, 정규분포에서 양극단으로 갈수록 X축에 점점 가까워지는데 이것을 점근선(漸近線, asymptotic)이라 한다. 하지만 X축에 결코 닿지는 않는다. X축에 결코 닿지 않기 때문에 양극단에 상당히 많은 비율을 차지하고 있으리라 예상할 수 있지만 사실은 $\mu \pm 3\sigma$이 전체 영역의 99.74%를 차지하고 있어 양극단의 비율은 상당히 적은 수를 차지한다(〈그림 1-1〉 참조).

넷째, 정규분포곡선은 연속적이다. 그리고 이론적으로 정규분포곡선의 범위는 $-\infty$에서 $+\infty$이다.

다섯째, 정규분포에서 모든 점수의 절반은 평균 이상이고, 절반은 평균 미만이다(〈그림 1-1〉 참조). 그리고 $\mu \pm 1\sigma$는 68.26%를 차지하고 $\mu \pm 2\sigma$는 95.44%를 차지하며, $\mu \pm 3\sigma$는 $=$99.74%를 차지한다(〈그림 1-1〉 참조).

(2) 표준점수

정규분포에 관한 확률문제를 해결하기 위해서는 확률문제를 비율문제로 전환한다. 정규분포곡선 수표에는 정규분포의 모든 구간에 대한 면적이나 비율이 기록되어 있다. 정규분포곡선 수표를 사용하려면 원점수(raw score)의 분포를 표준점수(standard score) 분포로 변환시켜야 하는데 이때 가장 대표적인 표준점수가 z 점수(z score)와 T 점수(T score)이다. z 점수는 분포에서 원점수가 평균보다 얼마나 높게 또는 낮게 위치해 있는가를 나타내준다.

z값을 구하는 공식은 다음과 같다.

모집단에서의 z 점수 $z = \frac{X - \mu}{\sigma}$ 이며,

표본에서의 z 점수 $z = \frac{X - \overline{X}}{s}$ 이다.

어떤 사람이 지능검사에서 1이라는 z 점수를 얻었다고 하면 같은 지능검사를 본 사람들 중 16%만이 이 사람보다 더 높은 점수를 얻었다는 것을 알 수 있다. 이처럼 z 점수는 같은 검사에서 개인의 상대적 위치를 알려줄 뿐만 아니라 서로 다른 검사의 점수를 비교하는 기능도 가지고 있다. 예를 들어,

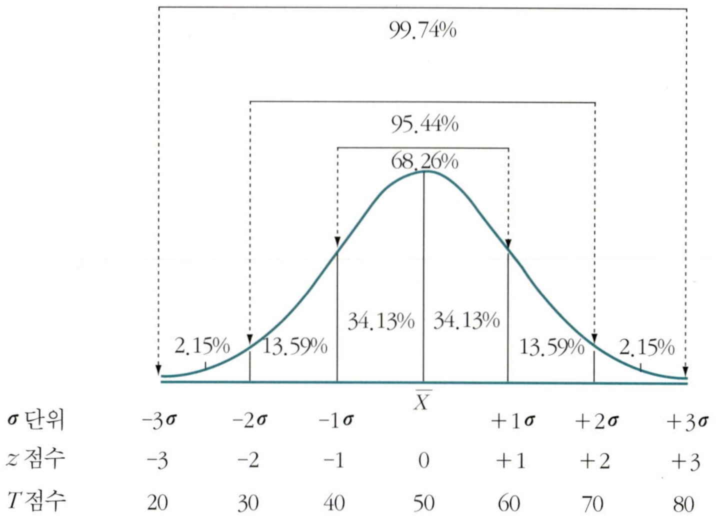

〈그림 1-2〉 *z* 점수와 *T* 점수의 비교

어떤 학생이 독해력검사에서 원점수 24점을 얻었고, 수리력 검사에서 42점을 받았다고 가정해보자. 만약 이 원점수 외에 어떤 다른 정보도 가지고 있지 않다면 이 학생은 수리력 점수가 더 높은 것으로 해석할 수 있다. 하지만 이 원점수를 z 점수로 환산하면 보다 정확한 해석을 할 수 있다. 이 학생의 독해력 점수를 z 점수로 환산하면 1.32가 되고 수리력 점수는 −.75라고 가정해보자. 원점수로는 수리력 점수가 독해력 점수보다 더 높지만 z 점수로 환산해보면 전혀 다른 해석을 할 수 있다. 즉, 이 학생의 독해력은 평균 이상이지만 수리력은 평균 이하이다.

원점수를 z 점수로 바꾼다고 해서 분포의 형태가 바뀌는 것은 아니다. 즉, z 점수의 형태는 z 점수가 파생된 원래 점수들이 가지는 분포의 형태와 일치한다. z 점수의 또 다른 특징은 z 점수의 평균은 항상 0이며 표준편차는 1이라는 것이다. 이것을 표준정규분포라고 한다. 원점수가 어떤 평균치나 표준편차를 가졌다 하더라도 z 점수의 표준분포는 $\mu=0$이고 $\sigma=1$을 가지는 정규분포이다. 모든 정규분포가 이처럼 단 하나의 표준정규분포로 변환되기 때문에

Robert B. McCall

모든 정규분포를 포괄하는 단 하나의 표를 만들 수 있는 것이다.

z 점수가 평균이 0이고 표준편차가 1이라면 T 점수는 평균이 50이고 표준편차가 10인 표준점수이다(〈그림 1-2〉 참조). T 점수는 McCall(1922, 1939)이 고안해 내었는데, T 점수라는 명칭은 그의 스승인 Thorndike의 성에서 첫 글자를 딴 것이다. T 점수의 범위는 $\pm 5\sigma$인데 원점수가 평균이면 T 점수는 50이 되고 원점수가 -50이면 T 점수는 0이 되며 원점수가 5σ이면 T 점수는 100이 된다. T 점수를 사용하는 이점(利點)은 T 점수에는 (-) 점수가 없다는 것이다. 한편 z 점수에는 (-) 점수가 있기 때문에 사용이 불편한 점이 단점이다.

4) 확률과 이항분포

우리 생활 주변에는 두 가지의 가능성을 가지고 발생하는 사건들이 많다. 예를 들어, 동전을 던졌을 때 앞면이 나올 확률 또는 뒷면이 나올 확률은 모두 $\frac{1}{2}$이다. 또 다른 예로 참(true)과 거짓(false) 문제에서 정답이 참일 확률 또는 거짓일 확률도 모두 $\frac{1}{2}$이다. 이와 같이 두 가지 가능성을 가진 사건을 여러 차례 반복시행하는 것을 이항실험(binomial experiment)이라 한다. 이항실험 결과 성공하는 횟수를 확률변인(probability variable)이라 하고 이 확

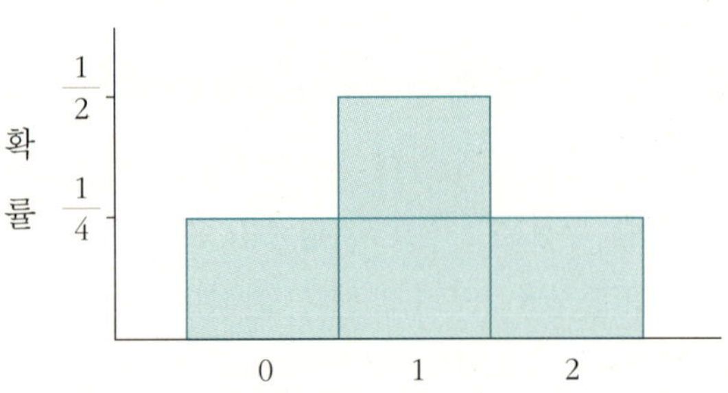

〈그림 1-3〉 동전을 2번 던졌을 때 나온 앞면의 수

률변인은 특정한 확률분포(probability distribution)를 이루게 되는데 이러한 분포를 이항분포(binomial distribution)라고 한다.

〈그림 1-3〉은 동전을 두 번 던졌을 때 나온 앞면의 수에 관한 이항분포이다. 이 분포는 동전을 두 번 던지면 두 번 다 앞면이 나올 수도 있고, 또 한 번도 앞면이 나오지 않을 수도 있다는 사실을 보여준다. 가장 높은 확률은 두 번 던져서 한 번 앞면이 나오는 것이다. 1개의 동전을 2번 던질 때 4가지 결과가 가능하다. 4가지 결과 중 하나만이 둘 다 앞면이 나오므로 2개의 앞면이 나올 확률은 $\frac{1}{4}$이다. 마찬가지로 4가지 결과 중 2개가 1개의 앞면이므로 1개의 앞면이 나올 확률은 $\frac{1}{2}$이다. 마지막으로 앞면이 나오지 않을 확률은 $\frac{1}{4}$이다.

〈그림 1-4〉와 〈그림 1-5〉는 동전을 8번 던졌을 때와 16번 던졌을 때 나온 앞면의 수에 관한 이항분포이다. 이항분포는 정규분포에 가까운데, 특히 표본의 크기가 크면 클수록 정규분포에 더 가까워지는 사실을 알 수 있다.

이항분포가 정규분포 경향을 띤다는 사실은 확률값을 z 점수와 정규분포 곡선 수표에서 직접 구할 수 있다는 것을 의미한다. 정규분포는 사실 이항분포의 근사치일 뿐이다. 일련의 동전 던지기에서 나온 앞면의 수처럼 이항값

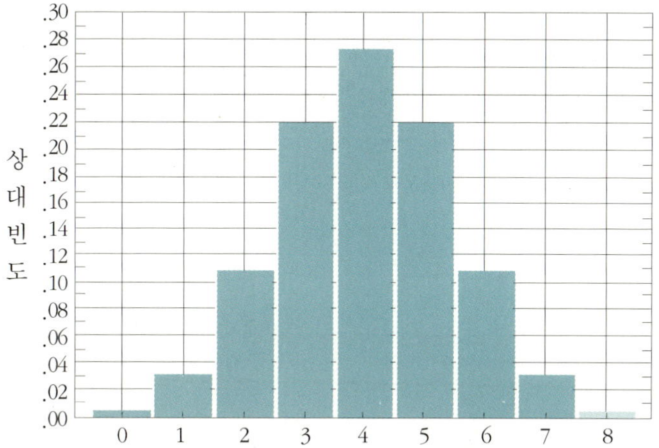

〈그림 1-4〉 동전을 8번 던졌을 때 나온 앞면의 수

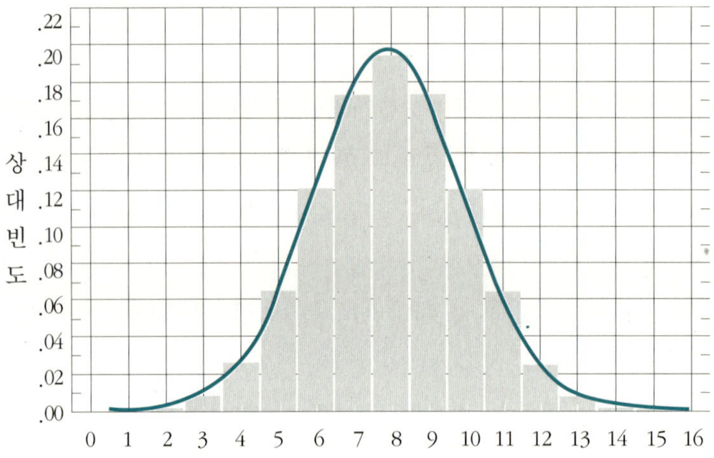

〈그림 1-5〉 동전을 16번 던졌을 때 나온 앞면의 수

은 불연속적이다. 그러나 정규분포는 연속적이다. 〈그림 1-6〉에는 이항분포(막대 그래프)와 정규분포(선 그래프) 간의 차이점이 나와 있다. 비록 2개의 분포가 약간 다르기는 해도 분포 내의 영역은 거의 동일하다. 분포 내에 있는 영역이 바로 확률을 구하는 데 이용된다.

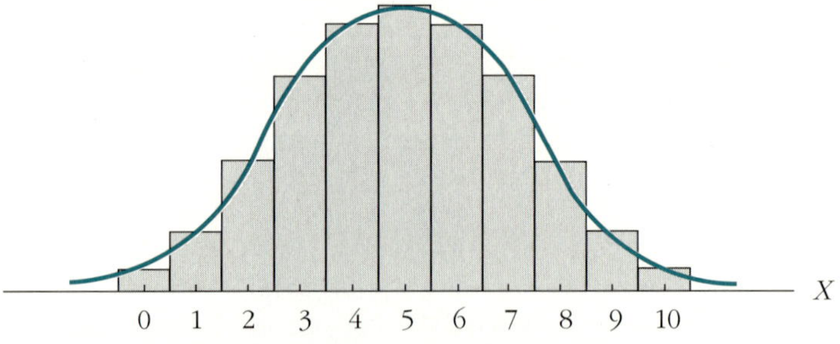

〈그림 1-6〉 이항분포와 정규분포의 차이

출처: 송인섭(1992). 통계방법의 이해. 서울: 학지사.

5) 확률과 표본

우리가 어떤 특정 부류의 사람들(예를 들면, 비행 청소년 집단)을 연구하고자 할 때 그 부류에 속한 사람들을 전부 다 연구할 수는 없다. 왜냐하면 시간이 오래 걸리고 비용이 많이 들기 때문이다. 대신 모집단(전체 비행 청소년들)에서 표본을 추출하여 연구하게 된다.

표본(sample)이란 연구대상자 전체의 특성을 반영하는 모집단(population)의 대표적인 일부분이라고 할 수 있다. 따라서 모집단의 특성을 가능한 한 잘 대표할 수 있는 표본을 추출하는 것이 연구자의 중요한 임무이다. 왜냐하면 연구자는 표본을 대상으로 연구하지만, 여기서 나온 연구결과를 모집단에 일반화하기를 원하기 때문이다(〈그림 1-7〉 참조). 이와 같은 이유로 표집(sampling) 과정은 연구방법론에서 매우 중요한 것이다.

이상적으로는 우리가 연구하는 표본의 특성이 연구결과를 일반화하고자 하는 모집단의 특성과 동일해야 한다. 이런 경우에 우리는 '대표성(representativeness)' 이 보장되는 표본을 갖게 된다. 대표성이 보장되는 표본을 추출하는 가장 확실한 방법은 무선표집(random sampling)이다. 무선표집은 모집단의 모든 구성원이 표본에 뽑힐 기회(확률)가 똑같은 표집방법이다.

예를 들어, 비행 청소년이 1,000명이라고 가정해보자. 무선표집을 하기 위해서는 우선 모집단의 모든 비행 청소년들을 확인해서 1번부터 1,000번까지 일련번호를 붙인다. 그러고 나서 난수표를 이용하거나 기타 다른 방법

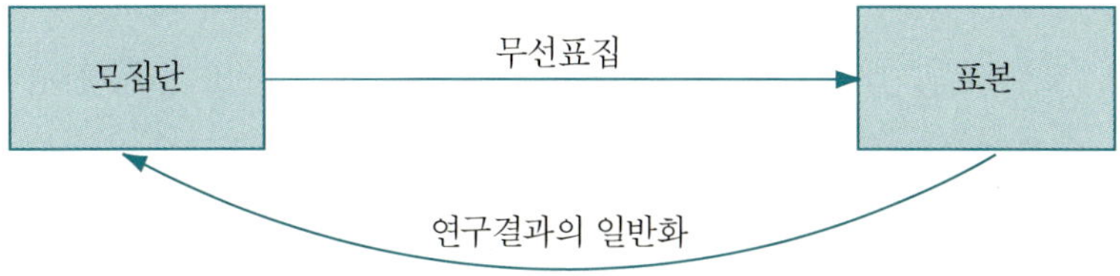

〈그림 1-7〉 모집단, 표본, 표집의 관계

(예: 모자 속에 1,000명의 비행 청소년의 이름을 적은 용지를 넣고, 잘 섞은 다음 특정 수를 끄집어낸다)을 이용하여 표본을 추출한다. 만약 1,000명의 비행 청소년 중에서 100명을 표본으로 뽑는다면 모든 비행 청소년이 표본에 추출될 확률은 각각 $\frac{1}{10}$이 된다.

그러나 현실적으로는 모든 연구에서 무선표집을 한다는 것은 거의 불가능하다. 대신에 우리가 손쉽게 구할 수 있는 표본으로 대체하는 경우가 허다하다. 이때 추출된 표본은 물론 대표성이 보장되지 않는다. 다시 말해서, 표본이 모집단과 동일하지 않다는 것이다. 그리고 대표성이 보장되지 않을 경우에는 표집상의 문제가 발생하게 된다. 왜냐하면 표본으로 계산한 통계치는 모집단에 상응하는 모수치와 다를 것이기 때문이다. 이러한 차이 혹은 오차를 표집오차(sampling error)라고 한다.

(1) 표집의 종류

일반적으로 표집방법은 확률적 표집(probability sampling)과 비확률적 표집(nonprobability sampling)으로 크게 나눈다. 확률적 표집은 모집단의 요소들이 표본으로 추출될 확률을 알 수 있는 표집방법으로 무선적 과정을 거쳐 이루어진다. 비확률적 표집은 모집단의 요소들이 표본으로 추출될 확률을 알 수 없는 표집방법으로 무작위 표집이 이루어지지 않는다. 확률적 표집에는 단순무선표집, 층화표집, 집락표집, 체계적 표집 등이 있으며, 비확률적 표집에는 편의표집, 할당표집, 의도적 표집, 눈덩이식 표집 등이 있다.

① 단순무선표집

단순무선표집(Simple Random Sampling)은 확률적 표집의 기초가 되는 표집방법으로 모집단의 모든 구성요소가 표본에 뽑힐 확률이 동등하다. 예를 들어, 1,000명의 아동 중에서 100명을 표본으로 뽑는다면 모든 아동이 표본에 선정될 확률은 $\frac{1}{10}$이 된다. 단순무선표집을 하기 위해서는 우선 모집단의 모든 구성원을 확인해서 1번에서 1,000번까지의 일련번호를 붙이고 난수표(random number table)를 사용하거나 기타의 방법을 동원하여 표본을 추출한다.

② 층화표집

층화표집(Stratified Sampling)은 모집단에서 표본을 추출하는 것이 아니라 모집단을 그 집단이 지니고 있는 특성에 따라 몇 개의 하위집단(strata)으로 나누어서 이 하위집단으로부터 표본을 추출하는 표집방법이다. 즉, 단순무선표집과 같이 모집단으로부터 한 번에 표본이 추출되는 것이 아니라 같은 특성을 지닌 하위집단으로부터 표본이 추출된다. 하위집단 내에서의 표집방법은 무작위 추출을 사용한다. 앞서의 단순무선표집의 예에서 아동 100명을 추출할 경우 남녀아동의 수가 같은 수로 뽑히지 않을 경우가 많다. 그러나 모집단을 남아와 여아라는 하위집단으로 재구성한다면 각 하위집단에서 같은 수의 남녀아동을 뽑을 수 있다. 층화시키는 변인으로는 성별 외에도 연령, 사회경제적 지위, 지능 등 여러 가지가 있는데, 주로 종속변인과 밀접한 관련이 있는 변인으로 선택한다. 하위집단에서의 표본의 수, 즉 표본크기를 정할 때 모집단의 구성비율(예컨대, 남녀의 비율 7: 3)을 고려할 수도 있는데, 이것을 비례적 층화표집이라고 한다.

③ 군집표집

군집표집(Cluster Sampling)은 모집단을 구성하고 있는 요소로서의 개인이 하나하나 뽑히는 것이 아니라 집단이 먼저 추출된 후 개인이 뽑히게 되는 방법이다. 이때의 집단을 군집(cluster)이라고 하는데 이 표집방법은 표본선정을 위한 모집단의 목록이 준비되어 있지 않은 경우에 적용된다. 예를 들어, 서울지역 초등학생 중에서 100명을 추출해야 할 경우 서울시내 초등학생의 명단을 정확하게 작성하기도 어려울 뿐만 아니라 시간과 비용이 많이 든다. 그 대신 이미 형성되어 있는 군집인 행정구에서 무선적으로 10개의 구를 뽑고, 그 다음 이 10개 구에서 초등학교 하나씩을 선정하여 이 초등학교에 재학 중인 아동을 10명씩 무선적으로 선정하면 된다.

④ 체계적 표집

체계적 표집(Systematic Sampling)은 모집단의 구성이 일정한 순서 없이 배열되어 있다는 것을 전제로 해서 모집단의 목록으로부터 K번째의 요소를 체계적으로, 즉 일정한 간격을 두고 추출해내는 방법이다. 예를 들어, 1,000명의 모집단 중에서 100명의 표본을 추출한다고 할 때 무작위로 선택된 첫 번째 사람의 번호가 7이었다면 7, 17, 27, …… 의 순서로 100명을 추출하는 것이다. 그러나 만약 모집단의 목록이 어떤 특성을 기준으로 일정한 간격을 두고 있다면 비슷한 특성의 사람들만이 표본으로 추출될 우려가 있다. 앞의 예에서 1,000명의 모집단의 목록이 남아, 여아, 남아, 여아의 순으로 배열되어 있다면 100명 전원이 남아, 즉 같은 성이 뽑히게 된다. 따라서 체계적 표집은 모집단의 구성에 일정한 주기성이 없는 경우에만 사용될 수 있고 이 경우는 단순무선표집보다 쉽고 빠르게 이루어질 수 있다.

⑤ 편의표집

편의표집(Convenience Sampling)은 연구자가 가장 손쉽게 구할 수 있는 대상들 중에서 임의로 표본을 선정하는 방법으로 가장 흔히 쓰이는 방법이다. 편의표집은 비확률적 표집으로서 대표성 같은 요건은 이 방법에서 전혀 고려되지 않는다. 될 수 있으면 이 방법을 사용하지 않는 것이 좋지만 부득이한 경우 사용하더라도 자료분석이나 해석면에서 신중을 기해야 한다.

⑥ 할당표집

할당표집(Quota Sampling)은 대중의 의견조사를 할 때 많이 쓰이는 방법으로 우선 모집단의 여러 특성을 대표할 수 있는 일정 수의 범주(category)를 정하고, 각 범주를 대표하는 사례의 수(quota)를 정하며, 각 범주의 사례수를 작위적으로 표집하는 것이다. 할당표집은 층화표집과 매우 비슷한 것이다. 즉, 층화구분의 기준이나 할당구분의 기준이나 별 차이가 없이 주로 연구하려는 변인을 고려하여 나누게 된다. 양자의 차이점은 층화표집은 무작위표집인 데 반해 할당표집은 작위표집이다. 할당표집의 단점은 작위적 표집으로 인해 오차가 커진다는 점과 사례의 수를 정하는 연구자의 편견이 작용할 가능성이 커진다는 점이다.

⑦ 의도적 표집

의도적 표집(Purposive Sampling)은 연구자가 모집단의 성격에 대하여 어느 정도 전문지식이 있을 때에 그가 판단하기에 가장 효과적이라고 생각되는 표본을 구하는 방법이다. 그래서 의도적 표집을 주관적 판단표집(subjective judgment sampling)이라고도 한다. 이 표집방법의 기본 가정은 건전한 판단에 의하여 의도적 표집이 이루어진다면 이 방법으로 추출된 표본이 충분히 모집단을 대표할 수 있다고 믿는 것이다. 이 방법의 단점은 모집단에 대한 충분한 지식이 없이는 사용할 수 없으며 연구자의 편견에서 오는 오류를 측정하거나 통제할 길이 없다는 것이다.

⑧ 눈덩이식 표집

연구대상자로 선정된 사람이 주변의 가족이나 친지를 또 다른 연구대상자로 소개하는 방법이다. 대체로 모집단의 크기가 작거나 (예: 소수 집단) 접근하기 어려운 집단(예: 재혼가족, 아동학대 가족 등)을 연구할 때 사용된다. 눈사람을 만들 때 눈덩이를 굴리면 점점 커진다는 데서 눈덩이식 표집(Snowball Sampling)이라고 한다(사진 참조). 관찰연구에 흔히 이용되는 표집방법으로 연구대상을 연속적으로 쉽게 찾을 수 있다는 장점이 있지만 표본으로 선정되는 사람들의 대표성이 부족하다는 단점이 있다.

(2) 표본의 크기

표본을 대상으로 연구하는 경우에 연구자는 표본의 크기를 결정해야 한다. 일반적으로 연구에 소요되는 경비, 시간, 노력 등 현실적 요인과 연구변인의 신뢰도, 자료분석방법, 모집단의 동질성, 수용오차의 범위 등 통계적 요인을 종합적으로 고려하여 필요한 표본의 크기를 결정하게 된다. 최소의 표본으로 최대의 연구효과를 얻도록 하는 것이 경제적이며 능률적이다(김병성, 1996).

표본의 크기를 결정함에 있어서 고려해야 할 몇 가지 요인을 살펴보면 다음과 같다. 첫째, 표본의 크기를 결정하는 주요 요인의 하나로는 표본이 추출될 모집단의 동질성(homogeneity) 여부이다. 즉, 모집단이 이질적일수록 더 큰 표본이 필요하다.

둘째, 표본의 크기에 관련되는 또 하나의 주요 요인은 표집방법이다. 앞에서 살펴본 표집방법 중에서 층화표집이 가장 적은 수의 표본을 필요로 하며, 단순무선표집은 좀더 큰 표본이 필요하다.

셋째, 표본의 크기는 연구유형에 따라 다르다. 일반적으로 관찰연구나 실험연구보다 조사연구를 할 경우에 더 큰 표본이 필요하다.

넷째, 자료분석의 방법과 검증력 또한 표본의 크기에 영향을 미친다. 자료를 분석할 때 분석유목을 많이 나누면 나눌수록 표본의 크기는 그만큼 커져야 한다. 한 예로, 가계소득에 따른 아동의 비행행동에서의 차이를 알아보고자 할 때, 가계소득을 '상 · 중 · 하'로 나눌 때보다 '100만 원 미만, 101만 원~200만 원, 201만 원~300만 원, 301만 원~400만 원, 401만 원~500만 원, 500만 원 이상'으로 나누게 되면 더 많은 연구대상이 필요하게 된다. 각 분석유목에 포함되는 사례수가 적으면 통계적 분석이 불가능한 경우가 많다. 검증력(power)이란 자료분석에서 사용된 통계가 독립변인의 효과를 찾아낼 수 있는 정도를 말한다. 검증력은 표본의 크기, 독립변인의 효과크기(예컨대, 독립변인이 종속변인에서 어느 정도 차이를 만들어 내는가?), 유의도 수준(α) 등에 따라 달라진다.

다섯째, 표본의 크기를 결정함에 있어서 주어진 시간과 비용 등을 고려해야 한다. 충분한 시간과 비용이 없이는 많은 피험자들을 대상으로 연구하는 것이 불가능하므로 시간과 비용에 알맞게끔 표본의 크기를 정해야 한다.

(3) 무선표집의 평균분포

평균(μ)이 100인 모집단이 있다고 가정해보자. 이 모집단으로부터 무선표집($n=25$)을 했을 때 표본의 평균($\overline{X}_1$)이 97.4인 것으로 나타났다. 이제 25 사례를 모집단에 다시 집어넣고 두 번째 무선표집을 한 결과 표본의 평균($\overline{X}_2$)이 101.8로 나타났다. 이러한 표집과정을 무한대로 반복하여 평균을 구하면 그 결과는 〈그림 1-8〉과 같다. 여기서 생성된 평균의 분포는 무선표집의 평균분포(random sampling distributions of means)라고 부른다.

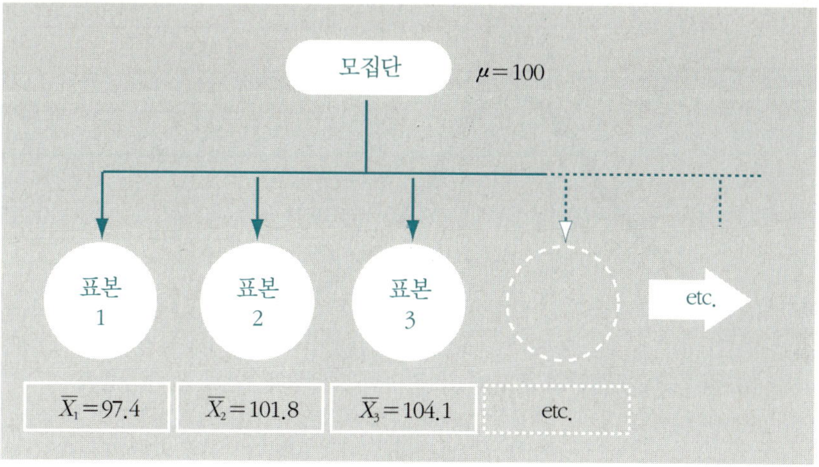

〈그림 1-8〉 무선표본의 평균

① 무선표집 평균분포의 특성

어떤 분포든지 평균, 표준편차, 형태(shape)를 알기만 하면 그 분포가 어떤 성격을 갖는지를 규정할 수 있다. 첫째, 무선표집 평균분포의 평균은 모집단의 평균과 동일하다. 즉, $\mu_{\overline{X}} = \mu$이다. 둘째, 무선표집 평균분포의 표준편차는 평균의 표준오차(standard error of the mean)라고 하는데 그 공식은 다음과 같다.

$$\sigma_{\bar{X}} = \frac{\sigma}{\sqrt{n}}$$ 인데, 여기서 σ: 모집단의 표준편차이고
n: 표본의 크기이다.

셋째, 분포의 형태와 관련해서는 만약 모집단이 정규분포라면 무선표집의 평균분포도 정규분포를 이룰 것이다. 이 세 가지 특성을 가진 무선표집의 평균분포가 정규분포를 이루는 모집단과 함께 〈그림 1-9〉에 제시되어 있다.

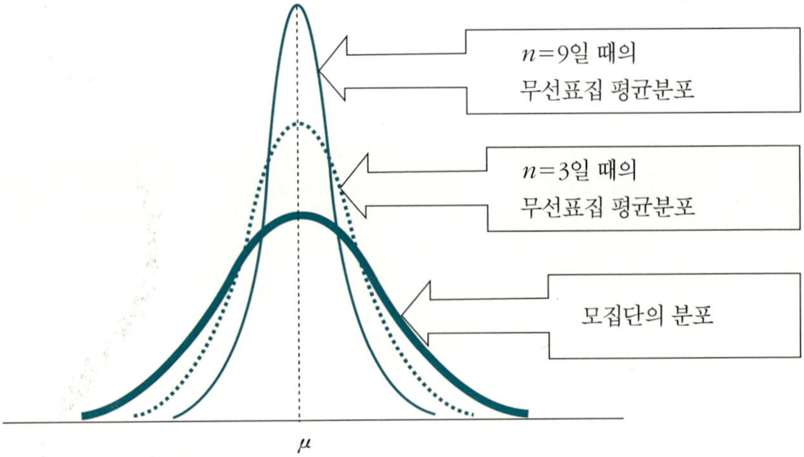

〈그림 1-9〉 모집단의 분포와 $n=3$, $n=9$일 때의 무선표집 평균분포

② 중심극한정리(Central Limit Theorem)

모집단의 형태가 정규분포이면 무선표집 평균분포도 정규분포를 이룬다는 것을 앞에서 살펴보았다. 그렇다면 만약 모집단의 분포가 정규분포가 아닐 경우에는 어떠한가? 중심극한정리에 의하면 모집단이 정규분포가 아니더라도 표본의 크기가 크면 클수록(n이 25~100이면 표본의 크기가 크다고 볼 수 있다) 무선표집 평균분포도 정규분포를 이루게 된다.

〈그림 1-10〉에서 보듯이 표본의 크기가 증가함에 따라 무선표집 평균분포가 점점 정규분포에 가까워지는 것을 알 수 있다. (A)에서는 두 개의 모집단

의 분포를 보여주는데 그중 한 개는 직사각형의 형태를 띠고 또 다른 한 개는 편포곡선을 이루고 있다. (B)에서는 표본의 크기가 2일 때 무선표집 평균분포가 어떤 모양인가를 보여주는데 모집단의 분포와 다른 모습을 보이면서 정규분포에 가까워지는 것을 알 수 있다. (C)에서는 표본의 크기가 25인 경우 2개의 그림이 정규분포와 상당히 흡사한 것을 알 수 있다. 모집단이 편포곡선인 경우보다는 직사각형인 경우가 정규분포에 더욱 가깝다. 이처럼 중심극한정리는 추리통계에서 매우 유용한 것임을 알 수 있다.

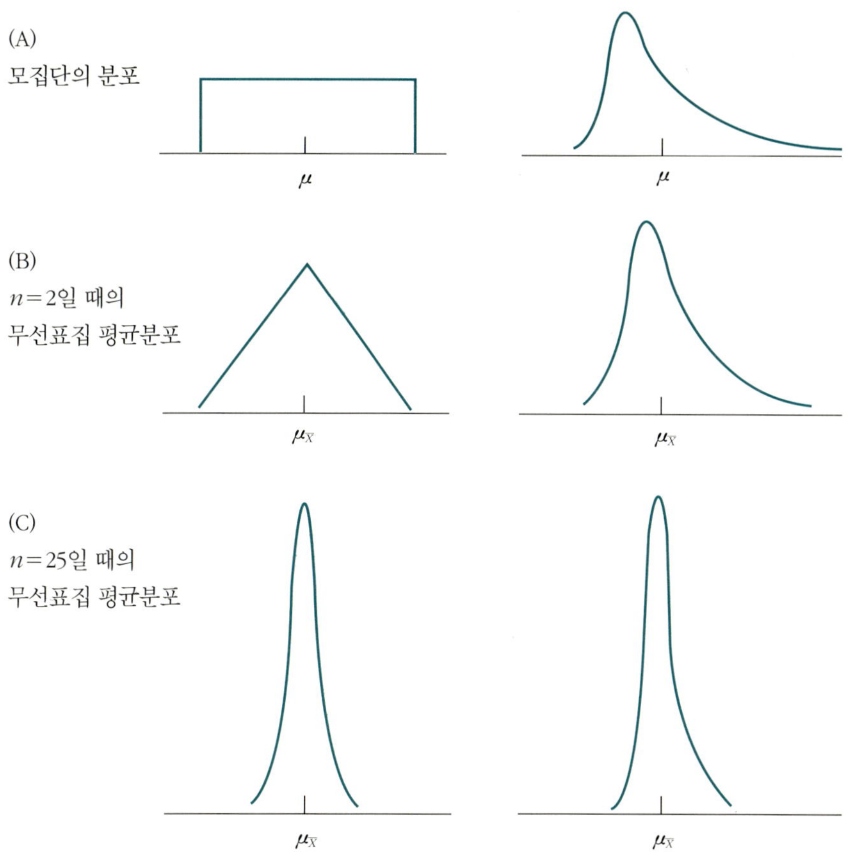

〈그림 1-10〉 중심극한정리의 효과

3. 이론과 가설

아동연구에서 중요한 요소가 되는 것은 이론과 가설이다. 개념과 변인 또한 중요한 요소이다.

1) 이론

Neil Salkind

이론은 미래에 일어날 사건을 예측할 뿐만 아니라 과거에 일어났던 사건을 설명할 수 있는 일련의 논리적으로 관련된 진술이다. 이론은 이미 형성된 정보의 조직화를 도울 뿐만 아니라 미래를 탐색하는 길잡이 역할을 한다. 이론은 정보를 조직화한다는 점에서 책의 목차나 색인 비슷한 역할을 한다. 만약 책에 목차나 색인이 없다면 특별한 정보를 찾는 것이 얼마나 어렵겠는가를 상상해보라. 이론은 사실을 이해하기 쉽게 하며 문제가 제기될 수 있는 틀을 제공한다.

이론의 일반적 목적을 살펴보면 다음과 같다(Salkind, 2004). 첫째, 이론은 발달의 어떤 측면을 기술하는 데 필요한 정보를 수집할 때 길잡이가 된다. 예를 들면, 언어습득이론을 통해 옹알이 과정과 그 다음 단계로 한 단어 문장의 사용 과정을 아주 상세하게 설명할 수 있다. 둘째, 일련의 사실들을 일반적 범주에 통합할 수 있게 한다. 예를 들면, 애착이론은 부모나 신생아 간에 명백히 관련되지 않은 상호작용들을 조직화하며, 잘 이해하는 데 도움이 될 것이다. 셋째, 이론은 차후의 동일하거나 또는 관련된 문제에 답을 구하고자 할 때 노력이 헛되지 않도록 조직적이며 통합된 방법으로 자료와 정보를 제공한다.

2) 개념

개념 또한 아동연구에서 중요한 요소가 된다. 개념은 상호연관이 있는 일련의 변인들을 묘사하는 것이다. 예를 들면, 애착이라는 개념은 부모와 자녀 간의 눈맞추기, 신체적 접촉, 언어적 상호작용과 같이 여러 가지 다른 행동들로 구성된다. 이러한 일련의 행동들은 애정과 같은 다른 용어로 명명될 수도 있다. 그러나 일련의 변인들이 어떻게 명명되느냐에 따라 개념의 유용성이 결정된다. 개념을 정의하기 위한 용어가 너무 좁은 범위의 매우 제한된 일련의 행동들로 정의된다면, 그 개념은 변인 이상의 아무것도 아니며 그 용어 또한 매우 제한적인 것이 될 것이다.

3) 변인

아동연구의 또 다른 중요한 요소는 변인이다. 둘 이상의 수치와 값을 지니는 모든 것이 다 변인(variable)이며, 단일 수치만이 부여될 때에는 상수(constant)라고 한다. 변인의 예로 생물학적 성(남성 혹은 여성), 사회경제적 지위(상, 중, 하) 등이 있다.

변인은 여러 가지 방식으로 분류될 수 있다. 변인을 분류하는 가장 유용한 방법은 독립변인과 종속변인으로 분류하는 방식이다. 어떤 행동을 야기하는 원인이 되는 조건이 독립변인(independent variable)이고, 그 원인으로 말미암아 유발되는 반응이나 결과가 종속변인(dependent variable)이다. 독립변인과 종속변인이라는 용어는 수학에서 유래한 것으로, *X*가 독립변인이고 *Y*가 종속변인이다.

실험연구에서 독립변인이란 실험자에 의해 조작된 변인을 의미한다. 예컨대, 교육학자가 여러 가지 교수방법의 효과를 연구할 때에는 다양한 교수방법을 사용함으로써 교수방법, 즉 독립변인을 조작한다. 실험적 조작을 할 수 없는 비실험적 연구에서의 독립변인은 논리적으로 종속변인에 다소 영향을 미치는 변인을 말한다. 이를테면, 흡연과 폐암에 관한 연구에서는 많은 피험자가 이미 행한 흡연이 독립변인이 된다.

어떤 한 변인이 어떤 연구에서는 독립변인이 되고 또 다른 연구에서는 종속변인이 될 수 있으며, 심지어 동일 연구에서도 한 변인이 독립변인과 종속변인 모두가 될 수 있다. 다시 말해서, 독립변인과 종속변인의 분류는 여러 종류의 변인들 간의 구별이라기보다는 실제로는 변인의 용도에 의해서 행해지는 분류이다.

연구를 계획하고 자료를 분석하는 데 특히 유용한 분류방식은 연속변인과 명목변인의 구분이다. 성이나 사회경제적 지위와 같이 유한한 수치(예컨대, 성을 나타내는 변인은 ① 남성과 ② 여성이라는 단지 두 수치만을 가질 수 있다)만을 갖는 변인을 명목변인이라고 하고, 신장이나 체중과 같이 일정한 범위 내에서 무한한 수치를 가질 수 있는 변인을 연속변인이라고 한다.

4) 가설

아동연구의 요소 중 최고의 단계는 가설이다. 가설은 변인과 개념들 간에 "~이면 ~이다(if~then)"라고 가정하는 '훈련된 추측(educated guess)'이다. 가설은 과학자들이 한 변인이 다른 변인에 미치는 영향력을 좀더 잘 이해하기 위해서 제기하는 문제이다. 예를 들면, "TV 폭력물을 많이 시청하는 청소년은 공격성 수준이 높을 것이다"가 그것이다. 이러한 가설은 연구문제를 보다 직접적으로 검증할 수 있게 해준다.

B. F. Skinner

과학자는 수립된 가설이 사실로서 수락될 수 있는 것인지 아니면 거짓으로서 기각될 것인지를 어떻게 알 수 있는가? 과학자는 통계적 검증과 같은 외적 준거를 적용함으로써 결과의 신뢰 정도를 알 수 있다. 즉, 연구결과가 가외변인이 아닌 독립변인에 의한 것이라고 얼마나 확신할 수 있는가의 문제이다. 예를 들면, TV 폭력물의 시청과 청소년의 공격성과의 관계에 관한 예에서 폭력물 시청유무(독립변인) 외에 청소년의 성격, 지능, 건강, 가정환경 등 가외변인도 청소년의 공격성 수준에 영향을 미칠 수 있다는 것이다. 따라서 연구의 결과를 신뢰할 수 있기 위해서는 그러한 가외요인들이 고려되어야 하고 또한 통제되어야 한다(Salkind, 1985).

Kerlinger(1986) 같은 학자들은 과학적 지식이 진보하기 위해서는 가설이 필요하다고 주장한다. 반면, Skinner(1950) 같은 학자들은 지나치게 세분화되고 구체적인 가설에 대해 경계를 해야 한다고 주장한다. 후자는 과학이 축적되려면 신중하게 사실들을 수집하고 그 사실들로부터 일반적인 법칙을 발견해내는 귀납적인 접근을 보다 더 지지한다는 것으로 보인다. 구체적 가설 없이도 물론 연구는 가능하다. 하지만 연구결과를 해석할 때에는 다소의 문제가 있을 수 있을 것이다. Kerlinger(1986)가 진술한 바와 같이 사전에 가설을 설정하는 것은 주사위 게임에서 규칙을 만드는 것과 같다. 주사위를 먼저 던지고 나서 어떤 것이 이기는 것인지를 정할 수는 없다. 경주가 끝날 때까지 기다린 후에 돈을 걸 수는 없다.

John D. Cone

가설을 세우는 것은 그저 연구결과가 어떻게 나올 것인지에 대해 예상하는 것이라고 생각할지도 모른다. 하지만 그렇게 간단하지는 않다. 예측하는 것에 대한 논리적 근거가 필요하다. 그러한 논리적 근거는 선행된 경험적 연구와 이론, 이들 두 가지 출처에서 나오게 된다. 만약 특정의 연구문제가 선행연구에서 정보를 얻은 것이라면, 가설화된 관계의 특성은 그 선행연구에서 제시되었을 것이고, 연구할 특정 가설은 상당히 분명할 것이다. 마찬가지로 이론을 통해서도 검증할 수 있는 특정 관계를 찾을 수 있다(Cone & Foster, 1997).

Sharon L. Foster

4. 측정의 수준

측정은 사물의 속성을 나타낼 수 있도록 대상에 숫자를 부여하는 것이다. 측정이란 대상과 숫자를 가지고 하는 게임이라 할 수 있다. 게임에는 규칙이 있다. 측정에서 가장 흥미롭고 어려운 것이 바로 규칙이다. 규칙이란 무엇을 어떻게 해야 할 것인지를 알려주는 지침이다.

측정의 결과로 얻어진 상이한 숫자들이 가지는 성질을 측정수준이라고 하는데, 측정의 수준을 척도(scale)라고도 부른다. Stevens(1951)는 측정이론의 체계를 세우고자 시도한 개척자로서 측정수준을 명목척도, 서열척도, 등간척도, 비율척도 등 네 가지로 분류하였다.

1) 명목척도

"Nomin"은 이름을 의미하는 라틴어인데, 명목척도(Nominal Scale)는 사물을 명명하거나 구분하기 위하여 사용되는 척도로서 측정의 가장 낮은 수준이며 질적 측정이다. 예를 들면, 성(gender)이라는 변인은 남성과 여성으로 구분해주는 명목척도이고, 종교 또한 천주교, 불교, 기독교 등으로 구분할 수 있는 명목척도이다. 명목척도에서 대상에 할당된 수는 서로 다르다는 의미일 뿐이지 진정한 의미에서의 수의 의미를 갖지 않는 숫자이다. 즉, 이들은 순서를 정할 수도 없고 더할 수도 없다. 이들은 이름을 정하기 위하여 사용되는 문자와 유사한 명칭에 불과하다. 앞에서 예로 든 성이라는 변인에서 만일 남성에게 1이라는 숫자가 할당되

고 여성에게 2라는 숫자가 할당되었다면 이러한 숫자들은 단지 명칭일 뿐이다. 이와 반대로 여성에게 1이라는 숫자를 할당하고 남성에게 2라는 숫자를 할당해도 아무 상관이 없다. 야구선수나 축구선수들이 배정받는 등번호도 이와 마찬가지이다(사진 참조).

사물에 이름을 부여하는 것은 측정이라고 볼 수 없으므로 명목척도는 척도에 포함시키지 않아야 한다고 주장하는 사람들도 있지만 사물에 이름을 부여하는 것도 사물을 구분하는 것이므로 명목척도를 척도로 간주해야 한다는 것이 일반적인 생각이다.

명목척도는 상호배타성(mutually exclusiveness)과 포괄성(exhaustiveness)의 두 가지 특성이 있다. 상호배타성이란 어떤 사례도 동시에 둘 이상의 범주에 속해서는 안 된다는 것을 의미하며, 포괄성이란 제시되는 범주는 각각의 사례를 모두 포함할 수 있는 포괄적인 것이어야 한다는 것을 의미한다. 종교라는 변인을 예로 들면, 어떤 사람의 종교가 천주교이면서 동시에 불교일 수는 없으며(상호배타성), 종교라는 변인이 제시하는 범주는 모든 사람이 그중 한 가지 범주에는 반드시 포함될 수 있도록 포괄적이어야 한다. 때로는 '기타' 라는 범주를 포함시킴으로써 포괄성의 특성을 유지할 수 있다.

2) 서열척도

Liora Pedhazur Schmelkin

서열척도(Ordinal Scale)는 사람이나 사물의 상대적 서열을 표시하기 위하여 순위에 따라 수치를 부여하는 것이다. 서열척도는 일상생활에서 흔히 사용되는 척도로서 학생들의 성적 순위나 키의 순위 등이 서열척도의 예이다. 서열척도는 순위를 말해줄 뿐 그 이상의 다른 것은 알 수 없다. 서열척도에서 사용되는 숫자는 절대적인 수량을 나타내지 못하며 서열 간의 간격이 동일하다고 가정할 수도 없다. 예를 들어, 성적 순위에서 1등과 2등 간의 차이가 3등과 4등 간의 차이와 동일하다고

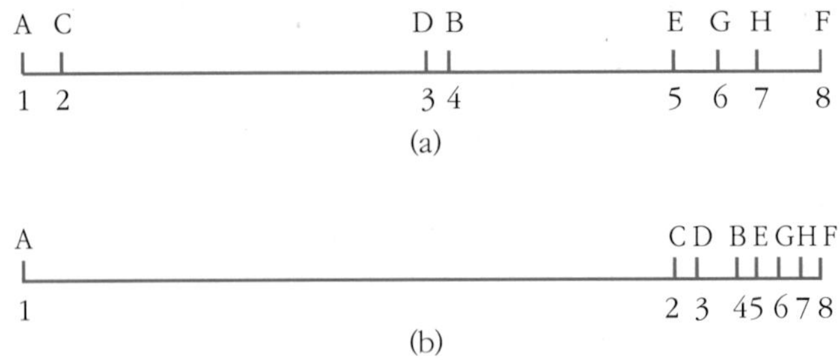

〈그림 1-11〉 서열척도의 예

출처: Pedhazur, E. J., & Schmelkin, L. (1991). *Measurement, design, and analysis: An integrated approach*. Lawrence Erlbaum Associates, Publishers.

말할 수 없다. 다시 말해서 서열척도는 단지 "성적이 누가 누구보다 낫다"라는 순서에 관한 해석만을 가능하게 해줄 뿐이지 "누가 얼마나 공부를 잘하는지 아니면 못하는지" 등의 해석은 불가능하다.

〈그림 1-11〉은 8명을 대상으로 키가 큰 순서대로 순위를 매긴 것이다. 그림에서 보듯이 신장이라는 연속선상에서 서열 간의 간격이 같지 않은 것을 볼 수 있다. 그림 (a)에서, 1등과 2등 간의 차이는 작은 편이지만 2등과 3등 간의 차이는 매우 큰 편이다. 반면, 그림 (b)에서는 1등과 2등 간의 차이는 큰 편이지만, 2등과 3등 간의 차이는 작은 편이다. 또한 (a)와 (b)라는 두 집단에서 순위가 같다고 해서 두 사람의 신장이 같다고 말할 수도 없다. 심지어 집단 (a)에서 가장 키가 작은 사람이 집단 (b)에서 키가 가장 큰 사람보다 더 클 수도 있다.

3) 등간척도

등간척도(Interval Scale)는 벽과 벽 사이의 공간을 의미하는 라틴어 'intervallum' 에서 나온 말인데 명목척도나 서열척도보다 좀더 정밀하고 좀더 많은 정보를 내포하고 있다. 섭씨나 화씨의 온도라든가 지능지수를 그 예로 들 수 있다. 섭씨 20° 는 10° 보다 온도가 더 높을 뿐만 아니라 보다 정확하게 10° 더 높다. 그리고 측정단위의 간격이 동일한 경우 동일한 수적 차이를 부여하기 때문에 0° 와 5° 의 온도 차이는 20° 와 25° 의 온도 차이와 같다. 그러나 등간척도는 절대 영점이 없으므로 해석 시 주의를 요한다. 섭씨 20° 가 10° 보다 2배 더 덥다고 말할 수 없으며 지능지수가 120점인 사람이 60점인 사람보다 지능지수가 2배 더 높다고 말할 수 없다. 온도를 측정하는 단위에서 섭씨 0° 는 온도가 전혀 없음을 뜻하는 것은 아니고 물이 어는 온도를 섭씨 0° 라고 임의로 약속을 하였기 때문에 이를 임의 영점이라고 한다. 지능지수가 0점이라는 것도 매우 임의적인 것으로 지능지수가 0점이라는 것은 그 사람이 지능이 전혀 없다는 뜻이 아니고 단지 그 지능검사에서 0점을 받았다는 의미이다. 이처럼 등간척도는 덧셈과 뺄셈 법칙은 적용이 가능하나 곱셈이나 나눗셈 법칙은 적용할 수 없다. 따라서 0° 와 1° 간의 1단위의 눈금 차이가 나타내는 온도차이와 20° 와 21° 간의 1단위의 눈금 차이가 나타내는 온도 차이는 같다고 해석할 수 있지만 20° 가 10° 보다 2배 더 덥다고 말할 수는 없는 것이다.

사회과학에서 대부분의 변인들이 등간척도로 간주되지만 이들 중 상당수는 엄격한 의미에서 서열척도로 간주해야 한다고 주장하는 학자들도 더러 있다. 지능지수를 예로 들면 100점과 110점의 차이나 120점과 130점의 차이는 모두 10점으로 똑같지만 실제로 그 차이가 의미하는 것도 똑같은 10점인지 아닌지는 아무도 모른다. 따라서 사회과학에서 사용되는 대부분의 변인들은 서열척도로 보는 것이 안전하지만 그렇게 되면 매우 제한된 통계분석만이 가능하므로, 보다 세련된 통계분석을 사용하기 위해서 등간척도로 간주해도 무방하다는 의견이 지배적이다.

4) 비율척도

비율척도(Ratio Scale)는 계산(calculation)을 의미하는 라틴어 'ratio' 에서

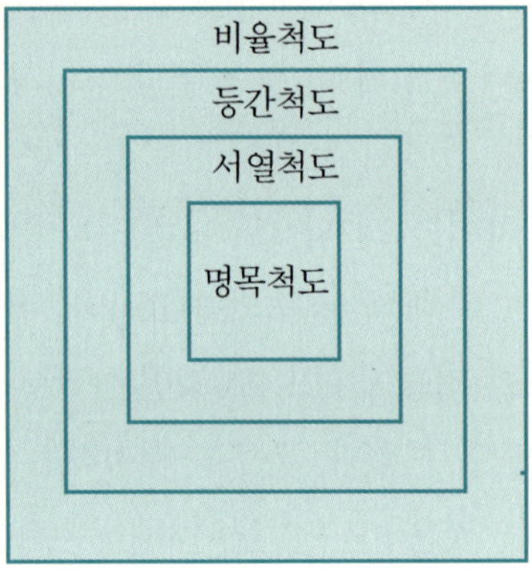

〈그림 1-12〉 측정수준: 명목척도, 서열척도, 등간척도, 비율척도

보다 높은 수준의 측정은 그보다 낮은 수준의 측정이 갖는 특성을 모두 내포하고 있다.

출처 : Brown, F. (1983). *Statistics for behavioral sciences*. The Dorsey Press.

나온 말로서 명목척도, 서열척도, 등간척도의 특성을 다 지니고 있으며(〈그림 1-12〉 참조), 그에 덧붙여 절대 영점이 있다. 절대 영점이 있기 때문에 비율척도는 덧셈, 뺄셈뿐만 아니라 곱셈, 나눗셈의 법칙도 적용이 가능하다. 무게, 길이, 켈빈 온도(K) 등을 그 예로 들 수 있다. 무게나 길이가 0이라는 말은 무게나 길이가 전혀 존재하지 않는다는 것을 의미한다.

비율이라는 용어는 두 측정값의 비율이 측정단위와 무관하다는 사실을 의미하는 말이다. 다시 말해서, 두 측정값의 비율은 측정단위가 바뀌어도 그 비율은 변하지 않는다는 것이다. 예를 들어, 체중이 80kg인 사람은 체중이 40kg인 사람보다 2배 더 무겁다는 해석이 가능한데, 이때 kg을 무게를 재는 다른 측정단위(예컨대, 파운드)로 표현해도 그 비율은 달라지지 않는다. 길이를 측정하는 센티미터(cm) 또한 인치(inch)로 바꾼다 해도 그 비율 역시 변하지 않는다. 하지만 앞에서 설명한 등간척도의 경우는 사정이 다르다. 예를 들어, 섭씨 80° 와 40° 는 그 비율이 2 : 1로 보이지만 이것을 화씨온도로 환산하면 그렇게 되지 않는다. 즉, $F = 32 + 1.8C$에서 $\frac{80℃}{40℃} \neq \frac{176°F}{104°F}$ 이다.

비율척도는 측정의 가장 높은 수준으로 과학자들이 이상적이라고 여기는

〈표 1-2〉 측정수준과 특성

측정수준 \ 특성	분류	순위	동일간격	절대영점	예
명목척도	○	×	×	×	성별, 주민등록번호
서열척도	○	○	×	×	성적순위, 키순위
등간척도	○	○	○	×	지능지수, 섭씨 · 화씨 온도
비율척도	○	○	○	○	연령, 신장, 체중, 켈빈 온도

측정이지만 사회과학에서는 매우 드물게 사용되는 척도이다. 비율척도는 측정되는 현상의 본질상 주로 자연과학(화학, 물리학, 생물학 등)에서 많이 사용된다.

지금까지 살펴본 측정수준의 특성을 요약하면 〈표 1-2〉와 같다.

5. 신뢰도와 타당도

신뢰성과 타당성이 결여된 측정도구에 의해 얻어진 연구결과는 신빙성과 설득력이 없으므로 측정도구의 신뢰도와 타당도를 확보하는 것은 매우 중요한 일이다. 일반적으로 신뢰도는 측정도구에서 얻어지는 점수가 얼마나 안정성이 있고 일관성이 있느냐의 정도를 뜻하며, 타당도란 측정도구가 측정하고자 하는 것을 얼마나 정확하게 측정하는가 하는 정도를 말한다.

1) 신뢰도

측정도구에서 가장 중요한 기준은 그것이 자연과학 분야이든 사회과학 분야이든 신뢰할 수 있는 자료를 산출해내야 한다는 것이다. 이것은 누가 그 측정도구에서의 반응을 점수화하든 동일한 반응에 대해서는 같은 점수가 산출

Jerry S. Wiggins

되어야 한다는 것을 의미한다. 측정학자들은 수년에 걸쳐 신뢰도의 여러 형태(예컨대, 검사-재검사 신뢰도, 동형검사 신뢰도, 내적 합치도 등)에 대해 정의를 내려왔다(Wiggins, 1973). Cronbach와 그의 동료들은 1972년에 신뢰도의 여러 형태들을 일반화이론(generalizability theory)으로 통합시킬 것을 제안하였다. 이들은 그렇게 한다면 특정의 피험자들에게서 나온 점수가 측정하는 사람에 따라 달라지지 않는다는 것을 알게 되었다.

여러 사람이 측정을 해야 한다면, 동일한 피험자에 대한 측정치를 이용하여 각 평정자들 간의 일치도에 대한 정보를 제시해야만 한다. 한 예로, 토란스 창의성검사에 대한 채점 시 여러 명이 채점을 해야 할 경우, 채점자들이 피험자의 반응에 동일한 점수를 주는지에 대한 정보를 제공해야 한다. 이러한 평가자 간 신뢰도(interrater reliability) 자료는 평정-척도자료에 대한 채점자 일반화 가능성을 나타내게 된다. 이와 유사하게, 직접 관찰법을 사용한다면 관찰자 간 일치도에 대한 정보를 제시해야 한다. 관찰자 간 일치도(interobserver agreement)는 직접관찰의 측정방법에 대한 채점자 일반화 가능성을 나타낸다.

그 다음으로 가장 빈번히 살펴보는 일반화 가능성의 형태는 시간에 따른 안정성에 대한 것이다. 오늘 피험자로부터 수집한 자료는 다른 날 수집한 자료와 일치하는 것인가? 전통적으로 검사-재검사 신뢰도는 시간이 지나도 안정적이라고 생각되는 개인차 변인들을 다룰 때 중요한 의미를 갖는다. 이는 논리적으로 요구되는 것으로 측정도구의 안정성이 없다면, 그 측정도구를 가지고 변인들을 제대로 평가할 수 없을 것이다.

측정도구의 또 다른 중요한 특성은 관심영역을 적절히 대표하는 것이다. 이를 위해 측정도구는 내부적으로 동일한 것을 평가해야 한다. 다시 말해서, 내적 일관성이 있어야 한다는 것이다. 한 측정도구 내의 모든 문항이 동일한 것을 측정한다면 문항들 간에 상관이 나타날 것이다. 일반화 가능성의 이론에 의하면 모든 문항이 동일한 내용영역에서 추출된 것처럼 동일한 것을 측정해야 한다.

2) 타당도

변인의 점수를 일관된 방식으로 산출하는 것에 덧붙여, 그 측정치가 무엇을 측정하는지를 알아야 할 것이다. 어떤 측정도구는 신뢰할 만하나 타당성이 없는 측정치를 산출할지도 모른다. 하지만 고전적 측정이론의 맥락에서 그 반대의 경우는 불가능하다. 즉, 타당성을 갖기 위해서는 측정도구가 반드시 신뢰할 수 있는 것이어야 한다.

신뢰도에서처럼 측정도구가 타당하다고 말하는 방식도 여러 가지이다. 측정도구가 피험자들이 보기에 연구목적에 적절한 것처럼 보인다면 그 도구는 안면 타당도(face validity)를 갖는다. 전문가들이 보기에 측정되는 변인들에 적합한 내용이 담겨 있다면 그 도구는 내용 타당도(content validity)를 갖는다. 내용 타당도는 그 측정도구가 평가되는 구성개념이나 행동과 관련된 내용의 모집단에서 문항을 얼마나 잘 표집하였는가에 대해 설명하는 것이다. 그래서 문항을 어떻게 선택하였고 범주들을 어떻게 정의하였는지 등이 내용 타당도의 핵심 쟁점이 된다. 그 측정도구에서 나온 점수로 보통 실용적인 다른 측정도구상 점수를 예측할 수 있다면 그 도구는 준거관련 타당도(criterion-related validity)가 있다고 한다. 타당화하고자 하는 측정도구(예: 아동의 또래인기도)에서 점수를 산출하는 동시에 준거에서의 점수(예: 아동의 소시오그램)를 산출한다면, 이를 동시 타당도(concurrent validity)라고 한다. 준거가 되는 점수가 미래에 구할 수 있는 것(예: 청소년기 또래인기도, 또래관계)이라면 예측 타당도(predictive validity)라고 한다. 측정치들이 측정도구의 기초가 되는 이론에 나타난 관계의 일부가 된다면 그 측정도구는 구인 타당도(construct validity)가 있는 것이다. 동일한 행동이나 동일한 구성개념을 평가하는 다른 방법들과 관련이 된다면, 그 측정도구는 수렴 타당도(convergent validity)가 있는 것이 된다. 이론적으로 독립적이라고 여겨지는 측정치들과 관련이 없다면 그 도구는 변별 타당도(discriminant validity)를 갖는다.

타당도의 관련 증거는 언제나 상황 특수적이기 때문에 어떤 검사라도 여러 가지의 타당도를 가질 수 있다. 따라서 타당도 자료를 평가할 때에는 그 검사가 사용된 특정한 상황과 방법을 항상 고려해야 한다. 타당도는 검사의 최종형과 관련하여 논의되는 것이 보통이지만, 타당도의 기본 철학은 검사의 제작과정에서 통합적인 역할을 수행한다. 따라서 타당도의 개념과 절차는 검사제작의 과정에서 본질적인 요소가 되는 것이다.

6. 통계학과 컴퓨터

통계학은 자료를 체계적으로 조직화하고 분석함으로써 정보를 이해할 수 있게 할 뿐 아니라 의사결정에 필요한 통계적 사고를 높이는 데 초점을 둔다. 통계학은 17세기와 18세기에 걸쳐 확률이론의 발달과 함께 수학적 기초가 마련되었고, 19세기에 접어들면서 사회과학에 적용되기 시작하였다. 자연과학에만 적용되던 통계학이 사회과학에 접목된 계기는 19세기 중반 이후 유럽 각국에서 실시된 여러 통계 조사결과 덕분이었다. 이러한 체계적인 사회통계 조사결과를 통해 인간의 행동에서 전혀 예상하지 못했던 사실들, 즉 범죄나 자살 기록 등이 해마다 놀랄 만큼 규칙성을 갖는다는 것을 발견하게 되었다. 이렇게 해서 자연과학에서만 통용되던 통계가 인간의 행동을 이해하는 데에도 적용되기 시작하였다. 사회과학에서 계량적인 방법을 도입하게 됨으로써, 인간의 행동과 사회의 작용을 설명할 수 있는 새로운 종류의 객관적 지식이 등장하게 된 것이다(Jo, 2003). 이 시기는 통계에 대한 '열광의 시대(age of enthusiasm)' (Westergaard, 1932)라 불리는데, 통계학이 다양한 학문분야(예를 들면, 의학, 경제학, 물리학, 사회학, 공중보건학 등)와 사회에서 활발하게 활용되었다. 20세기 들어 통계학은 정부, 기업, 자연과학과 사회과학

등 다양한 분야에서 다양한 목적으로 널리 사용되고 있고, 새로운 통계기법들이 지속적으로 개발되고 있다.

컴퓨터 기술이 발달되기 이전 통계학자들이 가장 흔히 쓰는 자료분석방법은 대수계산을 통해 자료를 분석하는 것이었다. 일일이 계산기에 공식을 입력해서 수작업으로 자료를 분석하였다. 즉, 이 방법은 계산기나 주판을 통해 직접 계산할 수 있다는 장점이 있었지만 시간이 많이 걸리고 복잡한 계산은 불가능하다는 단점이 있었다. 1960년대 이후 컴퓨터를 이용한 통계분석이 가능해지면서 다량의 자료를 아주 짧은 시간 내에 한 번에 분석할 수 있게 되었다. 이후 연구자들은 자료분석을 위해 기계적으로 계산하는 데 시간을 소비하기보다는 컴퓨터 통계분석 프로그램을 이용함으로써 자료를 체계적으로 다룰 수 있게 되었고, 보다 정확한 결과를 산출할 수 있게 되었다(Erickson & Jacobsen, 1973). 컴퓨터 통계분석 프로그램의 개발 덕분에, 연구자는 자신의 자료에 적절한 통계분석방법에 대한 준비를 마치고 나면 연구에 있어 가장 중요한 부분이라고 할 수 있는 결과해석과 보고서 작성에 보다 더 많은 노력과 시간을 투자할 수 있게 되었다. 이처럼 컴퓨터 프로그램은 통계학에서 문제해결에 필요한 복잡한 계산을 매우 용이하게 해주었다.

1960년대 후반에서 1970년대에 걸쳐 SPSS(Statistical Package for the Social Sciences)나 'SAS(Statistical Analysis System) 같은 컴퓨터 통계분석 프로그램이 대형컴퓨터뿐만 아니라 개인용 PC로도 연구자들에게 보급되면서, 다양한 주제를 다룰 수 있는 복잡한 통계기법들이 사용되기 시작하였다. 컴퓨터를 이용한 통계처리방법의 발전이 가속화되면서 1990년대 후반부터는 AMOS, MPLUS, HLM 등과 같은 통계분석 프로그램을 이용하여 보다 복잡한 분석을 실시할 수 있게 되었다.

하지만 통계학에 대한 기본적인 이해 없이 컴퓨터 프로그램을 사용하는 것은 매우 위험한 일이다. 우선 자료를 잘못 입력할 수 있다. "쓰레기가 들어가면 쓰레기가 나온다(Garbage in, gargbage out)"라고 흔히 말하듯이, 컴퓨터는 입력된 자료만을 분석할 뿐이다. 자료입력이 잘못되었을 경우, 그 자료로부터 도출된 결과는 전혀 신뢰할 수가 없다. 또한 연구설계가 잘못되었을 경우도 마찬가지이다. 그러므로 자료처리 이전에, 즉 자료를 수집하기 전 연구를 계획하는 과정에서 통계학적인 기본지식 및 가정들을 충분히 고려해야 한다. 이와 관련하여, 1996년 미국심리학회(American Psychological Association: APA)에서는 자료분석 시 컴퓨터 프로그램의 오남용에 대해 다음과 같이 경고한 바 있다.

① 통계값을 구하기 위한 계산이 어떻게 이루어졌으며, 그 결과가 무엇을 의미하는지에 대한 이해 없이 통계결과를 보고하는 일
② 통계적으로 유의한 결과라고 해서 실제적으로 어떠한 의미가 있는지에 대한 이해 없이 그 결과를 맹신하는 일
③ 컴퓨터에 대한 자료분석을 단지 컴퓨터 프로그램에 의해 인쇄되었다는 이유만으로(기계는 틀리지 않는다는 신념하에) 신성시 하는 일

따라서 연구자에게 중요한 것은 어떤 최신의 통계 프로그램을 사용하는가가 아니라, 제대로 된 연구설계를 통해 자신이 가진 자료의 특성을 올바로 반영하는 통계적 자료분석을 사용하고 그로부터 도출된 결과를 정확하게 이해하는 것이다. 연구자가 어떠한 연구설계를 하였느냐 혹은 수집한 자료가 질적 변인이냐 양적 변인이냐에 따라 통계분석방법이 달라지고 통계분석방법에 따라 결과물도 달라지기 때문에, 연구자는 결과물을 제대로 해석하고 그 의미를 정확하게 파악하는 것이 중요하다.

이 책에서는 현재 가장 널리 보급되고 있는 통계분석 프로그램 「SPSS for Window」의 한글판 14.0과 AMOS 7.0을 이용하여, 통계분석의 실행방법과 결과해석방법에 대해 제시하고자 한다. SPSS와 AMOS를 실행하는 방법과 실행하였을 때 화면에 나타나는 모습, 즉 어떤 메뉴들이 있고, 각각의 통계분석 시 어떠한 과정을 거쳐서 결과가 나오며, 다양한 결과물 중 어느 부분에 초점을 두고 해석해야 하는지 등에 대해 그림을 통해 단계적으로 제시하여

설명할 것이다. 각 장마다 다양한 통계방법에 대한 이론적인 설명과 함께 SPSS와 AMOS를 이용한 통계분석의 실행방법 및 결과해석방법을 구체적으로 제시해줌으로써, 연구자들이 자신이 수집한 자료를 충분히 효율적으로 다룰 수 있기를 기대한다.

제2장
빈도분포

자료수집이 끝나고 나면 자료를 조직해서 이해하기 쉬운 형태로 일목요연하게 제시해야 한다. 빈도분포(frequency distribution)는 자료를 요약하는 기본적인 통계치로서 전체 자료를 빈도로 기록하는 것을 말한다. 빈도분포는 한눈에 모든 점수를 볼 수 있게 해준다. 일반적으로 값이 높은지, 낮은지 그리고 한곳에 집중되어 있는지 아니면 고루 분산되어 있는지를 보여주며 자료의 전체적인 구성형태를 제공한다. 빈도분포는 표나 그래프를 통해 원래의 측정척도와 각 유목에 관계된 빈도를 보여준다.

일련의 자료를 조직하는 과정 중의 하나는 빈도분포표를 만드는 것이다. 한 집단에서 얻은 수치들을 통계적으로 처리하여 그 집단에 관한 의미 있는 특징을 밝혀보기 위해서 빈도분포표를 만든다. 빈도분포 그래프는 빈도분포표에서 유용한 정보를 그림으로 나타낸 것이다. 단순히 숫자(빈도)만을 제시하는 것보다는 그래프로 제시함으로써 일련의 자료의 특성뿐 아니라 분포의 특성을 보다 효율적으로 살펴볼 수 있게 된다. 이러한 그래프를 작성함에 있어 명심해야 할 점은 간명해야 한다는 것이다. 한 그래프에 여러 가지 정보를 동시에 제시하기보다는 보여주고자 하는 한 가지 정보를 직접적으로 명료하게 제시해야 한다. 또한 그래프에는 꼭 필요한 용어만을 포함시킴으로써 시각적인 전달성을 높이는 것이 중요하다. 빈도분포 그래프에는 몇 가지 서로 다른 형태의 그래프가 있다.

이 장에서는 상대빈도분포, 누적빈도분포, 백분점수와 백분위 등의 빈도분포표와 히스토그램, 꺾은선 그래프, 막대 그래프와 파이차트, 누적 백분율 그래프 등의 빈도분포 그래프에 관해 살펴보기로 한다.

1. 빈도분포표

제1장에서 기술통계는 전체 자료를 좀더 다루기 쉽게 조직하고 요약하는 것이라고 기술하였다. 일련의 자료를 조직하는 과정 중의 하나는 빈도분포

표를 만드는 것이다. 한 예로, 〈표 2-1〉은 50명의 학생을 대상으로 한 100점 만점의 통계학 기말고사 성적이다. 하지만 이 표만 가지고서는 학생들의 능력을 기술하기가 어렵다. 〈표 2-2〉는 빈도분포표를 이용해서 높은 점수부터 낮은 점수까지 일목요연하게 나열한 것이다.

〈표 2-1〉 통계학 기말고사의 원점수

84	82	72	70	72
80	62	96	86	68
68	87	89	85	82
87	85	84	88	89
86	86	78	70	81
70	86	88	79	69
79	61	78	75	77
90	86	78	89	81
67	91	82	73	77
80	78	76	86	83

〈표 2-2〉에서처럼 점수가 넓은 범위(96 - 61 = 35)에 걸쳐 있을 때에는 각 개별값 전부를 빈도분포표로 작성하는 것은 비합리적이다. 왜냐하면 이와 같은 표는 자료를 단순화시키기 위한 빈도분포표의 목적과 부합되지 않기 때문이다. 이런 경우에는 모든 사람의 점수를 하나씩 제시하기보다는 점수의 범위를 급간(class interval)으로 나누어 그 급간에 해당하는 사례수(빈도)를 제시하면 된다. 점수가 넓게 분포되어 있는 경우 점수를 급간으로 나누면 제시된 자료를 한눈에 파악할 수 있다는 장점이 있다. 반면, 구체적인 정보를 잃게 되는 단점이 있다.

빈도분포표를 통해 가장 빈번히 나타나는 점수의 급간을 알 수 있으며, 점수분포의 형태도 알 수 있다. 만일 대부분의 점수가 중앙에 집중되어 있고 양극단(높은 점수, 낮은 점수)에 매우 적게 분포되어 있다면 이것은 정규분포(normal distribution)를 이룬다고 한다. 반면에 점수의 분포가 어느 한 극단에

〈표 2-2〉 통계학 기말고사의 빈도분포표

점수	빈도	점수	빈도
96	1	78	4
95	0	77	2
94	0	76	1
93	0	75	1
92	0	74	0
91	1	73	1
90	1	72	2
89	3	71	0
88	2	70	3
87	2	69	1
86	6	68	2
85	2	67	1
84	2	66	0
83	1	65	0
82	3	64	0
81	2	63	0
80	2	62	1
79	2	61	1

집중되어 있다면 그것은 편포(skewed distribution)되어 있다고 한다. 〈그림 2-1〉은 정규분포곡선과 편포곡선에 관한 것이다.

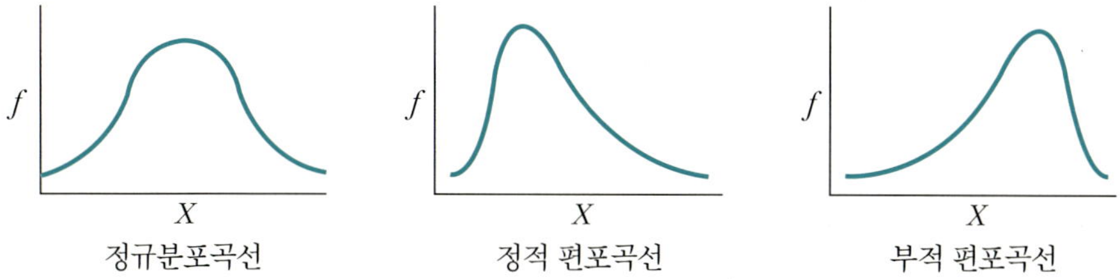

〈그림 2-1〉 정규분포곡선과 편포곡선

1) 급간의 특성

빈도분포표를 작성하기 위한 첫 번째 단계는 급간의 넓이를 얼마로 정하느냐 하는 것이다. 급간의 넓이나 개수는 연구자가 임의대로 만들어내는 것이 아니다.

점수를 급간으로 나누어 집단빈도분포표(grouped frequency distribution)를 만들 때 급간에 대해 고려해야 할 사항이 몇 가지 있다.

첫째, 급간은 상호배타적이어야 한다. 즉, 어떤 점수도 2개 이상의 급간에 동시에 포함되지 않도록 해야 한다.

둘째, 모든 급간은 같은 넓이(예: $i=5$ 또는 $i=3$)를 유지해야 한다.

셋째, 급간은 연속적이어야 한다. 다시 말해서 비록 그 점수대에 해당하는 사람이 한 명도 없다 하더라도 어떤 점수도 급간에서 빠져서는 안 된다.

넷째, 최고점을 빈도분포표의 맨 위에 둔다.

다섯째, 대부분의 경우 급간의 개수를 10～20으로 한다. 급간의 수가 너무 적으면 점수의 분포에 대한 중요한 정보를 상실하게 되고, 반면 급간의 수가 너무 많으면 점수를 급간으로 나눈 의미가 퇴색된다.

여섯째, 급간을 간단한 수로 정한다. 예를 들어, 급간을 9, 19, 33으로 나누는 것보다 2, 3, 4, 5, 10으로 나누는 것이 훨씬 더 편리하다.

일곱째, 각 급간의 제일 낮은 값이 급간의 넓이의 배수가 되도록 한다. 이것은 빈도분포표가 어떻게 구성되는지 알아보기 쉽도록 해준다.

앞에서 언급한 급간의 특성을 염두에 두고 〈표 2-2〉를 기초로 해서 급간으로 나눈 빈도분포표를 작성하는 요령은 다음과 같다.

첫째, 가장 높은 점수와 가장 낮은 점수를 찾는다. (96과 61)

둘째, 점수의 범위를 계산한다. (96-61=35)

셋째, 점수의 범위를 10～20으로 나눈다.(3.5와 1.75)

이때 급간을 3으로 정한다.

넷째, 급간이 시작되는 가장 낮은 점수를 정한다. 61이 최저점수인데 급간의 배수가 되어야 하므로 60으로 정한다.

다섯째, 모든 급간에 해당하는 점수의 빈도를 계산한다(〈표 2-3〉 참조).

〈표 2-3〉 통계학 기말고사의 집단빈도분포표

점수급간	계수표시(Tally)	빈도
96~98	|	1
93~95		0
90~92	||	2
87~89	~~||||~~ ||	7
84~86	~~||||~~ ~~||||~~	10
81~83	~~||||~~ |	6
78~80	~~||||~~ |||	8
75~77	||||	4
72~74	|||	3
69~71	||||	4
66~68	|||	3
63~65		0
60~62	||	2
		$N=50$

2) 상대빈도분포

빈도를 비율이나 백분율로 전환함으로써 상대빈도(relative frequencies)를 알 수 있다. 상대빈도분포표는 해당 점수의 비율(proportion) 또는 백분율(percentage)을 나타내준다. 〈표 2-4〉의 학급 A는 〈표 2-3〉을 상대빈도분포표로 표현한 것이다. 상대빈도를 구하기 위해서 각 빈도를 전체 수로 나누는데, 표본의 경우는 $\frac{f}{n}$이고 모집단의 경우는 $\frac{f}{N}$이다. 상대빈도는 분수보다는 소수로 나타내는 것이 일반적이다.

빈도(f)와 비율(p)을 사용하는 것 외에도 백분율로 점수분포를 나타내기도 하는데, 백분율은 비율에다 100을 곱하면 된다. 즉, 백분율(%) $= \frac{f}{N}(100)$

〈표 2-4〉 통계학 기말고사의 상대빈도분포표

점수 급간	학급 A			학급 B		
	빈도	상대빈도 (비율)	상대빈도 (백분율)	빈도	상대빈도 (비율)	상대빈도 (백분율)
96~98	1	.02	2	1	.01	1
93~95	0	.00	0	1	.01	1
90~92	2	.04	4	3	.04	4
87~89	7	.14	14	3	.04	4
84~86	10	.20	20	4	.05	5
81~83	6	.12	12	7	.09	9
78~80	8	.16	16	8	.10	10
75~77	4	.08	8	9	.11	11
72~74	3	.06	6	12	.15	15
69~71	4	.08	8	6	.08	8
66~68	3	.06	6	11	.14	14
63~65	0	.00	0	7	.09	9
60~62	2	.04	4	2	.02	2
57~59				3	.04	4
54~56				3	.04	4
전체	50	1.00	100	80	1.01[1)]	101[2)]

이다. 상대빈도는 N의 수가 서로 다른 경우의 빈도분포를 비교할 때 더욱 유용하다. 〈표 2-4〉는 두 학급의 통계학 중간고사 점수분포에 관한 것이다. 학급 A는 50명으로 구성되어 있고, 학급 B는 80명으로 구성되어 있다. 두 학급의 상대빈도를 통해 두 학급을 더 쉽게 비교할 수 있다.

3) 누적빈도분포

누적빈도분포(cumulative frequency distribution)는 각 급간의 정확상한

1)과 2) 반올림에 의해 전체 비율과 백분율이 각각 1.01과 101이 되었음.

계(upper real limit) 아래 얼마나 많은 점수들이 분포되어 있는가를 보여준다. 누적빈도분포는 다음과 같은 물음에 답하는 데 유용하다. A라는 학생의 통계학 기말점수가 62점이면 얼마나 많은 학생들이 A라는 학생보다 성적이 좋으며 또 얼마나 많은 학생들이 A라는 학생보다 성적이 나쁜가? 전체 학급의 상위 10%에 해당하는 점수는 몇 점이며, 하위 25%에 해당하는 점수는 몇 점인가? 〈표 2-5〉에서 보면 네 번째 행(column)에 누적빈도가 나와 있다. 다섯째 행에는 누적비율이 나와 있으며 여섯째 행에는 누적백분율이 나와 있다. 여기서 누적비율 $= \frac{\text{누적빈도}}{N}$ 이며, 누적백분율 $= \frac{\text{누적빈도}}{N} \times 100$이다.

〈표 2-5〉 통계학 기말고사의 누적빈도분포

점수 급간	정확한계	빈도	누적빈도	누적비율	누적백분율
96~98	95.5~98.5	1	50	1.00	100.0
93~95	92.5~95.5	0	49	.98	98.0
90~92	89.5~92.5	2	49	.98	98.0
87~89	86.5~89.5	7	47	.94	94.0
84~86	83.5~86.5	10	40	.80	80.0
81~83	80.5~83.5	6	30	.60	60.0
78~80	77.5~80.5	8	24	.48	48.0
75~77	74.5~77.5	4	16	.32	32.0
72~74	71.5~74.5	3	12	.24	240.
69~71	68.5~71.5	4	9	.18	18.0
66~68	65.5~68.5	3	5	.10	10.0
63~65	62.5~65.5	0	2	.04	4.0
60~62	59.5~62.5	2	2	.04	4.0
		$N=50$			

4) 백분점수와 백분위

빈도분포에서 원점수 자체는 많은 정보를 제공하지 못하기 때문에 그 점수가 포함된 점수분포상의 다른 점수들과 비교함으로써 해석이 가능하다. 예를 들어, 어떤 학생이 통계학 중간고사에서 40점을 받았다면 그것만으로는 얼마나 잘했는지 또는 못했는지를 알 수 없다. 이와 같이 원점수가 많은 정보를 제공하지 못하므로 좀더 해석이 가능한 형태로 변형시킬 필요가 있다. 한 가지 가능한 변형은 원점수를 백분점수로 바꾸는 것이다.

백분점수(percentile)는 100을 의미하는 라틴어 "centrum" 에서 나온 말이다. 예를 들어, 통계학 기말고사에서 50%의 학생들이 80점보다 낮은 점수를 받았다고 가정해보자. 이때 50번째의 백분점수는 80점이 된다. 백분위(percentile rank)는 몇 %의 학생들이 특정 점수 아래에 있는가를 말해주는 것으로 80점의 백분위는 50이 된다. 백분위의 범위는 0~100인 반면 백분점수는 어떤 값이라도 가질 수 있다. 예를 들어, 어떤 학생의 SAT 점수가 143점이고 전체 지원자의 75%가 이 점수 아래에 있다고 가정해보자. 이때 이 학생의 백분위는 75이고 백분점수는 143점이다. 백분점수는 P로 나타내고 백분위는 P 밑에 아래첨자로 나타낸다. 즉, $P_{75}=143$이다. SAT나 GRE 같은 표준화검사(standardized tests)는 검사결과를 백분위나 백분점수로 보고한다.

〈표 2-6〉은 GRE 점수의 백분위에 관한 것으로 600점은 언어능력에서는 백분위가 85이고 수리능력에서는 백분위가 53이며 분석능력에서는 백분위가 59인 것을 알 수 있다.

〈표 2-6〉 GRE 점수의 백분위

GRE 점수	백분위		
	언어능력	수리능력	분석능력
800	99	97	98
700	97	74	83
600	85	53	59
500	60	31	35
400	29	13	15
300	5	2	3
N	1,075,348	1,075,053	1,073,300

2. 빈도분포 그래프

빈도분포표가 자료를 간결하게 정리해주는 것이라면 빈도분포 그래프는 동일한 정보를 좀더 보기 쉽게 그림으로 나타낸 것이다. 따라서 일반인들도 해석하기가 매우 용이하다는 것이 빈도분포 그래프의 장점이다. 빈도분포 그래프에는 여러 가지 종류가 있는데, 가장 대표적인 것이 히스토그램, 꺾은선 그래프, 막대 그래프와 파이 차트, 누적백분율 그래프 등이다.

빈도분포 그래프를 그리기 위해서는 우선 *X*축(수평축)과 *Y*축(수직축)이 필요하다. *X*축에는 점수 또는 범주(질적 자료인 경우)가 오고 *Y*축에는 빈도(f)가 오는 것이 관례이다. 또한 *Y*축의 높이는 *X*축 넓이의 3/4 정도가 되는 것이 관례이다. 빈도분포 그래프에 제목을 붙일 때에는 간결하면서 함축적인 제목을 붙이는데, *X*축과 *Y*축의 명칭 또한 그러해야 한다.

1) 히스토그램

등간척도나 비율척도로 측정된 자료를 히스토그램(Histogram)으로 나타낼 때에는 인접한 막대가 서로 닿게 그려야 한다(〈그림 2-2〉 참조). 인접한 막대는 변인의 연속성을 강조하는 연속적인 수를 나타낸다.

히스토그램은 상대빈도를 그래프로 표현할 때에도 매우 유용하다. 히스토그램의 전체 면적은 점수의 100%를 나타내므로 히스토그램 막대의 면적은 상대빈도를 직접적으로 표현해준다. 예를 들어, 만약 점수의 25%가 특정 급간의 정확상한계(upper real limit) 아래에 있다면 히스토그램 상에서 면적의 25%가 이 점수 왼쪽 부분에 있게 된다.

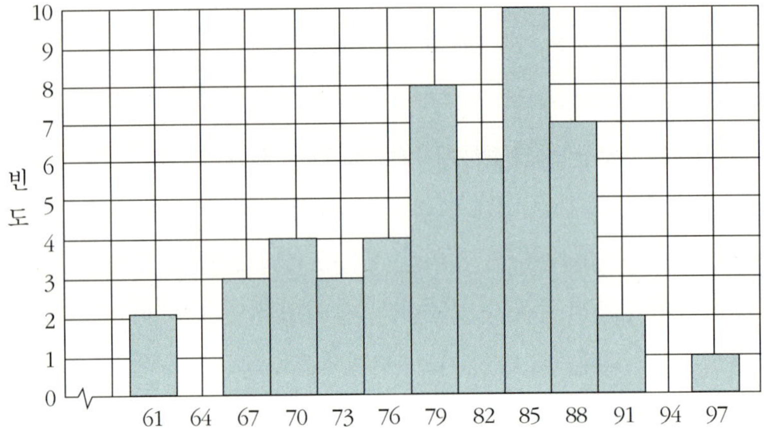

〈그림 2-2〉 통계학 중간고사 점수의 히스토그램

출처: King, B. M., & Minium, E. W. (2003). *Statistical reasoning in psychology and education* (4th ed.). John Wiley & Sons, Inc.

2) 꺾은선 그래프

히스토그램과 마찬가지로 꺾은선 그래프(Frequency Polygon)도 등간척도나 비율척도로 측정된 자료를 그래프로 표현할 때 사용된다. "Polygon" 이라는 말은 그리스어로 "다각형(many angles)" 이라는 뜻이다. 히스토그램이나 꺾은선 그래프나 모두 동일한 정보를 제공한다. 〈그림 2-3〉은 〈그림 2-2〉와 같은 자료를 가지고 꺾은선 그래프로 나타낸 것이다. 〈그림 2-4〉는 히스토그램과 꺾은선 그래프를 겹쳐놓은 것이다.

꺾은선 그래프는 급간으로 나눈 빈도분포를 그래프로 그릴 때 유용하다. 이 그래프는 각 급간의 빈도를 직선으로 연결하여 작성된다. 이때 주의할 점은 각 급간의 중간점들을 연결해야 한다는 것이다. 중간점은 정확한계의 평균을 내면 알 수 있다. 만약 인접한 몇 개의 급간들 간에 빈도가 증가하거나 감소하는 뚜렷한 경향이 있다면 꺾은선 그래프는 이 경향을 보다 확실하게 나타내준다. 꺾은선 그래프는 2개 이상의 빈도분포를 비교할 때 특히 유용하다. 〈그림 2-5〉는 〈표 2-4〉의 두 학급의 중간고사 점수를 비교하는 그래프

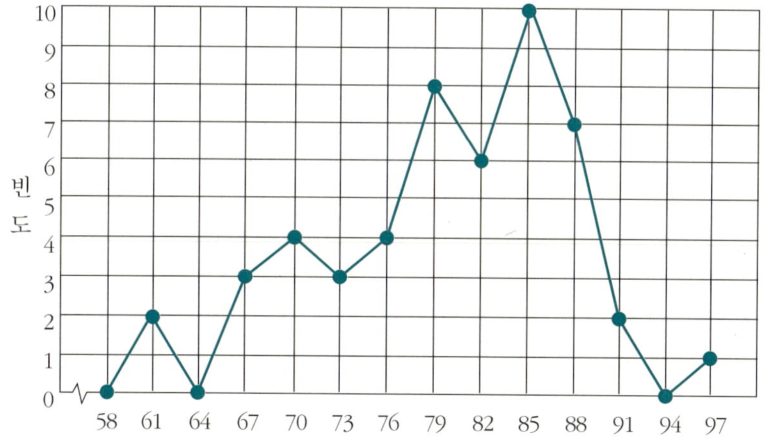

〈그림 2-3〉 통계학 중간고사 점수의 꺾은선 그래프

출처: King, B. M., & Minium, E. W. (2003). *Statistical reasoning in psychology and education* (4th ed.). John Wiley & Sons, Inc.

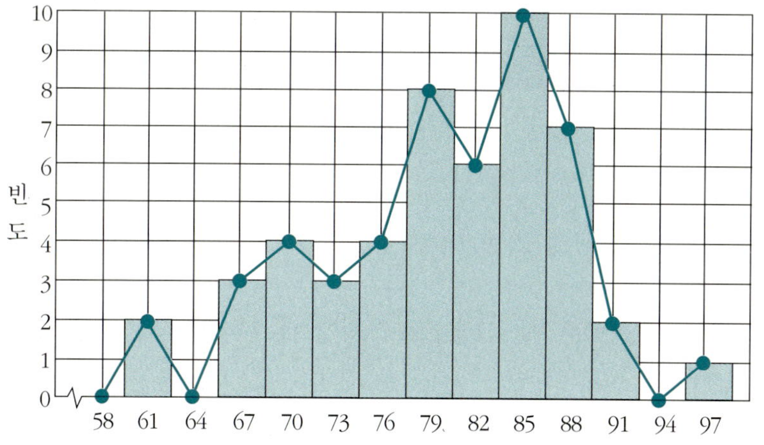

〈그림 2-4〉 통계학 중간고사 점수의 히스토그램과 꺾은선 그래프

출처: King, B. M., & Minium, E. W. (2003). *Statistical reasoning in psychology and education* (4th ed.). John Wiley & Sons, Inc.

를 보여주고 있다. 학급 A의 경우 대부분의 점수가 고득점에 분포되어 있으며 점수의 범위도 학급 B보다 작은 것을 알 수 있다. 만약 히스토그램을 이용해서 두 학급을 비교하면 상당수의 막대가 겹치기 때문에 혼란을 초래할 수

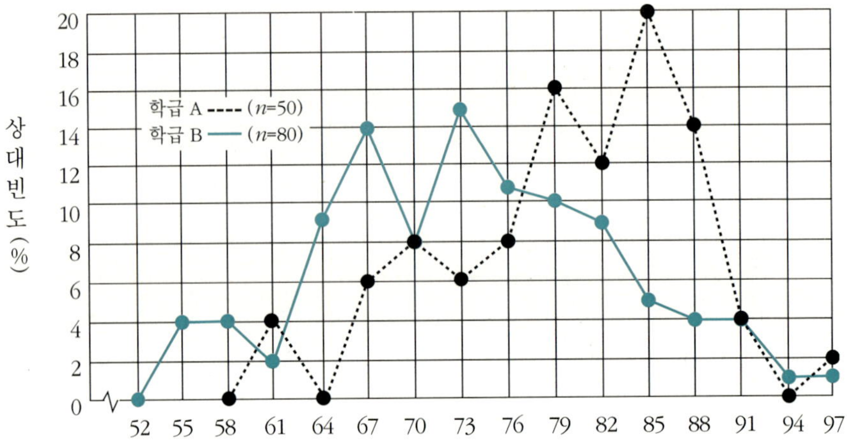

〈그림 2-5〉 두 학급의 점수를 비교하는 꺾은선 그래프

출처: King, B. M., & Minium, E. W. (2003). *Statistical reasoning in psychology and education* (4th ed.). John Wiley & Sons, Inc.

있다. 이처럼 꺾은선 그래프는 각기 다른 집단들의 빈도분포를 한눈에 파악할 수 있다는 장점이 있다.

3) 막대 그래프와 파이 차트

질적 자료의 빈도분포를 그래프로 작성할 때 흔히 사용되는 것이 막대 그래프(Bar Diagram)와 파이 차트(Pie Chart)이다. 〈그림 2-6〉은 최근에 심리학 박사학위를 받은 사람들의 취업현황에 대한 막대 그래프이다. 막대 그래프는 히스토그램과 그 양상이 매우 비슷한데 단지 차이점은 히스토그램의 막대가 서로 붙어 있는 반면 막대 그래프의 막대는 서로 떨어져 있다는 점이다. 〈그림 2-7〉은 〈그림 2-6〉과 같은 자료를 가지고 파이 차트로 만든 것이다. 빈도나 상대빈도로 표현할 수 있는 막대 그래프와는 달리 파이 차트는 항상 상대빈도를 사용한다.

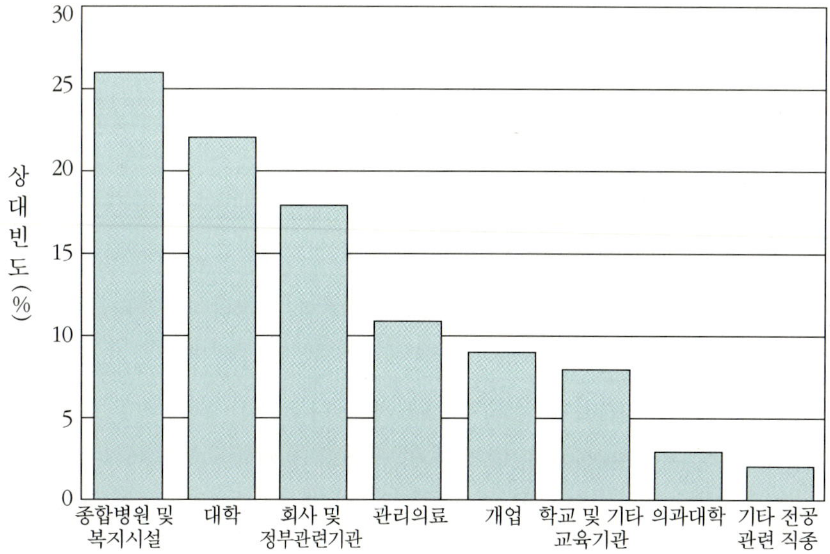

〈그림 2-6〉 심리학 박사학위 소지자의 취업현황(막대 그래프)

출처: King, B. M., & Minium, E. W. (2003). *Statistical reasoning in psychology and education* (4th ed.). John Wiley & Sons, Inc.

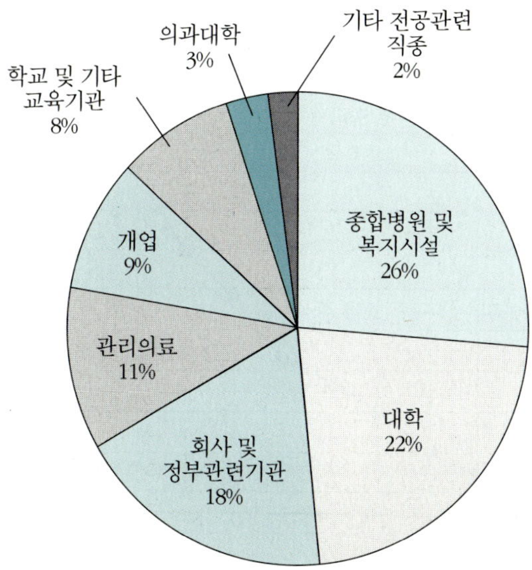

〈그림 2-7〉 심리학 박사학위 소지자의 취업현황(파이 차트)

출처: King, B. M., & Minium, E. W. (2003). *Statistical reasoning in psychology and education* (4th ed.). John Wiley & Sons, Inc.

4) 누적백분율 그래프

누적빈도분포나 누적백분율분포도 그래프로 작성할 수 있다. 누적백분율 그래프(Cumulative Percentage Curve)에서는 각 급간의 정확상한계 위에 누적백분율의 점을 찍는데 이것은 꺾은선 그래프에서 각 급간의 중간점 위에 점을 찍는 것과 차이가 있다. 〈그림 2-8〉은 〈표 2-5〉의 자료를 가지고 누적백분율 그래프로 작성한 것이다. *X*축에는 각 급간의 정확상한계가, *Y*축에는 누적백분율이 나타나 있다. 이 그래프에서는 각 급간의 정확상한계에 해당하는 누적백분율의 위치에 점을 찍는다. 예를 들면, 84~86점의 급간에 해당하는 누적백분율은 80%이다. 따라서 이 급간의 정확상한계인 86.5와 누적백분율인 80%가 만나는 교차점에 점을 찍는다. 끝으로 모든 점들을 일직선으로 연결한다.

누적백분율 그래프에서는 백분점수나 백분위도 구할 수 있다. 예를 들어, 88점의 백분위를 구하고자 하면 *X*축에서 88점을 찾아 수직으로 올라가서 그래프와 만나는 지점에서 수평으로(왼쪽으로) 움직이면 백분위가 87(P_{87})인

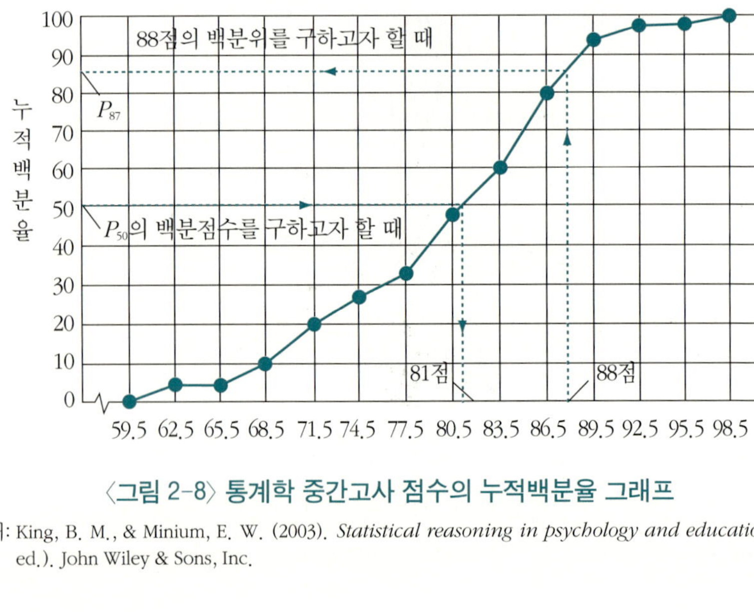

〈그림 2-8〉 통계학 중간고사 점수의 누적백분율 그래프

출처: King, B. M., & Minium, E. W. (2003). *Statistical reasoning in psychology and education* (4th ed.). John Wiley & Sons, Inc.

것을 알 수 있다. 또 다른 예로, P_{50}의 백분점수를 구하고자 하면 Y축에서 P_{50}을 찾아 수평으로(오른쪽으로) 움직여서 그래프와 만나는 지점에서 수직으로 내려가면 P_{50}이 81점인 것을 알 수 있다.

5) 빈도분포의 여러 형태

연구자들은 빈도분포 그래프를 상세하게 그리기보다는 그 특성만을 나열하여 분포를 간단하게 기술하곤 한다. 어떤 분포든지 형태(shape), 집중경향치(central tendency) 그리고 분산도(variability)만 알면 그래프로 작성할 수 있다. 집중경향치는 빈도분포에서 가장 대표적인 점수를 말하고, 분산도는 점수가 얼마나 넓게 분산되어 있는가를 말해주는 것이다. 집중경향치와 분산도에 관해서는 다음 장에서 좀더 자세히 알아보기로 한다.

〈그림 2-9〉의 A는 J형태의 분포로서 정지신호가 들어왔을 때 교차로를 통과하는 자동차의 속도를 그래프로 작성한 것이다. B와 C는 편포곡선에 관한

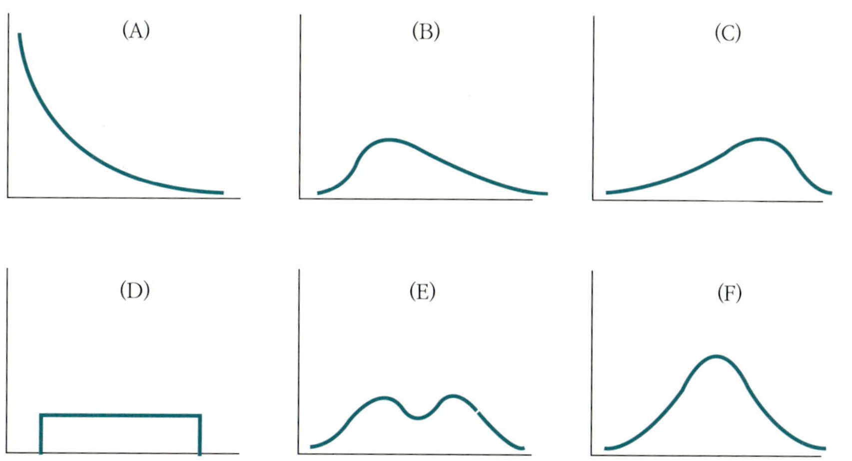

〈그림 2-9〉 빈도분포의 여러 형태

출처: Minium, E. W. (1978). *Statistical reasoning in psychology and education* (2nd ed.). New York: Wiley.

것으로 B는 시험문제가 너무 어려운 경우 성적을 그래프로 표현한 것이고, C는 그 반대로 시험문제가 너무 쉬운 경우 성적을 그래프로 표현한 것이다. D는 직사각형의 분포로서 서열척도에 의한 순위에 관한 분포의 형태이다. E는 이봉분포로서 남성과 여성의 악력(strength of grip)에 관한 것이다. 끝으로 F는 정규분포에 관한 것이다.

제3장

집중경향치와 분산도

1. 집중경향치
2. 분산도

집단에서 가장 전형적이고 대표적인 값을 알아보고자 할 때 집중경향치가 사용된다. 집중경향치는 어떤 집단의 수행을 표준참조집단(standard reference group)과 비교할 때 유용하게 사용된다. 예를 들어, 지방의 한 초등학교 6학년 학생들의 독해력 평균점수를 전국 초등학생들의 독해력 평균점수와 비교하는 것이다. 집중경향치는 각기 다른 조건에서 두 집단 이상의 수행을 비교할 때에도 유용하다. 예를 들어, 어떤 연구자가 비디오 게임이 노인들의 정신적 기능을 증진시키는 데 효과가 있는지에 관심이 있다고 가정해보자. 우선 이 연구자는 60~70대 노인들을 대상으로 지능검사를 실시하였다. 그러고 나서 2개월 동안 일주일에 두 번씩 30분간 비디오 게임을 하게 하였다. 그런 후에 다시 지능검사를 실시하였다. 사전검사에서 지능검사의 평균은 101.8이었으며 사후검사에서는 지능검사의 평균이 108.3인 것으로 나타났다. 물론 비디오 게임이 노인들의 정신적 기능증진에 효과가 있는지 단정적인 결론을 내리기 위해서는 부가적인 정보가 더 필요하지만 그 첫 단계로서 집중경향치가 사용될 수 있다. 가장 흔히 사용되는 집중경향치에는 최빈치, 중앙치, 평균치 등이 있다.

앞에서 살펴본 집중경향치는 집단에서 가장 대표적인 점수를 제시해주는 것이다. 그러나 한 집단의 대표값인 집중경향치만으로는 그 집단의 특성을 파악하는 데 충분하지 않다. 한 집단의 점수를 보다 정확하게 기술하기 위해서는 부가적 정보가 필요한데 이 부가적 정보의 한 형태가 분산도이다. 범위, 변량, 표준편차 등이 가장 많이 쓰이는 분산도이다.

이 장에서는 최빈치, 중앙치, 평균치 등의 집중경향치에 관해 살펴본 다음 범위, 변량, 표준편차, 평균편차, 사분편차 등의 분산도에 관해서도 살펴보기로 한다.

1. 집중경향치

집중경향치(Measures of Central Tendency)는 한 집단의 분포를 서술하는 대표적인 수치로 사용된다고 하여 대표치라고도 한다. 이 대표치 중에서 가장 자주 사용되는 것으로 최빈치, 중앙치, 평균치 등이 있다. 세 개의 집중경향치 중 어느 것을 사용할 것인가를 결정하기 위해서는 여러 가지 요소를 고려해야 한다.

1) 최빈치

최빈치(Mode)를 뜻하는 모드라는 용어는 일반적으로 유행 혹은 대중적 스타일을 의미하는데 이것은 통계학에서도 유사한 의미로 사용된다. 최빈치는 가장 빈번하게 관찰되는 값(점수)이다. 최빈치는 숫자로 표시된 자료(제2장의 〈표 2-2〉 참조)나 〈표 3-1〉에서처럼 범주적 자료(categorical data)에 모두 사용된다. 〈표 3-1〉은 학력을 변인으로 하는 빈도분포인데 여기서 빈도가 가장 높은 값은 고졸이다. 여기서 주의해야 할 점은 최빈치는 빈도가 아닌 점수나 범주를 의미한다. 〈표 3-1〉에서 최빈치는 고졸이지 $f = 10$이 아니다. 마찬가지로 〈표 2-2〉에서는 최빈치가 86이지 $f = 6$이 아니다.

〈표 3-1〉 학력을 변인으로 하는 빈도분포

학력	빈도분포	백분율(%)
초졸	3	12
중졸	5	20
고졸	10	40
대졸	7	28
전체	25	100

점수를 급간으로 나눈 빈도분포표에서 최빈치를 구하는 방법은 〈표 3-2〉에서와 같이 가장 높은 빈도수를 가진 급간(월수입 301~400만 원)이 최빈치가 된다. 그러나 점수를 급간으로 나눈 빈도분포표에서는 급간의 넓이(i)를 어떻게 정하느냐에 따라 최빈치가 달라지기도 한다.

〈**표 3-2**〉 64가족을 대상으로 한 월수입

월수입	빈도
~100만 원	4
101~200만 원	6
201~300만 원	15
301~400만 원	28
401~500만 원	7
501~600만 원	2
601~700만 원	2
	64

최빈치는 한눈에 경향을 알아보기는 쉽지만 빈도의 수가 적거나, 분포의 모양이 불분명할 때에는 최빈치 산출이 어렵다. 빈도분포 그래프에서 가장 높은 빈도는 그래프의 가장 꼭대기 부분에 나타난다. 하나의 분포에서 최빈치가 2개인 경우도 있는데 이 분포를 이봉분포(bimodal distribution)라 하고 3개 이상의 최빈치를 가질 때 그것을 다봉분포(multimodal distribution)라 한다. 심지어 직사각형 분포에서는 모든 점수가 다 최빈치가 된다.

최빈치를 집중경향치로 사용할 때에는 집단의 성격을 잘못 표현할 수 있다는 점에 유의해야 한다. 예를 들면, 대중이 입는 옷 스타일 중에서 가장 많은 사람들이 입는 옷의 스타일이 최빈치(모드)가 되지만 전체적으로 볼 때는 그러한 옷을 입은 사람이 그렇게 입지 않은 사람보다 훨씬 적을 가능성이 많기 때문이다.

2) 중앙치

중앙치(Median)는 한 집단의 점수를 순서대로 나열했을 때 분포의 중앙에 놓이는 점수를 말한다. 따라서 중앙치는 전체 점수를 정확하게 절반으로 나누는 값이다. 중앙치는 50번째 백분위 점수(P_{50})와 동일한 값이다.

점수의 사례수가 홀수인 경우에는 가운데에 해당하는 점수가 중앙치가 된다. 예를 들어, 점수가 0, 7, 8, 11, 15, 16, 20과 같은 순서로 배열되어 있다면 여기서 네 번째 점수인 11점이 중앙치가 된다. 한편, 사례수가 짝수인 경우에는 가운데 두 점수를 합해서 반으로 나눈 값이 중앙치가 된다. 예를 들어, 점수가 12, 14 ,15, 18, 19, 20과 같은 순서로 배열되어 있다면 이때 가운데 두 점수인 15와 18을 더해서 $\frac{1}{2}$로 나눈 값인 16.5가 중앙치가 된다. 대부분의 경우는 앞에서 설명한 두 가지 방법 중 하나로 중앙치를 구할 수 있다. 그러나 분포 중앙에 동일한 값을 가지는 점수가 여러 개 있을 경우에는 앞에서 설명한 과정만으로는 계산이 지나치게 단순화될 것이다. 예를 들어, 점수의 분포가 5, 7, 8, 8, 8, 8로 구성되어 있다고 가정해보자. 여기서 중앙치는 첫 번째 8과 두 번째 8 사이에 있으므로 얼핏 봐서는 8이 중앙치인 것처럼 보이지만 8점의 정확하한계는 7.5이고 정확상한계는 8.5이다. 중앙치는 4개의 8중 첫 번째 8 다음에 오므로, 다시 말해서 급간이 1이고 그의 $\frac{1}{4}$에 해당하므로 $7.5+(\frac{1}{4}\times 1.0)=7.75$가 중앙치가 된다.

수집된 자료가 편포되어 있거나 극단적인 점수(outlier)[1] 때문에 평균치가

---

1)

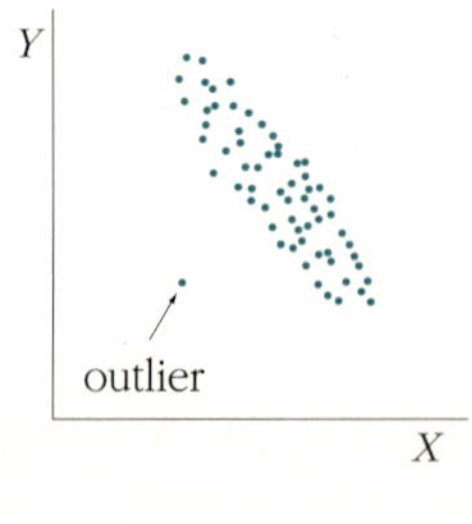

무의미할 경우에는 중앙치가 대표값으로 더 적절하다. 예를 들어, 일반적인 직장인들의 연봉에 관한 분포에서 억대 연봉을 받는 사람들은 극소수이지만 평균연봉에는 상당한 영향을 미친다. 이들 극단값은 평균치를 왜곡시키므로 이 경우에는 중앙치를 사용하는 것이 더 적절하다.

3) 평균치

평균치(Mean)는 가장 흔히 사용되는 집중경향치로서 일반적으로 평균이라고 말할 때에는 바로 이 평균치를 의미한다. 평균치는 모든 관측값의 총합을 전체 사례수로 나눈값이다. 즉, 모집단의 평균치를 구하는 공식은 $\mu = \frac{\Sigma X}{N}$이고, 표본의 평균치를 구하는 공식은 $\overline{X} = \frac{\Sigma X}{n}$이다. 예를 들어, 31, 21, 42로 구성된 표본의 평균치는 다음과 같다. $\overline{X} = \frac{\Sigma X}{n}$ 에서 $\frac{94}{3} =$ 31.3이다.

때로는 두 집단의 점수를 합해서 전체 평균치를 구해야 할 경우가 있다. 예를 들어, 기초통계학을 강의하는 교수가 중간고사에서 A학급의 20명 학생으로부터 50점이라는 평균점수를 얻었고, B학급의 30명 학생으로부터 60점이라는 평균점수를 얻었다고 가정해보자. 이 교수는 두 학급을 더한 전체 평균치가 얼마인지 알아보고자 한다. A학급은 $n=$ 20이고 B학급은 $n=30$이므로 두 학급을 합치면 $n=50$이 된다. 그러고 나서 두 집단의 총점을 구해야 되는데 처음에 A학급의 총점을 구하고, 그 다음에 B학급의 총점을 구한 다음 두 학급의 총점을 더하면 된다. 즉, A학급의 총점은 $20 \times 50 = 1{,}000$점이며, B학급의 총점은 $30 \times 60 = 1{,}800$점이다. 여기서 두 집단을 더한 평균치는 다음과 같다. $\overline{X} = \frac{\Sigma X}{n}$ 에서 $\frac{2{,}800}{50} = 56$이다. 이와 같이 표본의 크기가 다를 때에는 비중을 달리 해야 하는데 이것을 가중평균치(weighted mean)라 한다. 즉, 표본의 크기가 큰 집단에 더 많은 비중을 두어야 한다.

평균치는 분포의 균형점(balance point)이라는 특성이 있다. 〈그림 3-1〉

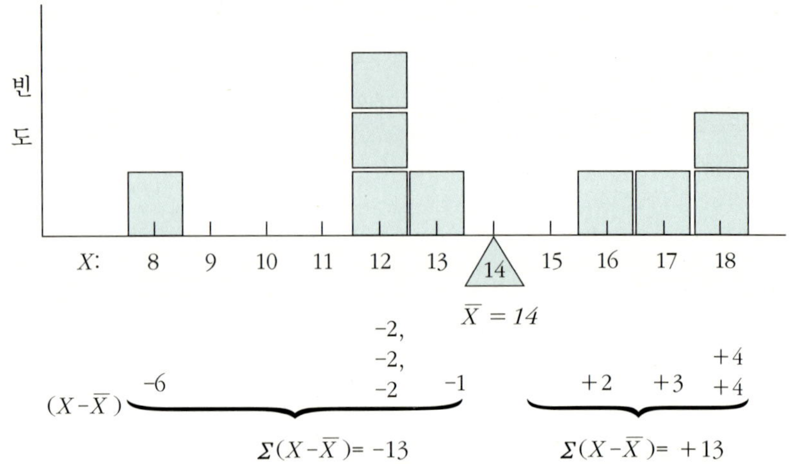

〈그림 3-1〉 분포의 균형점으로서의 평균치

출처: King, B. M., & Minium, E. W. (2003). *Statistical reasoning in psychology and education* (4th ed.). John Wiley & Sons, Inc.

과 같이 X축을 시소로 삼고 Y축에 빈도가 오게 한 다음 이 모집단의 빈도분포 히스토그램을 그렸다고 가정해보자. 만일 지레받침(균형점)을 평균치와 똑같은 값에 놓으면 이때 시소는 균형을 이룰 것이다. 그러나 그 분포에 점수가 하나라도 더해지면 균형은 깨지게 된다.

평균이 균형점이라는 사실은 평균치로부터 모든 점수의 합은 0이라는 공식에서도 알 수 있다. 즉, $\sum_{i=1}^{n}(X_i - \overline{X}) = 0$이다. 예를 들어, 3, 4, 5라는 세 개의 점수가 있다고 가정해보자. $\Sigma(X - \overline{X}) = (3-4) + (4-4) + (5-4) = 0$인 것을 알 수 있다. 〈그림 3-1〉에서도 $\Sigma(X - \overline{X}) = 0$ 이라는 사실을 확인할 수가 있다.

지금까지 설명한 세 종류의 집중경향치를 정규분포곡선과 편포곡선에서 비교해보면 그 민감도를 잘 알 수 있다. 〈그림 3-2〉에서 보는 바와 같이 정규분포곡선에서는 세 가지 집중경향치가 모두 같은 점에 있다. 한편 편포곡선(〈그림 3-3〉 참조)에서는 평균치가 분포의 꼬리 부분에 가장 근접하고, 최빈치는 꼬리 부분에서 가장 멀리 떨어져 있으며, 중앙치는 최빈치와 평균치의

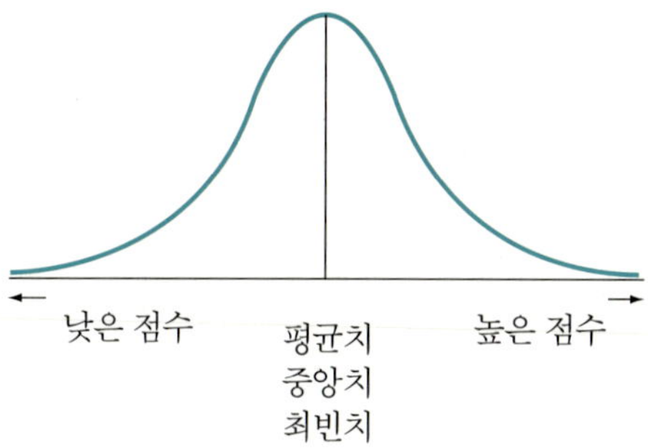

〈그림 3-2〉 정규분포곡선과 집중경향치

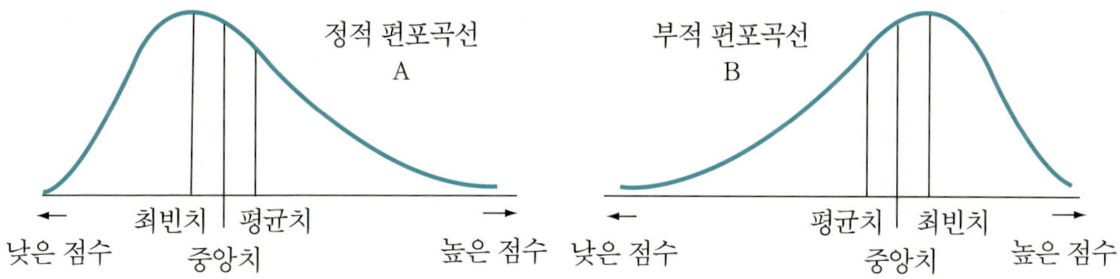

〈그림 3-3〉 편포곡선과 집중경향치

중간에 위치한다. 〈그림 3-3〉은 정적 편포곡선(positively skewed distribution)과 부적 편포곡선(negatively skewed distribution)에서의 세 가지 집중경향치의 위치를 보여주고 있다.

세 종류의 집중경향치 중에서 연구자는 자신의 연구에 가장 적합한 것을 선택해야 한다. 이때 고려할 사항은 첫째, 측정의 수준이다. 만약 수집된 자료가 명목척도라면 최빈치만이 사용될 수 있으며, 서열척도라면 최빈치와 중앙치가 사용될 수 있다. 등간척도나 비율척도의 자료라면 최빈치, 중앙치, 평균치 중 어느 것이나 사용할 수 있다. 둘째, 수집된 자료가 정규분포곡선인가 편포곡선인가에 달려 있다. 만약 자료가 편포곡선을 이룬다면 평균치보다는 중앙치를 사용하는 것이 더 바람직하다. 셋째, 자료분석에 사용되는 통계의 종류에 따라 다르다. 추리통계를 사용할 경우 평균치는 최빈치나 중앙치에 비해서 표집오차가 작아 안정성이 있기 때문에 표본으로부터 모집단의 특성을 추론하는 데 보다 정확하다는 장점이 있다. 하지만 표본의 크기가 작을 때에는 극단의 점수에 의해 영향을 많이 받기 때문에 평균치는 적합하지 않다는 단점이 있다.

2. 분산도

빈도분포에서 가장 대표적인 점수를 나타내는 집중경향치만으로는 그 집단의 특성을 파악하는 데 충분하지 않다. 왜냐하면 집중경향치에서 큰 차이가 없다 하더라도 분산도(variability)에서는 큰 차이가 있을 수 있기 때문이다. 수집된 자료를 요약하는 기술통계에서는 일반적으로 집중경향치와 분산도를 함께 제시한다. 집중경향치를 중심으로 해서 각 점수들이 얼마나 밀집해 있는지 아니면 흩어져 있는지 하는 정도를 안다면 그 집단의 특성은 더욱 잘 드러나게 된다. 〈그림 3-4〉에서 A 분포의 경우는 매우 동질적인 집단이고 B 분포의 경우는 상당히 이질적인 집단인 것을 알 수 있다. 이처럼 분산도가 작으면 점수가 모두 가까이 몰려 있을 것이고 그러면 각 개인점수는 평균치에 가까울 것이다. 이런 조건이라면 평균치는 점수들의 좋은 대표값이 된다. 그러나 분산도가 크다면 점수가 넓게 퍼져 있고 그 점수들은 평균에서 멀리 떨어져 있으므로 이 경우 평균치는 그 분포의 좋은 대표값이 되지 못한다.

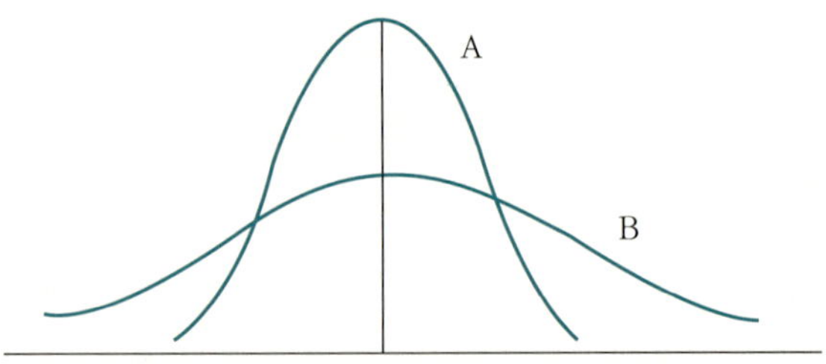

〈그림 3-4〉 동질적인 집단(A)과 이질적인 집단(B)의 분산도

〈표 3-3〉은 두 집단의 지능점수를 비교한 것이다. 두 집단 모두 지능검사의 평균점수는 100으로 동일하지만 분산도는 매우 다른 것을 알 수 있다. 첫 번째 집단은 매우 동질적(homogeneous)이지만 두 번째 집단은 매우 이질적(heterogeneous)이다. 만약 집단의 모든 점수들이 동일하다면 분산도는 0이 될 것이고, 점수들이 넓게 분포되어 있다면 분산도는 큰 수치를 가질 것이며, 점수들이 좁게 분포되어 있다면 분산도는 작은 수치를 가질 것이다. 그러나 어떤 경우에도 분산도가 부적(-) 값을 가질 수는 없다.

또 다른 예로 〈표 3-4〉는 각각 10명의 환자들이 의사 A와 B로부터 진료를 받기 전 기다린 시간에 관한 것이다. 두 집단의 환자들이 진료를 받기 전 평균 대기시간은 모두 19.6분으로 동일하다. 의사 A의 경우 어떤 환자는 10분도 채 기다리지 않고 진료를 받았지만 어떤 환자는 1시간 가까이 기다린 후에 진료를 받았다. 그런가 하면 의사 B의 경우는 대부분의 환자들이 진료를 받기 위해 기다린 시간은 20분 내외였다. 다시 말해서, 의사 A의 대기시간은 의사 B에 비해 분산도가 매우 높다는 것을 알 수 있다.

〈표 3-3〉 두 집단의 지능점수

집단 I	집단 II
102	128
99	78
103	93
96	101

〈표 3-4〉 환자들의 대기시간 (분)

의사 A		의사 B	
7	18	16	20
10	18	17	20
13	19	19	21
16	31	20	21
18	46	20	22

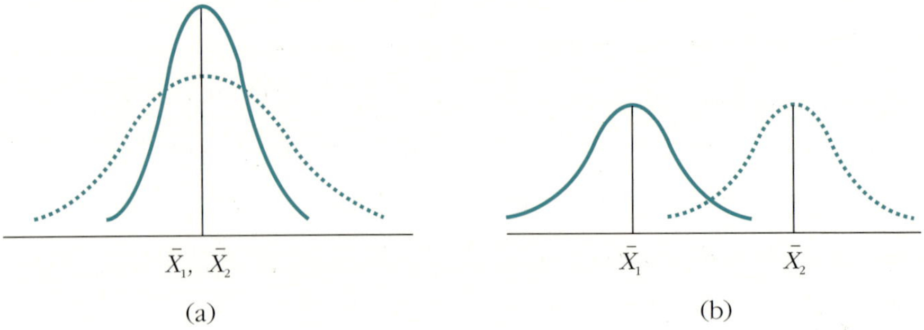

〈그림 3-5〉 집중경향치와 분산도

〈그림 3-5〉는 평균은 같으나 분산도가 다른 두 빈도분포의 그래프(〈그림 3-5a〉 참조)와, 분산도는 같으나 평균이 다른 두 빈도분포의 그래프(〈그림 3-5b〉 참조)를 나타낸 것이다.

1) 범위

범위(Range)는 분산도의 가장 간단한 측정치로서 수집된 자료 중에서 최고 점수와 최저 점수의 차이를 말한다. 범위는 계산하기는 간단하지만 단지 두 개의 점수만을 사용하기 때문에 안정적이지 못하며, 극단의 두 점수 가운

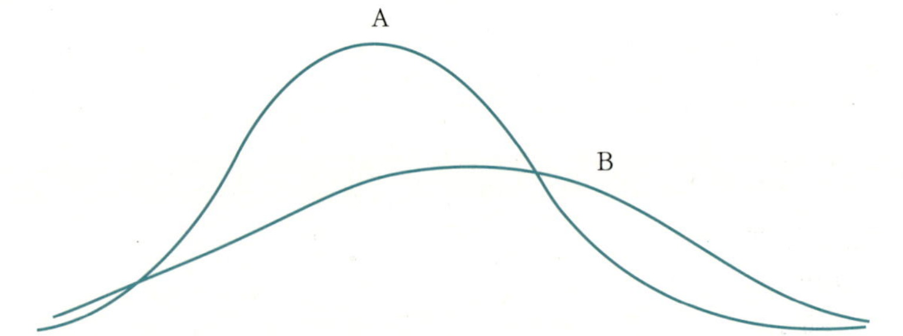

〈그림 3-6〉 범위는 같지만 분산도가 다른 두 집단

출처: 박정식 · 윤영선(1980). 통계학개론. 서울: 다산출판사.

데에 위치한 점수들의 변이에 대한 정보를 제공하지 못한다. 〈표 3-3〉의 집단 I 의 범위는 103-96=7이다. 〈그림 3-6〉과 같이 두 집단의 관찰된 분포에서 범위는 같지만 두 집단의 분포도뿐만 아니라 그 외의 성격도 아주 다를 수가 있다. 또한 범위는 사례수가 많을수록 커지는 경향이 있으므로 사례수가 다른 두 분포를 비교할 때에는 범위를 사용해서는 안 된다.

2) 변량과 표준편차

변량(variance)과 표준편차(standard deviation)는 어떤 분포의 분산도(dispersion)를 나타내는 개념 중에서 가장 자주 쓰이는 개념이다. 변량과 표준편차는 집단의 모든 점수에 근거하므로 범위보다 점수의 분산 정도를 더 정확하게 나타낸다. 변량과 표준편차는 같은 개념이며, 단순히 표준편차를 제곱한 것이 변량이다. 변량과 표준편차는 각 점수가 평균으로부터 얼마나 멀리 떨어져 있는가를 보여주는 것으로 이들을 산출하는 공식은 다음과 같다.

모집단에서의 변량 $\sigma^2 = \dfrac{\sum_{i=1}^{N}(X_i-\mu)^2}{N}$ 이며,

표본에서의 변량 $s^2 = \dfrac{\sum_{i=1}^{n}(X_i-\overline{X})^2}{N-1}$ 이다.

모집단에서의 표준편차 $\sigma = \sqrt{\dfrac{\sum_{i=1}^{N}(X_i-\mu)^2}{N}}$ 이며,

표본에서의 표준편차 $s = \sqrt{\dfrac{\sum_{i=1}^{n}(X_i-\overline{X})^2}{N-1}}$ 이다.

모집단을 대상으로 한 평균은 μ로 표시하며, 표본을 대상으로 한 평균은

$\overline{X}$로 표현한다. 변량이나 표준편차에서도 모집단을 대상으로 했을 때와 표본을 대상으로 했을 때 서로 기호를 달리하여 나타낸다. 모집단을 대상으로 했을 때 변량은 σ^2, 표준편차는 σ로 표시하며, 표본을 대상으로 했을 때 변량은 s^2, 표준편차는 s로 나타낸다.

표준편차는 표집에 따른 변화가 작으므로 표본으로 모집단의 분포를 추정할 때 가장 안정성 있는 분산도 지수라 할 수 있다. 다시 말해서 한 모집단에서 여러 개의 표본을 뽑은 다음 각 표본의 범위나 평균편차를 계산하면 표본마다 그 차이가 큰 데 비해서 표준편차를 구해보면 그 차이가 별로 크지 않다는 것이다.

그러나 표준편차는 모든 관찰된 수치들의 영향을 받는데, 특히 분포상에서 극단의 위치에 있는 관찰치들의 영향을 많이 받게 되므로 분포에 극단치가 있을 경우에는 표준편차를 사용하는 것이 적절하지 않다.

3) 평균편차

범위, 변량, 표준편차 등이 가장 많이 쓰이는 분산도이지만 때로는 평균편차(Mean Deviation)나 사분편차 등을 사용하기도 한다. 평균편차란 편차점수의 절대값의 평균을 의미하는 것으로 $MD = \frac{\Sigma|(X-\overline{X})|}{N}$이다. 이와 같이 평균편차는 절대값을 사용한다는 제한점 때문에 오늘날에는 잘 쓰이지 않는

〈표 3-5〉 평균편차 계산을 위한 예

학생	성적(X)	$\|X-\overline{X}\|$
A	28	1
B	36	7
C	17	12
D	35	6
E	29	0
	$\Sigma X = 145$	$\Sigma\|X-\overline{X}\| = 26$

다. 예를 들어, 5명으로 구성된 한 학과의 학생들의 통계학 기말고사 성적이 40점 만점에서 〈표 3-5〉와 같다고 가정해보자.

$$\overline{X} = \frac{\Sigma X}{n} \text{에서 } \frac{145}{5} = 29$$

$$MD = \frac{\Sigma \mid X - \overline{X} \mid}{N} \text{에서 } \frac{26}{5} = 5.2\text{이다.}$$

평균편차가 5.2라는 것은 각 학생들의 성적이 그 집단의 평균인 29를 중심으로 평균적으로 말해서 5.2씩 떨어져 있다는 것을 의미한다. 만일 다른 집단의 평균편차를 계산했을 때 9.5가 나왔다면 이것은 학생들의 성적이 평균편차가 5.2인 학생들의 집단보다 서로 차이가 더 많이 난다는 것을 의미한다.

4) 사분편차

앞에서 분포를 정확하게 절반으로 나누는 값이 중앙치라고 기술했었다. 이와 유사한 방법으로 사분범위(semi-interquartile range)를 사용하여 분포를 4개의 똑같은 부분으로 나눌 수 있다. 제1사분(Q_1)은 분포에서 하위 25%에 해당하는 점수이며, 제2사분(Q_2)은 분포의 50%에 해당하는 점수로 중앙치와 제2사분이 동일한 값이다. 제3사분(Q_3)은 분포의 75%에 해당하는 점수이다. 사분범위는 제1사분(Q_1)과 제3사분(Q_3) 간의 차이를 의미하는데, 사분편차는 사분범위의 $\frac{1}{2}$이 된다. 즉, 사분편차는 점수분포에서 중앙점수의 50%를 포함하는 75% 점수(Q_3)와 25% 점수(Q_1)의 범위를 2로 나눈 값으로 사분편차 $Q = \frac{Q_3 - Q_1}{2}$이다. 여기서 Q를 2로 곱한 것이 가운데 50%에 해당하는 점수가 된다.

사분편차(Semi-interquartile Deviation)는 분포 중앙의 50%에 집중하기 때문에 극단점수에 의해 거의 영향을 받지 않는다. 그러므로 범위보다 좀더 확실하게 분산도를 측정한다. 그럼에도 불구하고 사분편차는 개별 점수 간의 실제 간격을 계산하지 못하기 때문에 점수들이 얼마나 흩어져 있는지, 혹은 얼마나 모여 있는지에 대한 정확한 정보를 주지 못한다.

제4장
상관

집중경향치와 분산도는 하나의 변인에 대한 측정치이다. 그러나 아동연구에서는 대부분 하나의 변인만을 다루기보다는 오히려 둘 이상의 변인 간의 관계를 많이 다루게 된다. 상관은 두 변인 간의 관계를 기술하는 것으로 두 변인 간의 관계의 정도를 밝히기 위해 통계적 분석에 기초한 상관계수를 사용한다. 상관계수의 범위는 -1에서 1까지이다. 양수는 정적 상관(positive correlations)을 의미하며 음수는 부적 상관(negative correlations)을 의미한다. 부호에 관계없이 상관계수가 높을수록 두 변인 간의 관계가 강하다고 할 수 있다.

예를 들어, 100명의 학생들을 대상으로 그들의 신장과 체중을 측정해본 결과 일반적으로 키가 큰 사람이 체중이 많이 나가고 키가 작은 사람이 체중이 적게 나간다면 신장과 체중 간에는 정적 상관이 있다고 말할 수 있다. 반면, 중고차의 경우 오래된 것일수록 값이 덜 나가는데, 이때 경과한 햇수와 중고차값 간에는 부적 상관이 있다고 말할 수 있다. 그리고 신발치수와 그 사람의 지능지수를 비교해보면 두 변인 간에는 아무런 관계도 없음을 발견하게 되는데, 이때의 상관계수는 0에 가깝다고 볼 수 있다.

가장 흔히 사용되는 상관기법은 피어슨의 적률상관계수(Pearson product-moment correlation coefficient)이지만 그 외에도 각기 다른 형태의 변인에 적합한 다양한 상관기법이 많이 있다.

이 장에서는 상관의 개념, 상관과 인과관계, 상관계수와 영향요인, 피어슨의 적률상관계수, 순위상관계수, 양분상관계수, 양분점상관계수, Phi 상관계수, 사분상관계수, 분할상관계수, 상관비율, 다중상관, 정준상관, 편상관과 부분상관 등에 관해 살펴보기로 한다.

1. 갤튼과 상관의 개념

Francis Galton

Charles Darwin

상관의 개념은 영국의 생물학자 Francis Galton 경에 의해 발전되었다. '자연선택(natural selection)' 에 의한 '진화론' 을 주장한 Charles Darwin과 사촌 간인 Galton은 인종개량에 관한 사상을 통해 진화론을 인간에게 적용하였다.

Galton은 부모의 특성이 자녀에게 전달된다는 신념하에 일련의 연구를 진행하였는데, 그중 하나가 신장의 유전성에 관한 것이다(〈표 4-1〉 참조). 〈표 4-1〉에서 보는 바와 같이 부모의 신장(아버지와 어머니의 신장의 평균)은 X축에, 성인자녀의 신장은 Y축에 오도록 하였다. 예를 들어, 성인자녀의 신장이 66~67인치이고 부모의 평균신장이 68~69인치인 경우에 해당하는 빈도는 25인 것을 알 수 있다. 이와 같이 두 변인의 합동빈도(joint frequency)를 산포도(scatter diagram 또는 scattergram)라고 부른다. 〈표 4-1〉에서 동그라미를 친 숫자는 각 행(column)의 중앙치(median)를 포함하는 급간(class interval)을 의미한다. 예를 들어, 부모의 평균신장이 68~69인치이고 성인자녀의 신장 또한 68~69인치인 경우의 빈도는 34로 이것은 중앙치에 해당한다. 동그라미를 친 숫자를 선으로 연결하면 직선에 가까운 것을 알 수 있다. 따라서 Galton은 부모의 신장과 자녀의 신장은 직선관계(linear relationship)에 있다고 보았다.

그 후 1896년에 Galton의 제자인 Karl Pearson이 그의 업적을 계승하여 피어슨의 적률상관계수(Pearson's product-moment correlation coefficient)를 고안해 내었다.

〈**표 4-1**〉 부모의 평균신장과 성인자녀의 신장에 관한 Galton의 자료

성인자녀의 신장(인치)	부모의 평균신장(인치)										
	<64	64~65	65~66	66~67	67~68	68~69	69~70	70~71	71~72	72~73	≥73
>74							5	3	2	4	
73~74						3	4	3	2	2	③
72~73			1		4	4	11	4	9	⑦	1
71~72			2		11	18	20	7	4	2	
70~71			5	4	19	21	25	14	⑩	1	
69~70	1	2	7	13	38	48	㉝	⑱	5	2	
68~69	1		7	14	28	㉞	20	12	3	1	
67~68	2	5	⑪	⑰	㊳	31	27	3	4		
66~67	2	⑤	11	17	36	25	17	1	3		
65~66	①	1	7	2	15	16	4	1	1		
64~65	4	4	5	5	14	11	16				
63~64	2	4	9	3	5	7	1	1			
62~63		1		3	3						
<62	1	1	1			1		1			

출처: Galton, F. (1889). *Natural inheritance*. London: Macmillan.

2. 피어슨 적률상관계수

사진 설명: Karl Pearson이 딸과 함께

피어슨의 적률상관계수는 1896년 Karl Pearson이 개발한 것으로 신장이나 체중과 같이 연속적인 값을 가지는 두 변인 간의 관계를 말해주는 통계기법이다.

1) 산포도

〈표 4-2〉는 10명의 여자 대학생을 대상으로 측정 당시 그들이 받고 있는 스트레스의 양과 먹기장애(eating disorder)

에 관한 점수이다. 이때 두 변인 간의 관계를 *X*변인을 수평축으로 하고 *Y*변인을 수직축으로 하는 직교 좌표 위에 그래프로 나타낼 수 있는데 이것을 산포도라고 한다(〈그림 4-1〉 참조). 〈그림 4-1〉에서 보면 *X*축을 스트레스의 양으로 *Y*축을 먹기장애를 겪는 정도로 표현하고 있다. 예를 들어, 학생 J의 경우 스트레스 점수는 30이므로 *X*축의 30이라는 숫자 위에 그리고 먹기장애의 정도는 28이므로 *Y*축의 28과 *X*축의 30이 만나는 위치에 점을 찍게 된다.

〈표 4-2〉 스트레스(*X*)와 먹기장애(*Y*)에 관한 학생들의 점수

학생	스트레스(*X*)	먹기장애(*Y*)
A	17	9
B	8	13
C	8	7
D	20	18
E	14	11
F	7	2
G	21	5
H	22	15
I	19	26
J	30	28

산포도는 두 변인 간의 관계의 양상을 보여준다. 피어슨의 적률상관계수는 두 변인 간의 관계가 직선관계임을 전제로 한다. 〈그림 4-1〉을 보면 대체로 스트레스를 많이 받는 학생이 먹기장애의 정도도 심한 것을 알 수 있다. 물론 학생 G의 경우에서처럼 스트레스를 많이 받더라도(스트레스 점수는 21점) 먹기장애는 별로 겪지 않는(먹기장애 점수는 5점) 경우도 있지만 대체로 직선적인 양상을 보인다. 하지만 음주량과 사망률 간의 관계처럼 직선이 아니고 곡선관계인 경우도 있다(〈그림 4-2〉 참조). 이런 경우에는 피어슨의 적률상관계수를 적용할 수 없다.

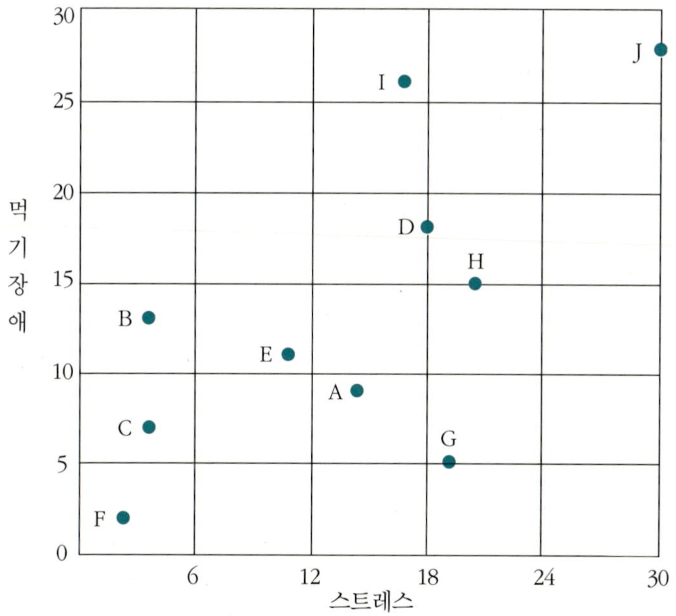

〈그림 4-1〉 스트레스 점수와 먹기장애 점수의 산포도

출처: King, B. M., & Minium, E. W. (2003). *Statistical reasoning in psychology and education* (4th ed.). John Wiley & Sons, Inc.

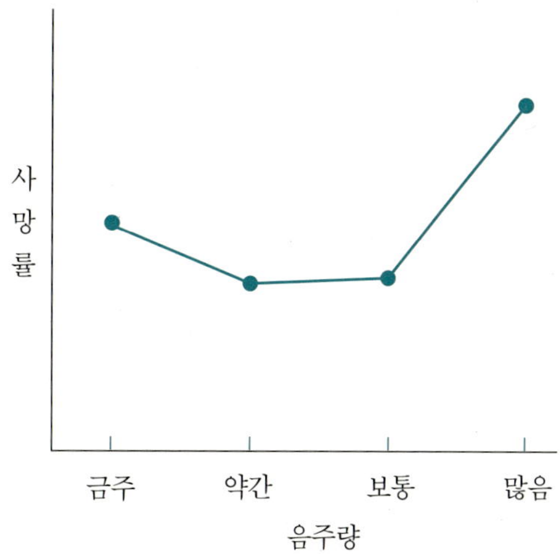

〈그림 4-2〉 음주량과 사망률 간의 관계

출처: King, B. M., & Minium, E. W. (2003). *Statistical reasoning in psychology and education* (4th ed.). John Wiley & Sons, Inc.

산포도는 두 변인 간의 관계의 정도뿐만 아니라 관계의 방향도 보여준다. X변인에서 점수가 높을수록 Y변인에서 점수가 높으면 두 변인 간에는 정적 상관이 있다는 것을 의미한다. 반면 X변인에서 점수가 높을수록 Y변인에서 점수가 낮으면 두 변인 간에는 부적 상관이 있다는 것을 의미한다. 끝으로 X변인과 Y변인 간에 아무런 상관이 없는 경우도 있다. 〈그림 4-3〉과 〈그림 4-4〉는 두 변인 간의 관계가 정적 상관 또는 부적 상관, 높은 상관 또는 낮은 상관, 전혀 상관이 없는 경우 등을 보여주고 있다.

2) 상관계수

두 변인 간의 상관의 정도를 나타내주는 것이 Pearson이 개발한 상관계수(coefficient of correlation)이다. 두 변인 간의 관계가 완벽하면 상관계수는 1.0 또는 -1.0이고, 두 변인 간에 전혀 상관이 없으면 상관계수는 0이 된다. 따라서 상관계수의 범위는 0에서 ±1.0이 된다.

부호는 상관의 정도와는 관계없이 관계의 방향을 나타내준다. 즉, 정적 상관은(+)로 부적 상관은(−)로 표현한다. 정적 상관이 부적 상관보다 관계의 정도가 높은 것으로 오해하는 사람도 더러 있지만 그것은 그렇지 않다. 부호만 다를 뿐 같은 상관계수를 가진다면 두 변인 간의 관계의 정도는 동일하다. 단지 관계의 방향만 다를 뿐이다. 예를 들어, 상관계수 .50과 −.50은 두 변인 간의 관계의 정도가 똑같다는 것을 말해준다.

3) 상관행렬표

수 많은 변인들 중에서 두 변인 간의 관계를 나타내주는 표가 상관행렬표이다. 예를 들어, 6개의 변인들이 있다면 15개의 상관계수가 나올 수 있다. 10개의 변인들을 가지고는 모두 45개의 상관계수가 가능하다. 일반적으로 상관계수의 수는 $\frac{k(k-1)}{2}$ 인데, 여기서 k는 변인의 수를 의미한다.

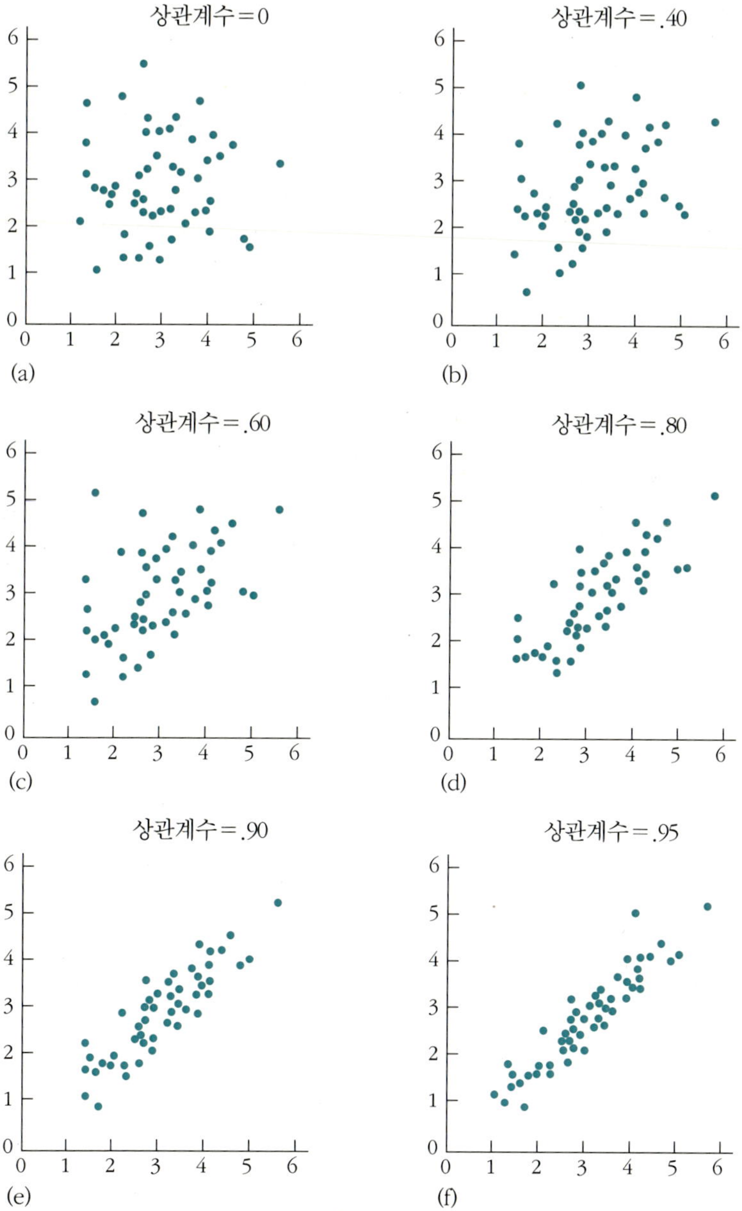

〈그림 4-3〉 정적 상관관계를 보여주는 산포도

출처 : Cohen, R. J., & Swerdlik, M. E. (2005). *Psychological testing and assessment: An introduction to tests and measurement* (6th ed.). McGraw-Hill.

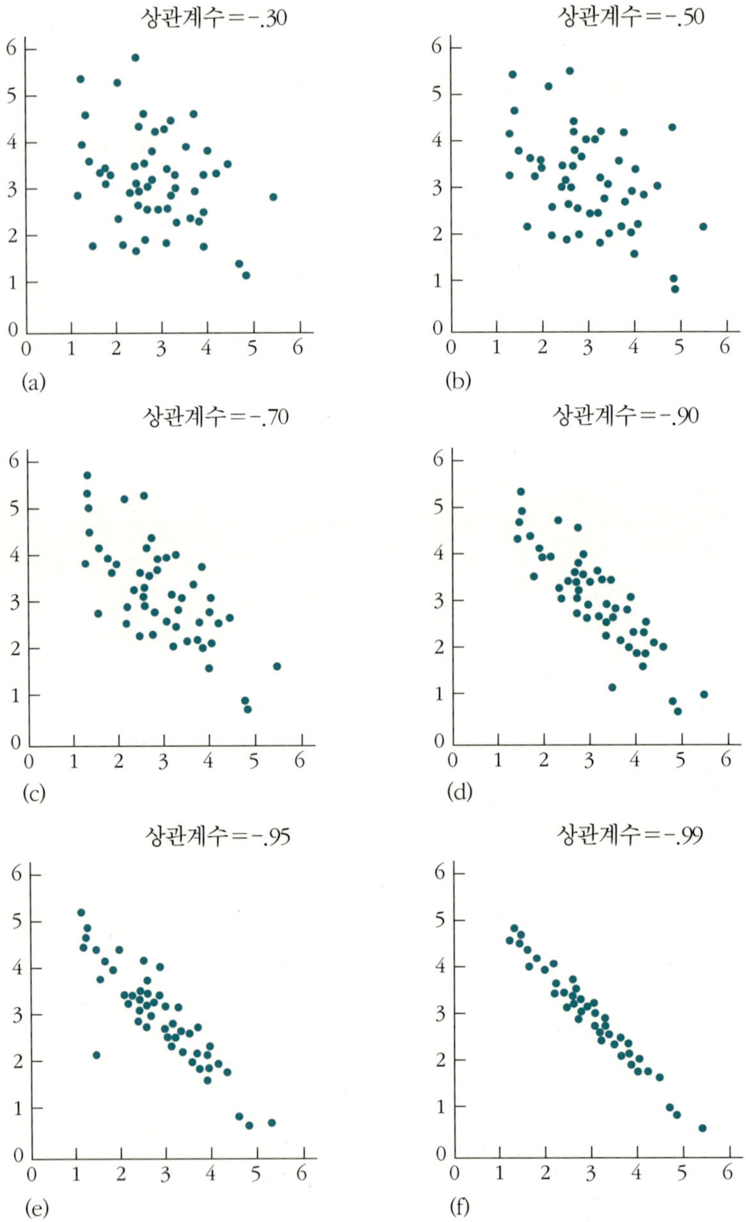

〈그림 4-4〉 부적 상관관계를 보여주는 산포도

출처 : Cohen, R. J., & Swerdlik, M. E. (2005). *Psychological testing and assessment: An introduction to tests and measurement* (6th ed.). McGraw-Hill.

〈표 4-3〉 상관행렬표의 예 1

요인	1	2	3	4	5
1. 수용	–				
2. 가족의 지원	.33	–			
3. 신앙	.13	.37	–		
4. 회피	.15	.02	.05	–	
5. 정서반응	.28	.34	.34	.29	–

출처: Heppner, P. P., Heppner, M. J., Lee, D., Wang, Y., Park, H., & Wang, L. (2006). Development and validation of a collectivist coping styles inventory. *Journal of Counseling Psychology, 53* (1), p. 113.

〈표 4-3〉은 5개의 변인들 간의 상관계수를 보여주고 있다. 이 표에서 보여주는 5개의 변인들은 대학생들을 대상으로 스트레스 상황에서 어떤 반응을 보이는가에 관한 것으로 수용, 가족의 지원, 신앙, 회피, 정서반응 등이다. 〈표 4-3〉에서 보듯이 이 상관행렬표에는 모두 10개의 상관계수가 삼각형으로 배열되어 있는데, 이들 상관계수는 그들이 속한 행과 열의 변인들 간의 상관계수이다. 예를 들어, 상관계수 .33은 '수용'과 '가족의 지원'이라는 변인들 간의 상관계수를 의미한다.

상관행렬표에서 대각선에 '—'로 나타나 있는 부분은 동일한 변인들 간의 상관계수이기 때문에 1.0으로 표현할 수도 있지만 대부분의 경우 빈칸으로 두거나 〈표 4-3〉에서처럼 '—'로 표현하기도 한다. 상관행렬표에서 '—'로 표현된 윗부분에는 상관계수가 전혀 없는 것을 볼 수 있는데, 이것은 '—'로 표현된 아랫부분에 나타난 상관계수들과 동일(중복)하기 때문이다.

〈표 4-4〉는 얼핏 봐서는 〈표 4-3〉의 상관행렬표와 유사한 것으로 보이지만 자세히 보면 〈표 4-3〉과는 다른 상관행렬표임을 알 수 있다. 첫째, 행과 열에 있는 변인들의 명칭이 동일하지 않다. 예를 들어, 첫 번째 열의 '수학'은 어떤 행에도 나와 있지 않다. 그리고 맨 마지막 행의 '철자법'은 어떤 열에도 나와 있지 않다. 둘째, 대각선에도 '—' 대신 상관계수들로 채워져 있다. 〈표 4-4〉와 같은 상관행렬표는 공간을 절약할 수 있다는 장점이 있는 반

〈표 4-4〉 상관행렬표의 예 2

요인	과학	사회	국어	영어	철자법
1. 수학	.306	.297	.217	.318.	.265
2. 과학		.429	.252	337	.241
3. 사회			.331	.386	.299
4. 국어				.483	.369
5. 영어					.429

출처: Swiatek, M. A. (2005). Gifted students' self-perceptions of ability in specific subject domains: Factor structure and relationship with above 3-level test scores. *Roeper Review, 27*(2), p. 106.

면, 행과 열의 변인의 명칭이 같지 않다는 점에서 혼란을 초래할 수도 있다는 단점이 있다.

3. 상관과 인과관계

두 변인 간에 상관이 있다는 것은 반드시 그들 간에 인과관계(causal relationship)가 있다는 것을 의미하지는 않는다. 한 예로 시험공부를 한 시간의 양과 시험성적 간에 높은 정적 상관이 있다고 해서 공부를 많이 할수록 시험성적이 좋아진다고 말할 수는 없다는 것이다. 어쩌면 지능이라는 제3의 변인이 두 변인 간의 상관관계에 영향을 미쳤을지도 모른다. 또 다른 예로, 한 연구에서 부모의 양육행동이 허용적일수록 아동의 자기통제 능력이 감소하는 것으로 나타났다면, 이 결과는 부모의 양육행동과 아동의 자기통제 능력이 서로 연관이 있음을 말해줄 뿐이다. 즉, 부모의 양육행동이 반드시 아동의 자기통제 능력이 감소된 것의 원인이 된다고 볼 수는 없다. 오히려 아동의 자기통제 능력 부족이 부모를 지치게 해서 아동의 행동을 통제하는 것을 포기하게 만들 수도 있다. 또한, 유전적 배경, 빈곤, 사회경제적 지위와 같은 제3의 요인이 두 변인 간의 상관의 원인이 될 수도 있다(〈그림 4-5〉 참조). 즉, 상관계수가 높다는 것만으로는 인과관계를 추론하기가 어렵다.

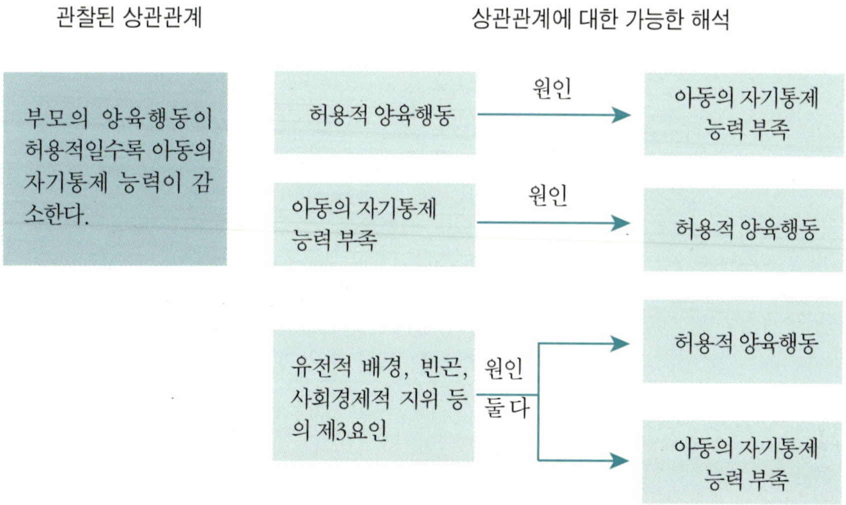

〈그림 4-5〉 상관관계에 대한 가능한 해석

따라서 두 변인 간에 상관이 있다는 것은 인과관계의 필요조건이다. 두 변인이 인과관계를 갖기 위해서는 반드시 두 변인 간에 상관이 있어야 한다. 그러나 상관은 인과관계의 충분조건은 아니다. 인과관계는 두 변인에 영향을 미칠지도 모르는 가외변인을 통제할 수 있는 실험연구에 의해서만 확인이 가능하다.

〈그림 4-6〉은 변인 X와 Y 간의 상관의 근거가 되는 네 가지 가능성을 보여주고 있다. (a)에서는 X가 Y의 원인이 되고 (b)에서는 그와 반대로 Y가 X의 원인이 되며 (c)에서는 제3의 요인이 이들 간의 관계에 영향을 미치고 (d)에서는 X와 Y에 영향을 미치는 여러 변인들의 복합적 관계를 보여주고 있다. 더욱이 이와 같은 상황이 동시에 발생할 수도 있다. 예를 들어, X와 Y가 서로서로 영향을 미칠지도 모른다. 따라서 변인들 간의 상관계수를 가지고 인과관계를 해석할 때에는 신중을 기해야 한다.

상관계수 자체가 인과관계를 증명하지 못한다고 해서 상관관계가 연구에서 전혀 중요하지 않다는 의미는 결코 아니다. 두 변인 간의 높은 상관은 오

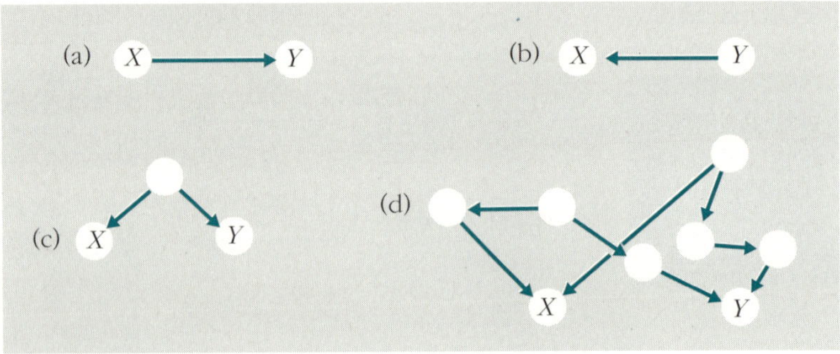

〈그림 4-6〉 다양한 종류의 인과관계

히려 부가적인 연구를 위한 기초가 된다. 예를 들어, 11개국을 대상으로 한 연구에서 흡연과 폐암 간에 .70의 높은 상관이 있다는 사실을 발견하였다(Doll, 1955). 연구대상 국가들마다 폐암의 원인이 될지도 모르는 공기오염 수준이나 그 외 다른 요인에서 차이가 많이 났기 때문에 흡연이 폐암의 원인이 된다고 단정적인 결론을 내릴 수는 없었지만 이 연구결과는 수많은 후속 연구를 가능하게 하였다. 결국 이 연구결과가 발표된 이후 미국공중위생국 장관은 미국에서 판매되는 담뱃갑에 흡연이 건강을 해칠지도 모른다는 경고문을 삽입하도록 지시하였다.

Edward W. Minium

4. 상관계수와 영향요인

상관계수에 영향을 미치는 요인으로는 직선회귀, 공분산성, 비연속적 분포, 분포의 형태, 표본의 크기, 점수의 범위, 표본의 이질성 등이 있다(Minium, 1978).

1) 직선회귀(Linearity of Regression)

피어슨의 적률상관계수를 산출하는 공식은 변인 X와 Y의 분포가 직선관계에 있다는 것을 전제로 한다. 그러나 두 변인 간의 관계는 직선관계일 수도 있고 그렇지 않을 수도 있다. 〈그림 4-7〉의 2개의 산포도는 X와 Y라는 두 변인 간의 관계가 직선이 아니고 곡선임을 보여주고 있다. 이때 두 변인 간의 상관도를 피어슨의 적률상관계수로 산출하게 되면 두 변인 간의 상관은 과소평가될 것이다. 더욱이 자료가 직선으로부터 멀어지면 멀어질수록 두 변인 간의 상관은 더욱 과소평가될 것이다. 〈그림 4-7a〉는 〈그림 4-7b〉보다 직선으로부터 더 멀어져 있다. 따라서 (a)는 (b)보다 그 관계가 더욱 과소평가될 것이다. 두 변인 간의 관계가 직선이 아니라 곡선일 때에는 곡선상관 기법인 상관비율(correlation ratio: eta)을 적용해야 한다. 다행스럽게도 상당수의 변인들이 직선관계 양상을 나타내기 때문에 피어슨의 적률상관계수가 유용하게 사용될 수 있다.

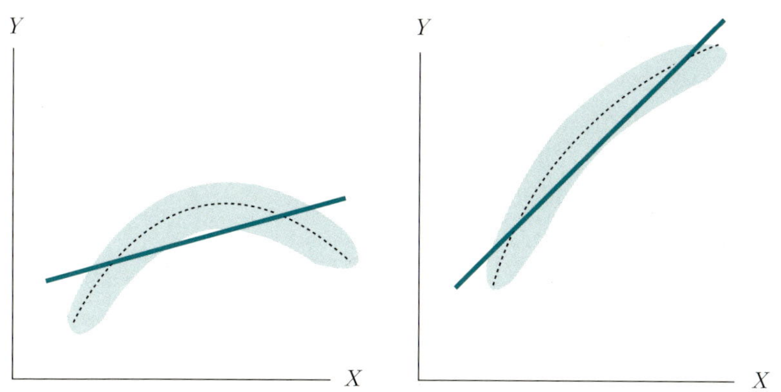

(a) (b)

〈그림 4-7〉 곡선관계를 보여주는 자료의 산포도

2) 공분산성(Homoscedasticity)

자료가 직선으로부터 멀어질수록 상관계수가 낮아진다는 것을 앞에서 살펴보았다. 〈그림 4-8〉은 X의 값에 따라 변하는 Y의 분산도를 보여주는 2개의 산포도(scattergram)이다. (a)의 산포도에는 X의 값에 상관없이 대응하는 Y의 값이 동일한 범위로 산포되어 있다. 그러나 (b)의 산포도에는 X값이 낮을 때에는 Y값이 좁게 산포되어 있고, X값이 높을 때에는 Y값이 넓게 산포되어 있다. 상관계수는 회귀선을 중심으로 산포도의 넓이에 따라 그 값이 정해지기 때문에 (a)의 산포도와 같이 회귀선을 중심으로 산포도의 범위가 동일할 경우에 산출된 상관계수는 X값에 상관없이 일괄적으로 적용된다. 그러나 (b)의 산포도는 회귀선을 중심으로 X값에 따라 Y의 산포상태가 동일하지 않기 때문에 X값이 낮은 경우의 상관계수는 과소평가되며 X값이 높은 경우의 상관계수는 과대평가된다. 즉, (b)의 경우 상관계수는 X의 중간점에 해당하는 Y의 산포상태(Y산포의 평균)가 기준이 된다.

회귀선을 중심으로 산포도의 범위가 동일할 때 두 변인의 분포는 공분산성(homoscedasticity)을 나타낸다고 한다. 다시 말해서, 산포도를 X값에 따

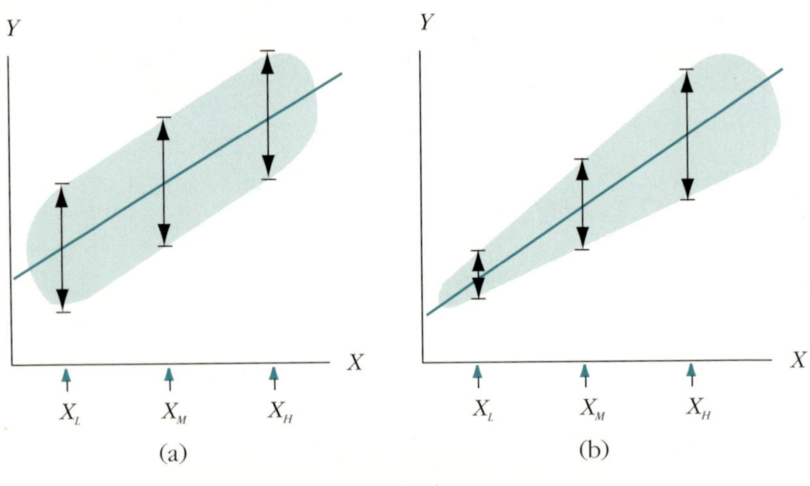

〈그림 4-8〉 X의 값에 따른 Y의 분산도

라 행(column)으로 나눌 때 Y의 분산이 같고, Y값에 따라 열(row)로 나눌 때 X의 분산이 같다는 것이다. (a)는 공분산성이 있는 반면 (b)는 그렇지 못하다는 것을 그림에서 알 수 있다. 공분산성을 검증하는 통계방법이 따로 있지만 가장 간단한 방법은 산포도를 확인하는 것이다. 직선회귀와 마찬가지로 다행스럽게도 상당수의 변인들이 공분산성을 보여주고 있다.

3) 비연속적 분포(Discontinuous Distributions)

수능고사 점수와 대학성적(GPA) 간의 관계를 연구한다고 가정해보자. 연구자는 한 대학의 지난해 신입생들 중 장학생과 학사경고자 명단을 입수하였다. 이들을 대상으로 하여 수능고사 점수와 GPA 간의 관계를 그림으로 나타내보면 〈그림 4-9〉와 비슷하게 될 것이다. 그림에서 보는 바와 같이 수능고사 점수와 대학성적이 중간에 해당하는 학생들의 정보는 누락되어 있다. 이와 같이 비연속적 자료에서 산출된 상관계수는 연속적 자료에서 산출된 상관계수보다 높게 나온다.

〈그림 4-9〉 비연속적 자료의 산포도

4) 분포의 형태(Shape of the Distributions)

순전히 자료를 요약하고 기술하는 목적으로 상관계수를 산출하는 것이라면 X와 Y 두 변인이 정규분포를 이루어야 한다는 가정을 할 필요는 없다. 그러나 표본의 상관계수로부터 모집단의 상관계수를 추정할 때에나 예측 오차의 범위를 결정할 때에는 X와 Y가 정규분포를 이룬다는 가정을 충족시켜야 한다. 만약 X나 Y가 편포되어 있다면 두 변인은 곡선 관계일 가능성이 있다. 따라서 X나 Y가 정규분포를 이루지 않는다면 두 변인의 회귀선이 직선이라고 가정할 수 있는지 산포도를 확인해보아야 한다.

5) 표본의 크기(Sample Size)

표본의 통계량으로부터 모집단의 모수를 추정하려는 목적으로 산출된 상관계수는 표본의 크기에 따라 그 값이 달라진다. 표본이 크면 표본 상관계수(r)는 모집단 상관계수(ρ)에 가까워진다. 그러나 표본이 작으면 r은 표본에 따라 그 값이 크게 변하여 ρ에서 멀어진다. 〈표 4-5〉는 상관계수가 0인 모집단으로부터 임의로 표본을 추출하였을 때에 표본의 크기에 따라 변하는 r값의 80%와 95%가 포함될 한계(limits)를 나타내고 있다. 이 표에 나타난 바와 같이 표본이 작으면 그 한계는 넓어지고 표본이 크면 그 한계는 좁아진다. 그

〈표 4-5〉 $\rho = 0$일 때의 표본의 크기와 r의 80%, 95% 한계

표본의 크기	r의 80% 한계	r의 95% 한계
5	−.69 ~ .69	−.88 ~ .88
15	−.35 ~ .35	−.51 ~ .51
25	−.26 ~ .26	−.40 ~ .40
50	−.18 ~ .18	−.28 ~ .28
100	−.13 ~ .13	−.20 ~ .20
200	−.09 ~ .09	−.14 ~ .14

리고 표본의 크기가 작으면 상관계수가 우연히 높아질 가능성이 크다.

6) 점수의 범위(Range of Talent)

미국에서 지원자들에게 SAT 점수 800점 이상을 요구하는 보통 수준의 대학의 경우 SAT와 GPA 간의 관계를 산포도로 표현하면 〈그림 4-10〉의 (a)와 비슷할 것이다. 여기서, SAT와 GPA 간에는 중간 정도의 상관이 있는 것으로 보인다. 하지만 SAT점수 1200점 이상을 요구하는 명문대학의 경우라면 SAT와 GPA 간의 관계가 〈그림 4-10〉(a)의 오른쪽 부분과 비슷할 것이다. 이를 좀더 확대해서 재구성해보면 〈그림 4-10〉의 (b)와 같을 것이다. 〈그림 4-10〉의 (a)와 (b)에서 보듯이 점수의 범위가 작을수록 상관계수가 낮아지는 것을 볼 수 있다. 만약 *X*값의 범위를 제한했을 경우만 본다면 대학에서 지원자를 선발하는 조건으로 SAT 점수가 별로 쓸모가 없다고 생각할지 모른다.

일반적으로 학력검사 점수와 학업성취도와의 관계는 초등학교에서 가장 높고, 고등학교에서는 그보다 조금 낮으며, 대학교에서는 상관관계가 가장 낮은 것으로 나타난다. 이러한 차이는 초등학교에서 학생들 간의 능력의 차

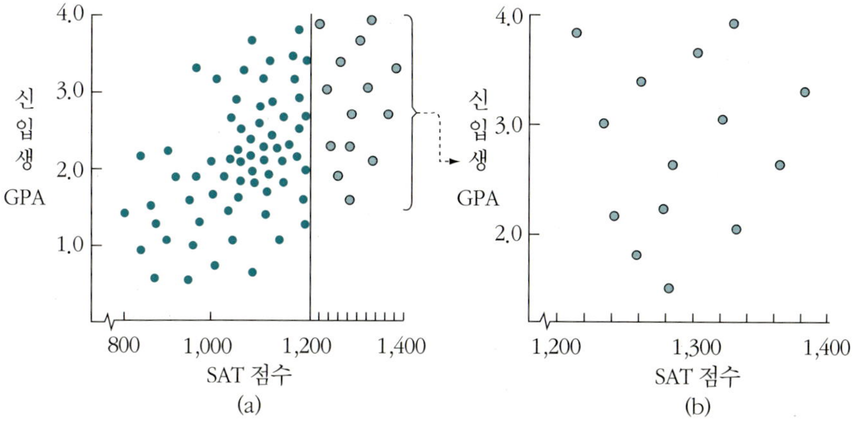

〈그림 4-10〉 점수의 범위가 제한되었을 때(b)와 제한되지 않았을 때(a)의 SAT와 GPA의 관계

이(범위)가 가장 크고 상급학교로 올라갈수록 그 범위가 작아지는 데에 기인한다. 이러한 상황에서 X나 Y 또는 두 변인 모두에서 범위의 축소현상이 일어난다. 다른 조건이 동일하다면 범위가 작으면 작을수록 상관계수는 낮아진다.

앞에서 회귀선을 중심으로 주어진 X값에 대응하는 Y값의 분산이 크면 상관이 낮아지고, 주어진 X값에 대응하는 Y값의 분산이 작으면 상관이 높아진다는 것을 살펴보았다. 그러나 상관계수는 회귀선을 중심으로 주어진 X값에 대응하는 Y의 분산의 크기($S_{YX}{}^2$)에만 관련이 있는 것이 아니라 전체 Y값의 분산에 대한 $S_{YX}{}^2$의 상대적 크기와도 관련이 있다. 〈그림 4-11〉은 산포도와 X값의 범위를 제한한 그림이다. X값의 범위를 제한하지 않았을 때에는 타원형이지만 X값의 범위를 제한했을 때에는(타원형의 왼쪽 부분이 잘려져 나감) 산포도는 타원형의 일부가 된다. 공분산성(homoscedasticity)의 가정을 충족시킨다면 주어진 X값에 대한 Y값의 분산($S_{YX}{}^2$)은 변하지 않으나, X의 범위를 제한할 때 Y의 분산($S_Y{}^2$)은 작아짐을 알 수 있다. 따라서 X의 범위를 제한할 때 $S_{YX}{}^2$는 변하지 않으나 $S_Y{}^2$는 작아지기 때문에 결과적으로 상

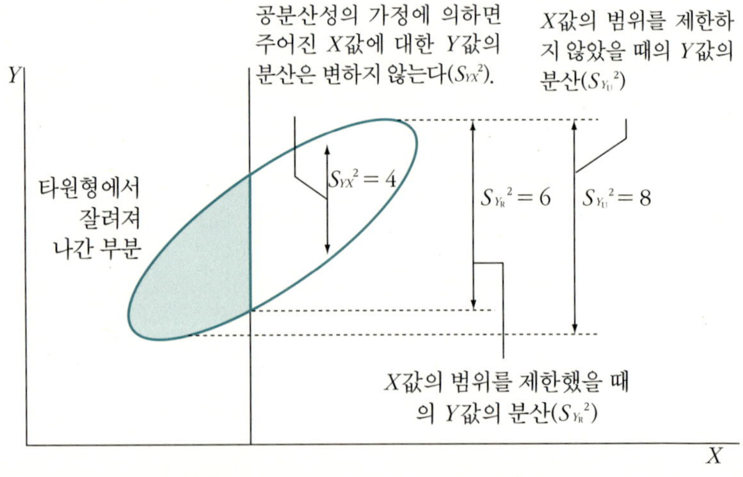

〈그림 4-11〉 X의 범위가 다를 때 $S_{YX}{}^2$와 $S_{Y}{}^2$ 간의 관계

관계수는 작아진다.

7) 표본의 이질성(Heterogeneity of Samples)

기초통계학을 강의하는 A교수가 학업적성검사와 학점 간의 상관계수를 구했더니 .50으로 나왔다. 재미삼아 같은 과목을 강의하는 B교수에게도 두 변인 간의 상관계수를 구해보라고 권유한 결과 B교수의 학급에서도 같은 결과가 나왔다고 가정해보자. 이때 A교수는 두 학급을 합해서 두 변인 간의 상관계수를 구하면 어떤 결과가 나올지 호기심이 발동하였다. 실제로 그렇게 해보았더니 이제 상관계수가 .30으로 떨어졌다. 왜 그럴까?

A교수는 매우 엄격하게 학점을 주기 때문에 그 학급에서 A를 받기는 매우 힘든 일이다. 반면 B교수는 C 이하의 학점을 주는 일이 매우 드물다. 결과적으로 두 학급으로부터 나온 결과를 산포도로 표현하면 〈그림 4-12〉의 (a)와 같다. 두 학급의 학생들의 능력(X)은 비슷하지만 학점(Y)은 그렇지 않다. 두 학급을 합해서 나온 상관계수가 낮은 이유는 두 학급의 상관계수를 따로따로 구했을 때보다 점수들이 회귀선(regression line) 가까이에 모여 있지 않기 때문이다. 다시 말해서 $S_Y{}^2$에 대한 $S_{YX}{}^2$ 비율이 각각의 표본에서 더 작기 때문이다.

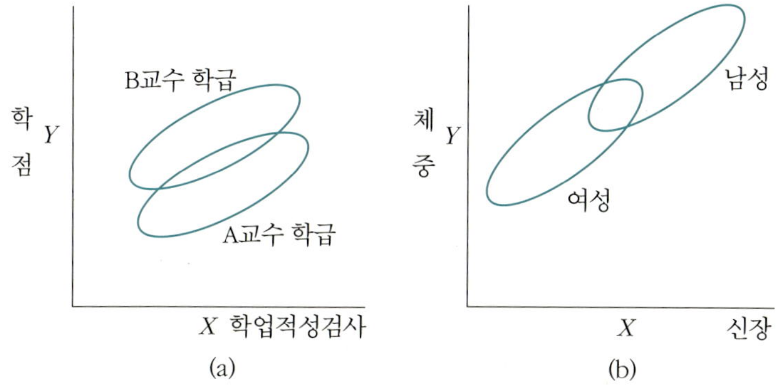

〈그림 4-12〉 이질적인 두 표본을 합했을 경우의 상관관계

앞에서 예로 든 경우는 X의 평균은 비슷하지만 Y의 평균에서 두 집단 간에 차이가 있다. 또 다른 경우도 가능한데 〈그림 4-12〉의 (b)에서 보듯이 두 번째 표본이 X와 Y의 평균 모두 첫 번째 표본보다 높을 때에는 각각의 표본에서보다 두 표본을 합했을 경우 $\frac{S_{YX}^2}{S_Y^2}$가 더 작기 때문에 두 변인 간의 상관계수가 더 높은 것으로 나온다. 신장과 체중 간의 상관계수가 비슷한 두 이질 집단을 합하여 두 변인 간의 상관계수를 산출하는 경우가 그 예가 된다. 〈그림 4-12〉의 (b)는 신장과 체중 두 변인 모두 평균이 다른 남성과 여성 두 집단을 합한 산포도이다. 이 그림에서 두 집단을 합한 후의 상관계수는 높아지게 된다. 왜냐하면 다른 조건이 동일하다면 상관계수는 X와 Y의 범위의 영향을 받기 때문이다.

5. 기타 상관계수

앞에서 살펴본 피어슨의 적률상관계수는 두 변인이 연속적인 등간척도인 경우에만 사용할 수 있다. 여기서는 피어슨의 적률상관계수를 사용하기에 적합하지 않은 자료를 가지고 산출할 수 있는 몇 가지 상관기법을 알아보기로 한다.

1) 순위상관계수(Rank Order Correlation: ρ)

Charles E. Spearman

두 변인이 모두 서열척도인 경우에는 Spearman의 순위상관계수를 산출하는 것이 적합하다. 순위상관계수는 비모수 통계방법으로서 두 변인이 모두 등간척도인 경우라도 표본의 크기가 너무 작을 경우(예: 30 미만)에는 피어슨의 적률상관계수 대신에 순위상관계수가 사용되기도 한다.

〈표 4-6〉에는 순위상관계수를 이용한 예가 제시되어 있다.

〈표 4-6〉 예비유아교사의 컴퓨터 활용능력, 웹기반 교육에 대한 인식도 및 학습효과 간의 순위상관계수

	웹기반 교육에 대한 인식도	학습효과	
		지필평가	과제평가
컴퓨터 활용능력	.358*	.221*	.258*
웹기반 교육에 대한 인식도		.264*	.218*

* $p < .05$

출처: 천희영 · 강신영 · 김종민(2004). 예비교사의 웹기반 교육 학습효과 및 인식에 관한 연구. 미래유아교육학회지, 11(3), 119-139.

예비유아교사의 컴퓨터 활용능력, 웹기반 교육에 대한 인식도와 학습효과 점수를 순위점수로 산출하여, 해당 변인의 순위짐수 긴 상관관계를 Spearman의 ρ로 산출하였다. 결과를 살펴보면, 예비유아교사의 컴퓨터 활용능력의 순위점수는 웹기반 교육에 대한 인식도의 순위점수와 유의한 상관이 있다. 즉, 컴퓨터 활용능력이 높을수록 웹기반 교육에 대한 인식도가 높음을 알 수 있다. 또한 웹기반 교육의 학습효과와 관련하여 컴퓨터 활용능력과 웹기반 교육에 대한 인식도는 학습효과의 두 하위변인 모두와 유의한 정적인 상관관계가 있는 것으로 나타났다. 즉, 컴퓨터 활용능력이 높을수록, 웹기반교육에 대한 인식이 높을수록 지필평가와 과제평가 결과점수가 높음을 알 수 있다.

2) 양분상관계수(Biserial Correlation: r_{bis})

두 변인이 모두 연속변인이지만 그중 한 변인을 인위적으로 양분하는 경우 사용되는 것이 양분상관계수이다. 연속변인을 인위적으로 양분하는 예로는 지능지수를 상하로 나누거나 학업성적을 합격 또는 불합격으로 나누는 것이다. 양분상관계수는 양분되는 변인이 정규분포를 이룬다는 가정을 충족해야 사용할 수 있다. 정규분포의 가정을 충족하지 못할 경우에 양분상관계

수는 1보다 큰 값을 가질 수 있다.

3) 양분점상관계수(Point Biserial Correlation: r_{pbis})

한 변인은 연속변인(예: 지능지수)이고 나머지 한 변인은 양분변인(예 : 성별)인 경우 산출하는 것이 양분점상관계수이다. 일반적으로 양분상관계수보다 더 낮은 값이 산출된다.

4) Phi 상관계수(Phi Correlation: Φ)

Phi 상관계수는 두 변인이 모두 양분변인인 경우에 사용된다. Phi 상관계수를 산출하는 예로 한 변인은 성별이고 다른 변인은 오른손잡이인가 또는 왼손잡이인가를 알아보는 경우를 들 수 있다.

5) 사분상관계수(Tetrachoric Correlation: r_t)

사분상관계수는 두 변인이 모두 연속변인이지만 두 변인을 모두 인위적으로 양분하는 경우 사용할 수 있다. 양분상관계수와 마찬가지로 양분되는 변인이 정규분포를 이룬다는 가정하에 사분상관계수가 사용될 수 있다.

6) 분할상관계수(Contingencey Coefficient: C)

분할상관계수는 두 변인이 모두 셋 이상의 범주(category)를 가진 경우에 사용된다. 만약 두 변인이 모두 두 개의 범주를 가진 양분변인인 경우에는 Phi 상관계수가 산출된다는 것을 앞에서 살펴보았다. 분할상관계수가 사용되는 예로 한 변인으로는 아버지의 눈동자 색깔과 또 다른 변인으로는 아들의 눈동자 색깔을 들 수 있다. 이때 유전의 영향을 알아볼 수 있다. 분할상관계수는 카이제곱검증과 밀접한 관련이 있다.

7) 상관비율(Correlation Ratio: η)

피어슨의 적률상관계수는 두 변인의 관계가 직선관계일 때 적합한 상관기법이다. 만일 두 변인의 관계가 직선이 아니라 곡선관계라면 이때 산출되는 r은 두 변인 간의 상관계수를 과소평가하게 된다. 두 변인의 관계를 곡선으로 표현하는 것이 적합할 때 사용되는 것이 상관비율이다. 일반적으로 불안수준과 성취행동 간의 관계는 곡선관계이다. 즉, 불안수준이 너무 낮거나 너무 높으면 성취수준이 낮고, 불안수준이 중간 정도일 때 성취수준이 높은 경향이 있다(〈그림 4-13〉 참조).

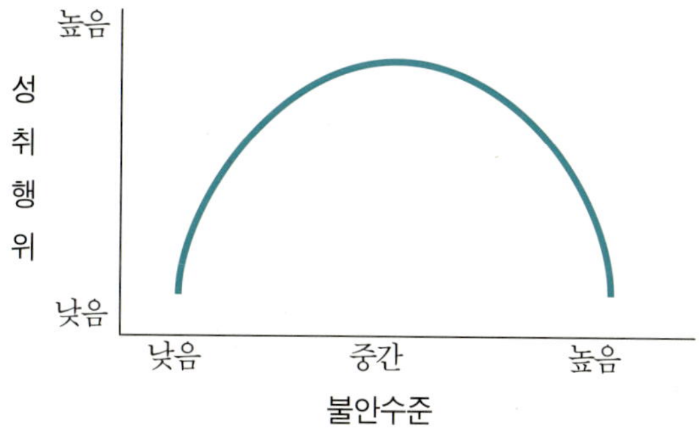

〈그림 4-13〉 불안수준과 성취행위와의 관계

8) 다중상관(Multiple Correlation: R)

지금까지 살펴본 상관기법들은 모두 두 변인의 관계에 관한 것이다. 그러나 어떤 연구에서는 둘 이상의 예측변인(predictor variable)과 한 개의 준거변인(criterion variable) 간의 관계를 알아보고자 한다. 이때 사용되는 것이 다중상관이다. 예를 들어, 고등학교성적, 수능점수, IQ점수로 대학에서의 학업성적을 예측하는 경우 다중상관이 사용된다. 이때 위의 세 변인 중 어느 한 변인만을 가지고 대학에서의 학업성적을 예측하는 것보다는 세 변인을 가지고 예측함으로써 더 정확한 예측치를 구할 수 있다.

〈표 4-7〉은 자아분화와 부부갈등으로 주부의 결혼만족도를 예측하는 경우 다중상관이 사용된 예이다. 단지 일상적 스트레스만으로 결혼만족도를 예측하는 것보다는 두 변인을 동시에 고려함으로써 보다 정확한 예측치를 구할 수 있다. 〈표 4-7〉에는 결혼한 부인의 자아분화 하위요인 및 부부갈등과 결혼만족도 간의 관계가 제시되어 있다. 부인의 정서적 반응($r=-.24$)과 정서적 단절($r=-.18$), 부부갈등($r=-.41$)은 결혼만족도와 부적인 상관이 있으나 자기입장($r=.21$)과는 정적인 상관이 있는 것으로 나타났다. 즉, 부인의 정서적 반응이 즉각적이고, 자기분화가 낮으며, 정서적으로 단절되어 있고, 부부간의 갈등이 높을수록 결혼만족도가 낮고 타인과의 관계에서 자신의 입장을 분명히 밝힐 수 있는 부인일수록 결혼만족도가 높은 것으로 나타났다.

〈표 4-7〉 부인의 자아분화, 부부갈등과 결혼만족도 간의 관계

변인	정서적 반응	자기입장	정서적 단절	타인과의 융합	부부갈등	결혼 만족도
정서적 반응	—					
자기입장	-.05	—				
정서적 단절	.40***	-.05	—			
타인과의 융합	-.12	.06	-.06	—		
부부갈등	.19**	-.05	.32***	.05	—	
결혼만족도	-.24**	.21**	-.18*	.03	-.41***	—
평균	3.79	3.23	4.22	3.97	4.47	4.87
표준편차	.62	.71	.53	.61	.49	1.47

* $p < .05$ ** $p < .01$ *** $p < .001$

출처: 한영숙(2007). 부부의 자아분화 수준에 따른 부부갈등과 결혼만족도에 관한 연구. 한국생활과학회지, 16(2), 259-272.

9) 정준상관(Canonical Correlation: *R*)

둘 이상의 예측변인과 둘 이상의 준거변인 간의 관계를 알아보고자 할 때 사용되는 것이 정준상관이다. 정준상관은 독립(예측)변인군과 종속(준거)변인군과의 선형관계를 최대로 표현해주는 변량분석기법이다. 즉, 다중상관에서 한 개의 종속변인을 설명하는 여러 개의 독립변인과의 관계에서 발전하여 여러 개의 독립변인이 여러 개의 종속변인에 미치는 선형관계 및 설명력의 크기를 나타내주는 분석기법이다. 예를 들어, 어머니의 양육행동 중 하위변인인 자율, 애정, 성취, 관심 등을 예측변인군으로 하고 아동의 사회적 능력 중 유능성, 지도력, 불안정성 등을 준거변인군으로 하여 정준상관분석을 실시했다고 가정해보자. 분석결과 어머니의 양육행동 중 가중치가 가장 높은 변인이 애정이고 아동의 사회적 능력 중 가중치가 가장 높은 변인이 유능성이라고 한다면 어머니의 애정지향적 행동이 아동의 유능성을 가장 잘 예측하는 것으로 볼 수 있다.

또 다른 예로 부모의 가족가치관 하위변인인 결혼관, 자녀관, 성역할관, 효도관 등을 예측변인군으로 하고 부모역할책임감 중 인지발달도모, 정서적 안정감, 규범교육, 건강관리 등을 준거변인군으로 하여 정준상관분석을 실

〈표 4-8〉 부모의 가족가치관 하위변인군과 부모역할 하위변인군 간의 정준상관관계 분석

		예측변인군										준거변인군												
		결혼관	자녀관	성역할관	효도관	정상가족이데올로기	유교주의	도구주의	정서주의	개인주의		인지발달도모	정서적안정감도모	사회성발달도모	규범교육	신체발달도모	위생상태도모	생존능력증진	건강관리	물리적환경제공	정서적욕구다루기	사회생활의식고취	가족공동체의식고취	
정준변량함수	W	-.77	-.26	.19	.12	.63	-.30	-.89	.63	-.02		-.85	.43	-.04	.14	-.07	.21	.71	-.16	-.82	.74	-.08	-.47	
	L	-.59	-.54	.11	.07	.17	.12	-.35	-.01	-.19		-.59	-.07	-.02	-.11	-.15	-.01	.10	-.09	-.47	-.02	-.45	-.10	
	L^2	.35	.35	.01	.00	.02	.01	.12	.01	.04	.91	.35	.00	.00	.01	.02	.00	.00	.00	.22	.00	.20	.01	.82
	$\%\Sigma L^2$	.38	.38	.01	.00	.01	.01	.13	.01	.04		.43	.00	.00	.01	.02	.00	.00	.00	.27	.00	.24	.01	

출처: 정옥분 · 정순화 · 김경은 · 박연정(2007). 가족가치관과 부모역할인식에 관한 연구-세대 간 차이를 중심으로-. 한국가족관계학회지, 12(2), 215-249.

시한 연구가 있다(〈표 4-8〉 참조). 분석결과를 살펴보면, 부모의 가족가치관 중 가중치(loading)가 높은 변인이 결혼관(-.59)과 자녀관(-.54)이고 부모역할책임감 중 가중치가 가장 높은 변인은 인지발달도모(-.59)이다. 이는 부모의 결혼관과 자녀관이 자녀의 인지발달을 도모하는 부모역할을 잘 예측하는 것으로 볼 수 있다.

10) 편상관(Partial Correlation: r)과 부분상관(Part Correlation: r)

두 변인 간의 관계에 영향을 미치는 제3의 변인이 있을 수 있다. 이 제3의 변인의 영향을 제거한 후에 두 변인 간의 관계를 알아보는 것이 편상관이다. 예를 들어, 초등학생을 대상으로 하여 신장과 체중 간의 상관계수를 산출해보면 상당히 높은 것으로 나타난다. 이때 신장과 체중에 영향을 미칠 수 있는 연령의 효과를 제거한 후에 상관계수($r_{HW \cdot A}$)를 산출해보면 두 변인 간의 상관이 매우 낮은 것으로 나타날 수 있다. 즉, 연령이 신장과 체중에 모두 영향을 미쳐 두 변인 간의 상관계수가 실제 이상으로 높게 나온 것이다. 앞에서 예로 든 신장과 체중 간의 상관관계에서 연령의 효과를 체중으로부터 제거한 후에 신장과 체중 간의 상관계수($r_{H(W \cdot A)}$)를 산출하는 것이 부분상관이다.

또 다른 예로, 지능과 학업성적 간의 상관관계를 산출해보면 관계가 높은 것으로 나타나는데 이때 이 두 변인에 영향을 미칠 수 있는 가정의 사회경제적 수준의 효과를 제거한 후에 상관계수($r_{IG \cdot S}$)를 산출해보면 두 변인 간의 상관(편상관)은 낮게 나타난다. 즉, 가정의 사회경제적 수준이 지능과 학업성적에 모두 영향을 미쳐 두 변인 간의 상관계수가 실제 이상으로 높게 나온 것이다. 앞에서 예로 든 지능과 학업성적 간의 관계에서 사회경제적 수준의 효과를 학업성적에서 제거한 후에 이 두 변인 간의 상관계수($r_{I(G \cdot S)}$)를 산출하는 것이 부분상관이다. 〈표 4-9〉에는 편상관과 부분상관을 이용한 예가 제시되어 있다. 편상관 결과를 살펴보면, 전반적인 만족도와 음식요인에 영향을 미치는 서비스요인과 시설요인을 통제한 후의 두 변인 간의 상관관계는 유의하지 않은 것으로 나타났다. 하지만, 전반적인 만족도와 서비스요인에 영향을 미치는 음식요인과 시설요인을 통제한 후의 서비스요인과 전반적인 만족도와의 상관관계는 유의한 것으로 나타났고($r=.311$, $p<.001$), 전반적인 만족도와 시설요인에 영향을 미치는 음식요인과 서비스요인을 통제한 후의 시설요인과 전반적인 만족도와의 상관관계도 유의한 것으로 나타났다($r=.249$, $p<.001$).

한편, 특정요인에 영향을 미치는 다른 요인을 통제한 후 전반적인 만족도와 요인 간의 상관관계를 분석한 부분상관 결과를 살펴보면, 음식요인에 영향을 미치는 서비스요인과 시설요인을 통제한 후에 전반적인 만족도와 음식요인 간의 상관관계는 유의하지 않은 것으로 나타났다. 하지만 서비스요인에 영향을 미치는 음식요인과 시설요인을 통제한 후의 전반적인 만족도와 서비스요인 간에는 정적인 상관이 있는 것으로 나타났고($r=.274$, $p<.001$), 시설이 요인에 영향을 미치는 음식요인과 서비스요인을 통제한 후 전반적인 만족도와 시설요인 간에는 정적인 상관이 있는 것으로 나타났다($r=.215$, $p<.001$).

〈**표 4-9**〉 편상관과 부분상관의 예

	전반적 만족도	
	편상관	부분상관
음식	.115	.097
서비스	.311***	.274***
시설	.249***	.215***

*** $p < 0.001$

출처: 강종헌 · 양소영(2004). 패밀리레스토랑 음식서비스에 대한 만족에 영향을 미치는 요인들의 평가. 한국조리과학회지, 20(4), 371-379.

학위논문이나 학회지에 실린 상당수의 논문이 피어슨의 적률상관계수를 사용하기에 적합하지 않은 자료를 가지고 피어슨의 r값을 구한 것을 볼 수 있다. 앞에서 살펴본 것처럼 자료에 적합하지 않은 상관기법을 사용하게 되면 상관계수가 과소평가되거나 과대평가된다. 따라서 자신이 수집한 자료에 적합한 상관기법을 사용하도록 유념해야 한다. 〈표 4-10〉은 자료에 적합한 상관기법에 관한 내용을 정리한 것이다.

〈표 4-10〉 각기 다른 형태의 변인에 적합한 상관기법

상관기법	상징	제1변인	제2변인	비고
피어슨의 적률상관 계수	r	등간척도 (연속변인)	등간척도 (연속변인)	두 변인이 모두 연속변인인 경우에 사용되는데, 가장 안정적인 상관기법이다.
스피어만의 순위상관 계수	ρ	서열척도	서열척도	두 변인이 모두 서열척도인 경우에 사용된다.
양분 상관계수	r_{bis}	인위적 양분변인	연속변인	두 변인이 모두 연속변인이지만 그중 한 변인을 인위적으로 이분하는 경우 사용된다.
양분점 상관계수	r_{pbis}	양분변인	연속변인	한 변인은 연속변인이고 다른 한 변인은 진짜 이분변인인 경우 사용된다.
Phi 상관 계수	ϕ	양분변인	양분변인	두 변인이 모두 진짜 이분변인인 경우에 사용된다.
사분상관 계수	r_t	인위적 양분변인	인위적 양분변인	두 변인이 모두 인위적으로 이분된 경우에 사용된다.
분할상관 계수	C	셋 이상의 범주	셋 이상의 범주	두 변인이 모두 셋 이상의 범주를 가진 경우에 사용된다. 카이제곱검증과 밀접한 관련이 있다.
상관비율	η	연속변인	연속변인	두 변인 간의 관계가 곡선 관계이다.
다중상관	R	한 개의 연속변인	둘 이상의 연속변인	둘 이상의 예측변인으로 한 개의 준거변인과의 관계를 예측한다.
정준상관	R	둘 이상의 연속변인	둘 이상의 연속변인	둘 이상의 예측변인으로 둘 이상의 준거변인과의 관계를 예측한다.
편상관	r	연속변인	연속변인	제3의 변인의 영향을 제거한 후에 두 변인 간의 관계를 알아본다.
부분상관	r	연속변인	연속변인	제3의 변인의 영향을 두 변인 중 한 변인으로부터만 제거한 후에 두 변인 간의 관계를 알아본다.

6. Pearson 상관분석의 예

앞서 설명한 바와 같이 Pearson 상관분석은 두 변인(양적 변인) 간의 관계를 검증할 때 사용하는 통계방법이다. 예를 들어, 연구자가 "보육교사의 정서적 소진과 이직률 간에는 어떠한 관계가 있는가?"라는 연구문제를 설정했다면 다음과 같은 절차를 이용하여 정서적 소진과 이직률 간의 관계를 검증할 수 있다.

1) Pearson 상관분석의 실시

SPSS를 이용하여 상관분석을 실시하는 절차는 다음과 같다.

분석 → 상관분석 → 이변량 상관계수변수 이동 → 상관계수(Pearson) → 그래프 → 산점도 → 단순산점도 → x, y축으로 이동 → 확인 → 결과분석

분석에 들어가서, 상관분석을 클릭한 후, 이변량 상관계수를 클릭한다.

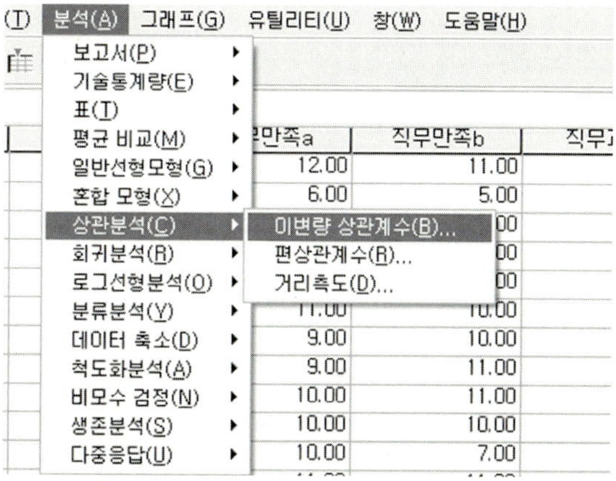

〈그림 4-14〉 상관분석에서 이변량 상관계수 선택하기

관계성을 살펴보고자 하는 변인을 선택한 후, 상관계수를 Pearson으로 클릭하고 확인을 누른다.

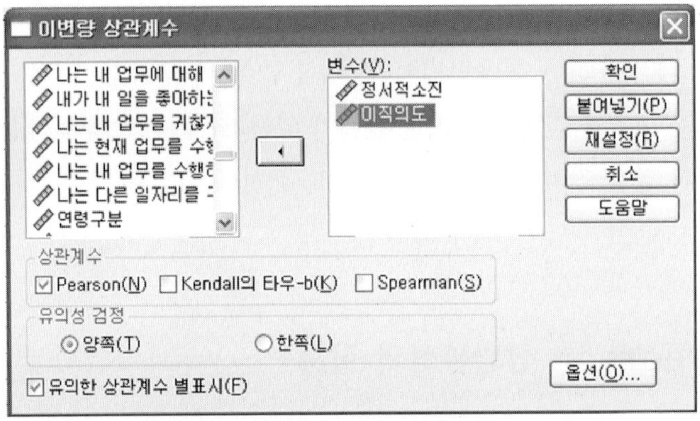

〈그림 4-15〉 관계성을 살펴보고자 하는 변인 선택

그래프에서 산점도를 클릭해서 단순산점도를 선택하고 두 변인 중 하나는 X축에, 다른 한 변인은 Y축으로 옮긴다. 확인을 클릭한다.

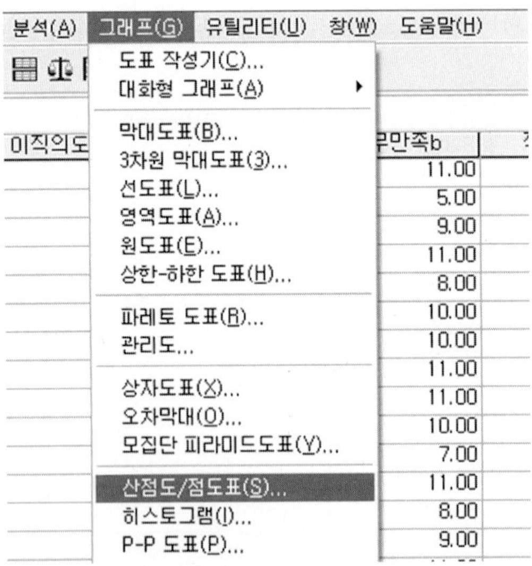

〈그림 4-16〉 그래프에서 산점도 선택하기

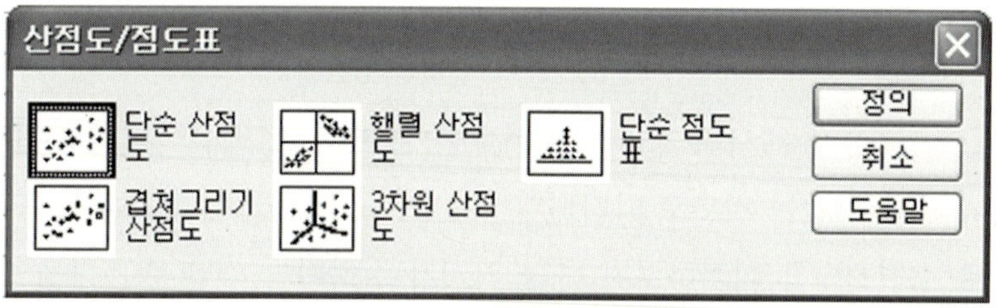

〈그림 4-17〉 산점도에서 단순산점도 선택하기

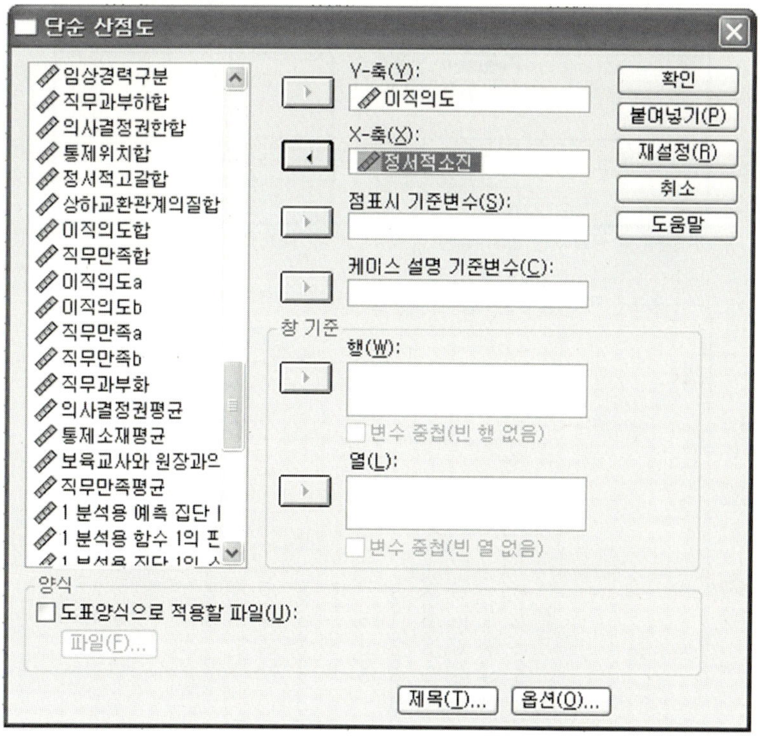

〈그림 4-18〉 두 변인 중 독립변인을 *X*축에 종속변인을 *Y*축으로 선택

2) Pearson 상관분석의 결과

〈그림 4-19〉에 제시된 결과를 살펴보면, 정서적 소진과 이직의도 간에는 유의한 상관이 있는 것으로 나타났다($r=.47$, $p<.001$). 즉, 보육교사가 정서적으로 소진될수록 이직하고자 하는 의지가 강하다는 것을 추론해볼 수 있다. 〈표 4-11〉은 이 결과를 정리해놓은 상관분석표이다.

상관계수

		정서적소진	이직의도
정서적소진	Pearson 상관계수	1	.467**
	유의확률 (양쪽)		.000
	N	280	280
이직의도	Pearson 상관계수	.467**	1
	유의확률 (양쪽)	.000	
	N	280	280

**. 상관계수는 0.01 수준(양쪽)에서 유의합니다.

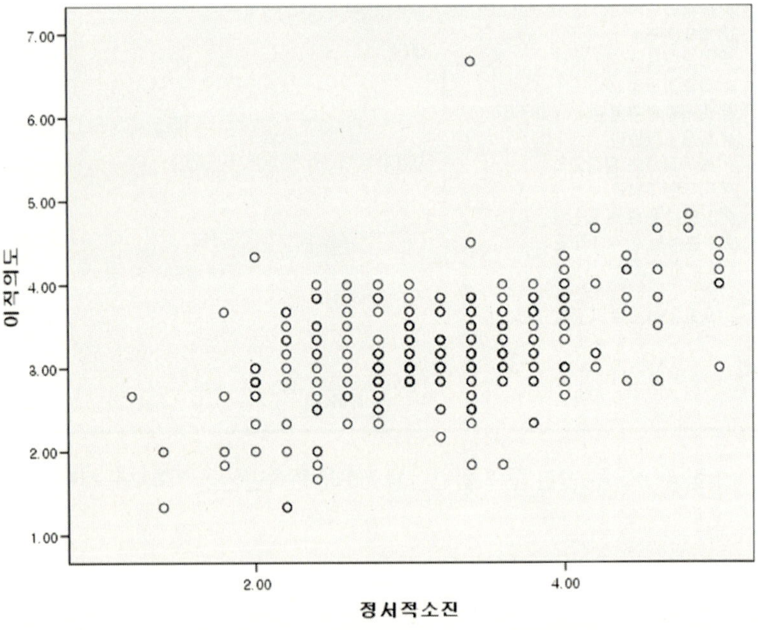

〈그림 4-19〉 SPSS에서 Pearson 상관분석 output

〈표 4-11〉 정서적 소진과 이직의도 간의 상관관계

	이직의도
정서적 소진	.47***

*** $p<.001$

7. 편상관분석의 예

편상관분석이란 제3의 변인의 영향을 통제한 후 두 변인 간의 관계를 알아보는 것이다. 예를 들면, 위의 예에서 보육교사의 정서적 소진과 이직의도 간의 관계를 분석할 때, 제3의 변인인 보육교사와 원장 간의 관계의 질은 보육교사의 정서적 소진 혹은 이직의도에 영향을 미칠 수 있다. 따라서 편상관분석에서는 보육교사와 원장 간의 관계의 질을 통제한 상태에서 이 두 변인 간의 관계를 살펴보는 것이다.

1) 편상관분석의 실시

SPSS를 이용하여 편상관분석을 실시하는 절차는 다음과 같다.

분석 → 상관분석 → 편상관계수 → 변수, 제어변수 이동 → 옵션 → 0차 상관 클릭 → 확인 → 결과분석

분석에 들어가서, 상관분석을 클릭한 후, 편상관계수를 클릭한다. 관련성을 살펴보고자 하는 변인들을 변수에 투입하고, 통제하고자 하는 변인을 제어변수에 투입한다. 옵션을 선택해서 0차 상관을 클릭한다. 계속, 확인을 클릭한다.

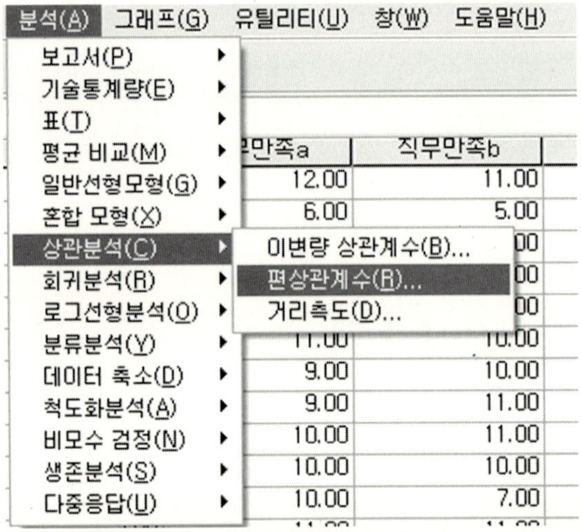

〈그림 4-20〉 상관분석에서 편상관계수 선택

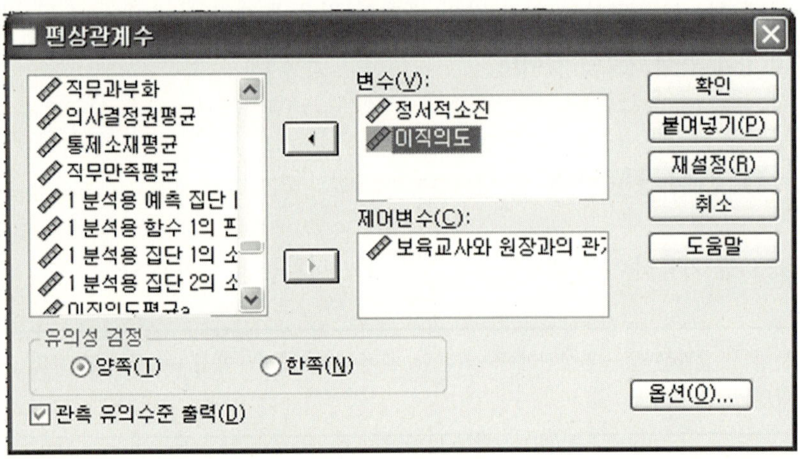

〈그림 4-21〉 관련성을 보고자 하는 변인을 변수로 투입, 통제변인을 제어변수로 투입

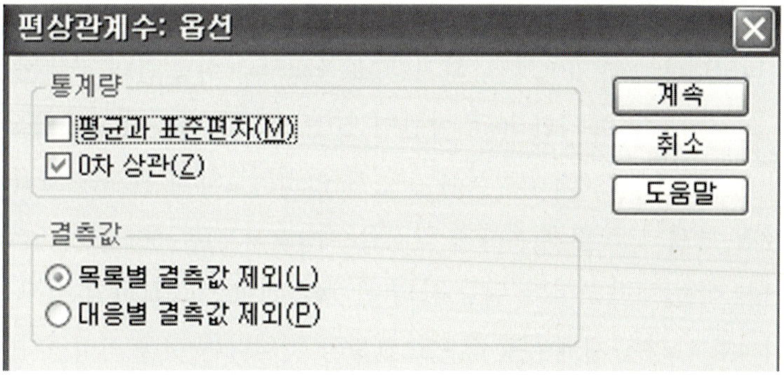

〈그림 4-22〉 옵션에서 0차 상관 선택

2) 편상관분석의 결과

〈그림 4-23〉에 제시된 결과 부분을 살펴보면, 보육교사와 원장 간의 관계

상관

통제변수			정서적 소진	이직의도	보육교사와 원장과의 관계
-지정않음-[a]	정서적 소진	상관	1.000	.467	-.262
		유의수준(양측)	.	.000	.000
		df	0	278	278
	이직의도	상관	.467	1.000	-.232
		유의수준(양측)	.000	.	.000
		df	278	0	278
	보육교사와 원장과의 관계	상관	-.262	-.232	1.000
		유의수준(양측)	.000	.000	.
		df	278	278	0
상하교환관계평균	정서적 소진	상관	1.000	.433	
		유의수준(양측)	.	.000	
		df	0	277	
	이직의도	상관	.433	1.000	
		유의수준(양측)	.000	.	
		df	277	0	

a. 셀에 0차 (Pearson) 상관이 있습니다.

〈그림 4-23〉 SPSS에서 편상관분석 output

를 통제했을 때에도, 정서적 소진과 이직의도 간에는 유의한 관계가 있는 것으로 나타났다($r=.43$, $p<.001$). 하지만, 보육교사와 원장 간의 관계는 정서적 소진과 이직의도와 유의한 부적 상관이 있는 것으로 나타났고(각각 $r=-.26$, $p<.001$, $r=-.23$, $p<.001$), 정서적 소진과 이직의도와의 관계는 보육교사와 원장 간의 관계의 질을 통제하지 않았을 때($r=.47$, $p<.001$)보다 약간 낮게 나타났다. 이는 보육교사와 원장 간의 관계의 질이 보육교사의 정서적 소진과 이직의도 간의 관계에 부분적으로 영향을 미친다는 것을 의미한다.

제5장

신뢰도와 타당도

경험적 연구에서는 자료를 수집하여 분석한 다음 연구결과에 근거해서 결론을 내리게 된다. 따라서 연구에 필요한 자료를 수집하기 위해 어떤 도구를 사용할 것인가를 결정하는 문제는 매우 중요하다. 아무리 연구문제가 명확하게 진술되고 연구대상이 적절하게 표집되었다 하더라도 자료수집의 도구가 적절하지 않으면 그 결과는 별로 의미가 없다. 왜냐하면 신뢰성과 타당성이 결여된 측정도구에 의해 얻어진 결과는 신빙성이 없기 때문이다.

측정도구를 선정할 때 고려해야 할 기준이 몇 가지 있는데, 그중 대표적인 것이 신뢰도와 타당도이다. 일반적으로 신뢰도는 측정도구에서 얻어지는 점수가 얼마나 안정성이 있고 일관성이 있는가 하는 정도를 뜻하며, 타당도란 측정도구가 측정하고자 하는 것을 얼마나 정확하게 측정하는가 하는 정도를 말한다.

이 장에서는 신뢰도의 정의, 검사-재검사 신뢰도, 동형검사 신뢰도, 반분신뢰도, 내적 합치도, 채점자 또는 평정자 신뢰도 등을 살펴본 다음, 타당도의 정의, 내용 타당도, 준거관련 타당도, 구인 타당도, 교차 타당화 등에 관해 살펴보기로 한다.

1. 신뢰도

신뢰도의 개념을 제대로 이해하기 위해서는 우선 측정오차의 개념부터 이해해야 한다. 측정오차(measurement errors)에는 무선적 오차(random errors)와 체계적 오차(systematic errors)의 두 종류가 있다. 무선적 오차는 상황에 따른 검사수행에서의 불안정성 때문에 발생하는데, 검사수행 당시 피검자의 기분, 피로도, 건강상태, 소란스럽고 산만한 측정환경, 검사문항을 피검자마다 달리 해석하여 결과가 왜곡되는 경우 등이 여기에 해당한다. 이러한 무선적 오차를 확인하고 통제하는 것이 신뢰도 개념의 기초가 된다.

반면, 체계적 오차는 검사수행에서는 체계적 효과를 나타내지만 검사 목적에는 부합하지 않는 것으로, 이 체계적 오차는 타당도 개념에서 핵심적인 역할을 한다. 예를 들어, 어떤 검사에서건 피검자는 검사문항을 읽어야 하는데, 이때 피검자의 독해력과 읽기속도가 검사수행에 영향을 미칠지 모른다. 읽기능력이 우수한 사람은 이 경우 항상 유리하기 때문에 이런 의미에서 독해력의 영향은 체계적이라고 볼 수 있다. 그러나 만약 독해력 그 자체가 측정하고자 하는 속성이 아니라면 독해력은 오차를 발생시킨다. 따라서 역사지식을 측정하고자 하는데 검사문항이 너무 어렵거나 복잡하게 서술되어 있다면 이 검사는 역사지식뿐만 아니라 읽기능력도 측정하게 되는 셈이다. 이 예에서 읽기능력은 검사목적에 부합하지 않는 체계적 오차를 낳게 하여 검사의 타당도를 낮추게 하는 원인이 된다. 〈그림 5-1〉은 무선적 오차와 체계적 오차에 관한 내용이다.

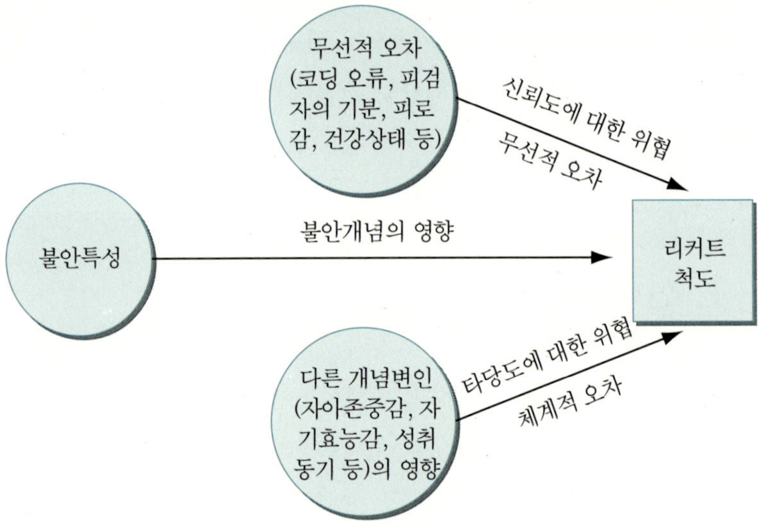

〈그림 5-1〉 무선적 오차와 체계적 오차의 예

예를 들어, 불안특성을 리커트 척도로 측정하고자 할 때 불안점수는 불안특성뿐만 아니라 자아존중감, 자기효능감, 성취동기 등의 다른 개념변인(체계적 오차)의 영향과 검사수행 당시의 기분, 피로감, 건강상태 등의 무선적 오차의 영향을 받게 된다. 이때 무선적 오차의 영향이 적을수록 신뢰도가 높아지고, 체계적 오차의 영향이 적을수록 타당도가 높아진다.

출처: Stangor, C. (1998). *Research methods for the behavioral sciences*. Boston, New York: Houghton Mifflin Company.

검사의 신뢰도계수를 측정하는 방법에는 여러 가지가 있는데, 어떤 신뢰도계수가 적절한지는 검사실시의 목적과 관심을 두는 오차의 근원 여하에 달려 있다. 안정성계수는 동일한 검사를 두 번 실시하여 얻은 점수들 간의 상관계수이고, 동등성계수는 한 검사의 두 동형검사 점수들 간의 상관계수이고, 동질성계수는 한 검사를 구성하고 있는 문항들 간의 상호상관을 기초로 한 것이다.

수많은 요인들이 추정된 신뢰도의 크기에 영향을 미친다. 일반적으로 검사의 문항수가 많을수록 신뢰도계수가 높고, 검사받는 표본이 이질적일수록 신뢰도계수는 높아진다. 또한 검사가 너무 쉽거나 어려우면 신뢰도는 감소한다.

신뢰도계수는 여러 가지 방법으로 해석될 수 있다. 첫째, 진점수와 관찰점수의 비율에 의한 것이다. 둘째, 기존 검사의 신뢰도계수를 기준으로 상대적 신뢰도를 알아보는 것이다. 셋째, 측정의 표준오차에 의한 것으로 이는 개별 점수에서의 오차량을 가리킨다. 이것은 어떤 사람의 진점수가 속하게 될 범위를 추정하거나 재검사를 받을 경우 예상되는 점수의 변화를 추정하는 데 사용될 수 있다.

1) 신뢰도의 정의

고전적 검사이론(classical test theory)은 개인이 획득한 점수는 진점수(true score)와 측정오차의 합으로 이루어진다고 가정하는 것이다. 즉, $X_i = T_i + E_i$이다.

여기서 X_i = 개인이 획득한 점수(관찰점수)이고,
T_i = 가설적 진점수(개인이 무한대로 그 검사를 수행했을 때의 점수를 평균 낸 것)이며,
E_i = 측정오차이다.

이때 측정오차는 (+)일 수도 있고 (−)일 수도 있다. 만약 측정오차가

(+)이면 한 개인의 관찰점수는 진점수보다 과대평가된 것이고, 만약 (−)라면 관찰점수는 진점수보다 과소평가된 것이다.

측정오차에 대해서는 두 가지 가정이 있다. 첫째, 개인이 무한대로 그 검사를 받아봐서 평균을 내거나 무한히 많은 사람들을 대상으로 검사하여 평균을 내게 되면 오차의 평균은 0이 된다. 둘째, 진점수와 측정오차는 서로 독립적이다. 다시 말해서 양자 간에는 아무 상관이 없다.

방정식 $X_i = T_i + E_i$는 한 개인이 획득한 점수의 구성을 보여주는 것이고, 신뢰도는 개인의 점수에 대한 속성이 아니고 검사 자체의 속성이므로 이것을 점수의 변량으로 표시하면 $S_{X^2} = S_{T^2} + S_{E^2}$이다. 그리고 신뢰도 $r_{XX} = (r_{XT}{}^2) = S_{T^2}/S_{X^2}$이다.

여기서 r_{XX}: 검사의 신뢰도이고,
S_{T^2}: 진점수의 변량이며,
S_{X^2}: 관찰점수의 변량이고,
r_{XT}: 진점수와 관찰점수의 상관계수이다.

이때 우리는 진점수와 측정오차를 결코 알 수 없으므로, 다시 말해서 직접

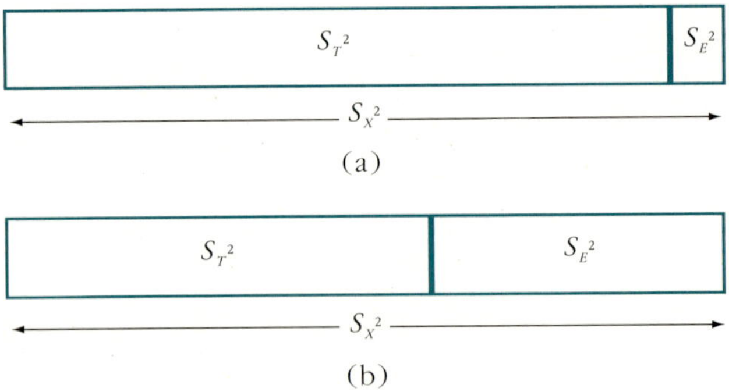

〈그림 5-2〉 진변량의 비율로서 나타나는 신뢰도

(a) 신뢰도가 높은 검사 (b) 신뢰도가 낮은 검사

출처: Brown, F. G. (1976). *Principles of educational and psychological testing* (2nd ed.). Holt, Rinehart, & Winston.

측정할 수가 없으므로 추정(estimate)을 해야 한다.

〈그림 5-2〉는 신뢰도와 진변량(true variance), 관찰변량(obtained variance), 오차변량(error variance)과의 관계를 보여주고 있다.

2) 신뢰도의 종류

신뢰도를 검증하는 방법에는 주요 관심을 어디에 두느냐에 따라 몇 가지 종류가 있다. 같은 검사를 일정 기간이 지난 다음 다시 실시하여 얼마나 일관성(안정성)이 있을까에 관심이 있다면 안정성(stability)계수를, 두 개의 동형검사에서 한 개인이 얼마나 일관성 있는 해답을 하느냐에 관심이 있다면 동등성(equivalence)계수를, 검사의 모든 문항이 같은 특성을 측정하는 것인가에 관심이 있다면 내적 일관성(internal consistency) 또는 동질성(homogeneity)계수를 구하게 된다.

신뢰도계수는 측정도구가 측정하고자 하는 것을 얼마나 안정적이고 일관성 있게 측정하는가 하는 정도, 즉 측정의 일관성을 나타내는 지수이다. 대부분의 신뢰도지수는 상관계수로 표현되는데, 이것을 신뢰도계수라고 부른다. 신뢰도계수의 범위는 $0 \leq r_{xx} \leq 1$이다.

(1) 검사-재검사 신뢰도

검사-재검사 신뢰도(Test-Retest Reliability)는 동일한 검사를 가지고 동일한 대상에게 시간적 간격을 두고서 측정하여 얻은 두 점수 간의 상관계수를 산출함으로써 신뢰도를 측정한다. 이렇게 해서 얻은 신뢰도계수를 안정성계수(coefficient of stability)라고 한다.

검사 —(일정시간 경과)→ 재검사

이때 시간간격은 몇 주에서 몇 년에 이를 정도로 다양한데, 두 검사실시 사이의 시간간격에 따라 상이한 신뢰도 값을 얻게 될 것이다. 일반적으로 두 검사 간 시간간격이 커질수록 신뢰도계수는 감소하게 된다. 물론 안정성계수는 두 검사를 실시하는 시간의 간격에 의해서도 영향을 받지만 두 검사가 진행되는 기간 동안의 개인의 경험(예: 기분, 건강상태, 동기)에 의해서도 영향을 받는다.

안정성계수를 구할 때에는 몇 가지 가정을 바탕으로 한다. 첫째, 검사에 의해 측정되고 있는 특성은 일정 기간 비교적 안정적인 것으로 가정된다. 둘째, 개인 간에 기억이나 연습효과의 차이가 없다고 가정한다. 재검사를 받는 경우(특히 짧은 기간 내에) 어떤 사람들은 자신이 이전에 했던 반응(대답)을 기억하거나 검사를 받는 기술을 습득하게 된다. 따라서 만약 어떤 사람의 재검사 점수가 다른 사람의 점수보다 더 많은 영향을 받게 되면 이때 신뢰도계수는 낮아지게 된다. 셋째, 두 검사를 실시하는 사이에 개인 간의 학습에 차이가 없다고 가정한다. 만약 학기 초에 사전검사를 실시하고 학기말에 같은 내용을 사후검사로 실시했을 경우 학생들 간의 학습량에 차이가 있다면 검사-재검사 간의 상관은 학생들 간의 각기 다른 학습효과를 반영하게 되어 신뢰도계수가 낮아지게 된다.

(2) 동형검사 신뢰도

동형검사 신뢰도(Equivalent Forms Reliability)는 동일한 내용의 검사 두 가지를 비슷하게 만들어 동일한 대상에게 시간간격을 거의 두지 않고 실시해서 두 검사 간의 상관에 의해 신뢰도계수를 산출한다. 동형검사는 내용, 형식, 길이, 난이도 등에서 동등해야 한다. 이것을 동등성계수(coefficient of equivalence)라고 부른다.

A형 검사 —(최소시간 경과)→ B형 검사

동형검사는 재검사가 불가능하거나 바람직하지 않을 때 사용된다. 예를 들어, “밀폐된 공간에서 일어난 살인사건”이란 문제에서 일단 살인사건을 해결하고 나면 그 해결방법을 기억하게 된다. 만약 같은 문제가 주어질 경우(재검사) 곧바로 정답을 알기 때문에 더 이상 연역적 추리를 하지 않게 된다. 다시 말해서 두 번째 경우에는 문제해결력이 아니라 기억력이 관건이 된다.

이론적으로는 두 검사를 동시에 실시해야 하지만 현실적으로 이것이 불가능하므로 가능하면 짧은 시간 내에 실시하도록 한다. 검사실시의 순서에 의한 효과를 상쇄하기 위해 반은 A형 검사를 먼저 받게 하고 나머지 반은 B형 검사를 먼저 받게 한다. 두 동형검사 문항의 동질성 여부가 신뢰도계수에 주로 영향을 미치지만 동시에 두 검사를 실시할 수 없으므로 짧은 시간이기는 하지만 두 검사 실시 간의 시간간격도 영향을 미친다. 따라서 엄격한 의미에서의 순수한 동등성계수는 산출될 수 없다.

신뢰도를 추정하는 가장 바람직한 방법은 검사-재검사 신뢰도와 동형검사 신뢰도를 병합하는 것이다. 즉, A형 검사를 먼저 실시하고 일정 시간이 지난 다음 B형 검사를 실시해서 두 검사 간의 상관계수를 산출한다. 이때 얻어진 신뢰도계수를 안정성 · 동등성계수(coefficient of stability and equivalence)라고 한다.

A형 검사 —(일정시간 경과)→ B형 검사

이때 검사-재검사 신뢰도와 동형검사 신뢰도계수에 영향을 미치는 모든 요인들이 여기에 한꺼번에 작용하므로 신뢰도계수는 낮아지겠지만 이것은 가장 정밀한 신뢰도계수 산출방법이다.

(3) 반분 신뢰도

반분 신뢰도(Split-Half Reliability)는 두 개의 동형검사를 만드는 것이 번거롭고 또 비용이 많이 들기 때문에 하나의 검사를 양분해서 두 부분을 동형검사로 보고 신뢰도계수를 산출하는 방법이다. 양분법은 여러 가지가 있으나 홀수번호 문항과 짝수번호 문항으로 나누는 것이 가장 보편적인 방법이다. 일반적으로 전반부와 후반부로는 나누지 않는다. 그 이유는 검사시간의 부족 혹은 피검자의 피로 등으로 인해 후반부를 다 끝내지 못하는 경우, 전반부와 후반부가 똑같이 양분되지 않기 때문이다.

신뢰도계수는 검사의 길이에 의해 영향을 받고 반분 신뢰도는 원래 길이의 $\frac{1}{2}$(검사를 양분했기 때문에)에 의해 얻어진 신뢰도계수이므로 스피어만-브라운 예측공식(Spearman-Brown Prophecy Formula)에 의해 교정된다.

즉, $r_{xx} = \dfrac{2r_{bb}}{1+r_{bb}}$ 이다.

여기서 r_{xx}: 교정된 후의 신뢰도계수(본래 길이의 검사 신뢰도 추정치)이며,

r_{bb}: 반분된 상태의 신뢰도계수이다.

이 공식은 반분 신뢰도로부터 원래 길이의 검사의 신뢰도를 추정한다. 예를 들어, $r_{bb} = .80$이면 $r_{xx} = 2(.80)/1+.80 = .89$이다.

이 반분 신뢰도는 동형검사 신뢰도의 특수한 경우로 보는 견해도 있고, 내적 합치도의 한 형태로 보는 견해도 있다.

(4) 내적 합치도

내적 합치도(Internal Consistency Reliability)는 각 문항 간의 상관을 종합하여 문항의 동질성을 검토하는 방법인데, 흔히 Cronbach의 동질성 계수에 의해 산출된다. 내적 합치도의 분석은 검사문항들의 상호관련 정도를 결정하려고 하는 것이다. 다시 말해서 한 검사를 구성하고 있는 다양한 문항들에서의 점수들이 서로 정적 상관을 갖는다면, 그 검사는 동질적인 것이다(Anastasi, 1961; DuBois, 1970). 문항 간 상관계수의 평균이 높을수록 그 척도의 동질성(내적 합치도)이 높다.

L. J. Cronbach

동질성을 측정하기 위해 가장 많이 알려진 방법이 Cronbach의 알파계수이다. α 계수는 한 검사와 동일영역에서 표집된

동일한 길이의 다른 검사 사이에 예상되는 상관, 혹은 이 영역에서 제작된 모든 K개 문항 검사들 사이에 예상되는 상관의 평균으로 해석될 수 있다.

$$즉,\ r_{XX} = \frac{K}{K-1[1-\sum S_i^2/S_X^2]}\ 이다.$$

여기서 K: 검사의 문항 수이고,

$\sum S_i^2$: 각 문항들의 변량의 합(문항점수 변량의 합)이며,

S_x^2: 총점수의 변량이다.

지금까지 몇 가지 종류의 신뢰도에 관해 살펴보았다. 앞에서도 언급했듯이 신뢰도를 검증하는 각기 다른 방법은 측정의 일관성(consistency) 문제를 각기 다른 시각에서 보게 해준다. 따라서 안정성계수가 높다고 해서 반드시 내적 합치도가 높은 것은 아니며, 그 역도 마찬가지이다. 심지어 내적 일관성 검증 내에서도 반분 신뢰도계수가 높다고 해서 Cronbach의 알파계수 또한 높은 것은 아니다. 그렇기 때문에 한 연구에서 여러 가지 다른 종류의 신뢰도계수를 산출하는 것이 바람직하다.

신뢰도계수는 측정도구 자체가 아니라 측정도구를 사용하여 얻은 자료로부터 산출된 것이기 때문에, 자신의 연구에서 산출된 신뢰도계수뿐만 아니라 선행연구에서 산출된 신뢰도계수도 보고해야 한다. 학위논문이나 학회지 논문에서 선행연구의 신뢰도계수만 보고하거나 아니면 자신이 실시한 연구의 신뢰도계수만 보고하는 것을 종종 볼 수 있다.

(5) 채점자 또는 평정자 신뢰도

채점자 또는 평정자 신뢰도는 직접 관찰처럼 보다 직접적 형태의 평가에서 특히 중요하다. 자기보고식 척도의 대부분은 해답서나 컴퓨터를 이용해서 채점을 하고 사용자들은 이러한 절차가 신뢰할 만하다고 가정하므로 이런 경우에는 종종 채점자 간 신뢰도를 언급하지 않는다.

그러나 행동척도에서 둘 이상의 관찰자가 평가를 할 때에는 언제나 채점

자 또는 평정자 간 신뢰도의 문제가 제기된다. 즉, 채점자들은 각 개인의 수행에 동일한 점수를 부여하는가? 만일 그렇다면 문제가 없지만 평가에 차이가 있다면 여기에는 측정오차가 개입된 것이다. 이와 같이 한 채점자가 다른 채점자와 얼마나 유사하게 평가하였는가를 알아보는 것을 채점자 간 신뢰도(inter-rater reliability)라고 한다. 한편, 한 채점자가 수많은 측정대상에 대하여 일관성 있게 측정하였는가를 알아보는 것을 채점자 내 신뢰도(intra-rater reliability)라고 한다. 다시 말해서, 채점자 간 신뢰도란 채점결과가 채점자들 간에 얼마나 유사한가를 의미하며, 채점자 내 신뢰도란 한 채점자가 모든 평가대상에게 얼마나 일관성 있게 평가하였는가를 의미한다.

채점자 간 신뢰도를 추정하는 방법은 측정변인의 수준에 따라 다르다. 측정변인이 등간척도인 경우에는 피어슨의 단순적률 상관계수로 신뢰도계수를 추정하고, 서열척도인 경우에는 켄달의 일치도계수(Kendall's Coefficient of Concordance)로 신뢰도계수를 추정하며, 명목척도인 경우에는 코헨의 카파(Cohen's Kappa)공식에 의해 신뢰도계수를 추정하게 된다. 만약 모든 평정자가 특정 문항이 특정 범주에 속한다고 동의하게 되면 Kappa 값은 1이 된다. 하지만 평정자가 서로 동의하는 정도가 낮아지면 Kappa 값도 낮아지게 된다. 일반적으로 Kappa 값이 .70 이상이면 채점자 간 신뢰도가 무난한 것으로 간주한다.

Jacob Cohen

Julie E. Kendall

Kenneth E. Kendall

3) 내적 합치도 분석의 예

앞서 살펴본 바와 같이, 신뢰도란 측정한 값이 일관성 있게 나오는 정도를 말한다. 즉, 측정과정에 오류가 적게 포함될수록 신뢰도는 높아진다. 이러한 신뢰도를 측정하는 방법 중 가장 일반적으로 사용되는 내적 합치도인 Cronbach α 계수를 산출하는 방법에 대해 알아보자.

(1) 내적 합치도 분석의 실시

SPSS를 이용하여 Cronbach α 계수를 구하는 절차는 다음과 같다.

> 분석 → 척도화분석 → 신뢰도분석 → 모형 → 알파 → 해당 문항을 항목창으로 이동 → 통계량 → 항목제거시 척도 → 확인 → 결과분석

분석에 들어가서, 척도화분석을 클릭한 후, 신뢰도분석을 클릭한다. 내적 합치도를 알아보기 위해 모형은 알파로 지정한다. 신뢰도를 살펴보고자 하는 문항을 모두 선택한 후 항목창으로 이동한다. 척도개발 시 내적 합치도를 낮아지게 만드는 문항을 선별해내기 위해 통계량에서 항목제거시 척도를 클릭한 후, 확인을 클릭한다.

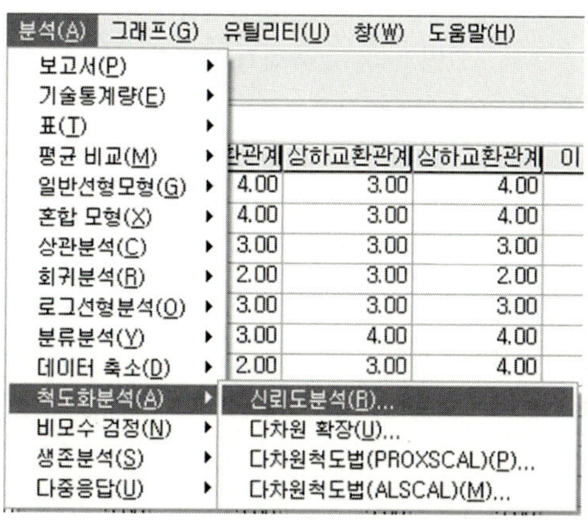

〈그림 5-3〉 분석의 척도화 분석에서 신뢰도분석 클릭

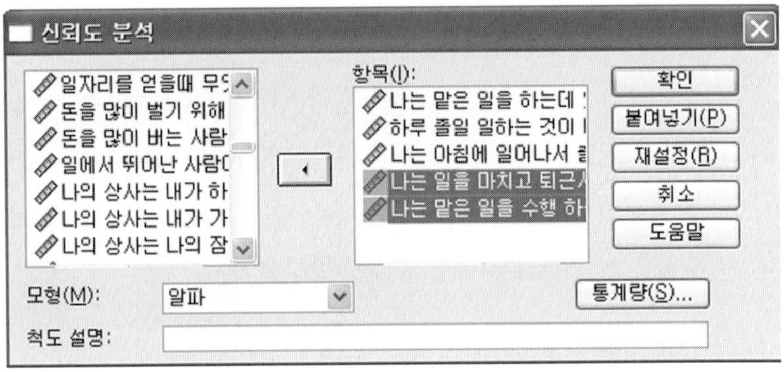

〈그림 5-4〉 해당 문항을 클릭하여 항목창으로 이동하고, 모형을 알파로 지정

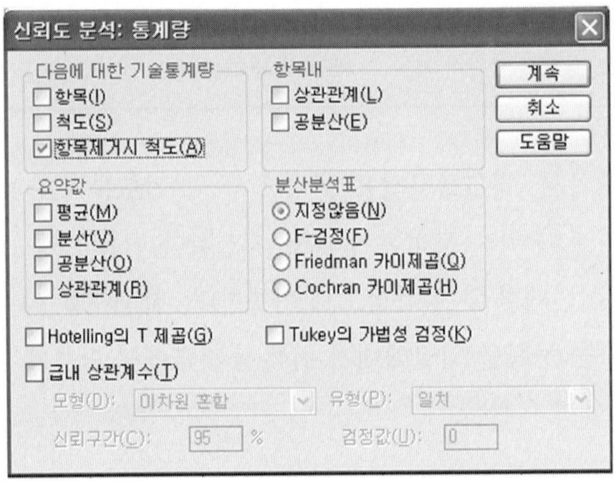

〈그림 5-5〉 항목제거시 척도 클릭

(2) 내적 합치도 분석의 결과

〈그림 5-6〉에 제시된 결과에서 신뢰도 통계량을 살펴보면, 5문항으로 이루어진 정서적 소진 척도의 Cronbach α계수는 .87로 나타났다. 항목총계통계량에서는 항목이 제외된 경우의 Cronbach α계수가 제시되어 있는데, 이 계수가 전체 Cronbach α계수(.87)보다 높을 경우에는 해당 항목을 제외하는 것이 그 척도의 신뢰도를 높이게 된다. 위의 예에서는 이에 해당되는 항목이 없다. 문항의 수는 적지만 문항의 내적 합치도가 높음을 알 수 있다. 아래

신뢰도 통계량

Cronbach의 알파	Cronbach's Alpha Based on Standardized Items	항목 수
.869	.869	5

항목 총계 통계량

	항목이 삭제된 경우 척도 평균	항목이 삭제된 경우 척도 분산	수정된 항목-전체 상관관계	제곱 다중 상관관계	항목이 삭제된 경우 Cronbach 알파
나는 맡은 일을 하는데 있어서 정서적으로 지쳐 있음을 느낀다.	12.7893	8.826	.703	.500	.840
하루 종일 일하는 것이 나를 긴장시킨다.	12.6750	9.045	.604	.371	.863
나는 아침에 일어나서 출근할 생각만 하면 피곤함을 느낀다.	12.8786	8.451	.715	.518	.836
나는 일을 마치고 퇴근시에 완전히 지쳐 있음을 느낀다.	12.6464	8.237	.734	.562	.831
나는 맡은 일을 수행하는데 있어서 완전히 지쳐있다.	12.8964	8.315	.716	.544	.836

〈그림 5-6〉 SPSS에서의 신뢰도분석 output

에는 신뢰도를 보고하는 예가 제시되어 있다.

> 보육교사의 정서적 소진 상태를 측정하기 위해 5문항으로 구성된 정서적 소진 검사를 사용하였다. 이 검사의 신뢰도는 Cronbach $\alpha =$ .87로 나타났다.

4) 반분신뢰도 분석의 예

반분신뢰도법은 내적 일관성을 구하기 위해 측정도구에 포함된 문항을 두 부분으로 나누어 신뢰도를 구하는 방법이다. 위에서 사용된 자료를 통해 반분신뢰도를 구해보자.

(1) 반분신뢰도 분석의 실시

SPSS를 이용하여 반분신뢰도를 구하는 절차는 다음과 같다.

> 분석 → 척도화분석 → 신뢰도분석 → 모형 → 반분계수 → 해당문항을 항목창으로 이동 → 확인 → 결과분석

분석에 들어가서, 척도화분석을 클릭한 후, 신뢰도분석을 클릭한다. 반분신뢰도를 알아보기 위해 모형은 반분으로 지정한다. 신뢰도를 살펴보고자 하는 문항을 선택한 후 항목창으로 이동한다. 확인을 클릭한다.

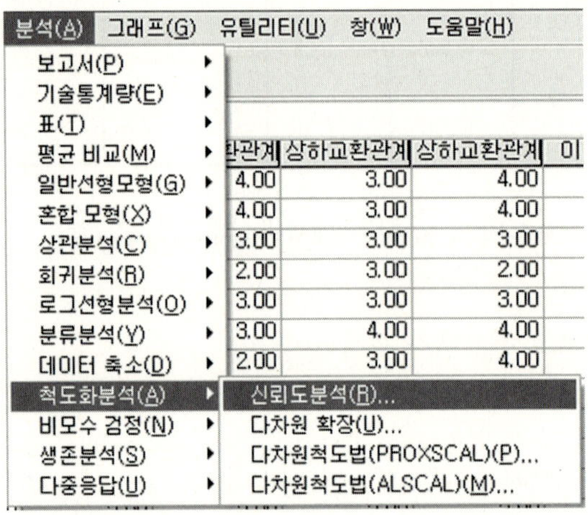

〈그림 5-7〉 분석의 척도화 분석에서 신뢰도분석 선택

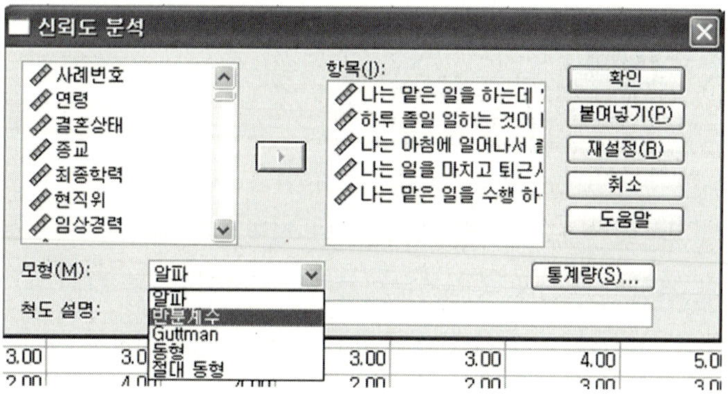

〈그림 5-8〉 해당 문항을 클릭하여 항목창으로 이동하고, 모형을 반분계수로 지정

(2) 반분신뢰도 분석의 결과

〈그림 5-9〉에 제시된 결과에서 신뢰도 통계량을 살펴보면, 5문항으로 이루어진 정서적 소진 척도의 반분신뢰도는 Spearman-Brown 계수 .841 ~ .845로 나타났다. 아래에는 반분신뢰도를 보고하는 예가 제시되어 있다.

신뢰도 통계량

Cronbach의 알파	부분 1	값	.789
		항목 수	3a
	부분 2	값	.815
		항목 수	2b
	전체 항목 수		5
문항간 상관관계			.725
Spearman-Brown 계수	같은 길이		.841
	다른 길이		.845
Guttman 반분계수			.825

a. 항목: 나는 맡은 일을 하는데 있어서 정서적으로 지쳐 있음을 느낀다., 하루 종일 일하는 것이 나를 긴장시킨다., 나는 아침에 일어나서 출근할 생각만 하면 피곤함을 느낀다..

b. 항목: 나는 아침에 일어나서 출근할 생각만 하면 피곤함을 느낀다., 나는 일을 마치고 퇴근시에 완전히 지쳐 있음을 느낀다., 나는 맡은 일을 수행 하는데 있어서 완전히 지쳐있다..

〈그림 5-9〉 SPSS에서 반분신뢰도 분석 output

> 보육교사의 정서적 소진 상태를 측정하기 위해 5문항으로 구성된 정서적 소진 검사를 사용하였다. 이 검사의 반분신뢰도는 .84로 나타났다.

2. 타당도[1)]

타당도는 검사가 측정하는 특성이 무엇이며, 그 특성을 얼마나 적정하게 측정하고, 검사점수로 어떤 행동을 얼마나 정확하게 예측할 수 있는가에 관심을 둔다. 검사가 무엇을 측정하는지를 알지 못한다면 우리는 개인의 점수를 해석할 수 없거나 그 검사를 이론적 구인의 척도로 사용할 수 없다. 따라서 타당도는 검사의 가장 중요한 특징이다.

내용 타당도는 측정도구가 가지고 있는 내용의 대표성 또는 표집적절성을 의미한다. 따라서 내용 타당도의 일차적인 초점은 측정되는 영역에 맞추어진다. 내용 타당도 연구는 측정 내용이 측정하려는 특성의 전집을 대표하는지의 여부를 평가하는 것이다.

준거관련 타당도는 검사점수와 외적 준거 간의 관련성에 관심을 가지는 것이다. 여기에는 검사의 결과가 외적 준거의 현재 상태를 올바르게 나타내고 있는가를 알아보는 동시 타당도와, 검사결과가 외적 준거의 미래 상태를 잘 예측할 수 있는가를 알아보는 예측 타당도가 있다. 준거관련 타당도는 원래 검사가 예측할 수 있는 행동의 범위를 결정하는 것이지만 선발과 배치와 같은 실제적인 의사결정 상황에서 더 흔히 사용된다. 이러한 상황에서는 준거행동에 초점을 두고 검사는 단지 준거를 예측하는 것이기 때문에 관심의 대상이 된다.

구인 타당도는 측정도구가 어떤 심리적 구성개념이나 이론적 구성요인을 얼마나 잘 측정하고 있는가를 알아보는 것인데, 내용 타당도와 준거관련 타당도를 포함한 여러 가지 방법에 의해 타당도가 검증된다. 그 외의 다른 방법으로는 공인 타당도, 요인 타당도, 수렴 타당도와 변별 타당도 등이 있다. 구

---

1) 이 절의 내용은 상당 부분 Brown(1976, 1983)의 『Principles of Educational and Psychologycal Testing』에서 발췌하여 재구성한 것임을 밝혀둔다.

인 타당도가 타당도의 본질이고 타당도의 다른 모든 개념들은 구인 타당도의 개념에 포함될 수 있다고 믿는 학자들도 있다. 사실 어떤 의미에서는 모든 종류의 타당도가 다 구인 타당도가 될 수 있다.

1) 타당도의 정의

검사가 얼마나 안정성이 있고 일관성이 있느냐의 정도에 관한 것이 신뢰도라면, 검사가 측정하는 특성이 무엇인지 그리고 검사가 측정하고자 하는 특성을 제대로 잘 측정하는지 하는 것이 타당도의 문제이다. 이러한 물음은 타당도의 핵심 개념이 된다.

신뢰도가 실제변량과 오차변량의 비율로 정의되는 반면, 타당도는 검사의 목적에 합당한 실제변량의 비율로 정의될 수 있다. 즉, $S_X^2 = S_T^2 + S_E^2$에서 $S_T^2 = S_V^2 + S_I^2$, $S_X^2 = S_V^2 + S_I^2 + S_E^2$이다.

> 여기서 S_T^2은 진점수의 변량으로 S_V^2는 검사의 목적에 합당한 변량이고, S_I^2는 검사의 목적에 합당하지는 않으나 신뢰할 수 있는 변량이다. 그리고 $Y_{XY}^2 = S_V^2/S_X^2$이므로 Y_{XY}^2(타당도)는 합당한 분산의 비율로 정의된다.

오차변량이 감소하면(검사가 신뢰할 수 있는 것이면) 잠재적으로 타당한 변량의 비율이 증가한다. 그러나 남아 있는 체계적인 변량이 검사의 목적에 합당할 수도 있고 그렇지 않을 수도 있다. 따라서 오차변량이 적다고 해서 자동적으로 높은 타당도를 보장해주지는 못한다(〈그림 5-10〉 참조). 그러므로 낮은 오차변량은 높은 타당도의 필요조건이지 충분조건은 아니다.

신뢰도와 타당도의 관계를 보면 다음과 같다. $Y_{XY} \leq \ r_{XX}$ 이다. 즉, 타당도계수(Y_{XY})는 신뢰도계수(r_{XX})의 제곱근보다 작거나 같다. 따라서 검사의 타당도는 신뢰도에 의해 제한된다. 검사가 타당성이 있기 위해서는 먼저 신

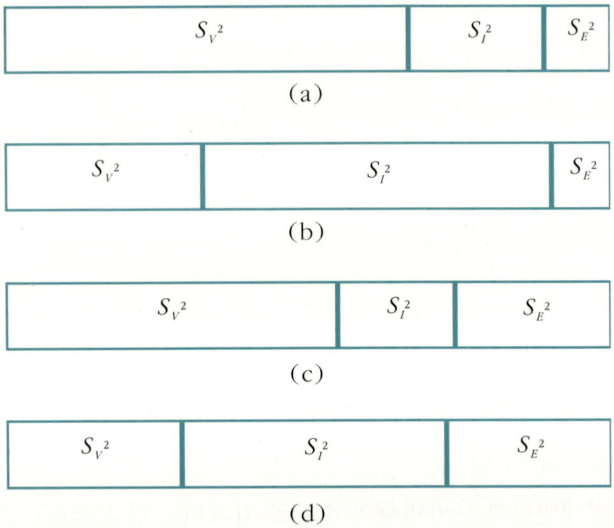

〈그림 5-10〉 신뢰도와 타당도의 관계

(a) 높은 신뢰도와 높은 타당도 (b) 높은 신뢰도와 낮은 타당도
(c) 낮은 신뢰도와 비교적 높은 타당도 (d) 낮은 신뢰도와 낮은 타당도

출처: Brown, F. G. (1976). *Principles of educational and psychological testing* (2nd ed.). Holt, Rinehart, & Winston.

뢰성이 있어야 한다. 다시 말해서 신뢰도는 타당도의 필요조건이지 충분조건은 아니다. 〈그림 5-10〉은 신뢰도와 타당도의 관계를 도식으로 나타낸 것이다. (a)는 신뢰도와 타당도가 모두 높은 경우이고, (b)는 신뢰도는 높지만 타당도는 낮은 경우, (c)는 신뢰도에 비해 타당도가 비교적 높은 경우, (d)는 신뢰도와 타당도가 모두 낮은 경우이다.

2) 타당도의 종류

검사를 타당화하는 방법에는 여러 가지가 있지만 크게 세 가지로 나눌 수 있는데, 내용 타당도, 준거관련 타당도, 구인 타당도가 그것이다.

(1) 내용 타당도

내용 타당도(Content Validity)는 검사를 구성하고 있는 문항들이 표집면에서 대표성을 나타내고 있는가를 알아보는 것이다. 다시 말해서, 검사의 구성 내용이 전집의 내용을 얼마나 잘 대표하고 있는가를 나타내고 있는 것이 내용 타당도이다. 전문가들에게 의뢰해서 타당도를 검증받게 되는데, 전문가마다 내용 타당도를 다르게 판단할 수 있고 또 타당도계수가 산출되지 않는 점 등이 내용 타당도의 측정을 어렵게 만드는 요인이 된다.

내용 타당도는 안면 타당도(face validity)와 혼동되는 경우가 자주 있다. 검사문항들이 그 검사가 측정하도록 되어 있는 것을 측정하는 것처럼 보일 때 안면 타당도를 지닌다고 한다. 요컨대, 안면 타당도는 다소 피상적인 평가에 의해 결정되는 반면, 내용 타당도는 전문가에 의한 철저하고도 체계적인 평가에 의해 입증된다.

내용 타당도를 평가할 때 그 기본적인 물음은 검사를 구성하는 문항들이 관심의 대상인 내용 영역의 대표적인 표본을 실제로 구성하느냐는 것이다. 따라서 내용 타당화는 잠재적인 문항전집으로부터 문항표집의 적절성(sampling adequacy)을 결정하는 과정인 것이다.

내용 타당도는 그 명칭에서 알 수 있듯이 검사의 내용에 관심을 갖는다. 관심의 대상이 내용에 있기 때문에 내용 타당도에서의 첫 단계는 관심의 대상이 되는 영역을 구체화하는 것이다. 한 예로, 성취도 검사에서는 특정 주제(예: 순열과 조합의 법칙, 찰스 디킨스의 소설, 집중경향치의 측정, 프랑스어의 불규칙 동사 등)와 문항에 답하기 위해 사용되는 인지과정에 초점을 두게 된다.

내용 영역을 명료하고 구체화하기 위해 영역의 범위가 기술되어야 한다. 일부 학자들은 내용 타당도는 명백하게 정의되고 한정된 문항의 전집을 필요로 한다고 주장하는데(Bornmuth, 1970; Hively, Patterson, & Page, 1968), 이는 검사제작자가 그 검사가 다루는 자료와 기능이 무엇인지를 가능한 한 명료하게 구체화해야 한다는 것을 의미한다. 성취도검사에서 내용은 주로 제목 영역별(예: 신뢰도이론, 여성의 알코올중독)로 또는 다루어진 과제나 단원

내 행동목표들의 명세표에 의해서 구체화된다.

내용 타당도는 주로 성취도 검사에서 사용되지만 그 개념은 다른 심리검사에도 적용될 수 있다. 예를 들면, 기계적성검사는 기계를 다루는 다양한 기능과 능력을 표집할 수 있을 것이다. 직업흥미검사는 다양한 직업이나 활동에 관한 반응들을 표집할 수 있을 것이다. 즉, 교육 · 심리검사의 어떤 영역에도 내용 타당도는 적용될 수 있다.

내용 타당도는 검사문항과 그 문항들이 측정할 것으로 가정되는 내용 영역과의 체계적인 비교를 통해서 결정된다. 만약 검사문항이 전문가들에 의해 그 영역을 적절하게 대표하는 것으로 판단되면 그 검사는 내용 타당도를 가지는 것이다. 이러한 타당화 과정은 검사문항들과 내용 영역 간의 일치도에 관한 판단을 포함하는 논리적이고 합리적인 과정이다.

그러나 이러한 절차에는 몇 가지 결점이 있다. 첫째, 내용 타당도의 크기를 알려주는 양적인 지수가 없다. 양적 지수의 결여는 검사의 내용 타당도 정보에 관한 의사소통을 방해한다. 둘째, 전문가들마다 상이한 표준과 준거를 사용할 수 있기 때문에 어떤 검사의 타당도에 대해서 동의하지 않을 수도 있다. 셋째, 영역의 정의나 개별문항의 분류에서 명료성이 결여되면 내용 타당도에 대한 판단을 하기가 어렵다.

(2) 준거관련 타당도

검사의 가장 보편적인 용도는 미래의 행동을 예측하고자 하는 것이다. 예를 들어, 대학에서의 성공을 예측하기 위하여 수학능력검사를 활용하고, 직무수행을 예측하기 위해서 적성 및 능력검사가 행해지며, 자동차 사고를 낼 가능성이 많은 사람을 예측하기 위해서는 성격검사가 행해지게 된다. 이들 각각의 경우 검사의 기능은 각기 다른 상황에서 개인의 수행을 예측하고자 하는 것이다. 예측되는 수행(performance)을 준거라고 부른다. 그래서 명칭이 준거관련 타당도(Criterion-Related Validity)이다.

이론적 가설을 검증하기 위하여 예측을 하는 경우도 가끔 있지만 일상생활에서의 실제 문제를 예측하기 위하여 검사를 행하는 경우가 더 많다. 위에서 언급한 예들에서 결정의 내용은 어떤 학생들을 입학시킬 것인지, 누구를 고용할 것인지, 어떤 보험 할증률을 적용할 것인지 등과 같은 것이다. 각각의 경우에 준거를 정확하게 예측할수록 그 검사는 더 유용한 검사가 될 것이다.

검사는 준거를 예측하려는 것이기 때문에 준거관련 타당도를 예측 타당도라고 부르기도 한다. 그리고 준거관련 타당도를 결정하는 것은 검사점수와 준거척도 간의 경험적 자료수집을 포함하기 때문에 어떤 이들은 이것을 경험적 타당도라고 부르기도 한다.

준거관련 타당도라는 명칭은 근본적인 관심이 준거 수행에 있다는 사실을 강조한다. 우리가 검사점수에 관심을 가지는 이유는 검사점수가 중요한 행동을 예측해주기 때문이다. 따라서 검사문항은 준거와 명백한 관련을 가질 필요가 없다. 중요한 것은 검사점수가 실제로 준거 수행을 예측할 수 있느냐는 것이다.

준거관련 타당도는 예측 타당도와 동시 타당도로 구분될 수 있다. 검사의 결과가 외적 준거의 미래상태를 적정하게 예측할 수 있는가를 알아보는 것이 예측 타당도(predictive validity)이고, 검사의 결과가 외적 준거의 현재상태를 올바르게 나타내고 있는가를 알아보는 것이 동시 타당도(concurrent validity)이다. 예측 타당도를 구하기 위해서는 준거자료가 미래의 어떤 시점에서 수집되는 것인 데 반하여 동시 타당도를 구하기 위해서는 검사점수와 준거점수가 동시에 수집된다. 예측타당도는 수학능력검사를 통해 대학성적을 예측하거나 적성 및 능력검사를 통해 직무수행을 예측할 때 사용된다. 그러나 동시 타당도 연구에서는 검사점수와 준거점수가 동시에 수집되기 때문에 여기에서는 검사점수가 실제로 준거자료의 수집을 대체할 수 있는지를 결정하는 것이 목적이다. 만일 두 검사 간에 동시 타당도가 높다면 이 두 검사는 상호대치하여 사용될 수 있다. 예를 들어, 정신질환의 정도를 결정하기 위해 정신과 의사의 진단을 성격검사점수가 대신할 수 있는가이다. 만약 검사와 준거척도 간에 높은 관련성이 있고, 검사의 활용이 실제로 준거자료를 수집하는 것보다 더 경제적이라면 그와 같은 대체는 확실히 유용할 것이다. 따라서 동시 타당도는 검사에 의해 준거를 예측하기보다는 검사에 의한 대체를 포함한다는 점에서 예측 타당도와 다르다.

(3) 구인 타당도

이론의 중요한 요소 중 하나는 잘 정의내려진 구성개념이다. 심리학에서는 흔히 이러한 구성개념이 조작적으로 정의되고 검사에 의해 측정된다. 지금까지 살펴본 내용 타당도나 준거관련 타당도는 검사가 측정하는 특성에 대한 이해라는 심리검사의 목표를 달성할 수 없기 때문에 구인 타당도(Construct Validity)가 필요해지는 것이다. 사실 내용 타당도나 준거관련 타당도는 구인 타당화 과정의 한 부분으로 간주될 수 있다. 구인 타당도는 사람들이 소유하고 있을 것으로 가정되는 어떤 특성(즉, 구성개념)을 측정하기 위한 것으로 검사를 설계할 때에는 언제나 중요하다. 구인 타당도 연구는 다음과 같은 물음에 대한 해답을 찾기 위해서 시도된다. 검사에 의해서 측정되는 심리적 구성개념이 무엇인가? 그 검사는 이 구성개념을 얼마나 제대로 측정해 주는가? 따라서 구인 타당도는 측정되는 특성인 구성개념에 초점을 맞춘다.

구인 타당화 과정을 통해 우리는 구성개념뿐만 아니라 그 구성개념을 둘러싼 이론까지도 타당한 것이 되게 한다. 이론이나 구성개념 중 어느 쪽을 입증하는 증거라도 상관이 없다. 따라서 구인 타당도는 내용 타당도와 준거관련 타당도를 포함한 여러 가지 방법에 의해 검증될 수 있다. 사실 어떤 의미에서는 모든 종류의 타당도가 다 구인 타당도가 될 수 있다. 즉, 내용 타당도에서 검사가 표집한 행동영역의 명세표는 그 검사가 측정하는 구성개념의 본질을 정의해주고, 준거관련 타당도에서는 준거의 본질과 종류가 그 검사를 통해 측정하고자 하는 구성개념을 알려준다. 구인 타당도를 검증하는 몇 가지 방법에 관해 알아보기로 한다.

① 내용 타당도 연구

구인 타당도를 검증하는 한 가지 방법은 검사의 내용, 검사의 문항 간 또는 하위검사 간의 관계 등 그 검사의 내적 구조에 관한 연구이다. 내적 구조에 대한 분석은 오로지 검사의 내적 구조에만 관심이 있기 때문에 검사가 측정하는 영역의 범위를 설정하여 그 구성개념을 정의하는 데 도움을 주지만, 이 방법은 검사점수와 다른 변인과의 관계에 대한 어떤 증거도 제시해주지 못한다.

내용 타당도에 관한 정보가 이 범주에 속한다. 검사문항들이 표집되는 영역의 명세표(table of specifications)는 측정되는 구성개념의 특성을 정의하는 데 도움을 준다. 예를 들어, 단어를 정리하고, 언어적 유추를 이용하여 추론하고, 문장 속에서 단어를 적절하게 사용할 수 있는 능력으로 언어지능을 정의한다면, 언어지능검사는 이 영역을 표집해야 한다. 이런 의미에서 검사의 내용 타당도에 대한 입증은 검사의 구인 타당도에 대한 증거를 제공하기도 한다.

② 준거관련 타당도 연구

검사점수에 의해서 예측되는 준거의 성질과 종류도 그 검사가 측정하려는 구성개념이 무엇인지를 말해준다. 따라서 준거관련 타당도계수는 구인 타당도에 관한 정보를 제공해준다. 예를 들어, 수학능력검사는 대학성적을 예측할 수 있어야 한다. 수공능력(finger dexterity)검사는 시계수리와 같이 정밀한 손놀림이 요구되는 직업분야에서의 성공 가능성을 예측해주어야 한다. 사회병리 성향검사는 또한 청소년 비행을 예측할 수 있어야 한다. 이러한 예측을 확증하게 되면 의도하는 특성을 측정하는 믿을 만한 척도(검사)로 여겨지지만 그렇지 못할 경우에는 검사에 대한 신뢰도가 약해진다.

준거관련 타당도 자료에 대한 또 다른 증거는 집단 차이에 관한 연구들에 의해서 제공된다. 예를 들어, Strong(1943)의 직업흥미 검사점수는 특정한 직업을 가진 사람들과 일반인들을 구별해주어야 한다. 창의력검사는 창의력이 높은 것으로 알려진 예술가들과 보통사람들을 구별해주어야 한다. 각각의 경우에 연구결과가 우리의 예측을 확증해준다면 그 검사가 측정할 것으로 기대되는 구성개념을 측정한다는 확신을 갖게 된다.

③ 공인 타당도 연구

공인 타당도(congruent validity)라 불리는 가장 단순한 절차는 구인 타당도를 검증받고자 하는 검사의 점수를 구인 타당도가 높은 것으로 밝혀진 기존의 검사와 관련짓는 것이다. 만일 상관계수가 높게 나오면 두 검사는 같은 구성개념을 측정하는 것으로 보고 구인 타당도를 인정하게 된다. 예를 들어, 새로운 지능검사는 보통 스탠퍼드 지능검사나 웩슬러 지능검사와 같이 타당도가 높은 지능검사와 비교된다. 만일 상관이 높으면, 두 검사는 동일한 구성개념을 측정하고, 새로운 검사점수는 기존의 검사점수처럼 해석될 수 있다. 새로운 검사점수가 이미 확증된 검사점수처럼 동일한 방식으로 다른 변인들과 어느 정도 관련이 있을 것이라고 추론할 수도 있다. 이러한 진술은 두 검사가 매우 높은 관련이 있을 경우에만 유지된다. 두 검사 간의 상관이 낮을수록 기존의 다른 검사에 대해 일반화하는 데 확신을 덜 갖게 된다.

④ 요인 타당도 연구

요인분석을 통해서도 구인 타당도를 검증할 수 있다. 요인분석(factor analysis)은 변인들 간의 상관관계를 기초로 변인들을 소수의 요인으로 묶음으로써 이를 통해 좀더 요약된 정보를 구하고자 할 때 사용되는 통계적 방법이다. 요인분석은 세 가지 정보를 제공해준다. 첫째, 검사들 간의 상호상관을 설명하는 데 얼마나 많은 요인이 필요한가? 둘째, 어떤 요인들이 각각의 검사에 대한 수행을 결정하는가? 셋째, 이들 요인에 의해서 설명되는 검사점수의 변량은 어떠한가?

요인분석에 의해 요인이 밝혀진 다음 그 검사와 각 요인의 상관계수를 구하게 되는데, 이 상관계수가 바로 요인 타당도이다. 예를 들어, 어휘력검사에서 독해력이라는 요인이 이 검사와 .66의 상관계수를 갖는다면 이 어휘력검사가 독해력이라는 특성을 재는 측정도구로서의 요인 타당도는 .66이 된다.

⑤ 수렴 타당도와 변별 타당도

Donald T. Campbell

공인 타당도와 요인 타당도의 두 방법과 관련이 있는 것이 Campbell(1960)의 수렴 타당도와 변별 타당도 개념이다. 어떤 검사가 동일한 구성개념을 측정하는 것으로 알려진 다른 검사와 상관이 높아야 함은 물론이지만, 다른 구성개념을 측정하는 것으로 알려진 다른 검사와는 상관이 낮아야 한다는 것이 Campbell의 주장이다. 이때 동일한 개념을 측정하는 검사와 상관이 높아야 하는 것이 수렴 타당도(convergent validity)이고, 다른 개념을 측정하는 검사와 상관이 낮은 것이 변별 타당도(divergent validity)이다. 예를 들어, 여러 개의 창의력검사들은 서로 정적 상관(수렴 타당도)을 가져야 하지만 지능과 같은 다른 특성의 척도들과는 비교적 독립적(변별 타당도)이어야 한다. 앞에서 살펴본 공인 타당도와 요인 타당도는 모두 수렴 타당도의 예이다.

3) 교차타당화

교차타당화(Cross-Validation)는 동일한 모집단에서 추출된 둘 이상의 표본으로부터 관련성을 결정하는 과정을 말한다. 타당화 연구에서 이것은 동일한 모집단에서 추출된 두 개의 별도 표본을 대상으로 하여 예측변인과 준거 간의 관련성을 입증하는 과정을 포함한다. 두 표본에서의 타당도 계산이 체계적 오차를 감지하지는 못할지라도 무선오차는 감지할 것이다. 즉, 그것은 타당도 자료의 신뢰도를 입증하게 될 것이다. 따라서 한 표본과 관련된 무선 오차의 크기가 추정될 수 있고 그에 따라 타당도 자료가 수정될 수 있을 것이다.

예측변인이 하나가 있는 경우 교차타당화는 다음과 같이 진행된다. 한 표본에서 검사점수와 준거자료를 수집하고, 타당도계수를 계산하여 회귀방정식을 만들어낸다. 그런 다음 동일한 모집단에서 두 번째 표본을 추출한다. 첫 번째 표본에서 유도된 회귀방정식을 이용하여 두 번째 집단(교차타당화 집단)에 속한 개인에 대한 예측 준거점수를 계산한다. 그 다음에 실제 준거점수를 수집하여 예측점수와 실제점수 간의 상관을 낸다. 이 상관계수는 첫 번째 표본의 자료에서 입증된 타당도계수와 큰 차이가 없어야 한다. 만약 큰 차이가 난다면 처음의 상관계수는 좋은 추정치가 아니라는 사실을 알게 된다.

일반적으로 원래의 상관계수를 극대화하는 경향이 있는 우연 오차가 교차타당화 표본에서는 작동하지 않을 것이기 때문에 교차타당화 표본에서 계산된 타당도계수는 첫 번째 표본의 타당도계수보다 조금 낮아질 것이다. 따라서 교차타당화된 상관계수가 더 나은 추정치가 될 수 있다.

제6장

t 검증

1. 가설검증과 추리통계
2. 두 집단의 평균에 관한 추론

앞의 제 2, 3, 4장에서는 자신이 수집한 자료를 요약하기 위해 사용하는 빈도분포, 집중경향치, 분산도, 상관 등에 관해 살펴보았는데, 이러한 통계방법을 기술통계라고 한다. 하지만 때로는 연구자가 자신이 수집한 자료를 기술하는 것에 만족하지 않고 더 나아가 표본으로부터 수집한 자료의 특성을 모집단에 일반화시키기를 원한다. 이와 같이 표본집단에서 얻은 자료로 모집단의 특성을 추론하는 통계기법을 추리통계라고 한다.

추리통계의 방법에는 모수통계와 비모수통계가 있다. 연구자들은 비모수통계보다는 모수통계를 선호하지만 경우에 따라서는 비모수통계를 사용해야 할 때가 있다. 예를 들어, 모집단의 분포가 정규분포가 아닌 경우, 동변량성의 가정(비교되는 모집단의 변량이 같다는 가정)이 위배되는 경우, 변인의 측정수준이 명명척도이거나 서열척도인 경우, 표본의 수가 너무 적은 경우에는 비모수통계를 사용해야 한다.

비모수통계에 관해서는 제16장과 제17장에서 자세히 다루기로 하고, 제6장에서 제15장까지는 t검증, 변량분석, 반복측정 변량분석, 공변량분석, 다중회귀분석, 판별분석, 다중변인분석 등의 모수통계에 관해 살펴보기로 한다.

t검증은 두 집단 간의 평균 차이를 검증할 때 사용하는 통계방법이다. 예를 들어, 우리나라 초등학생 남자 어린이와 여자 어린이의 어휘력을 비교한다고 가정해보자. 전국의 모든 남녀 어린이를 대상으로 그들에게 어휘력 검사를 실시하여 남녀 어린이 두 집단의 어휘력을 비교하는 것이 이상적이다. 그러나 이 과정은 시간과 비용이 많이 들기 때문에 남자 어린이 100명과 여자 어린이 100명을 무작위로 추출하여 어휘력 검사를 실시했다고 가정했을 때, 가상의 검사결과는 〈표 6-1〉과 같다.

얼핏 보기에는 여자 어린이의 어휘력 점수가 남자 어린이의 어휘력 점수보다 더 높은 것으로 보인다. 그러나 이 결과는 모집단을 대상으로 한 것이 아니라 적은 수의 표본을 대상으로 한 것이기 때문에 어느 정도의 오류가 발생할 수 있다. 이에 연구자는 두 모집단의 평균이 서로 다르다고 주장할 만큼

〈표 6-1〉 남녀 아동의 어휘력 점수

집단 1(남자 어린이 $n=100$)	집단 2(여자 어린이 $n=100$)
108	106
124	132
112	119
.	.
.	.
.	.
118	112
$\overline{X}_1 = 117.5$	$\overline{X}_2 = 125.6$

두 개의 표본집단의 평균이 확실히 다른가라는 질문에 답을 하기 위해 t검증을 실시하게 된다.

이 장에서는 t검증에 관해 살펴보기 전에 우선 추리통계의 기초가 되는 가설검증에 관해 살펴보고자 한다. 가설검증과 관련해서는 가설검증의 일반적 과정, 일방검증과 양방검증, 가설검증의 오류, 검증력 등에 관해 살펴보고, t검증과 관련해서는 독립표본과 상관표본의 t검증, t검증의 기본 가정 등에 관해 살펴보기로 한다.

1. 가설검증과 추리통계

모집단에 대한 추론은 표본을 대상으로 설정된 가설을 검증함으로써 이루어진다. 가설검증은 크게 집단 간의 평균차이를 알아보는 차이검증과 변인 간의 관계를 알아보는 상관검증이 있다.

1) 가설검증의 과정

가설검증의 과정에는 불확실성이 내재되어 있고, 오류가 발생할 가능성이 있기 때문에 그 과정이 일련의 단계로 공식화 되어 있다. 여기서는 다섯 단계로 나누어 설명하고자 한다.

가설을 검증하는 과정에는 몇 가지 단계가 있다. 첫째, 가설을 설정하고, 둘째, 유의도 수준(level of significance)을 정하며, 셋째, 자료를 수집해서 통계치를 구하고, 넷째, 임계치(critical value)를 구한 다음, 다섯째, 영가설을 기각하거나 채택한다.

(1) 가설의 설정

가설검증의 첫 번째 단계는 가설을 설정하는 것이다. 가설검증에서는 통계이론에 따라 가설이 영가설(null hypothesis: H_0)로 진술된다. 즉, 비교되는 모집단 간에 차이가 없다거나 변인 간에 관계가 없다고 진술하는 것이다. 예를 들면, "아동의 성별에 따라 지능점수에는 차이가 없다" 혹은 "아동의 지능과 창의성 간에는 관계가 없다"로 진술된다. 영가설과 대립되는 가설을 대안가설(alternative hypothesis: H_A) 또는 연구가설이라고 한다. 대안가설은 영가설과 완전히 반대되는 개념으로서, 비교되는 집단 간에 차이가 있다거나 변인 간에 관계가 있다고 진술하는 것이다. 연구자는 항상 영가설이 기각되기를 희망한다. 그리고 연구가설은 영가설이 기각되었을 때 참이 되는 가설이다. 즉, 그 대안으로 인정되는 가설이다.

(2) 유의도 수준(α)의 설정

가설을 진술하고 난 다음에는 유의도 수준을 설정한다. 유의도 수준은 표본의 통계치에 기초하여 영가설을 기각할 것인지 채택할 것인지를 결정하는 기준이다. 가장 보편적으로 쓰이는 유의도 수준은 .05와 .01이다. 이것은 영가설이 참일 때 영가설을 기각할 확률이 5% 또는 1%라는 것을 의미한다. 다시 말하면 연구자가 설정한 연구가설이 참일 확률이 95% 또는 99%라는 것이다. 즉, 같은 모집단에서 동일 수의 표본을 100번 추출하여 각각 자료를 분석하였을 때 그중 5번 또는 1번은 영가설이 참인데도 이를 기각하고 대안가설을 받아들이는 오류를 범할 수 있다는 것이다. 때로는 유의수준을 .001로 정하는 경우도 있는데, 유의도 수준이 높으면 높을수록 참인 영가설을 기각하는 확률이 낮아지기 때문에 그만큼 엄격한 검증이 된다.

흔히들 α수준(α level)과 *p*값(*p* value)을 혼동하는 경우가 있는데, α는 자료를 수집하기 전에 정하는 것이고, *p*값이란 자료가 수집되고 나서 표본 자료로부터 얻어지는 값이다. 예를 들어, $p < .05$인 경우 이것은 영가설이 참일 때 연구자가 자신이 수집한 표본자료를 얻을 확률이 5% 미만이라는 것을 의미한다. 따라서 영가설이 참인 상황에서 기대되는 자료와 자신이 얻은 자료가 너무 차이가 크기 때문에 영가설이 잘못되었다는 결론을 내릴 수 있다. 자료 분석에서 실제로 얻어지는 *p*값은 .05 또는 .01이라는 α값과는 달리 .037 또는 .238 등 다양한 것을 볼 수 있다. *p*값을 α수준과 비교해서 *p*값이 α보다 작으면(예: $p < .05$) 영가설을 기각하고 통계적으로 유의하다는 결론을 내린다. 반면 *p*값이 α보다 크면(예: $p > .05$) 영가설을 기각하지 못하고 통계적으로 유의하지 않다는 결론을 내린다.

(3) 통계치 구하기

자료를 수집하고 나서 적절한 통계방법(예: *t*검증 또는 *F*검증)을 적용하여 통계치를 구한다. 계산공식과 자료는 논문에 제시하지 않지만 통계치(예: *t*값 또는 *F*값)는 논문에 제시하는 것이 보편적이다.

(4) 임계치 구하기

통계치를 구한 다음 연구자는 임계치(critical value)를 구해야 하는데, 임계치는 앞에서 설정한 유의수준 및 자유도(degrees of freedom)와 관계가 있다. 임계치는 통계학자들이 개발한 여러 가지 통계표(예: *t*검증과 *F*검증)에 나와 있는 숫자를 가리킨다. 임계치는 통계관련 문헌 맨 뒤에 나와 있는 통계표(statistical tables)에서 찾아볼 수 있다.[1)]

1) 요즘에는 손으로 *t*값이나 *F*값을 계산하는 경우가 거의 없기 때문에 임계치를 자기 손으로 직접 찾아보는 연구자가 거의 없지만 통계 프로그램(예 : SPSS WIN프로그램 등)에서 하는 논리가 그렇다는 것이다.

(5) 영가설의 기각 또는 채택

가설검증의 마지막 단계에서는 영가설을 기각할 것인지 아니면 채택할 것인지를 결정해야 한다. 앞의 단계에서 구한 임계치가 통계치보다 크다면, 즉 p값이 α값보다 크면, 연구자는 영가설을 받아들일 것이다. 이때 두 집단 간에는 유의한 차이가 없다고 진술한다. 만약 통계치가 임계치보다 크다면, 즉 p값이 α값보다 작으면, 연구자는 영가설을 기각하게 되는데 이때에는 두 집단 간에 유의한 차이가 있다고 진술한다.

〈그림 6-1〉은 가설검증의 과정에 관한 내용이다.

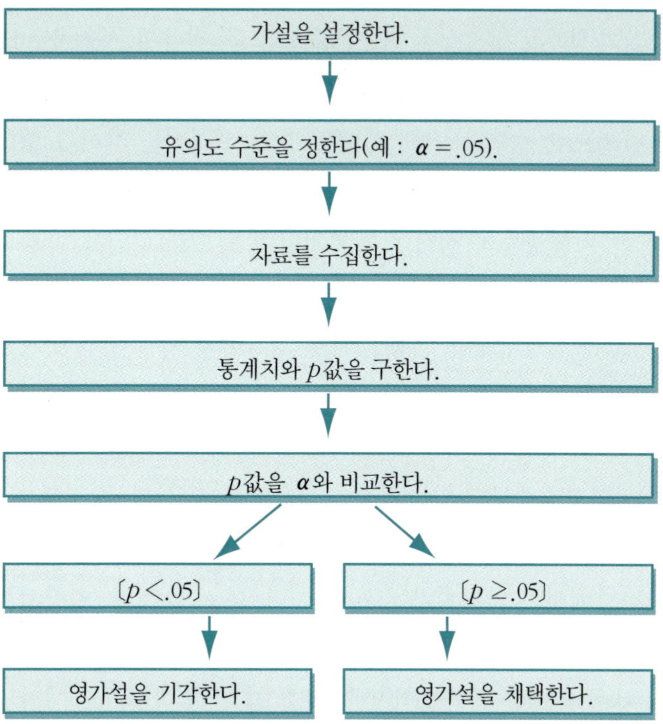

〈그림 6-1〉 가설검증의 과정

2) 일방검증과 양방검증

연구자가 유의도 검증을 할 때에는 일방검증(one-tailed test)을 할 것인지 양방검증(two-tailed test)을 할 것인지를 결정해야 한다. 양방검증은 양쪽 방향의 유의한 차이에 민감한 반면, 일방검증은 단지 한 방향의 차이에만 민감하다. 다시 말해서, 일방검증은 "~가 ~보다 크다" 또는 "~가 ~보다 작다"와 같이 방향성이 확실할 때 하는 검증방법인 반면, 양방검증은 "두 집단 간에 차이가 있다" 또는 "차이가 없다"와 같이 방향성이 확실하지 않아 양쪽 방향을 모두 고려할 때 하는 검증방법이다. 예를 들어, 새로운 교수방법으로 수업을 받은 학생들과 전통적인 방법으로 수업을 받은 학생들 간의 성적을 비교한다고 가정해보자. 이때 양방검증으로 두 집단의 성적을 비교한다면 영가설은 다음과 같을 것이다. "새로운 교수방법으로 수업을 받은 학생들과 전통적인 방법으로 수업을 받은 학생들 간의 성적에는 차이가 없다." 만약 일방검증을 적용한다면 영가설은 다음과 같을 것이다. "새로운 교수방법으로 수업을 받은 학생들의 성적이 전통적인 방법으로 수업을 받은 학생들의 성적보다 더 낮을 것이다."

〈그림 6-2〉는 일방검증을 적용할 경우 영가설의 기각 영역에 관한 것이고 〈그림 6-3〉은 양방검증을 적용할 경우 영가설의 기각 영역에 관한 것이다. 〈그림 6-2〉와 〈그림 6-3〉에서 보는 바와 같이 영가설을 기각하기 위한 임계치의 크기는 일방검증보다 양방검증을 적용했을 경우 더 큰 것을 알 수 있다. 유의도 수준을 .05로 정했을 경우 양방검증에서는 임계치(z값)가 ±1.96이지만 일방검증에서는 임계치가 ±1.645이다. 다시 말해서, 일방검증을 하는 경우는 양방검증을 하는 경우보다 영가설을 기각하기가 더 쉽다. 하지만 모집단 간의 차이의 방향을 확실히 알지 못할 때 반대 방향으로 일방검증을 하게 되면 영가설을 기각할 수 없기 때문에 일방검증을 적용할 경우 신중을 기해야 한다. 즉, 일방검증이나 양방검증은 자료를 수집하기 전에 연구가설의 논리에 의해서 결정해야 한다.

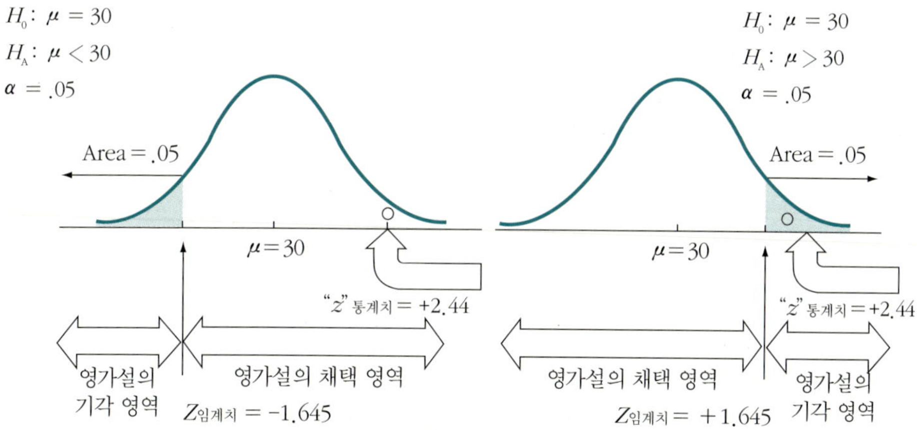

〈그림 6-2〉 일방검증 시 영가설의 기각 영역

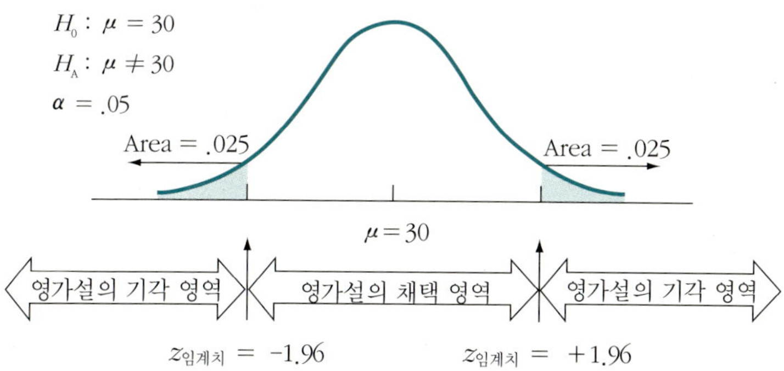

〈그림 6-3〉 양방검증 시 영가설의 기각 영역

3) 가설검증의 오류

가설을 검증하는 과정에서 표본집단의 통계치를 가지고 영가설의 기각 여부를 결정할 때 일반적으로 발생하는 오류가 두 가지 있다. 연구자는 영가설과 관련해서 영가설을 기각해야 함에도 영가설을 채택하거나, 영가설을 받아들여야 함에도 영가설을 기각하는 등의 잘못된 결정을 내릴 수도 있다. 왜냐하면 연구자가 내리는 결정은 모집단이 아닌 표본집단의 자료에 근거를 둔 것이기 때문이다. 비록 표본집단이 모집단으로부터 무작위로 추출되었다 할지라도 표본집단이 모집단을 대표하지 못하는 경우도 있다.

제1종 오류(Type I Error)는 영가설이 참일 때 이를 기각하는 것으로, 이것은 유의도 수준(α)과 일치한다. 예를 들면, 유의도 수준이 .05일 때 100번 중 5번은 연구자가 참인 영가설을 기각할 수도 있다는 것이다. 그러므로 제1종 오류를 피하고자 한다면 유의도 수준을 .01이나 .001로 높여야 한다.

제2종 오류(Type II Error)는 영가설이 거짓인데 이를 채택하는 것을 말한다. 제1종 오류와는 달리 제2종 오류는 유의도 수준과의 관계가 그리 단순하지 않다. 오히려 제2종 오류는 검증력과 관계가 있는데, 검증력(1- β)은 영가설이 거짓일 때 이를 기각하는 확률을 말한다. β로 표현되는 제2종 오류는 검증력이 낮을수록 발생할 가능성이 많다. 여기서, 검증력에 영향을 미치는 요인들을 살펴보면 다음과 같다. ① 집단 간의 평균차가 클수록, ② 표본의 크기가 클수록, ③ α수준이 낮을수록(.01보다는 .05가 검증력이 높다), ④ 양방검증보다는 일방검증이 검증력이 높다. 만약 연구자가 제2종 오류를 피하고자 한다면 .05가 아니라 .10이나 그보다 더 낮은 유의도 수준을 채택해야 한다.

제1종 오류와 제2종 오류가 동시에 발생하는 것은 불가능하다. 왜냐하면 만약 연구자가 영가설을 기각한다면 제1종 오류가 발생할 가능성이 있고, 영가설을 받아들인다면 제2종 오류가 발생할 가능성이 있기 때문이다. 다시 말해서 제1종 오류가 발생할 가능성이 낮아지면 반대로 제2종 오류가 발생할 가능성이 높아진다. 따라서 연구자는 제1종 오류와 제2종 오류의 적정선(타협점)을 찾아야 하는데, 대부분의 경우 연구자들은 제1종 오류가 제2종 오류보다 더 위험한 것으로 여기기 때문에 유의도 수준을 우선적으로 생각하는 경향이 있다.

〈그림 6-4〉는 제1종 오류와 제2종 오류에 관한 내용이다.

		영가설의 진실여부	
		영가설이 참인 경우	영가설이 거짓인 경우
연구자의 결정	영가설의 채택	올바른 결정 $1-\alpha$	제2종 오류 β
	영가설의 기각	제1종 오류 α	올바른 결정 $1-\beta$(검증력)

〈그림 6-4〉 제1종 오류와 제2종 오류

4) 검증력

검증력은 영가설이 거짓일 때 이를 기각하는 결정을 이끌어 낼 확률로서 $1-\beta$로 표현된다. 제2종 오류(β)와 검증력은 상보적인 관계에 있기 때문에 제2종 오류를 범할 확률이 낮아지면 검증력은 높아진다. 검증력에 영향을 미치는 요인들이 몇 가지 있는데 이들을 살펴보면 다음과 같다(King & Minium, 2003).

(1) 모집단 평균과 가설 평균의 차이

새로운 학습법이 전통적 학습법보다 더 나은지에 관한 영가설을 검증한다고 가정해보자. 여기서 전통적 학습법의 전국 평균이 100이기 때문에 $\mu=100$이라는 영가설을 세우고 양방검증을 한다고 가정해보자. 만약 영가설이 참이라면 새로운 학습법의 표본의 평균은 〈그림 6-5〉 (a)의 점선과 같이 μ_{hyp}로 집중될 것이다. 이것은 그림에서 보는 바와 같이 영가설의 채택영역을 결정하는 분포가 될 것이다. 만약 영가설이 거짓이라면 표본의 평균은 μ_{hyp}가 아니라 μ_{true}로 집중될 것이다. 예를 들어, $\mu_{true}=103$이라고 가정하면 표본 평균($\overline{X}$)의 표집분포는 〈그림 6-5〉 (a)의 실선과 같이 μ_{true}로 집

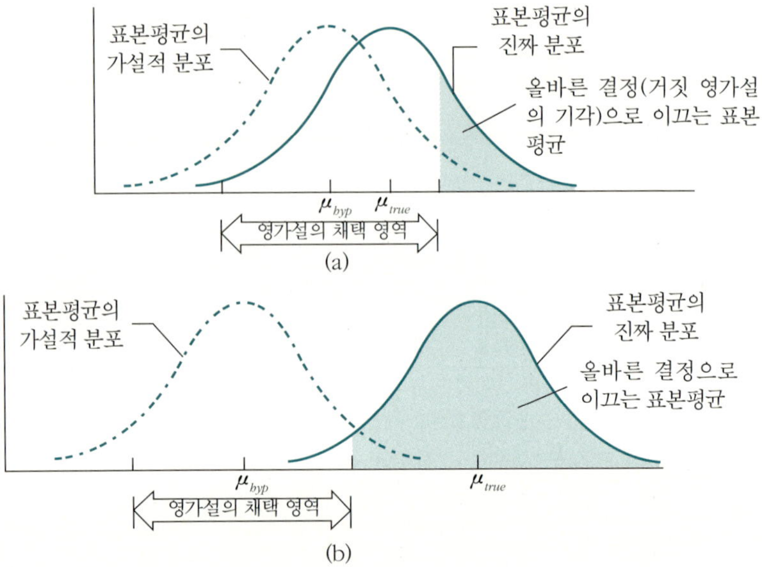

〈그림 6-5〉 μ_{hyp}와 μ_{true} 간의 차이에 따른 거짓 영가설을 기각할 확률

출처: King, B. M., & Minium, E. W. (2003). *Statistical reasoning in psychology and education* (4th ed.). John Wiley & Sons, Inc.

중될 것이다. 따라서 거짓인 영가설을 기각하는 확률인 검증력은 무선표집에서 음영영역(shaded areas)을 얻을 확률이다. 만약 $\mu_{true}=112$라면 〈그림 6-5〉 (b)에서 보듯이 2개의 표집분포 간에 중복되는 부분이 거의 없다. 따라서 대부분의 표집은 영가설을 기각하게 될 것이다. 일반적으로 μ_{true}와 μ_{hyp} 간에 차이가 크면 클수록 검증력은 높아지게 된다.

(2) 표본의 크기

거짓인 영가설을 기각하는 확률은 표본의 크기와도 관련이 있다. 앞에서 예로 든 새로운 학습법을 검증하는 과정에서 표본의 평균이 25라고 가정해보자. 이때 평균의 추정표본오차(estimated standard error of the mean)는 $s_{\bar{X}}=\frac{s_X}{\sqrt{25}}=.2s_X$이다. 만약 표본의 크기를 100이라고 가정하면 $s_{\bar{X}}=\frac{s_X}{\sqrt{100}}=.1s_X$이다. 일반적으로 표본의 크기가 크면 클수록 평균의 표집분포의 표준오차($s_{\bar{X}}$)는 작아진다. 〈그림 6-6〉은 표본의 크기를 제외하고 다른 모든 요인

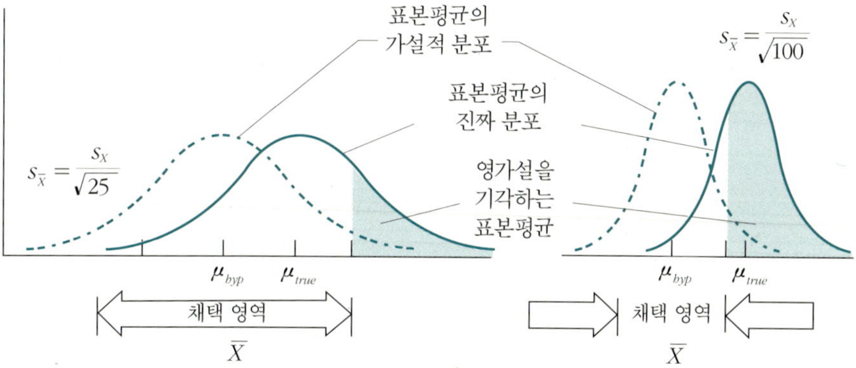

〈그림 6-6〉 표본의 크기에 따른 거짓 영가설을 기각할 확률

출처: King, B. M., & Minium, E. W. (2003). *Statistical reasoning in psychology and education* (4th ed.). John Wiley & Sons, Inc.

이 동일할 때 표집분포가 어떠한지를 보여주고 있다. 표본의 크기가 크면 클수록 모집단의 평균의 표집분포와 가설 평균의 표집분포 간의 중복되는 부분이 작아진다. 결과적으로 거짓인 영가설을 기각할 수 있는 표본을 추출할 확률이 높아진다. 다른 조건이 동일하다면 표본의 크기가 크면 클수록 검증력은 높아진다. 표본의 크기를 정하는 것은 검증력을 높이는 가장 손쉬운 방법이다.

(3) 유의도 수준(α)

검증력은 유의도 수준과도 관계가 있다. 〈그림 6-7〉 (a)는 $\alpha = .05$ 일 때 거짓인 영가설을 기각하는 확률을 보여주고 있으며, 〈그림 6-7〉 (b)는 다른 모든 조건이 동일한 상황에서 단지 α수준만 .01로 달라진 경우이다. 두 그림 모두 실선으로 된 분포에서 음영영역으로 표현된 부분은 영가설을 기각하는 영역이다. 두 그림에서 보듯이 유의도 수준 $\alpha = .01$일 때보다 $\alpha = .05$일 때가 기각영역이 훨씬 더 넓다. 따라서 유의도 수준이 높을수록 거짓인 영가설을 기각할 확률이 높은 표본을 표집할 가능성이 많다. 일반적으로 제1종 오류를 범할 확률을 낮추면 제2종 오류를 범할 확률이 높아지고 그 결과 검증

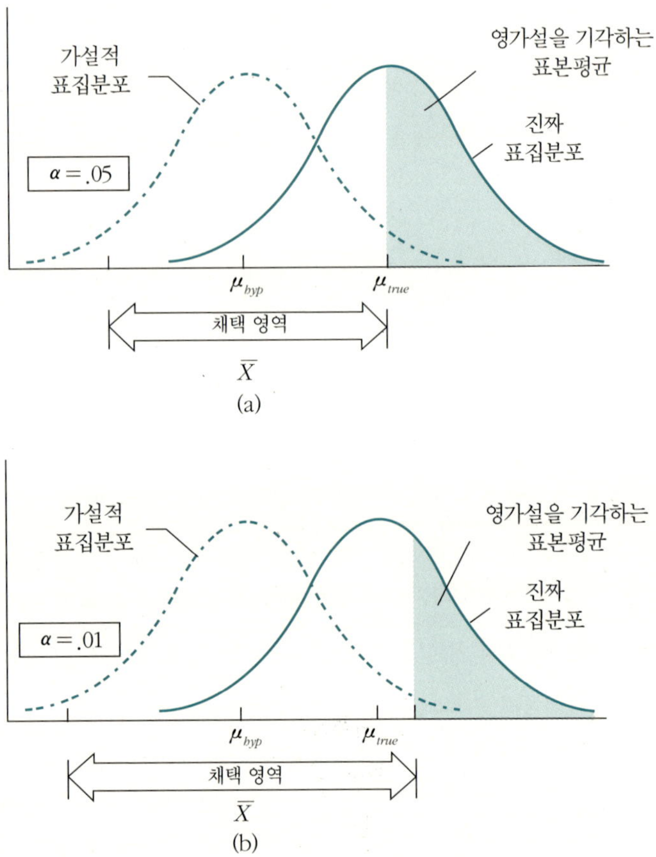

〈그림 6-7〉 유의도 수준(α)에 따른 거짓 영가설을 기각할 확률

출처: King, B. M., & Minium, E. W. (2003). *Statistical reasoning in psychology and education* (4th ed.). John Wiley & Sons, Inc.

력이 낮아진다.

(4) 일방검증과 양방검증

가설검증이 일방검증인지 양방검증인지에 따라서도 검증력은 영향을 받는다. 앞에서 예로 든 새로운 학습법을 일방검증을 통해서 가설을 검증해보기로 하자. 이때 영가설 H_0: $\mu_{hyp} = 100$이고 H_A: $\mu_{hyp} > 100$이다. $\mu_{true} > \mu_{hyp}$인 경우에는 거짓 영가설이 기각된다. 〈그림 6-8〉에서 (a)와 (b) 모두 유의도 수준이 .05이고 $\mu_{true} > \mu_{hyp}$ 인 경우를 보여준다. 하지만 〈그림 6-8〉 (a)는 양방검증인 경우를 나타내고 〈그림 6-8〉 (b)는 일방검증인 경우를 나타낸다. 그림에서 보는 바와 같이 다른 조건이 동일하다면 양방검증보다는 일방검증인 경우 검증력이 더 높다는 것을 알 수 있다. 그러나 일방검증의 경우 대안가설의 방향이 올바로 되었을 경우에만 그러하다.

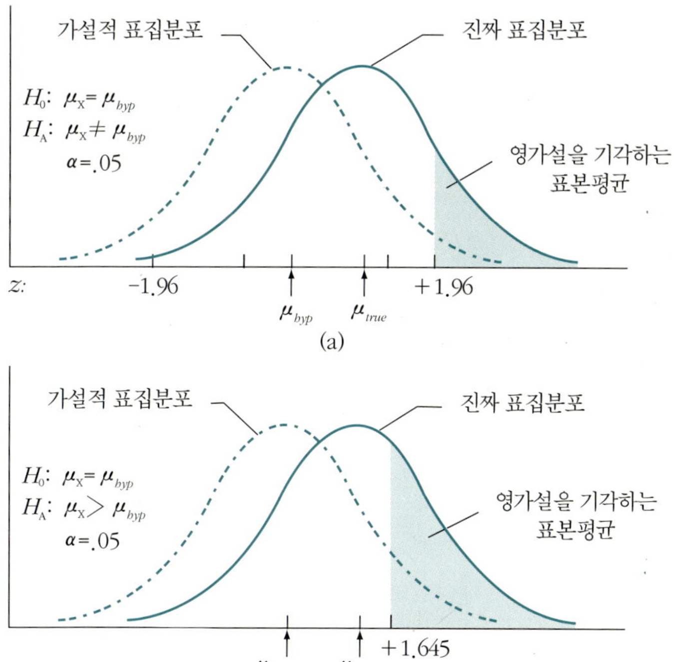

〈그림 6-8〉 유의도 수준 α=.05일 때 양방검증(a)과 일방검증(b)에서 거짓 영가설을 기각할 확률

출처: King, B. M., & Minium, E. W. (2003). *Statistical reasoning in psychology and education* (4th ed.). John Wiley & Sons, Inc.

2. 두 집단의 평균에 관한 추론 (t검증)

두 집단의 평균에 관한 추리통계에서는 t검증이 주로 사용된다. 예를 들어, 두 가지 교수법 중 어느 쪽이 독해력 증진에 효과가 있는가를 알아본다든가, 새로 개발한 신약과 지금까지 사용해오던 기존의 약 중에서 어느 약이 고혈압에 더 효과가 있는가를 알아보기 위한 연구에서 t검증이 사용된다. 〈그

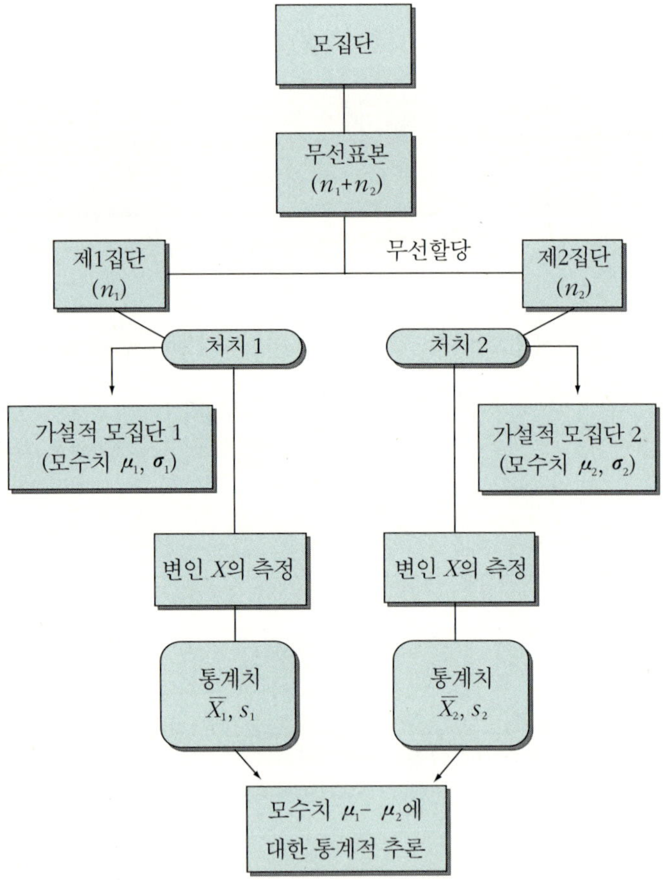

〈그림 6-9〉 두 집단의 평균에 관한 추론

출처: Anderson, T. W., & Finn, J. D. (1996). *The new statistical analysis of data*. New York: Springer-Verlag.

림 6-9〉는 두 집단의 평균을 비교하는 과정에 관한 도식이다. 우선 모집단으로부터 무선표집이 이루어진 다음 처치 1과 처치 2를 받는 두 집단에 무선할당된다. 따라서 처치 1을 받는 가설적 모집단 1과 처치 2를 받는 가설적 모집단 2가 있게 된다. 그러고 나서 수집된 자료로부터 통계치를 구한 다음 이 가설적 모집단의 모수치에 대한 통계적 추론이 이루어진다.

1) 독립표본과 상관표본의 t 검증

t 검증에는 두 가지 형태가 있는데 독립표본(independent samples) t 검증과 상관표본(correlated samples) t 검증이 그것이다. 독립표본 t 검증은 서로 독립적인 두 집단의 평균을 비교할 때 사용한다. 다시 말해서, 한 집단의 점수가 다른 집단의 점수와 전혀 관련이 없을 경우에 사용한다. 앞에서 예로 든 남자 어린이와 여자 어린이의 어휘력을 비교하는 경우 이 두 집단은 전혀 관련이 없기 때문에 서로 독립적이다.

상관표본 t 검증은 첫 번째 집단의 점수가 두 번째 집단의 점수와 관련이 있을 때 사용한다. 예를 들면, 동일한 피험자가 서로 다른 상황에서 두 번 측정되거나(예: 사전검사와 사후검사), 서로 짝을 이룬 집단의 평균을 비교하거나(예: 연령이나 지능지수로 짝짓기를 한 두 집단의 평균비교), 부부나 형제자매로 이루어진 두 집단의 평균을 비교하는 것 등이다.

〈그림 6-10〉은 독립표본과 상관표본에 관한 그림이다(Huck, 2008). 〈그림 6-10〉에서 보면 독립표본과 상관표본 모두 추론은 표본이 아니라 모집단에 관한 것이다. 유감스럽게도 어떤 연구자들은 자신의 연구에서 표본에 초점을 맞춘듯이 연구결과에 대한 논의를 하지만 사실상 표본이 아니라 모집단에 초점이 맞추어져 모든 결론이 내려져야 한다.

통계적 추론은 독립표본과 상관표본 모두 각각의 표본으로부터 수집된 자료를 각각의 모집단에 따로따로 추론하는 것이 아니라 두 집단에 대해 한꺼번에 추론이 이루어져야 한다. 왜냐하면 연구의 목적은 두 집단을 비교하는

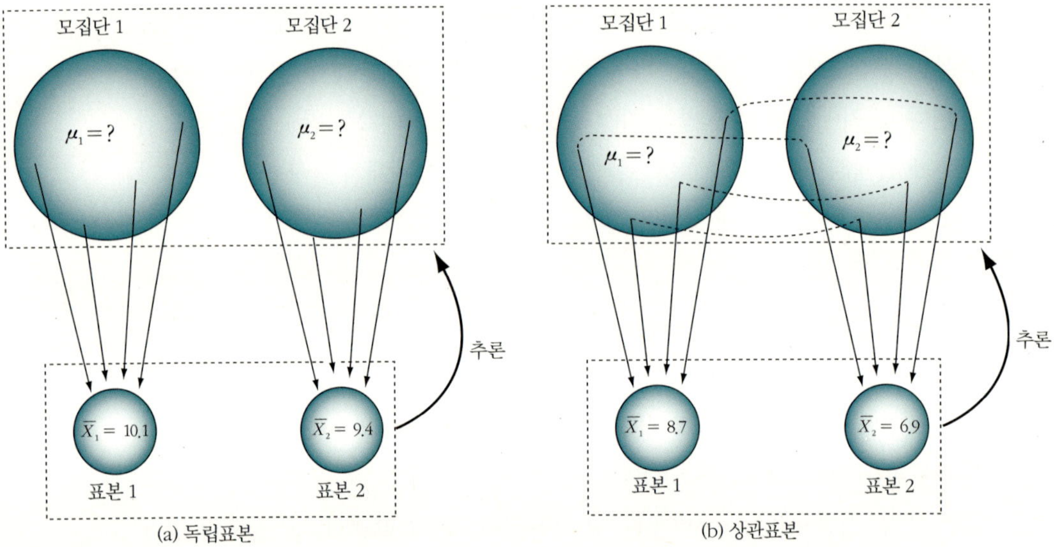

〈그림 6-10〉 독립표본과 상관표본의 평균차이 검증에 대한 추론

그림 (b)의 모집단 1에서 모집단 2로 연결되는 점선은 상관표본의 특성인 짝짓기(matching)를 표시한다.
출처: Huck, S. W. (2008). *Reading statistics and research* (5th ed.). Allyn & Bacon.

것이기 때문이다. 예를 들면, "t검증결과 4세 남아의 평균신장은 110cm이고, 4세 여아의 평균신장은 100cm이다" 라고 제시하는 것이 아니라 "t검증결과 성별에 따라 평균신장에서 유의한 차이가 있는 것으로 나타났다 ($t = 1.24$, $p < .05$)" 라고 제시해야 한다.

2) 영가설의 설정

독립표본이든 상관표본이든 t검증의 영가설은 다음과 같다.

$$H_0:\ \mu_1 - \mu_2 = a$$

여기서 a는 연구자가 영가설에서 사용하기 원하는 어떤 숫자라도 무방하다. 하지만 대부분의 연구에서 연구자들은 두 집단 간에 차이가 없다는 영가설을 세우기 때문에 이때 a는 0인 경우가 많다. 따라서 H_0: $\mu_1 - \mu_2 = 0$ 또는 H_0: $\mu_1 = \mu_2$이다.

표본의 자료가 수집되고 나서 두 집단의 평균($\overline{X}$)은 본문 중에 또는 표로 제시될 것이다. 예를 들어, 제1집단(94명)은 평균이 4.94이고 표준편차가 .58이며, 제2집단(113명)은 평균이 4.90이고 표준편차가 .62라고 가정해보자. 이 결과를 다음과 같이 본문 중에 제시할 수 있다. 독립표본 t검증에서 제1집단의 평균(M=4.94, SD=.58)과 제2집단의 평균(M=4.90, SD=.62)의 차이는 유의하지 않았다($t_{205} = .40$, $p > .05$).

또 다른 예로 제1집단은 평균이 25.6이고 표준편차가 11.3이며, 제2집단은 평균이 39.2이고 표준편차가 10.6이라고 가정해보자. 이에 대한 결과를 "상관표본 t검증 결과 두 집단의 평균이 유의하게 다른 것으로 나타났다($t_{103} = -9.8$, $p < .001$)"라고 제시할 수 있다.

t검증의 결과를 보고할 때 자유도(df)를 함께 보고하는데 자유도는 연구대상의 크기를 알려주는 데 매우 유용한 정보이다. 독립표본 t검증에서는 자유도에다 2를 더하면 표본의 크기(n)를 알 수 있다. 상관표본 t검증에서는 자유도에다 1을 더하면 표본의 크기가 모두 몇 쌍이었는지를 알 수 있다. 따라서 앞에서 예로 든 첫 번째 연구에서는 연구대상이 모두 207명이며 두 번째 연구에서는 연구대상이 모두 104쌍인 것을 알 수 있다.

3) 기본 가정

통계적 추론을 하기 위해서는 어떤 통계분석방법을 적용하든지 간에 우선 기본 가정부터 살펴보아야 한다. 이것은 마치 우리가 배를 타고 바다로 나가기 전에 배에 구멍이 나 있는지 또는 어떤 다른 이상은 없는지 살펴보는 것과 같다.

t검증의 수리적 모형 또한 몇 가지 기본 가정 하에서 성립되었는데 그것을 살펴보면 다음과 같다. 첫째, 정규분포 가정(normality assumption)으로 이것

은 각 모집단의 종속변인의 점수분포가 정상분포를 이룬다는 가정이다. 그러나 각 집단의 사례수(sample size)가 많으면 모집단이 정상분포에서 벗어났다고 해도 추론결과에 미치는 영향은 크지 않다. 따라서 모집단이 정상분포를 이룬다는 가정이 의심스러울 때에는 보다 많은 표본을 추출해야 한다.

둘째, 동변량성 가정(homogeneity of variance assumption)으로서 이것은 각 집단의 모변량이 동일하다는 가정이다. 그러나 각 집단의 사례수가 같으면 동변량성을 가정하기 어려운 경우에도 결론에 심각한 영향을 미치지 않는다. 반면, 사례수가 동일하지 않은 경우에 이 가정이 충족되지 않으면 추론결과의 타당도에 심각한 영향을 초래할 수 있다. 만약 연구자가 사례수가 다른 집단을 비교하기 위해 t검증을 사용한다면 반드시 동변량성의 가정을 검증해야 한다. 동변량성을 검증하는 방법에는 Bartlett의 χ^2, Hartley의 F-max검사, Cochran의 C검사, Levene의 동변량성 검사 등이 있다. 검증결과 동변량성의 가정이 위배되는 경우에는 동변량성의 가정이 필요 없는 비모수 통계를 고려해 보는 것이 바람직하다.

셋째, 각 집단의 표집은 무선적이고 독립적이어야 한다는 가정(randomness and independence assumption)인데, 이 가정이 충족되지 않으면 추론을 하는 데 있어서 심각한 오류를 범하게 된다. 왜냐하면 이 세 번째 가정은 정규분포 가정이나 동변량성 가정처럼 가정이 위배되었을 때 각 집단의 사례수가 많거나 같다고 해서 영향을 덜 받는 것이 아니기 때문이다. 실험설계의 상황에서는 각 실험집단에 피험자를 무작위 할당함으로써 이 가정을 충족시킬 수 있고, 조사연구의 상황에서는 각 집단의 표본이 독립임의표본이라고 하면 표집은 서로 독립적이라고 가정할 수 있다. 그러나 같은 피험자에게 여러 번 반복해서 측정하는 반복측정(repeated measure)이나 서로 짝짓기를 하는 상관표본의 경우에는 독립성을 가정할 수 없으므로 상관표본 t검증을 실시해야 한다.

4) t검증의 실시 및 해석

(1) 독립표본 t검증의 예

앞서 설명한 바와 같이 독립표본 t검증은 서로 다른 집단 간의 평균 차이를 검증할 때 사용하는 통계방법이다. 예를 들어, 연구자가 "성별에 따라 평균 키에 차이가 있는가?"라는 연구문제를 설정했다면 다음과 같은 절차를 이용하여 이를 검증할 수 있다.

① 독립표본 t검증의 실시

SPSS를 이용하여 독립표본 t검증을 실시하는 절차는 다음과 같다.

> 자료 입력 → 분석 → 평균 비교 → 독립표본 t검증 → 검정변수(종속변수) → 집단변수(독립변인), 집단정의(집단 1, 집단 2) → 계속 → 확인 → 결과분석

메뉴바에 있는 분석에 들어가서, 평균 비교를 클릭한 후, 독립표본 t검정을 클릭한다.

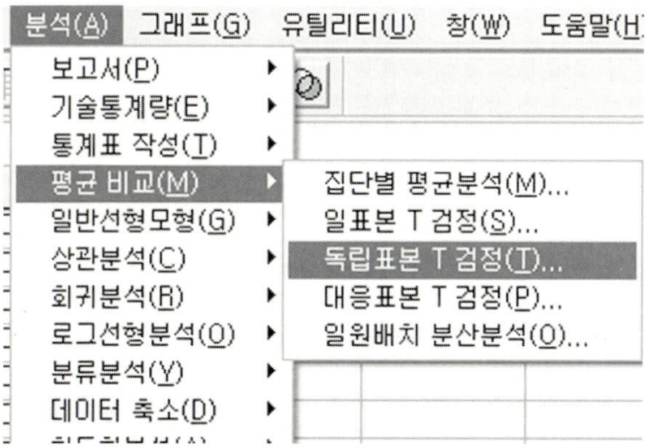

〈그림 6-11〉 평균 비교에서 독립표본 t검증 선택

검정변수 영역에 종속변수인 키를 선택하고, 집단변수에 독립변인인 성별을 넣은 후 집단 정의를 클릭해서 집단 1에는 1, 집단 2에는 2를 기입한다(만약 집단 1을 0으로 지정하고, 집단 2를 1로 지정했다면, 집단 1에는 0을 집단 2에는 1을 기입해야 한다). 계속과 확인을 차례대로 클릭한다.

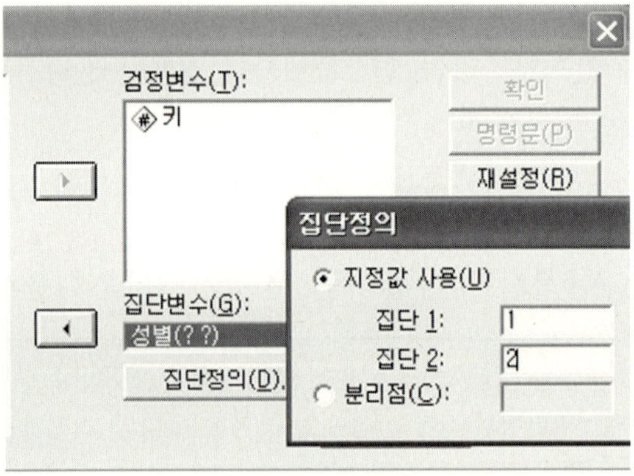

〈그림 6-12〉 종속변인(검정변수)과 독립변인(집단변수) 투입

② 독립표본 t검증의 결과

〈그림 6-13〉에 제시된 결과를 살펴보면, 남학생의 키의 평균은 119.67 (SD=3.33)이고 여학생의 키의 평균은 97.34(SD=4.39)이다. 하지만 이 평균치만을 가지고 두 집단 간에 차이가 있다고 말하기에는 무리가 있으므로, 모집단에서도 성별에 따라 키 차이가 있는지를 알아보기 위해 독립표본 t검증을 실시한다.

t검증에 앞서 기본 가정이 충족되는지 살펴보기 위해 Levene의 동변량성 검증을 실시하는데, 이것은 두 집단의 분산이 동일한지를 검정하는 것이다. 결과를 살펴보면, 두 모집단의 변량에는 차이가 없는 것으로 나타나 동변량성 가정은 충족이 되었다.

분석결과, t값은 20.52이고 자유도는 49로 이때의 p값은 .05보다 작으므로 영가설을 기각하게 되어, 두 집단 간에 유의한 차이가 있다고 말할 수 있다. 즉, 성별에 따라 평균키에서 차이가 있는지를 알아본 결과, 성별에 따라 평균키에서 유의한 차이가 있는 것으로 나타났다(t=20.52, p<.001). 남학생들이 여학생들보다 평균키가 크다는 것을 알 수 있다. 이러한 결과를 표로 정리하면 〈표 6-2〉와 같다. t검증 결과표에는 반드시 평균과 표준편차, t값이 제시되어야 한다.

집단통계량

	group	N	평균	표준편차	평균의 표준오차
키	남	27	119,6667	3,32820	,64050
	여	24	97,3417	4,39280	,89670

독립표본 검정

		Levene의 등분산 검정		평균의 동일성에 대한 t-검정						
		F	유의확률	t	자유도	유의확률 (양쪽)	평균차	차이의 표준오차	차이의 95% 신뢰구간 하한	차이의 95% 신뢰구간 상한
키	등분산이 가정됨	3,632	,063	20,522	49	,000	22,25000	1,08420	20,07120	24,42880
	등분산이 가정되지 않음			20,191	42,639	,000	22,25000	1,10200	20,02720	24,47280

〈그림 6-13〉 SPSS에서 독립표본 t 검증 output

〈**표 6-2**〉 성별에 따른 키의 차이

	성별	N	평균(표준편차)	t
키	남	27	119.67(3.33)	20.52***
	여	24	97.47(4.393)	

*** p<.001

(2) 상관표본 t검증의 예

상관표본 t검증은 서로 관련이 있는 집단의 두 변인 간 평균 차이를 비교할 때 사용되는 검증이다. 예를 들어, 연구자가 실험집단만을 가지고 "대학생을 대상으로 한 예비부모교육 프로그램이 부모역할책임감 증진에 효과가 있는가?" 라는 연구문제를 설정했다면 다음과 같은 절차를 이용하여 이를 검증할 수 있다.

① 상관표본 *t* 검증의 실시

SPSS를 이용하여 상관표본 *t* 검증을 실시하는 절차는 다음과 같다.

분석 → 평균 비교 → 대응표본 *t* 검증 → 비교할 변수 선택 → 계속 → 확인 → 결과 분석

분석에 들어가서, 평균 비교를 클릭한 후, 대응표본 *t* 검정을 클릭한다.

〈그림 6-14〉 평균비교에서 대응표본 *t*검증 클릭

대응변수 영역에 비교하고자 하는 변인인 부모역할전과 부모역할후를 선택하면 현재 선택 부분에 변수 1에는 부모역할전, 변수 2에는 부모역할후라고 나타나게 되고, 가운데 화살표를 클릭하면 대응변수에 부모역할전-부모역할후라고 나타나게 된다. 계속과 확인을 차례대로 클릭한다.

〈그림 6-15〉 비교하고자 하는 대응변수 선택하기

② 상관표본 t검증의 결과

〈그림 6-16〉에 제시된 결과를 살펴보면, 부모역할책임감의 사전점수의 평균은 3.28(SD=.64)이고 사후점수의 평균은 3.75(SD=.62)이다. 사후점수의 평균이 .47 정도 높고, 사전점수와 사후점수 간의 상관계수(r)가 .90으로 매우 높게 나타났다. 사전점수가 높았던 학생들이 사후점수도 높았음을 의미한다. 이때 상관표본 t값은 −4.61이고 자유도는 88로 이때의 p값은 .01보다 작으므로 영가설을 기각하게 되어, 두 집단 간에 유의한 차이가 있다고 말할 수 있다. 즉, 대학생의 부모역할책임감 인식에 있어서 프로그램 실시 전과 후에 유의한 차이가 있는 것으로 나타났다($t=-4.61$, $p<.01$). 예비부모교육 프로그램을 실시 전과 비교해 실시 후 부모역할책임감이 높아졌음을 알 수 있다. 이러한 결과를 표로 정리하면 〈표 6-3〉과 같다. 상관표본 t검증 결과표에도 반드시 평균과 표준편차, t값이 제시되어야 한다.

대응표본 통계량

		평균	N	표준편차	평균의 표준오차
대응 1	부모역할전	3.2833	89	.64011	.22631
	부모역할후	3.7506	89	.62232	.22003

대응표본 상관계수

		N	상관계수	유의확률
대응 1	부모역할전 & 부모역할후	89	.897	.003

대응표본 검정

		대응차					t	자유도	유의확률 (양쪽)
					차이의 95% 신뢰구간				
		평균	표준편차	평균의 표준오차	하한	상한			
대응 1	부모역할전 - 부모역할후	-.46726	.28673	.10137	-.70697	-.22755	-4.609	88	.002

〈그림 6-16〉 SPSS에서 종속표본 t 검증 output

〈표 6-3〉 예비부모교육 프로그램의 부모역할책임감 증진에 대한 효과검증

	N	M	SD	paired-t
사전 부모역할책임감	89	3.28	.64	−4.61**
사후 부모역할책임감	89	3.75	.62	

** $p<.01$

제7장
변량분석

변량분석은 t검증과 마찬가지로 집단 간의 평균차를 검증하는 추리통계 방법이다. 변량분석과 t검증의 차이점은 비교되는 집단의 수에 있다. t검증은 두 집단 간의 평균을 비교하기 위해 사용되지만 변량분석은 두 집단 이상의 평균을 비교하기 위해 사용된다. 변량분석은 독립변인의 수에 따라 일원변량분석과 다원변량분석으로 나뉜다. 즉, 일원변량분석은 독립변인이 한 개인 데 반해 다원변량분석(Factorial ANOVA)은 독립변인이 둘 이상이다. 예를 들어, 독립변인이 둘이면 이원변량분석, 셋이면 삼원변량분석 등으로 칭하며, 이를 통틀어 다원변량분석이라고 한다.

변량분석은 전체 평균(grand mean)을 중심으로 각 집단의 평균(group mean)이 어느 정도 분산되어 있는지, 그리고 각 집단에서 개인의 점수가 그 집단의 평균을 중심으로 어느 정도 분산되어 있는지를 알아보는 것이다. 즉, 변량분석은 단순히 각 집단 간의 평균을 비교하는 것이 아니라 집단 간의 변량과 집단 내의 변량(오차변량)을 비교하는 것이다. 한 예로, 사회계층에 따른 아동의 공격성의 차이를 보고자 한다면, 각 사회계층(상, 중, 하)에 속하는 사람들 내의 공격성에서의 변량(집단 내 변량)과 각 사회계층(상, 중, 하) 집단 간의 공격성에서의 변량(집단 간 변량)을 비교하여 사회계층 내에서의 공격성의 변량보다 사회계층 간 공격성의 변량이 유의하게 더 크다면 사회계층에 따라 아동의 공격성에는 차이가 있다고 할 수 있다. 그래서 이 분석의 명칭을 변량분석이라고 한다. 집단 내의 변량에 대한 집단 간의 변량의 비율이 F값인데 F값이 임계치보다 크면 집단 간 평균의 차이가 있다는 결론을 내린다. 여기서 F값의 F는 변량분석을 개발한 Ronald Fisher 경의 성(姓)의 첫 글자에서 따온 것이다.

Ronald Aylmer Fisher

이 장에서는 일원변량분석, 이원변량분석 그리고 삼원변량분석에 대해 살펴보기로 한다.

1. 일원변량분석

일원변량분석(One-Way ANOVA)에서 평균을 비교하고자 하는 집단이 둘일 경우에는 t검증이나 ANOVA가 동일한 결과를 보여준다.[1] 다시 말해서 일원변량분석은 t검증을 확장시킨 것이다. 그러나 비교집단이 셋 이상인 경우에는 t검증이 적합하지 않은데 그 이유는 다음과 같다. 첫째, 한 번의 검증 대신에 여러 번의 검증을 해야 한다. 예를 들어, 세 집단의 평균을 비교한다면 두 집단씩 세 번의 t검증을 해야만 한다. 둘째, 모든 집단에 대한 전반적인 정보는 없고 비교되는 두 집단에 대한 정보만 제공해준다. 예를 들어, 세 번의 검증을 할 경우 세 번의 검증에 대한 소량의 정보만 있지 세 집단 전체의 평균차에 대한 전체적인 정보가 없다. 셋째, 여러 번의 검증으로 인해 집단 간의 차이가 없을 때에도 차이가 있는 것으로 나타날 가능성이 많다. 즉, 제1종 오류군(Familywise Type Ⅰ Error)[2]이 증가한다. 따라서 비교집단이 셋 이상인 경우에는 t검증 대신 변량분석을 사용한다.

〈그림 7-1〉은 일원변량분석에 관한 도식이다. 이 그림에서는 단지 3개의 비교집단만 있지만 일원변량분석에서는 세 집단 이상(예: 3, 4, 5개의 집단)을 동시에 비교할 수 있다.

〈표 7-1〉은 어느 대학에서 기초통계학 평균 학점에 관한 내용이다. 즉, 교수의 직위(교수, 부교수, 조교수)에 따라 학점을 주는 엄격함의 정도가 같은지 다른지 알아보고자 한다면 세 집단의 평균 학점을 일원변량분석을 통해 비교할 수 있다.

1) 통계치 t값을 제곱하면 F값이 된다. 즉, $t^2 = F$이다. t검증은 일방검증 또는 양방검증으로 할 수 있지만 F검증은 항상 일방(right hand tail)검증이다.

2) Familywise Type Ⅰ Error ($P(F)$)는 검증을 여러 번 하게 될 경우 하나 이상의 제1종 오류가 발생할 확률을 말한다. 예를 들어, 유의도 수준(α)을 .05로 설정하고 세 번의 t검증을 한다고 가정하면 $P(F) = 1-(1-\alpha)^m$에서 $P(F) = 1-(1-.05)^3 = .142625$가 된다. 따라서 $P(F)$는 항상 설정한 유의도 수준보다 높아진다.

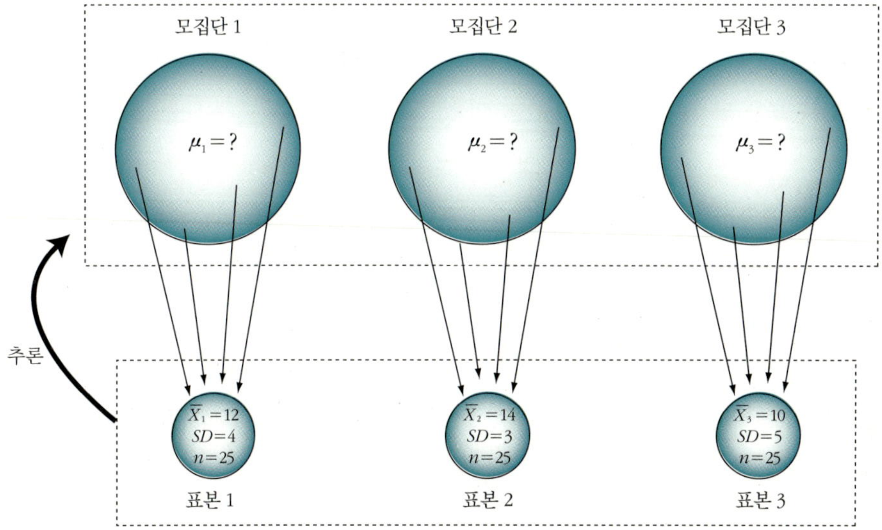

〈그림 7-1〉 일원변량분석의 추론에 관한 도식

〈**표 7-1**〉 교수의 직위에 따른 기초통계학 평균 학점

범주	*n*	*M*	*SD*
교수	20	2.8268	.1366
부교수	20	2.7363	.1066
조교수	20	2.6872	.0816
전체	60	2.7501	.1233

출처: Kezim, B., Pariseau, S. E., & Quinn, F. (2005). Is grade inflation related to faculty status? *Journal of Education for Business, 80*(6), p. 360.

일원변량분석의 결과는 변량분석표(ANOVA Summary Table)에 제시한다(〈표 7-2〉 참조). 〈표 7-2〉에서 *F*값 8.209는 집단 간 평균자승(.100)을 집단 내 평균자승(.012)으로 나눈 값이다. 집단 간 평균자승과 집단 내 평균자승은 집단 간 자승합과 집단 내 자승합을 각기 자유도로 나눈 값이다. 그리고 자승합은 수집한 표본의 자료를 분석해서 얻은 값이다. 집단 간 자유도(2)

〈표 7-2〉 ANOVA Summary Table의 예 I

변량원	자유도(df)	자승합(SS)	평균자승(MS)	F	p
집단 간 변량	2	.201	.100	8.209	.001
집단 내 변량	57	.697	.012		
전체	59	.898			

출처: Kezim, B., Pariseau, S. E., & Quinn, F. (2005). Is grade inflation related to faculty status? *Journal of Education for Business, 80*(6), p. 360.

〈표 7-3〉 ANOVA Summary Table의 예 II

변량원	df	SS	MS	F
집단 간 변량	2	84.867	42.433	6.027*
집단 내 변량	27	190.10	7.041	

$^*p < .01$

출처: de la Fuente, M. J. (2006). Classroom L2 vocabulary acquisition: Investigating the role of pedagogical tasks and form-based instruction. *Language Teaching Research, 10*(3), p. 277.

는 집단의 수에서 1을 뺀 값이고(3−1=2), 집단 내 자유도(57)는 전체 표본의 수에서 집단의 수를 뺀 값이다(60−3=57). 전체 자유도는 전체 표본의 수(60)에서 1을 뺀 값이다. 〈표 7-3〉은 일원변량분석표의 또 다른 예이다. 〈표 7-2〉와의 차이점은 p의 위치로서 〈표 7-2〉에서는 p가 F값 다음에 맨 오른쪽에 나와 있지만 〈표 7-3〉에서는 F값이 유의한 경우 표 맨 아래 $^*p < .01$로 표시되어 있다.

1) 기본 가정

일원변량분석의 기본 가정도 t검증의 기본 가정과 동일하다. 즉, 정규분포 가정(normality assumption), 동변량성 가정(homogeneity of variance assumption), 무선성과 독립성의 가정(randomness and independence assumption)이 그것이다. 이들에 관해서는 앞에서 설명한 바 있다.

2) 다중비교검증

변량분석에서 계산된 F값이 임계치보다 크면 집단 간에 유의한 차이가 있다고 결론지을 수 있다. 그러나 유의한 F값 그 자체만으로는 어떤 집단의 평균이 어떤 집단의 평균과 유의하게 다른지를 알 수 없다. 다중비교검증(Multiple Comparison Tests)은 유의한 F값의 원인을 밝혀주는 통계기법이다. 다중비교검증의 방법에는 몇 가지가 있는데 Fisher의 LSD(Least Significant Difference), Duncan의 NMRT(New Multiple Range Test), Newman-Keuls Test, Tukey의 HSD(Honestly Significant Difference), Scheffé Test 등이 그것이다. 이들 검사명은 모두 이 검사를 개발한 사람들의 이름에서 따온 것이다.

F값이 유의하게 나온 후에 두 집단씩 짝을 이루어 평균 차이를 검증하게 되는데 이때 일반적인 t검증 대신 다중비교검증을 하는 이유는 '유의도 수준' 때문이다. 두 집단의 평균을 비교할 때에는 단 한 번의 t검증을 하게 되므로 α가 .05인 경우 유의도 수준은 그대로 .05가 된다. 그러나 세 집단의 평균을 비교하는 경우에는 세 번의 t검증을 하게 되므로 α가 .05에서 .14로 증가하게 된다. 즉, 비교되는 집단의 수가 증가하면 t검증의 수가 증가하고, 결과적으로 α수준이 증가하게 되어 영가설이 참일 때 영가설을 기각할 확률이 증가한다. 예를 들어, 7개 집단의 평균을 비교하기 위해 일원변량분석을 실시했는데 유의한 F값이 나왔다. 이때 21번의 t검증을 해야 하는데 모든 t검증을 .05 유의수준에서 실시한다면 21번 중 1개는 실제로 집단 간의 평균차가 유의하지 않은데도 불구하고 유의한 것으로 나온다. 만약 2개 이상의 t검증 결과가 유의한 것으로 판명되면 연구자는 어느 것이 진짜이고 어느 것이 가짜인지 판단하기 어렵다.

Henry Scheffé

앞에서 언급한 다중비교검증은 일반 t검증에서 하지 못하는 유의도 수준을 조정해준다. 이들은 조정의 정도(degree of the adjustment)에서 차이가 있는데 이 중 Scheffé 검증은 두 집단 간에 확실히 차이가 있을 때 유의한 결과가 나오는 가장 엄격한 검증이고 Fisher의

LSD는 가장 덜 엄격한 검증이다. 〈표 7-4〉는 조정의 정도, 즉 엄격함의 정도 순으로 다중비교검증을 나열한 것이다. 조정의 정도, 즉 엄격한 정도를 예를 들어 설명해보자. 모래나 밀가루의 굵은 입자를 체에 받쳐 걸러낸다고 했을 때 체의 발이 촘촘하면 굵은 입자들이 대부분 걸러질 것이지만 느슨하면 굵은 입자들의 상당 부분이 구멍으로 빠져나갈 것이다(사진 참조). 여기서 Scheffé 검증은 발이 가장 촘촘한 체에 해당된다.

〈표 7-4〉 엄격함의 정도에 따른 다중비교검증의 예

느슨함	↕	Fisher's LSD
		Duncan's New Multiple Range Test
		Newman-Keuls
		Tukey's HSD
엄격함		Scheffé

사진 설명: 체의 여러 가지 종류

학위논문이나 학회지 논문 등에서 다중비교검증으로 Duncan 검증을 사용하는 것을 많이 볼 수 있다. 그러나 Duncan 검증은 지나치게 느슨한 경향이 있으므로 될 수 있으면 Scheffé 검증을 사용하는 것이 좋다.

지금까지 살펴본 다중비교검증은 F값이 유의하게 나온 후에 구체적으로 어느 집단 간에 평균의 차이가 있는지 알아보기 위한 검증이기 때문에 사후검증(post hoc comparison)이라고도 한다. 다시 말해서, 사후검증은 자료가 수집된 후에 하는 검증이다. 그러나 변량분석의 사후검증은 연구자가 관심을 가진 집단 간의 비교뿐만 아니라 별로 관심이 없는 집단 간의 비교도 모두 포함하므로 검증력이 떨어진다. 따라서 자료를 수집하기 전에 연구자가 특별히 어느 집단과 어느 집단 간의 평균차를 알아보는 데 관심이 있다고 한다면 사전비교 계획을 세우게 되는데 이것을 선험적 비교(a priori comparison) 또는 사전비교라고 한다. 사전비교는 관심 있는 집단 간의 비교만 하게 되므로 사후비교(posteriori comparison)보다 비교적 검증력이 높다. 사전비교에는 계획비교(planned comparisons)와 본페로니 방법(Bonferroni method)이 있다. 이 두 방법 모두 공식[3]에 의해 유의도 수준을 재정의함으로써 제1종 오류군($P(F)$)을 통제할 수 있다.

3) 일원변량분석의 예

앞서 설명한 바와 같이 일원변량분석은 서로 다른 집단 간의 평균 차이를 검증할 때 사용하는 통계방법이다. 집단이 둘이라면 독립표본 t 검증을 사용하겠지만 집단이 셋 이상일 경우에는 일원변량분석을 사용한다. 예를 들어, 연구자가 "학년에 따라 지도력에 차이가 있는가?" 라는 연구문제를 설정했다면 다음과 같은 절차를 이용하여 집단 간의 차이를 검증할 수 있다.

(1) 일원변량분석의 실시

SPSS를 이용하여 일원변량분석을 실시하는 절차는 다음과 같다.

> 분석 → 일반선형모형 → 일변량 → 종속변수 → 모수요인(독립변인) → 사후분석 → 옵션(기술통계량, 동질성 검증) → 확인 → 결과분석

3) Planned Comparisons에서는 $P(F) = 1-(1-\alpha)$이므로, 예를 들어, α를 .05로 설정하면 그 공식은 다음과 같다. $.05 = 1-(1-\alpha)^m$이고, 여기서 m은 검증하는 횟수이다.
Bonferroni Method에서는 $\alpha = \frac{P(F)}{m}$이다. 예를 들어, $P(F)$를 .05로 설정하고 m = 4이면 $\alpha = \frac{.05}{4} = .0125$이다. 따라서 일방검증에서는 α를 .0125로 설정하고 양방검증에서는 α를 .00625로 설정해야 한다.

메뉴바에 있는 분석에 들어가서, 일반선형모형을 클릭한 후 일변량을 클릭한다.

〈그림 7-2〉 일반선형모형의 일변량 선택하기

종속변수에 종속변인인 지도력을 투입하고 모수요인에 독립변인인 학년을 투입한 후, 집단이 셋 이상이므로 사후분석을 위해 사후분석을 클릭해서 Scheffé를 클릭한다.

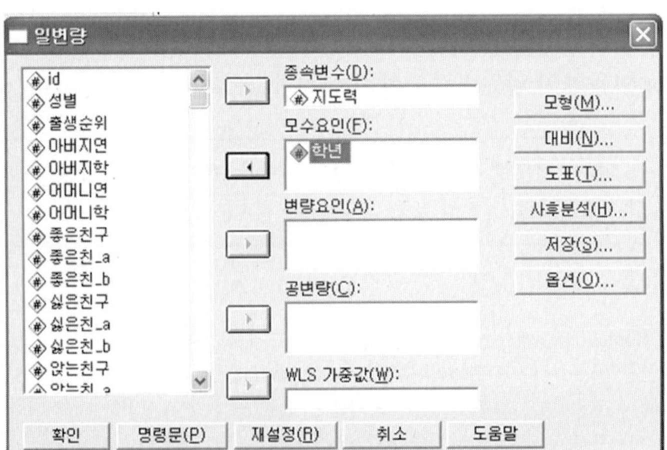

〈그림 7-3〉 종속변수와 모수요인(독립변인) 투입하기

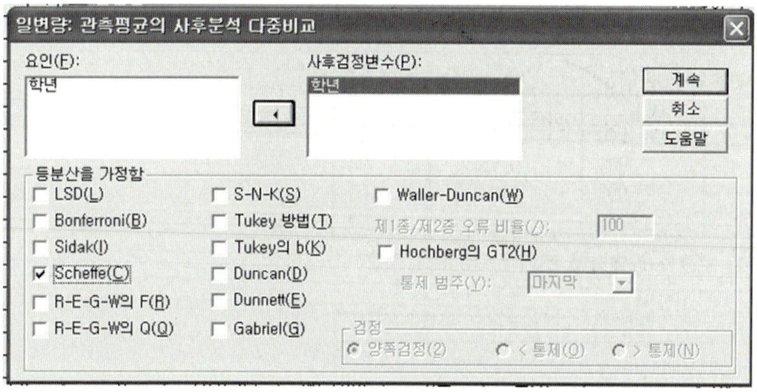

〈그림 7-4〉 사후분석 클릭하기

옵션을 클릭해서 기술통계치, 동질성 검증, 효과크기 추정값 등을 클릭한다. 계속과 확인을 차례대로 클릭한다. 추가적으로 도표를 살펴보고 싶다면 도표를 클릭해서 독립변인인 학년을 수평축변수로 옮긴 후, 추가를 클릭하면 된다.

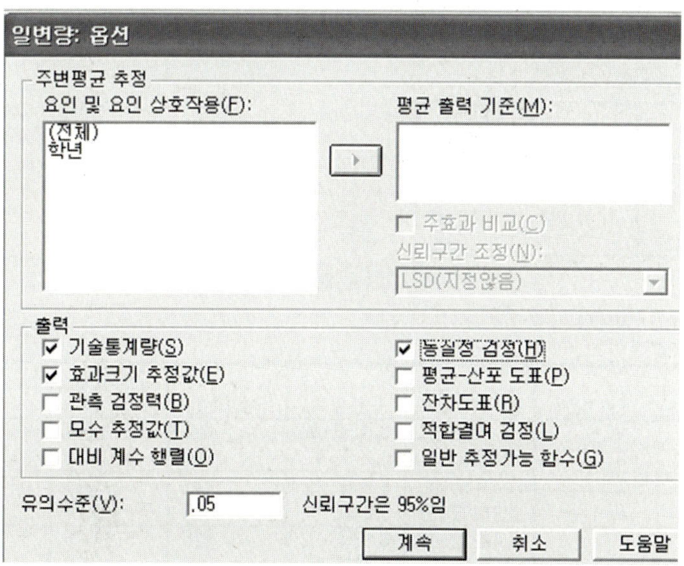

〈그림 7-5〉 옵션의 기술통계량, 동질성 검증 선택하기

(2) 일원변량분석 결과

종속변수: 지도력

학년	평균	표준편차	N
2	2.4340	.6910	128
4	2.3901	.6434	96
6	2.3993	.6464	100
합계	2.4103	.6618	324

오차 분산의 동일성에 대한 Levene의 검정[a]

종속변수: 지도력

F	자유도1	자유도2	유의확률
.536	2	321	.586

여러 집단에서 종속변수의 오차 분산이 동일한 영가설을 검정합니다.

개체-간 효과 검정

종속변수: 지도력

소스	제 III 유형 제곱합	자유도	평균제곱	F	유의확률	부분 에타 제곱
수정 모형	.123[a]	2	6.170E-02	.140	.869	.001
Intercept	1848.337	1	1848.337	4198.072	.000	.929
학년	.123	2	6.170E-02	.140	.869	.001
오차	141.331	321	.440			
합계	2023.705	324				
수정 합계	141.454	323				

a. R 제곱 = .001 (수정된 R 제곱 = -.005)

지도력

Scheffe[a,b,c]

학년	N	집단군 1
4	96	2.3901
6	100	2.3993
2	128	2.4340
유의확률		.890

다중 비교

종속변수: 지도력
Scheffe

(I) 학년	(J) 학년	평균차(I-J)	표준오차	유의확률	95% 신뢰구간 하한값	95% 신뢰구간 상한값
2	4	4.395E-02	8.959E-02	.887	-.1764	.2643
	6	3.473E-02	8.856E-02	.926	-.1831	.2525
4	2	-4.3945E-02	8.959E-02	.887	-.2643	.1764
	6	-9.2188E-03	9.481E-02	.995	-.2424	.2239
6	2	-3.4727E-02	8.856E-02	.926	-.2525	.1831
	4	9.219E-03	9.481E-02	.995	-.2239	.2424

관측된 평균에 기초합니다.

〈그림 7-6〉 SPSS 일원변량분석 output

〈그림 7-6〉에 제시된 결과를 살펴보면, 2학년의 지도력 평균은 2.43(SD=.69), 4학년은 2.39(SD=.64), 6학년은 2.40(SD=.65)이다. 세 집단 간의 평균치만을 비교하여 집단 간에 차이가 있다고 말하기에는 무리가 있으므로, 모집단에서도 학년에 따라 지도력에서 차이가 있는지를 알아보기 위해 F검증을 실시한다. F검증에 앞서 동변량성 검증 결과, 세 모집단의 변량에는 차이가 없는 것으로 나타나 동변량성 가정은 충족이 되었다. F검증결과는 개체-간 효과검정표에 나타나 있다. 이에 따르면, F값은 .14이고 자유도는 2로 이때의 p값은 .05보다 크기 때문에 영가설을 수용하게 되어, 학년 간에는 지도력에서 유의한 차이가 없다고 말할 수 있다. 이때는 추후검증으로 Scheffé 검증을 실시하였지만(실제로는 유의한 차이가 나타나지 않으면 추후검증을 실시하지 않는다), 세 집단이 동일한 집단으로 묶이는 것을 알 수 있다. 이러한 결과를 표로 정리하면 〈표 7-5〉, 〈표 7-6〉과 같다. 일원변량분석표를 제시할 때에는 반드시 평균과 표준편차를 제시해야 한다.

〈**표 7-5**〉 학년에 따른 지도력에서의 차이: 일원변량분석표의 예 1

	학년	N	평균(표준편차)	F
지도력	2	128	2.43(.69)	.14
	4	96	2.39(.64)	
	6	100	2.40(.65)	

〈**표 7-6**〉 학년에 따른 지도력에서의 차이: 일원변량분석표의 예 2

	분산원	df	SS	MS	F
지도력	학년	2	.12	617E-02	.14
	오차	321	141.33	.44	
	합계	323	141.45		

해석: 아동의 학년에 따라 지도력에서 차이가 있는지를 알아본 결과, 학년에 따라서는 지도력에 유의한 차이가 없는 것으로 나타났다.

2. 이원변량분석

앞서 언급한 바와 같이 이원변량분석(Two-Way ANOVA)은 두 개의 독립변인을 갖는다. 예를 들어, 첫 번째 독립변인은 성역할 정체감이고 두 번째 독립변인은 성별이며, 종속변인은 자아존중감이라고 가정해보자. 성역할 정체감을 양성성, 남성성, 여성성으로 나누고 성별을 남녀로 나누었을 때 이것을 도식화하면 〈그림 7-7〉과 같다.

이원변량분석에서 독립변인을 각각 요인(factor)이라 부르고 각 요인의 범주(category)를 수준(level)이라고 부른다. 위의 예에서 성역할 정체감 요인에는 세 개의 수준이 있고, 성별 요인에는 두 개의 수준이 있다. 이원변량분석에는 항상 두 개의 요인이 있지만 각 요인의 수준의 수는 둘 이상으로 일정하지가 않다. 예를 들어, 첫 번째 요인의 수준이 다섯 개이고 두 번째 요인의 수준이 셋이라도 여전히 이원변량분석이라고 부른다. 각 요인의 수준의 수를 구체적으로 나타내주기 위해 3×2 Two-Way ANOVA라고 한다. 때로는 더 구체적으로 (　　) 속에 요인명을 밝히기도 해서 3(성역할 정체감)×2(성별) 이원변량분석이라고 부르기도 한다.

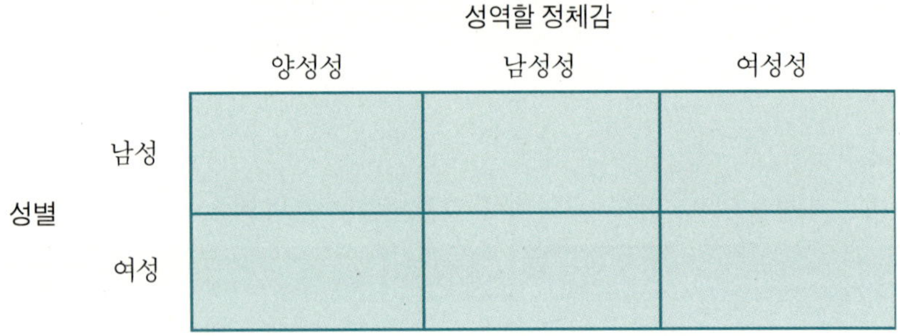

〈그림 7-7〉 3×2 이원변량분석에서 비교되는 집단들을 도식화한 예

1) 능동변인과 속성변인

이원변량분석에서 2개의 요인이 모두 능동변인이거나 속성변인으로 구성될 수도 있고, 또는 1개는 능동변인이고 다른 1개는 속성변인으로 구성될 수도 있다. 조작된 변인을 능동변인(active variable)이라 하고, 측정된 변인을 속성변인(attribute variable)이라고 한다. 조작되는 변인은 어떤 것이든 능동변인이다. '조작'이란 각기 다른 집단의 피험자에게 각기 다른 처치를 가하는 것을 말한다. 예를 들면, 각기 다른 교수방법의 효과를 알아보고자 하는 연구에서 한 집단에게는 강의법을 사용하고 또 다른 집단에게는 토론법을 사용한다면 이때 교수방법을 능동적으로 조작한 것이 된다.

조작될 수 없는 변인이 속성변인이다. 일반적으로 조작이 불가능한 변인들이 있다. 인간의 특성, 예컨대, 지능, 적성, 성별, 사회경제적 지위, 성취욕구, 태도변인 등은 모두 속성변인이다. 피험자들은 이미 형성되어 있는 이러한 속성들을 가지고 연구에 참가한다. 어릴 때의 환경, 유전, 기타 상황이 사람들을 현재의 그들로 만들어 놓은 것이다.

어떤 변인은 그 자체의 성질상 항상 속성변인이 되지만, 어떤 변인은 때로는 속성변인이 되고 때로는 능동변인이 되기도 한다. 이에 대한 예로 불안변인을 들 수 있다. 가령 피험자의 일상적인 불안상태를 측정한다면 이때 불안은 분명히 속성변인이다. 그러나 불안은 조작할 수가 있다. 이를테면, 한 실험집단의 피험자들에게는 과제가 매우 어렵다거나, 지능이 측정되고 있다거나, 얻은 점수가 장래를 좌우한다고 말해주는 반면, 또 다른 집단의 피험자들에게는 최선을 다하되 긴장하지 말라고 하며, 실험결과는 별로 중요한 것이 아니고 장래에 전혀 영향을 미치지 않을 것이라고 말해줌으로써 두 집단의 피험자들에게 각기 다른 정도의 불안을 유발할 수 있다. 실제로 측정된(속성) '불안'과 조작된(능동) '불안'이 동일하다고 할 수는 없다. 넓은 의미에서는 둘 다 '불안'이라고 가정할 수도 있지만, 확실히 같지는 않다.

이원변량분석이 2개의 속성요인을 포함하는 경우 피험자들은 속성요인의 각 수준 내에서 할당되어야 한다. 예를 들어, 연구자가 지능과 성별에 따른 성적에서의 차이를 보고자 한다면 피험자들을 각기 자신의 지능과 성별에 따라 할당해야 한다(〈그림 7-8〉 참조).

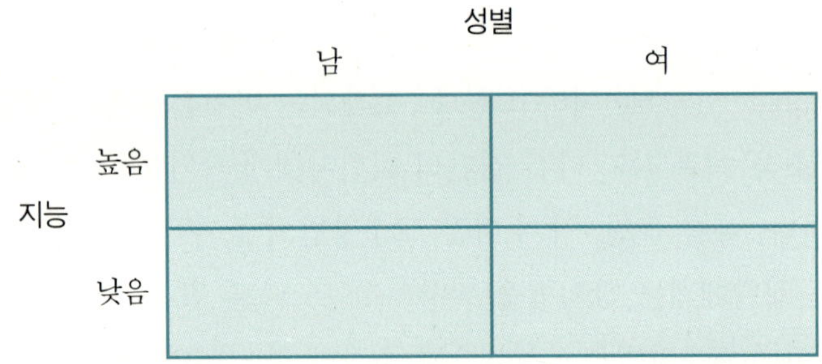

〈그림 7-8〉 2개의 속성변인을 포함하는 이원변량분석의 예

이원변량분석이 2개의 능동변인을 포함하는 경우 각 요인의 수준 내에 피험자를 무선할당할 수 있다(〈그림 7-9〉 참조). 모든 요인이 능동요인인 요인설계를 완전무선요인설계(Completely Randomized Factorial Design)라고 부른다.

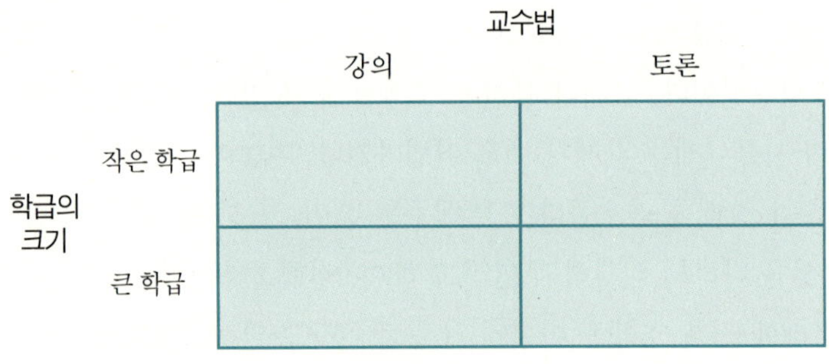

〈그림 7-9〉 2개의 능동변인을 포함하는 이원변량분석의 예

이원변량분석이 1개의 능동변인과 1개의 속성변인을 포함하는 경우 연구자는 능동변인 내 처치의 수준에 피험자를 무선할당할 수 있다. 그러나 속성

요인은 피험자들이 각 수준 내에서 할당되어야 한다. 예를 들어, 연구자가 교수방법과 성별에 따른 성적에서의 차이를 알아보고자 한다면, 피험자들을 우선 남녀집단으로 구분한 후에 이 집단 내에서 피험자들을 다양한 교수방법에 무선할당한다. 즉, A_1B_1과 A_2B_1의 칸에 남자를 무선할당한 다음에 A_1B_2와 A_2B_2의 칸에 여자를 무선할당하는 것이다(〈그림 7-10〉 참조).

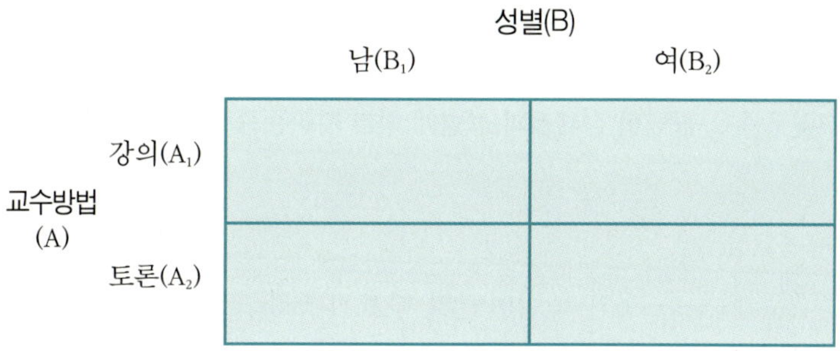

〈그림 7-10〉 무선 블록 설계의 예

따라서 이런 설계에서는 속성요인 내 수준의 수는 피험자가 무선할당된 집단의 수와 일치한다. 이러한 피험자 할당의 특성으로 인해, 즉 블록이 곧 속성요인의 수준들을 나타내므로 이와 같은 설계는 무선 블록 설계(Randomized Blocks Design)라고 불린다.

2) 주효과와 상호작용효과

일원변량분석에서는 단 한 개의 연구문제에 대답을 할 수 있지만, 이원변량분석에서는 세 개의 연구문제에 대답할 수 있다. 앞의 성역할 정체감과 성별의 예에서 연구문제는 다음과 같은 것일 수 있다.

첫째, 자아존중감은 성역할 정체감에 따라 차이가 있는가?

둘째, 자아존중감은 성별에 따라 차이가 있는가?

셋째, 자아존중감에 있어서 성역할 정체감과 성별 간에는 상호작용효과가

		성역할 정체감			
		양성성	남성성	여성성	
성별	남성	125 115	112 102	108 98	110
	여성	95 85	98 88	97 77	90
		105	100	95	100

〈그림 7-11〉 성역할 정체감과 성별에 의한 자아존중감 점수

있는가?

위의 두 연구문제는 두 개의 독립변인의 주효과(main effect)에 관한 것이고 세 번째 연구문제는 상호작용효과(interaction effect)에 관한 것이다. 이해를 돕기 위해 피험자 12명의 가상적인 자아존중감 점수가 〈그림 7-11〉에 제시되어 있다. 여기서 계산상의 편의를 위해 각 집단의 크기는 2로 정했다. 〈그림 7-12〉에 제시된 수치는 각 집단(cell)의 평균과 행(column)의 평균, 열(row)의 평균을 나타내고 (   ) 속의 수치는 성역할 정체감의 효과(column effect), 성별의 효과(row effect), 성역할 정체감과 성별의 상호작용효과

		성역할 정체감			
		양성성	남성성	여성성	
성별	남성	120 (5)	107 (−3)	103 (−2)	110 (10)
	여성	90 (−5)	93 (3)	87 (2)	90 (−10)
		105(5)	100(0)	95(−5)	100

〈그림 7-12〉 주효과와 상호작용효과

(interaction effect)를 보여주고 있다. 〈그림 7-12〉에서 보듯이 이들 효과의 합은 모두 0이 된다.

이원변량분석에서 첫 번째 연구문제는 전체 행의 평균에 관한 것이고, 두 번째 연구문제는 전체 열의 평균에 관한 것이다. 그리고 세 번째 연구문제는 여섯 개의 셀(cell)의 평균을 다룬다. 첫 번째 연구문제에 대한 답을 하기 위해 양성성, 남성성, 여성성 세 집단의 자아존중감 평균을 비교한다. 만약 이원변량분석 결과가 유의한 것으로 나오면 연구자는 성역할 정체감의 주효과가 있는 것으로 보고한다. 두 번째 연구문제에 대한 답을 하기 위해 남성과 여성의 자아존중감 평균을 비교해서 유의한 것으로 나오면 성별의 주효과가 있는 것이다. 세 번째 연구문제(상호작용효과)에 대한 답을 하기 위해 여섯 개의 평균을 비교하는데, 만약 남성이 모든 성역할 정체감(양성성, 남성성, 여성성을 막론하고)에서 여성보다 자아존중감 점수가 높은 것으로 나오면 상호작용효과가 없는 것이다. 반면, 성역할 정체감에 따라 남성이 여성보다 자아존중감 점수가 높기도 하고 낮기도 하다면 이것은 상호작용효과가 있는 것이다.

성역할 정체감과 성별, 이들 두 독립변인의 주효과에 관해서 일원변량분석(또는 한 번의 일원변량분석과 한 번의 t검증)을 두 번 실시하지 않고 이원변량분석을 실시하는 이유는 다음과 같다.

첫째, 이원변량분석에서는 연구대상의 수를 절반으로 줄일 수 있으므로 경제적(parsimonious)이다. 둘째, 이원변량분석이 더 검증력이 높다(powerful). 셋째, 일원변량분석으로는 도저히 알 수 없는 두 독립변인 간의 상호작용효과(interaction effect)의 여부를 알 수 있다.

3) 추후분석

일원변량분석에서와 마찬가지로 주효과가 유의한 것으로 나타나면 세 집단 이상일 경우 다중비교검증을 해야 한다. 다중비교검증에 관해서는 앞에

〈표 7-7〉 성역할 정체감과 성별의 이원변량분석 결과

변량원	*df*	*SS*	*MS*	*F*	*CV*(α=.05)
성역할 정체감(A)	2	200	100	1.33	5.14
성별(A)	1	1200	1200	16.00*	5.99
A×B	2	152	76	1.00	5.14
오차	6	450	75		
전체	6	2002			

$^{*}p < .05$

		교수법		
		강의식 교수법	토론식 교수법	
학급의 크기	작은 학급	10	40	25
	큰 학급	40	10	25
		25	25	25

〈그림 7-13〉 교수법과 학급의 크기에 의한 아동학 중간고사 평균점수의 예 (I)

서 설명한 바 있다. 성역할 정체감과 성별의 예를 가지고 이원변량분석을 실시한 결과는 〈표 7-7〉과 같다. 〈표 7-7〉에서 보는 바와 같이 성별의 주효과만 유의한데, 성별은 두 집단이므로 추후분석이 필요 없다.

만약 상호작용효과가 있을 경우에는 주효과에 대한 해석이 그릇될 수도 있으므로 단순 주효과(simple main effect)에 대한 검증이 필요하다. 예를 들어, 독립변인이 교수법과 학급의 크기이고 종속변인은 아동학 중간고사 성적이라고 가정했을 때 이것을 도식화하면 〈그림 7-13〉과 같다. 셀 속의 수치는 가상적인 아동학 중간고사 평균점수이다.

이원변량분석 결과 두 독립변인의 효과는 유의하지 않고 상호작용효과만이

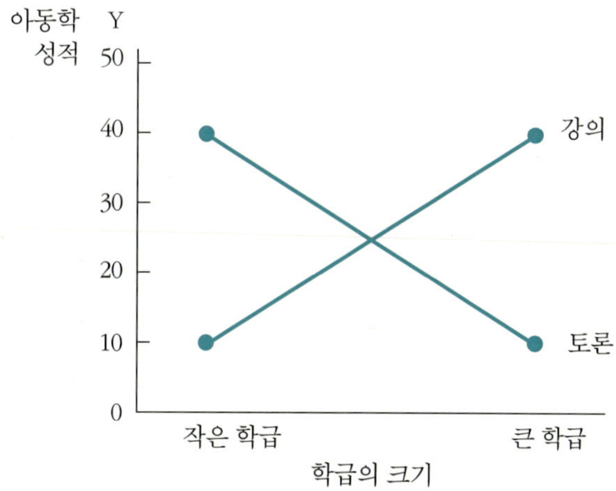

〈그림 7-14〉 교수법과 학급의 크기에 대한 상호작용효과 (I)

유의한 것으로 나타났다. 이 상호작용효과를 그래프로 나타내면 〈그림 7-14〉와 같다.

이때 교수법을 학급의 크기와 관련지어 생각해보면 분명히 교수법 간에 차이가 있지만 주효과만을 그대로 해석하면 전혀 차이가 없는 것으로 보인다. 따라서 이런 경우는 학급의 크기가 작은 경우와 큰 경우를 따로 분리해서 교수법을 비교해보면, 학급의 크기가 작은 경우는 토론이, 큰 경우는 강의가 더 효과적인 것을 알 수 있다. 이것이 바로 단순 주효과에 대한 검증이다. 위

		교수법		
		강의	토론	
학급의 크기	작은 학급	10	40	25
	큰 학급	20	30	25
		15	35	25

〈그림 7-15〉 교수법과 학급 크기에 의한 아동학 중간고사 평균점수의 예(II)

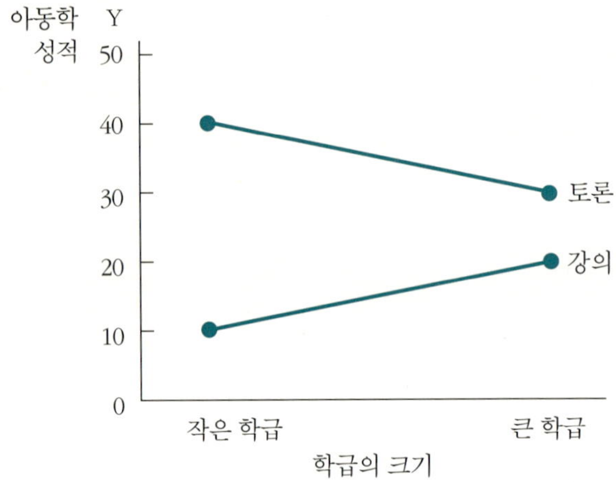

〈그림 7-16〉 교수법과 학급의 크기에 대한 상호작용효과 (II)

의 예에서처럼 교수법이 강의와 토론이라는 두 수준만 있는 경우는 t검증을 하면 되고 수준이 셋 이상일 경우는 변량분석을 실시해서 단순 주효과를 검증해야 한다.

교수법과 학급의 크기의 예에서 학급의 크기에 상관없이 어느 한 교수법이 일관성 있게 더 나은 것으로 나타났다고 가정하고 이를 도식화하면 〈그림 7-15〉와 같고 이때의 상호작용효과를 그래프로 나타내면 〈그림 7-16〉과 같다.

〈그림 7-16〉과 같이 두 선이 교차하지 않는 경우에 이것을 비교차 상호작용효과(ordinal interaction effect)라고 한다. 반면, 〈그림 7-14〉에서는 두 선이 교차하고 있다. 즉, 어느 한 교수법의 우월성이 학급의 크기에 따라 변하고 있다. 이런 경우를 교차 상호작용효과(disordinal interaction effect)라고 한다. 〈그림 7-17〉은 교차 상호작용효과와 비교차 상호작용효과의 예들이다. 〈그림 7-17〉의 ①, ③, ④, ⑦처럼 두 선이 겹치거나 평행선을 이루면 상호작용효과가 없는 것이다.

①

Ã B̃ Ĩ

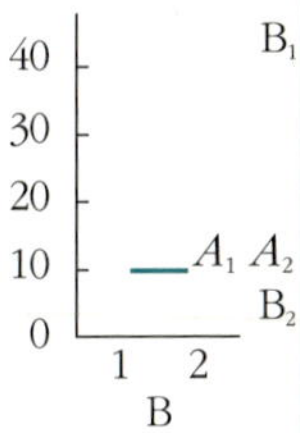

	A_1	A_2	
B_1	10 $\alpha\beta_{11}=0$	10 $\alpha\beta_{21}=0$	10 $\beta_1=0$
B_2	10 $\alpha\beta_{12}=0$	10 $\alpha\beta_{22}=0$	10 $\beta_2=0$
	10 $\alpha_1=0$	10 $\alpha_2=0$	10

②

Ã B̃ I

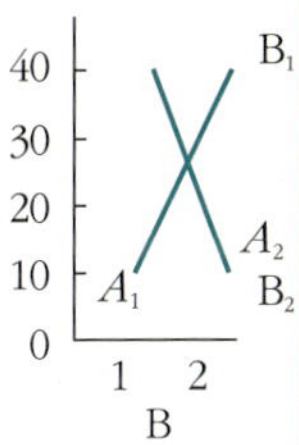

	A_1	A_2	
B_1	10 $\alpha\beta_{11}=-15$	40 $\alpha\beta_{21}=15$	25 $\beta_1=0$
B_2	40 $\alpha\beta_{12}=15$	10 $\alpha\beta_{22}=-15$	25 $\beta_2=0$
	25 $\alpha_1=0$	25 $\alpha_2=0$	25

③

Ã B Ĩ

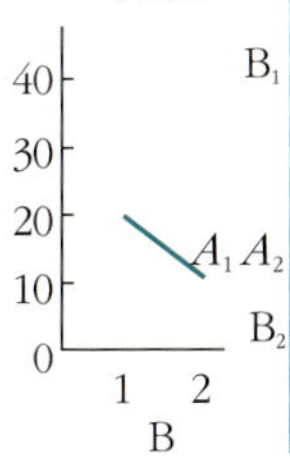

	A_1	A_2	
B_1	20 $\alpha\beta_{11}=0$	20 $\alpha\beta_{21}=0$	20 $\beta_1=5$
B_2	10 $\alpha\beta_{12}=0$	10 $\alpha\beta_{22}=0$	10 $\beta_2=-5$
	15 $\alpha_1=0$	15 $\alpha_2=0$	15

④

A B̃ Ĩ

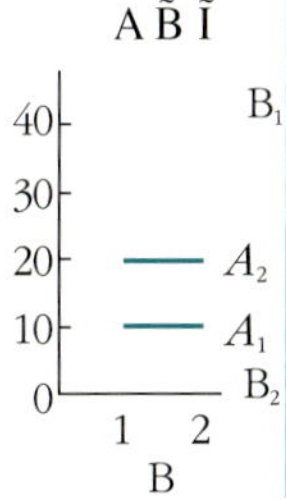

	A_1	A_2	
B_1	10 $\alpha\beta_{11}=0$	20 $\alpha\beta_{21}=0$	15 $\beta_1=0$
B_2	10 $\alpha\beta_{12}=0$	20 $\alpha\beta_{22}=0$	15 $\beta_2=0$
	10 $\alpha_1=-5$	20 $\alpha_2=5$	15

⑤

Ã B I

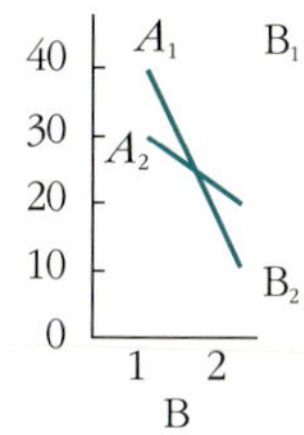

	A_1	A_2	
B_1	40 $\alpha\beta_{11}=5$	30 $\alpha\beta_{21}=-5$	35 $\beta_1=10$
B_2	10 $\alpha\beta_{12}=-5$	20 $\alpha\beta_{22}=5$	15 $\beta_2=-10$
	25 $\alpha_1=0$	25 $\alpha_2=0$	25

⑥

A B̃ I

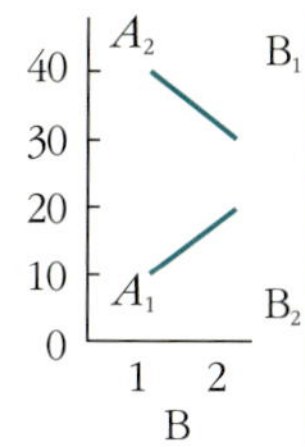

	A_1	A_2	
B_1	10 $\alpha\beta_{11}=-5$	40 $\alpha\beta_{21}=5$	25 $\beta_1=0$
B_2	20 $\alpha\beta_{12}=5$	30 $\alpha\beta_{22}=-5$	25 $\beta_2=0$
	15 $\alpha_1=10$	35 $\alpha_2=10$	25

⑦

A B Ĩ

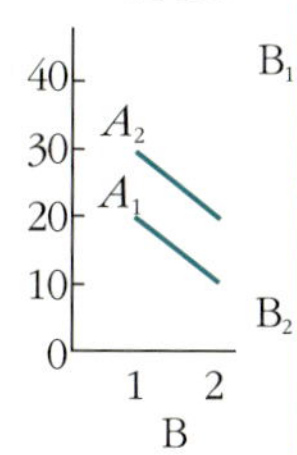

	A_1	A_2	
B_1	20 $\alpha\beta_{11}=0$	30 $\alpha\beta_{21}=0$	25 $\beta_1=5$
B_2	10 $\alpha\beta_{12}=0$	20 $\alpha\beta_{22}=0$	15 $\beta_2=-5$
	15 $\alpha_1=-5$	25 $\alpha_2=5$	20

⑧

A B I

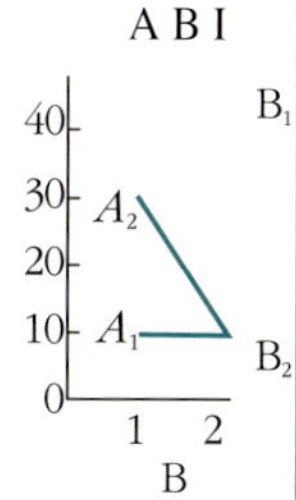

	A_1	A_2	
B_1	10 $\alpha\beta_{11}=-5$	30 $\alpha\beta_{21}=5$	20 $\beta_1=5$
B_2	10 $\alpha\beta_{12}=5$	10 $\alpha\beta_{22}=-5$	10 $\beta_2=-5$
	10 $\alpha_1=-5$	20 $\alpha_2=5$	15

〈그림 7-17〉 이원변량분석의 주효과와 상호작용효과

4) 기본 가정

다원변량분석에서는 정규분포 가정, 동변량성 가정, 무선성과 독립성의 가정 외에도 각 집단의 사례수가 같거나 비율관계[4)]가 성립되어야 한다는 가정을 충족시켜야 한다. 이 가정이 위배될 경우 직교설계(orthogonal design) 조건이 성립되지 않아 집단 간 변량, 집단 내 변량, 상호작용 변량 등의 추정이 각각 독립적이 되지 못하므로 이러한 관계에서 얻어진 F값은 변량이 각각 독립적 추정치라는 가정하에서 얻어진 이론적 F분포를 이루지 못한다. 따라서 각 집단에 동일한 사례수를 갖도록 연구계획을 세우는 것이 좋다. 하지만 비록 처음에는 동일한 사례수를 갖도록 하였지만 실험과정에서 피험자 탈락 현상으로 인해 동일한 사례수를 갖지 못하게 되는 수가 있다. 또는 상존하는 집단을 그대로 사용해야 하는 경우 처음부터 이 집단들 간에 사례수가 같지 않을 수도 있다. 이와 같이 각 집단의 사례수가 같지 않은 경우에 이를 해결하는 방법은 두 가지가 있다. 첫째, 사례수가 제일 적은 집단을 기준으로 다른 집단에서 난수표 등을 이용하여 무작위로 사례들을 제거하는 방법인데 이 방법은 많은 사례들을 버리게 됨으로써 집단들의 평균차가 모집단 평균의 추정치로서의 신뢰성이 떨어진다. 둘째, 통계적인 통제방법인데 비가중 평균분석(unweighted mean analysis)과 최소자승법(least squares analysis)이 있다. 이러한 통계방법은 SPSS 프로그램의 ANOVA default option에 들어 있다.

4) 각 집단의 비율관계의 예

10	15
20	(30)

3	6	9
4	8	(12)

5) 이원변량분석의 예

일원변량분석은 독립변인이 1개일 때 사용하는 것이라면, 이원변량분석은 독립변인이 2개일 때 사용되는 통계기법이다. 예를 들어, 연구자가 "학년 및 성별에 따라 사회성에 차이가 있는가?"라는 연구문제를 설정했다면 다음과 같은 절차를 이용하여 집단(학년, 성별)에 따른 주효과와 학년 및 성별에 따른 상호작용효과를 검증할 수 있다.

(1) 이원변량분석 실시

SPSS를 이용하여 이원변량분석을 실시하는 절차는 다음과 같다.

> 분석 → 일반선형모형 → 일변량 → 종속변수 → 모수요인(독립변인 2개) → 도표 → 사후분석 → 옵션(기술통계량, 동질성 검증) → 확인 → 결과분석

메뉴바에 있는 분석을 클릭해서, 일반선형모형을 클릭한 후, 일변량을 클릭한다.

〈그림 7-18〉 일반선형모형의 일변량 선택하기

종속변수에 사회성을 선택하고 모수요인에 독립변인인 성별과 학년을 선택한 후 도표를 클릭해서 독립변인들 중에서 학년을 수평축변수로, 성별을 선구분변수로 옮겨 추가를 클릭하면 된다.

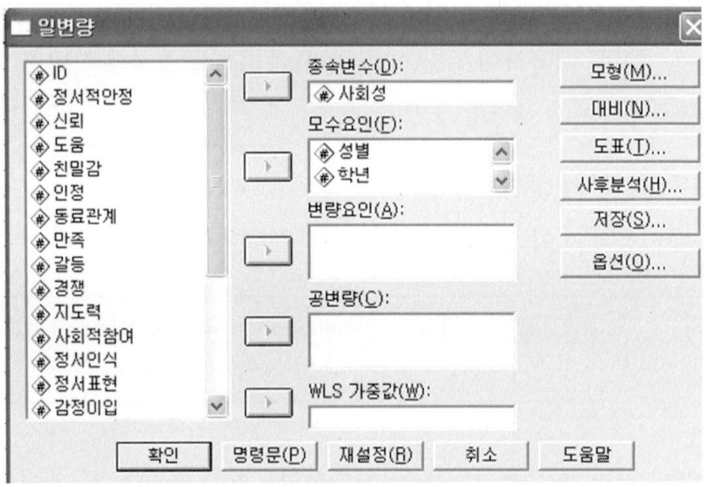

〈그림 7-19〉 모수요인(독립변인)과 종속변인 투입하기

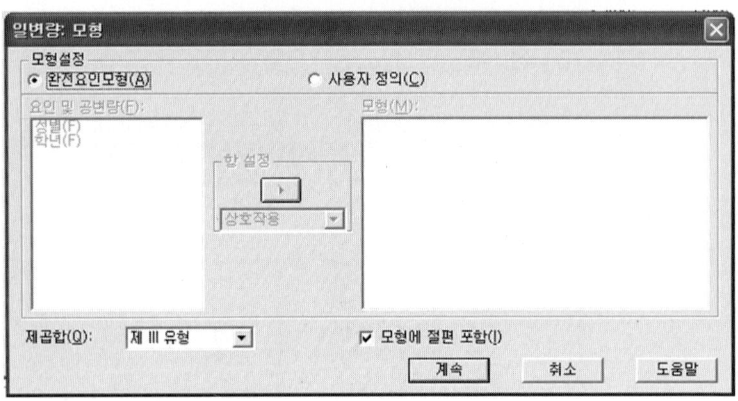

〈그림 7-20〉 완전요인모형(제 III 유형) 확인하기

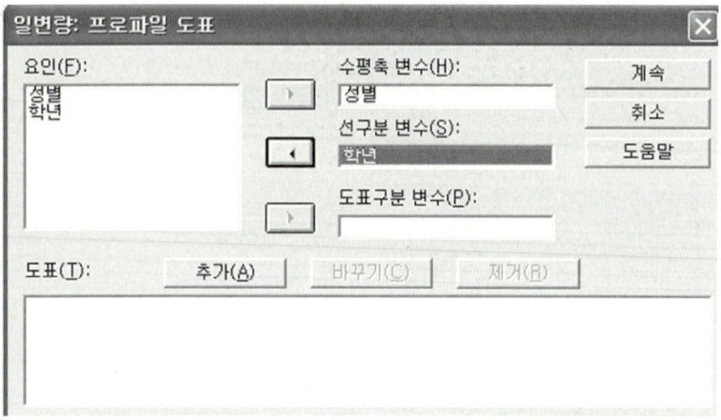

〈그림 7-21〉 도표에서 수평축 변수와 선구분변수 투입하기

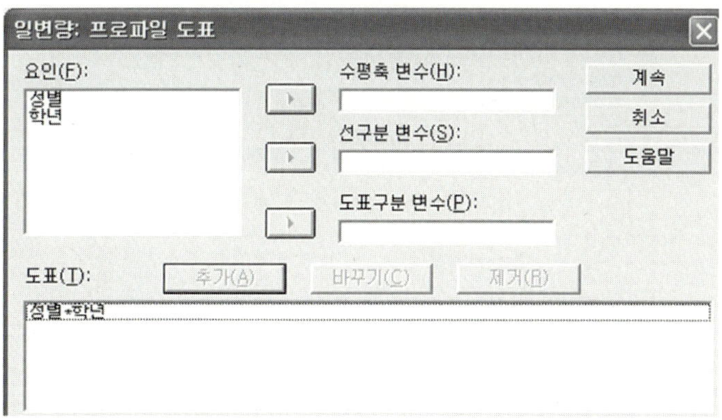

〈그림 7-22〉 도표에서 수평축변수와 선구분변수를 지정한 상태에서 추가를 클릭하여 상호작용 도표 만들기

주효과를 검증하기 위해 사후분석을 클릭해서 Scheffé를 클릭한다. 옵션을 클릭해서 기술통계치, 동질성 검증, 효과크기 추정값 등을 클릭한다. 계속과 확인을 차례대로 클릭한다.

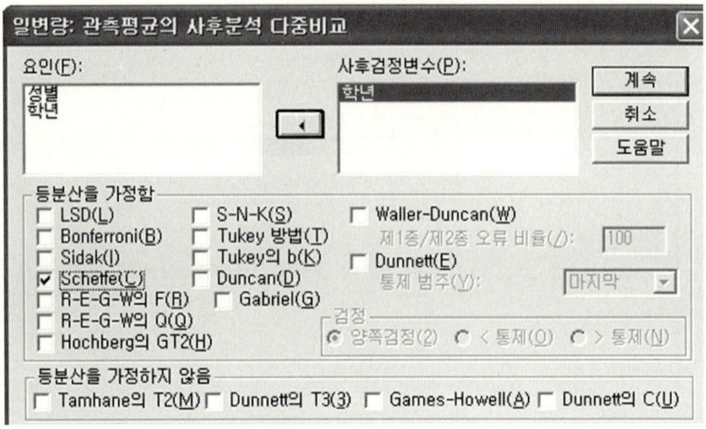

〈그림 7-23〉 사후검증 선택하기

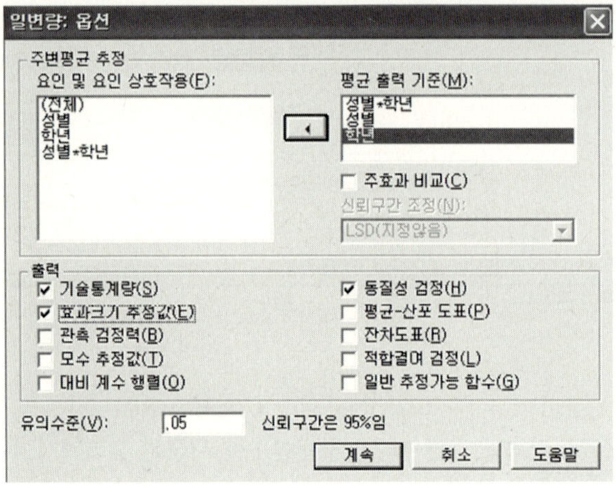

〈그림 7-24〉 옵션에서 기술통계량, 동질성 검증 선택하기

(2) 이원변량분석 결과

기술통계량

종속변수: 사회성

성별	학년	평균	표준편차	N
남	2	2.8857	.48167	18
	4	3.1294	.47067	17
	합계	3.0041	.48531	35
여	2	3.2175	.51672	16
	4	2.8158	.45374	15
	합계	3.0231	.52079	31
합계	2	3.0418	.51880	34
	4	2.9824	.48228	32
	합계	3.0130	.49847	66

오차 분산의 동일성에 대한 Levene의 검정[a]

종속변수: 사회성

F	자유도1	자유도2	유의확률
.291	3	62	.832

여러 집단에서 종속변수의 오차 분산이 동일한 영가설을 검정합니다.

a. 계획: Intercept+성별+학년+성별 * 학년

개체-간 효과 검정

종속변수: 사회성

소스	제 III 유형 제곱합	자유도	평균제곱	F	유의확률	부분 에타 제곱
수정 모형	1.775[a]	3	.592	2.551	.064	.110
절편	596.042	1	596.042	2570.599	.000	.976
성별	.001	1	.001	.006	.939	.000
학년	.102	1	.102	.442	.509	.007
성별 * 학년	1.711	1	1.711	7.377	.009	.106
오차	14.376	62	.232			
합계	615.316	66				
수정 합계	16.151	65				

a. R 제곱 = .110 (수정된 R 제곱 = .067)

사회성의 추정된 주변평균

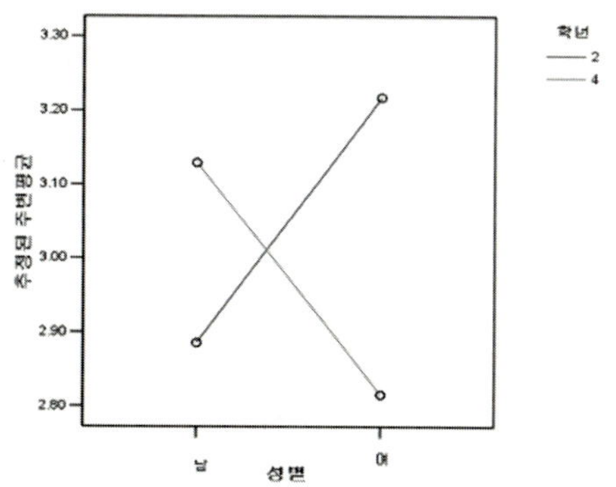

〈그림 7-25〉 SPSS에서 이원변량분석 output

〈그림 7-25〉에 제시된 결과를 살펴보면, 2학년 남학생의 사회성 평균은 2.89(*SD*=.48), 여학생의 평균은 3.22(*SD*=.52), 4학년 남학생의 평균은 3.13(*SD*=.47), 여학생은 2.82(*SD*=.45)이다. 성별 및 학년에 따라 사회성에서 차이가 있는지를 알아보기 위해 이원변량분석을 실시한다. *F*검증에 앞서 동변량성 검증 결과(결과부분의 오차분산의 동일성에 대한 Levene의 검정표 참조), 네 모집단의 변량에는 차이가 없는 것으로 나타나($F=.29$, $p=.83$) 동변량성 가정은 충족이 되었다. 네 집단의 사례수도 거의 유사하였다. 개체 간 효과검정표를 살펴보면, 성별과 학년에 따른 주효과는 유의하지 않은 것으로 나타났으나 상호작용효과는 유의한 것으로 나타났다($F=7.377$, $p<.01$). 성별과 학년에 따른 상호작용효과가 유의한 것으로 나타났으므로 단순 주효과 검증을 실시한 결과, 남학생들의 경우 학년에 따라 사회성에서 유의한 차이가 없는 것으로 나타났으나 여학생들의 경우 2학년들이 4학년들에 비해 사회성이 높음을 알 수 있다. 이러한 결과를 표로 정리하면 〈표 7-8〉, 〈표 7-9〉와 같다. 이원변량분석표를 제시할 때에도 반드시 평균과 표준편차를 제시해야 한다.

〈표 7-8〉 성별 및 학년에 따른 사회성에서의 차이

	분산원	*SS*	*df*	*MS*	*F*
사회성	성별	.001	1	.001	.006
	학년	.102	1	.102	.442
	성별×학년	1.711	1	1.711	7.377**
	오차	14.376	62	.232	
	합계	16.151	65		

** $p<.01$

(3) 추후검증 실시 및 결과

이처럼 이원변량분석에서 상호작용이 유의하게 나왔을 경우, 추후검증으로 SPSS를 이용하여 단순 주효과 검증을 실시하는 절차는 다음과 같다.

> 데이터 → 케이스 선택 → 분석 → 독립표본 *t* 검증(혹은 일원변량분석) → 확인 → 결과분석

연구자는 단순 주효과 검증을 실시하기 전 두 독립변인 중 어느 것을 기준 축으로 할 것인지를 선택해야 한다. 만약 성별을 기준 축으로 본다면 '데이터'의 '케이스 선택'을 클릭한 후, 성별을 클릭하여 남학생(1)만을 선택한다. 이렇게 한 후 자료창을 살펴보면 여학생(2)들의 자료는 모두 선택에서 제외되어 '/' 표시가 되어 있음을 알 수 있다. 남학생들의 자료만 선택된 상태에서 학년에 따른 차이를 알아보기 위해 독립표본 *t* 검증을 실시한다. 이때, 만약 학년 요인의 수준이 셋 이상이라면 일원변량분석을 실시한다. 마찬가지로 여자(2)만을 선택하여 학년에 따른 차이를 알아보기 위해 독립표본 *t* 검증을 실시한다.

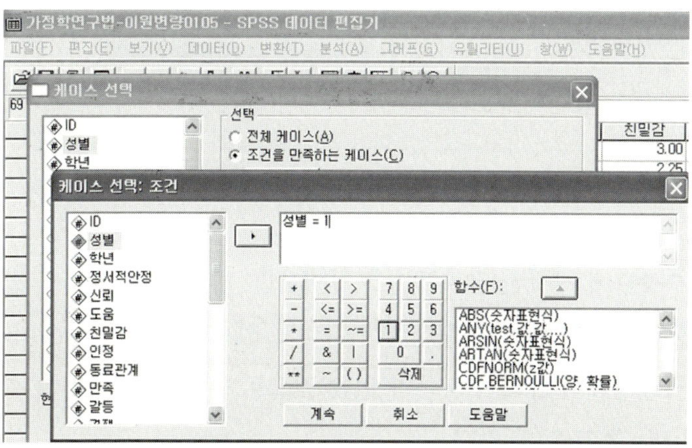

〈그림 7-26〉 데이터에서 케이스 선택하기 위한 조건 설정하기

	ID	성별	학년
29	58	2.00	4
30	59	2.00	4
31	60	2.00	4
32	61	2.00	4
33	62	2.00	4
34	63	2.00	4
35	64	2.00	4
36	65	2.00	4
37	66	2.00	4
38	67	2.00	4
39	.	.	.
40	1	1.00	2
41	2	1.00	2
42	3	1.00	2
43	4	1.00	2

〈그림 7-27〉 조건이 설정된 상태의 자료(성별이 1인 자료만 선택됨)

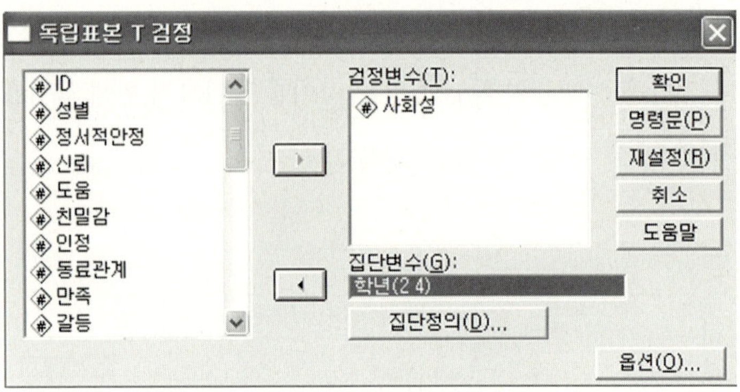

〈그림 7-28〉 독립변인의 수준에 따라 t 검증 혹은 일원변량분석 실시

〈그림 7-29〉에 제시된 결과부분을 살펴보면, 단순 주효과 검증 결과 남학생들의 경우 학년에 따라 사회성에서 차이가 없지만, 여학생들의 경우 학년에 따라 사회성에서 유의한 차이가 있는 것으로 나타났다. 이러한 결과를 표로 제시하면 〈표 7-9〉와 같다.

남학생의 독립표본 t검증

집단통계량

	학년	N	평균	표준편차	평균의 표준오차
사회성	2	18	2.8857	.48167	.11353
	4	17	3.1294	.47067	.11415

독립표본 검정

		Levene의 등분산 검정		평균의 동일성에 대한 t-검정						
		F	유의확률	t	자유도	유의확률 (양쪽)	평균차	차이의 표준오차	차이의 95% 신뢰구간 하한	차이의 95% 신뢰구간 상한
사회성	등분산이 가정됨	.108	.745	-1.513	33	.140	-.24376	.16111	-.57153	.08402
	등분산이 가정되지 않음			-1.514	32.958	.140	-.24376	.16100	-.57133	.08381

여학생의 독립표본 t검증

집단통계량

	학년	N	평균	표준편차	평균의 표준오차
사회성	2	16	3.2175	.51672	.12918
	4	15	2.8158	.45374	.11715

독립표본 검정

		Levene의 등분산 검정		평균의 동일성에 대한 t-검정						
		F	유의확률	t	자유도	유의확률 (양쪽)	평균차	차이의 표준오차	차이의 95% 신뢰구간 하한	차이의 95% 신뢰구간 상한
사회성	등분산이 가정됨	.651	.426	2.294	29	.029	.40170	.17515	.04348	.75991
	등분산이 가정되지 않음			2.303	28.885	.029	.40170	.17439	.04496	.75843

〈그림 7-29〉 SPSS에서 단순주효과 실시과정 및 결과

〈**표 7-9**〉 단순주효과 검증표

	성별	학년	평균(표준편차)	t
사회성	남	2	2.88(.48)	-1.51
		4	3.12(.47)	
	여	2	3.22(.52)	-2.29*
		4	2.82(.45)	

* $p<.05$

3. 삼원변량분석

이원변량분석에 두 개의 독립변인이 있다면 삼원변량분석(Three-Way ANOVA)에는 3개의 독립변인이 있다. 예를 들어, 3×2×4 ANOVA는 첫 번째 요인에 3개의 수준, 두 번째 요인에 2개의 수준, 세 번째 요인에 4개의 수준이 있는 삼원변량분석을 의미한다.

1) 3개의 주효과와 4개의 상호작용효과

삼원변량분석은 3개의 주효과와 4개의 상호작용효과를 가진다. 예를 들어, 연령, 성별 및 성역할 정체감에 따라 정의지향적 도덕성에 차이가 있는지를 알아보기 위하여 연령(10대 · 30대 · 50대)×성별(남 · 여)×성역할 정체감(양성성 · 남성성 · 여성성 · 미분화)의 삼원변량분석을 실시했다고 가정해보자. 삼원변량분석의 결과는 〈표 7-10〉에 제시된 바와 같다.

〈표 7-10〉 연령, 성별 및 성역할 정체감에 따른 정의지향적 도덕성

변량원	자승합	자유도	평균자승	F
연 령	11918.83	2	5959.41	24.46***
성 별	1951.71	1	1951.71	8.01**
성역할 정체감	394.23	3	131.41	.54
연령×성별	1734.80	2	867.40	3.56*
연령×성역할 정체감	2464.08	6	410.68	1.69
성별×성역할 정체감	1544.11	3	514.70	2.11
연령×성별×성역할 정체감	517.67	5	103.53	.43
오 차	52871.56	217	243.65	
전 체	75105.09	239		

*$p<.05$ **$p<.01$ ***$p<.001$

출처 : 정옥분 · 곽경화(2003). 배려지향적 도덕성과 정의지향적 도덕성. 서울: 집문당.

〈표 7-11〉 연령에 따른 정의지향적 도덕성의 사후검증

	10대 청소년	30대 성인	50대 성인
10대 청소년			•
30대 성인			•
50대 성인	•	•	

〈표 7-10〉에서 보는 바와 같이 삼원변량분석에서는 3개의 주효과(연령, 성별, 성역할 정체감)와 3개의 1차 상호작용효과(연령×성별, 연령×성역할 정체감, 성별×성역할 정체감), 1개의 2차 상호작용효과(연령×성별×성역할 정체감)가 있다.

〈표 7-10〉에서 보듯이 정의지향적 도덕성은 연령과 성별에 따른 주효과뿐만 아니라 연령과 성별의 1차 상호작용효과가 있는 것으로 나타났다. 연령이 세 집단이므로 어떤 연령집단 간에 차이가 나는지를 알아보기 위해 Scheffé 사후검증을 실시했는데 그 결과는 〈표 7-11〉에 제시된 바와 같다. 〈표 7-11〉에서 보듯이 10대 청소년 및 30대 성인과 50대 성인 간에 유의한 차이가 있는 것으로 나타났다. 즉, 50대 성인보다 10대 청소년과 30대 성인이 정의

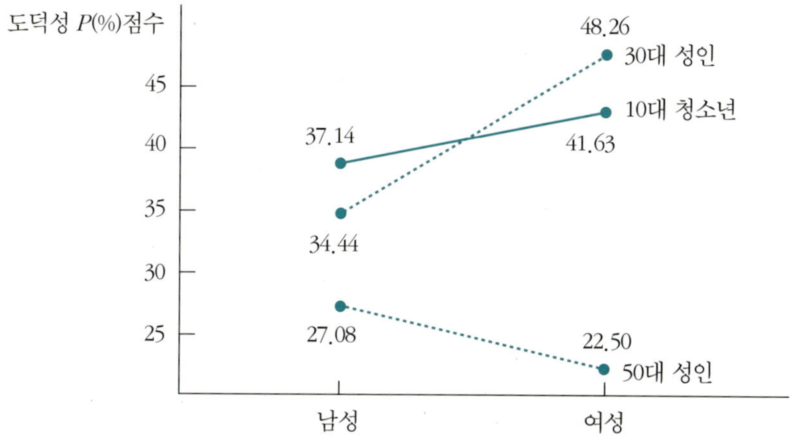

〈그림 7-30〉 연령과 성의 상호작용효과에 따른 정의지향적 도덕성

출처: 정옥분 · 곽경화(2003). 배려지향적 도덕성과 정의지향적 도덕성. 서울: 집문당.

지향적 도덕성이 높은 것으로 나타났다.

연령과 성별의 상호작용효과는 〈그림 7-30〉에 제시된 바와 같다. 〈그림 7-30〉에서 보듯이 10대 청소년과 30대 성인의 경우 여성이 남성보다 정의지향적 도덕성이 높지만, 50대 성인의 경우에는 그 반대이다. 전반적으로 남성의 경우 10대 청소년, 30대 성인, 50대 성인 간에 도덕성 점수의 차이가 크지 않으나 여성의 경우는 그 차이가 매우 심하였다. 뿐만 아니라 남성의 경우에는 10대 청소년, 30대 성인, 50대 성인 순으로 연령이 많을수록 도덕성이 낮아지는 반면, 여성의 경우는 30대 성인, 10대 청소년, 50대 성인 순으로 도덕성이 낮아 남성과는 다른 경향을 보여준다.

정의지향적 도덕성에서 연령과 성의 상호작용효과가 유의하게 나타났기 때문에 남녀별로 연령에 따른 정의지향적 도덕성을 분석하는 단순 주효과 검증을 실시했는데 그 결과는 〈표 7-12〉에 제시된 바와 같다. 〈표 7-12〉에서 보듯이 남성과 여성 모두 정의지향적 도덕성에서 연령에 따라 유의한 차이가 있는 것으로 나타났다. 이를 좀더 구체적으로 살펴보면, 남성의 경우 10대 청소년과 50대 성인 간에 유의한 차이가 있는 것으로 나타났다. 즉, 10대 청소년이 50대 성인보다 정의지향적 도덕성이 유의하게 높은 것으로 나타났다. 여성의 경우에는 50대 성인과 10대 청소년 및 30대 성인 간에 유의한 차이가 있는 것으로 나타났다. 즉, 50대 성인이 10대 청소년이나 30대 성인보다 정의지향적 도덕성이 낮은 것으로 나타났다.

〈표 7-12〉 성과 연령에 따른 정의지향적 도덕성의 단순 주효과 검증

	남		여	
	평균(표준편차)	grouping	평균(표준편차)	grouping
10대 청소년	37.14(14.33)	a	41.63(16.06)	a
30대 성인	34.44(17.34)	ab	48.26(17.24)	a
50대 성인	27.08(17.56)	b	22.50(11.47)	b
	$F = 3.12^{**}$		$F = 29.63^{***}$	

$^{**}p < .01$, $^{***}p < .001$

ab: 같은 문자끼리는 유의한 차이가 없음.

2) 2차 상호작용효과

〈표 7-10〉의 삼원변량분석 결과에서는 2차 상호작용효과(second order interaction effect)가 유의하지 않은 것으로 나타났다. 그러나 또 다른 예로 창의성 훈련을 받은 실험집단과 통제집단이 성별과 IQ에 따라 창의성 점수에서 차이가 있는지 알아본다고 가정해보자. 이때 성별(남 · 여), IQ(높은 집단 · 낮은 집단), 집단(실험집단 · 통제집단)의 2차 상호작용효과가 유의한 것으로 나왔다고 가정하고 이를 그래프로 보여주면 〈그림 7-31〉과 같다. 2차 상호작용효과의 그래프는 두 개의 1차 상호작용효과를 하나의 그래프에 그리는 것과 같다. 〈그림 7-31〉에서 왼쪽 두 개의 선은 실험집단의 성별과 IQ의 1차 상호작용을 보여주고, 오른쪽 두 개의 선은 통제집단의 성별과 IQ의 1차 상호작용을 보여준다. 두 개의 1차 상호작용의 서로 다른 양상은 2차 상호작용효과가 유의하다는 것을 보여주는 것이다. 만약 왼쪽의 1차 상호작용과 오른쪽의 1차 상호작용의 패턴이 동일하다면 2차 상호작용효과가 유의하지 않을

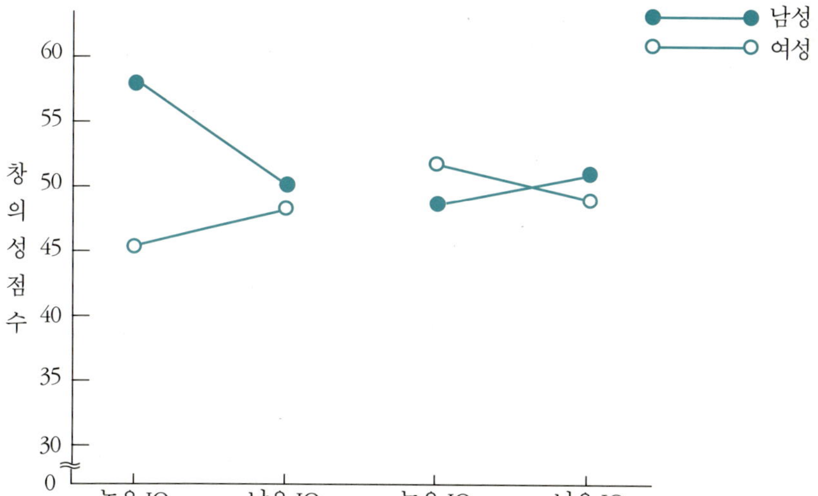

〈그림 7-31〉 성별×IQ×집단의 2차 상호작용효과

〈표 7-13〉 2차 상호작용효과의 단순 주효과 검증

IQ	실험집단		통제집단	
	남성	여성	남성	여성
높은 IQ집단	57.40	45.45	47.00	51.56
낮은 IQ집단	49.73	46.93	50.68	49.70

것이다. 〈그림 7-31〉의 2차 상호작용효과를 해석해보면 창의성 훈련을 받은 실험집단에서는 IQ가 높은 남성이 창의성이 높은 것으로 나타났고 여성의 경우는 IQ가 낮은 여성이 창의성이 높은 것으로 나타났다. 반면, 창의성 훈련을 받지 않은 통제집단에서는 이와 정반대의 결과가 나왔다. 즉, IQ가 낮은 남성이 창의성이 높은 것으로 나타났고 여성의 경우는 IQ가 높은 여성이 창의성이 높은 것으로 나타났다.

2차 상호작용효과가 유의한 경우에도 1차 상호작용효과가 유의한 경우와 마찬가지로 단순 주효과 검증을 하게 된다. 〈표 7-13〉에서처럼 각 집단의 평균을 보여주는 표를 만든 다음 남성과 여성의 창의성 점수를 IQ와 집단(실험집단 대 통제집단) 두 요인의 각 수준에서 비교한다. 즉, 57.40과 45.45를 비교하고 49.73과 46.93을, 47.00과 51.56을 그리고 50.68과 49.70을 각기 비교한다. 이 집단들에 대한 t검증 결과 57.40과 45.45에 대한 차이만 유의한 것으로 나타나고 나머지 3개의 비교는 유의하지 않은 것으로 나타났다. 만약 여기서 단순 주효과 검증을 하지 않았다면 남성이 여성보다 창의성 점수가 높은 것으로 결론지었을 것이다. 그러나 단순 주효과 검증에서 보듯이 단지 실험집단의 IQ가 높은 집단에서만 남성이 여성보다 창의성 점수가 높은 것을 알 수 있다.

3) 삼원변량분석의 예

삼원변량분석은 독립변인이 3개일 때 사용되는 통계기법이다. 예를 들어,

연구자가 "성별, 연령집단과 거주유형에 따라 피임태도에 차이가 있는가?"라는 연구문제를 설정했다면 다음과 같은 절차를 이용하여 집단(성별, 연령집단, 거주유형)에 따른 주효과와 성별, 연령집단 및 거주유형에 따른 상호작용효과를 검증할 수 있다.

(1) 삼원변량분석의 실시

SPSS를 이용하여 삼원변량분석을 실시하는 절차는 다음과 같다.

> 분석 → 일반선형모형 → 일변량 → 종속변수 → 모수요인(독립변인 3개) → 도표 → 사후분석 → 옵션(기술통계량, 동질성 검증) → 확인 → 결과분석

분석에 들어가서, 일반선형모형을 클릭한 후, 일변량을 클릭한다.

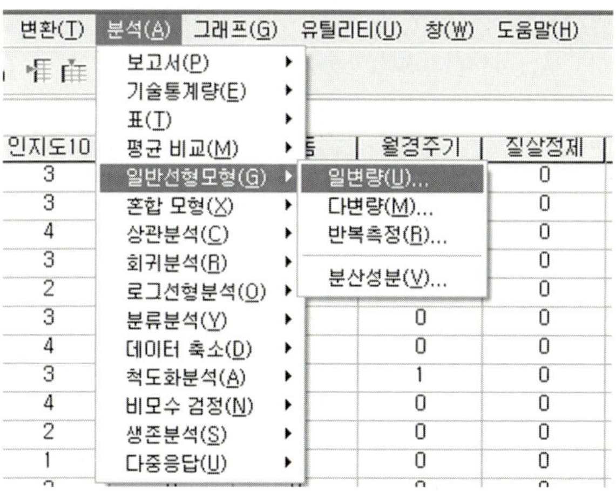

〈그림 7-32〉 일반선형모형의 일변량 클릭

종속변수에 피임태도를 선택하고 모수요인에 독립변인인 성별, 연령집단, 거주유형을 선택한 후 완전요인모형으로 설정이 되어 있는지 확인한다.

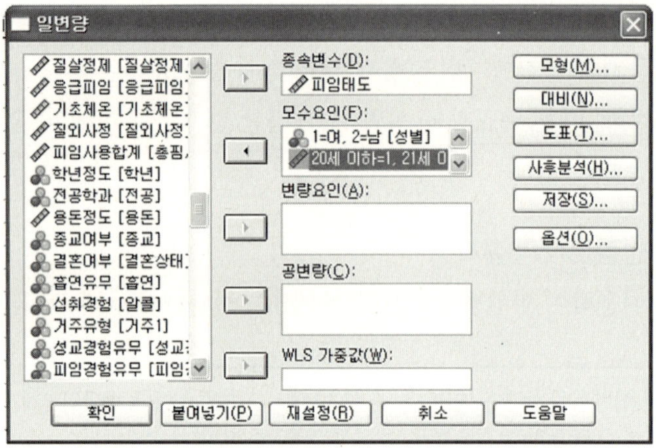

〈그림 7-33〉 종속변수와 모수요인(독립변인) 투입

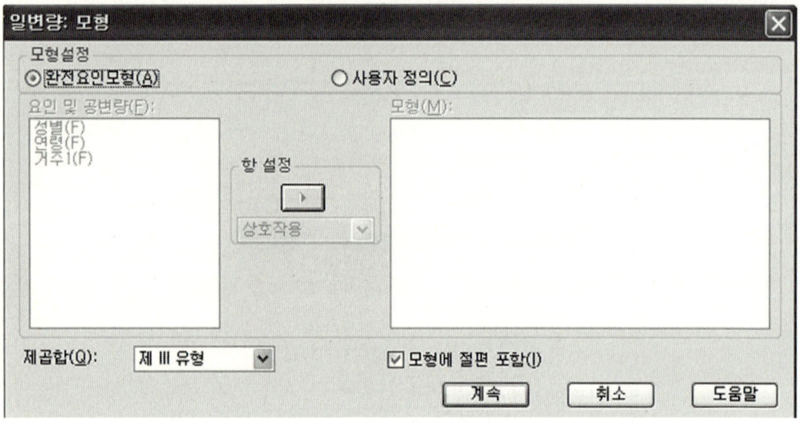

〈그림 7-34〉 완전요인모형으로 설정되어 있는지를 확인

도표를 클릭해서 독립변인들 중에서 학년을 수평축변수, 성별을 선구분변수, 거주유형을 도표구분변수로 하나씩 투입하여 추가를 클릭한다.

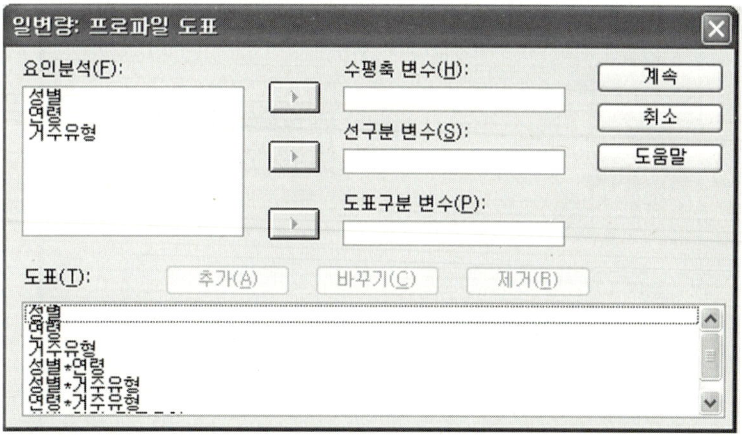

〈그림 7-35〉 도표에서 수평축 변수, 선구분 변수, 도표구분 변수 투입

사후분석을 클릭해서 Scheffé를 클릭한다. 옵션을 클릭해서 기술통계치, 동질성 검증 등을 클릭한다. 계속과 확인을 차례대로 클릭한다.

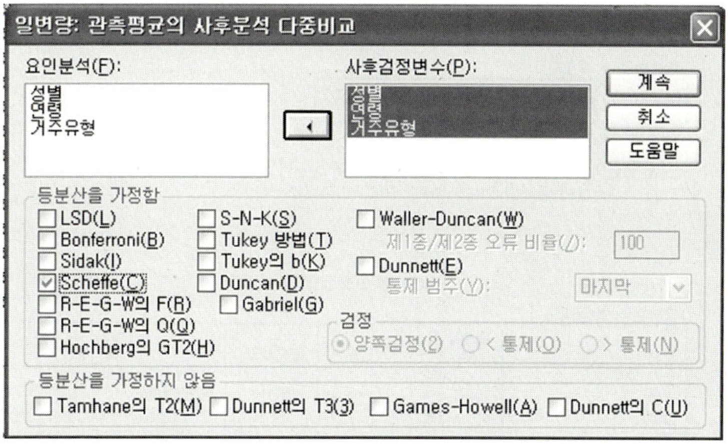

〈그림 7-36〉 사후분석

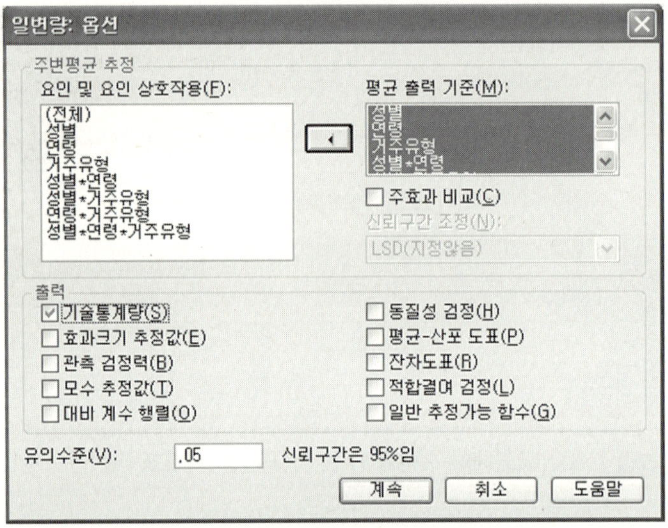

〈그림 7-37〉 옵션에서 기술통계량, 동질성 검증 선택

(2) 삼원변량분석의 결과

오차 분산의 동일성에 대한 Levene의 검정[a]

종속변수: 피임태도

F	자유도1	자유도2	유의확률
1.886	7	380	.071

여러 집단에서 종속변수의 오차 분산이 동일한 영가설을 검정합니다.

a. 계획: 절편+성별+연령+거주유형+성별 * 연령+성별 * 거주유형+연령 * 거주유형+성별 * 연령 * 거주유형

개체-간 효과 검정

종속변수: 피임태도

소스	제 III 유형 제곱합	자유도	평균제곱	F	유의확률
수정 모형	1.049[a]	7	.150	1.710	.105
절편	1771.453	1	1771.453	20205.465	.000
성별	.315	1	.315	3.589	.059
연령	.466	1	.466	5.313	.022
거주유형	.052	1	.052	.595	.441
성별 * 연령	.123	1	.123	1.407	.236
성별 * 거주유형	.067	1	.067	.768	.381
연령 * 거주유형	.374	1	.374	4.271	.039
성별 * 연령 * 거주유형	.042	1	.042	.477	.490
오차	33.315	380	.088		
합계	2444.388	388			
수정 합계	34.365	387			

a. R 제곱 = .031 (수정된 R 제곱 = .013)

기술통계량

종속변수: 피임태도

성별	연령	거주유형	평균	표준편차	N
여	20세 이하	부모와 거주	2.4922	.30572	128
		혼자 거주	2.5017	.29635	43
		합계	2.4946	.30255	171
	21세 이상	부모와 거주	2.4832	.30460	34
		혼자 거주	2.5889	.25192	41
		합계	2.5410	.28015	75
	합계	부모와 거주	2.4903	.30456	162
		혼자 거주	2.5442	.27740	84
		합계	2.5087	.29611	246
남	20세 이하	부모와 거주	2.4393	.39408	40
		혼자 거주	2.3393	.27541	16
		합계	2.4107	.36453	56
	21세 이상	부모와 거주	2.4649	.24002	55
		혼자 거주	2.5576	.24841	31
		합계	2.4983	.24573	86
	합계	부모와 거주	2.4541	.31255	95
		혼자 거주	2.4833	.27552	47
		합계	2.4638	.30014	142
합계	20세 이하	부모와 거주	2.4796	.32841	168
		혼자 거주	2.4576	.29751	59
		합계	2.4739	.32017	227
	21세 이상	부모와 거주	2.4719	.26500	89
		혼자 거주	2.5754	.24914	72
		합계	2.5182	.26236	161
	합계	부모와 거주	2.4769	.30743	257
		혼자 거주	2.5224	.27722	131
		합계	2.4923	.29799	388

7. 성별 *연령 * 거주유형

종속변수: 피임태도

성별	연령	거주유형	평균	표준오차	95% 신뢰구간 하한값	95% 신뢰구간 상한값
여	20세 이하	부모와 거주	2.492	.026	2.441	2.544
		혼자 거주	2.502	.045	2.413	2.590
	21세 이상	부모와 거주	2.483	.051	2.383	2.583
		혼자 거주	2.589	.046	2.498	2.680
남	20세 이하	부모와 거주	2.439	.047	2.347	2.531
		혼자 거주	2.339	.074	2.194	2.485
	21세 이상	부모와 거주	2.465	.040	2.386	2.543
		혼자 거주	2.558	.053	2.453	2.662

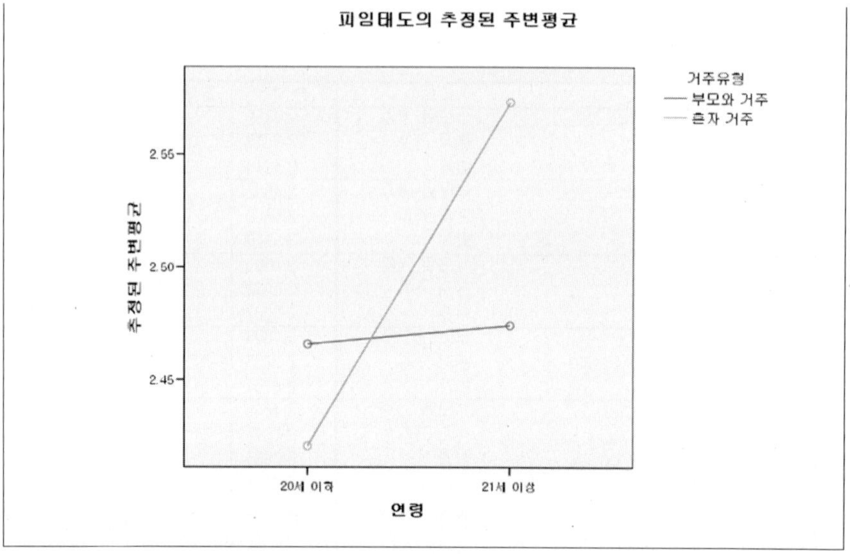

〈그림 7-38〉 SPSS에서 삼원변량분석 output

〈그림 7-38〉에 제시된 결과 부분을 살펴보자. 우선 집단별 평균을 살펴보면, 여학생들(M= 2.51, SD= .30)이 남학생들(M= 2.46, SD= .30)에 비해 피임에 대해 긍정적인 태도를 가지고 있다. 거주유형에 따라 평균을 살펴보면, 부모와 함께 거주하는 학생들(M= 2.48, SD= .31)이 그렇지 않은 대학생들(M= 2.52, SD= .28)에 비해 피임에 대한 태도가 낮다. 연령집단에 따라 평균을 살펴보면 21세 이상인 집단의 대학생들(M= 2.52, SD= .26)이 20세 이하인 집단(M= 2.47, SD= .32)에 비해 피임에 대한 태도가 높다. 세부적으로 살펴보면, 피임태도가 가장 낮은 집단은 부모와 떨어져서 혼자 거주하는 20세 이하의 남자 대학생(M= 2.34, SD= .28)인 것으로 나타났고, 피임지식이 가장 높은 집단은 부모와 독립적으로 생활하는 21세 이상의 여자대학생(M= 2.59, SD= .25)으로 나타났다. F 검증에 앞서 오차분산의 동질성 검증 결과(결과부분의 두 번째 표 참조), 각 집단의 종속변인에서 오차분산이 동일한 것으로 나타났다(F= 1.89, p= .07). 하지만 여덟 집단의 사례수에서는 약간씩 차이가

났다(실제로 사례수에서 많은 차이가 날 경우에는 삼원변량분석을 실시하지 않아야 한다). 개체 간 효과검증 표를 살펴보면, 연령집단에 따른 주효과가 유의하게 나타났고(F=5.31, p<.05), 성별, 거주유형에 따라서는 주효과가 유의하지 않은 것으로 나타났다. 또한 거주유형과 연령집단에 따른 일차상호작용효과는 유의한 것으로 나타났다(F=4.27, p<.05). 하지만 성별과 연령집단, 성별과 거주유형에 따른 일차상호작용효과와 성별, 거주유형 및 연령집단에 따른 이차상호작용효과는 유의하지 않은 것으로 나타났다. 이러한 결과를 정리한 삼원변량분석표가 〈표 7-14〉에 제시되어 있다.

〈**표 7-14**〉 피임태도에 대한 삼원변량분석

Source	*SS*	*df*	*MS*	*F*
성	.32	1	.32	3.59
연령집단	.47	1	.47	5.31*
거주유형	.05	1	.05	.60
성＊연령집단	.12	1	.12	1.41
성＊거주유형	.07	1	.07	.768
거주유형＊연령집단	.37	1	.37	4.27*
성＊거주유형＊연령집단	.04	1	.04	.48
오차	33.32	380	.09	
합계	34.37	387		

*p<.05

거주유형과 연령집단에 따른 상호작용효과가 유의하게 나타났으므로 단순 주효과 검증을 실시한 결과, 부모와 함께 거주하는 대학생들의 경우 연령집단에 따라 피임태도에 유의한 차이가 나타나지 않았으나, 부모와 떨어져서 혼자 생활하는 대학생들의 경우 20세 미만에 비해 21세 이상의 대학생들이 피임에 대한 긍정적인 태도를 보이는 것으로 나타났다. 이러한 결과를 표로 정리하면 〈표 7-15〉와 같다.

〈표 7-15〉 거주유형 및 연령집단에 따른 피임태도의 단순주효과 검증

			20세 이하	21세 이상	t
피임 태도	부모와 거주	$M(SD)$	2.45(.32)	2.47(.29)	.22
	혼자 거주	$M(SD)$	2.47(.26)	2.57(.24)	-3.09**

$^{**}p<.01$

제8장

반복측정 변량분석

1. 반복측정 일원변량분석
2. 반복측정 이원변량분석
3. 반복측정 삼원변량분석
4. 기본 가정
5. 반복측정 변량분석의 예

대부분의 연구에서는 1회 측정으로 끝나지만 연구에 따라서는 피험자들에게 두 번 이상의 측정을 하는 경우도 있다. 예를 들어, 비서들의 작업능률에 관한 연구에서, 연구자는 배가 너무 고프거나 배가 너무 부를 경우 작업능률이 떨어진다는 가설을 설정하고 비서들로 하여금 식전, 식간, 식후에 계산문제를 풀게 함으로써 비서들의 작업능률을 연구한다고 가정해보자. 이때 식전, 식간, 식후라는 세 가지 조건에 동일한 비서들을 피험자로 이용하게 되면 일반적인 변량분석은 적합하지 않기 때문에 특별한 형태의 변량분석을 사용해야 하는데, 이것이 반복측정 변량분석(ANOVA with Repeated Measures)이다.

반복측정 변량분석의 장단점은 다음과 같다. 이 분석의 가장 중요한 이점(利點)은 비체계적 변량을 감소시킴으로써 검증력을 높인다는 점이다. 두 번째 이점은 적은 수의 피험자만 있어도 분석이 가능하므로 매우 경제적이다. 반면 반복측정 변량분석에서는 변량분석의 가정 중의 하나인 독립성 가정(independence assumption)이 위배된다. 즉, 반복측정 요인의 모든 수준에서 동일한 피험자들이 반복 측정되므로 각 집단의 표집이 독립적이어야 한다는 독립성 가정을 충족시킬 수 없다. 따라서 반복측정 변량분석에서는 독립성 가정 대신 구형성 가정이 검증되어야 한다.

반복측정 변량분석에는 여러 종류가 있지만 그중에서 가장 빈번히 사용되는 것이 반복측정 일원변량분석, 반복측정 이원변량분석(Lindquist Type I ANOVA), 반복측정 삼원변량분석(Lindquist Type III ANOVA)이다.

1. 반복측정 일원변량분석

반복측정 일원변량분석은 일원변량분석의 목적과 동일하다. 그러나 반복측정 일원변량분석에서는 반복측정치로 인해 해석하는 방법이 약간 다르다. 앞에서 예로 든 비서들의 작업능률에 관한 연구는 반복측정 일원변량분석의 예가 된다. 또 다른 예로 어떤 연구자가 6명의 피험자들로부터 아침에 잠에서 깨어난 직후, 1시간 후, 2시간 후의 반응시간을 알아보려 한다고 가정해보자. 6명의 피험자들로부터 모두 3차례에 걸쳐 반응시간을 측정하기 때문에 자료의 합은 18이 된다. 이에 관한 도식이 〈그림 8-1〉에 제시되어 있다.

		잠에서 깨어난 후의 시간		
		직후	1시간 후	2시간 후
피험자	1	1.7	1.1	1.7
	2	1.8	.9	1.5
	3	1.6	1.2	1.4
	4	2.3	1.5	1.8
	5	2.0	1.5	1.3
	6	2.0	1.0	1.9
		$\overline{X} = 1.9$	$\overline{X} = 1.2$	$\overline{X} = 1.6$

〈그림 8-1〉 반복측정 일원변량분석의 예

〈표 8-1〉는 〈그림 8-1〉의 자료를 기초로 한 ANOVA Summary Table이다. 〈표 8-1〉에서 보는 바와 같이 반복측정 일원변량분석의 표는 F값이 1개 산출된다는 점에서는 일원변량분석의 표와 유사하다. 하지만 2개의 변인과 오차항으로 구성되어 있고 오차항의 자유도가 이원변량분석표에서 상호작용효과의 자유도와 같은 방법으로 산출된다는 점에서는 이원변량분석의 표와 유사하다.

〈표 8-1〉이 일원변량분석표와 유사하든 아니면 이원변량분석표와 유사하든지 간에 이 표는 몇 가지 중요한 정보를 제공해준다. 첫째, 표의 제목은 어떤 종류의 자료가 수집되었는가를 말해준다. 둘째, 변량원으로부터 연구의 요인이 "잠에서 깨어난 후의 시간" 이라는 것을 알 수 있다. 셋째, 자유도(df)로부터 이 요인에 세 개의 수준($2+1=3$)이 있으며, 피험자는 모두 6명($5+1=6$)이라는 사실을 알 수 있다. 넷째, 전체 자유도로부터 이 연구에서

〈표 8-1〉 반응시간에 관한 반복측정 일원변량분석의 Summary Table

변량원	*df*	*SS*	*MS*	*F*
잠에서 깨어난 후의 시간	2	1.48	.74	16.44*
피험자	5	.47	.094	
오차(시간×피험자)	10	.45	.045	
전체	17	2.40		

*$p < .01$

모두 18개의 자료가 분석되었다는 사실을 알 수 있다.

반복측정 변량분석에서 반복측정 요인은 세 가지 형태를 취한다. 첫째, 반복측정 요인이 측정시기(time)로서, 같은 피험자를 대상으로 각기 다른 시점에 자료가 수집된다. 둘째, 반복측정 요인이 각기 다른 처치조건(treatments or conditions)으로서 모든 피험자가 각기 다른 모든 처치조건에서 반복측정된다. 셋째, 반복측정이 여러 개의 검사나 종속변인으로서 피험자들이 이 모든 검사를 받거나, 피험자들로부터 이 모든 종속변인에 대한 자료가 수집된다.

만약 반복측정 요인이 각기 다른 시점에서 자료가 수집되는 첫 번째 형태를 취한다면 이때 자료가 수집되는 순서는 한 가지밖에 없다. 그러나 반복측정 요인이 처치조건이라면 자료가 수집되는 순서에는 몇 가지 경우가 있다. 만약 모든 피험자에게 처치조건이 같은 순서로 제시된다면 연습효과, 피로효과, 혼합효과 등의 체계적 오차가 발생하게 된다.

연습효과(practice effect)는 검사상황에 보다 익숙해지거나 이전 검사에서 비슷한 문제를 어떻게 풀었는지를 기억함으로써 다음 번 검사에서 점수가 높게 나오는 효과를 말한다. 피로효과(fatigue effect)는 반복되는 검사로 인해 싫증을 느끼거나 피로를 느끼는 효과를 말하며, 혼합효과(confounding effect)는 각기 다른 처치의 효과가 서로 혼합되어 나타나는 것을 말한다.

이러한 효과들로 인해 각기 다른 처치조건의 효과가 서로 유사함에도 불구하고 다르게 나타나기도 하고, 서로 다름에도 불구하고 비슷한 결과가 나타나기도 한다. 시행순서로 인해 야기되는 이러한 효과들을 배제하기 위해 연구자는 처치조건이 제시되는 순서를 피험자마다 달리 하도록 해야 한다.

여기에는 세 가지 방법이 있다. 첫째, 반복측정요인의 수준이 제시되는 순서를 무작위로 한다. 둘째, 가능한 모든 제시순서를 활용한다. 즉, 모든 가능한 제시순서에 똑같은 비율의 피험자들을 무선할당한다. 셋째, 반복측정요인의 수준이 제시되는 순서를 역균형화(count balancing)하는 방법이다. 역균형화는 반복측정요인의 수준이 첫 번째, 두 번째, 세 번째…등으로 똑같은 순서로 제시되는 것을 말한다. 예를 들어, 어떤 반복측정요인의 수준이 셋일 때 그 세 수준을 각기 A, B, C로 나타낸다고 가정해보자. 피험자들의 $\frac{1}{3}$은 A-B-C 순서로 제시되고, 또 다른 $\frac{1}{3}$의 피험자들에게는 B-C-A 순서로 제시되며, 나머지 $\frac{1}{3}$의 피험자에게는 C-A-B 순서로 제시된다.

2. 반복측정 이원변량분석

반복측정 이원변량분석(Lindquist Type I ANOVA)은 항상 두 개의 요인을 포함하는데, 그중 한 요인이 모든 수준에서 반복측정된다. 이런 이유로 반복측정 이원변량분석을 2요인 반복측정 변량분석 또는 혼합변량분석(Mixed ANOVA)이라고도 한다. 예를 들어, 어떤 연구자가 세 가지 교수법이 아동학 학습에 어떤 영향을 미치는지 알아보려 한다고 가정해보자. 우선 30명의 피험자를 세 가지 다른 교수법 조건에 무선할당한 다음 각기 세 가지 다른 수업(교수법)을 받게 한 후 모두 네 차례(학기말, 6주 후, 12주 후, 18주 후)에 걸쳐 아동학 시험을 실시한다. 이 연구에는 두 개의 요인(교수법과 시험시기)이 있고 이 중 두 번째 요인인 시험시기가 반복측정된다. 다시 말해서, 모든 피험자들이 네 번의 시험을 보게 된다. 이에 관한 도식이 〈그림 8-2〉에 제시되어 있다.

이원변량분석과 마찬가지로 반복측정 이원변량분석에서도 3개의 연구문제가 있다. 그중 2개는 주효과에 관한 것이고 나머지 한 개는 상호작용효과

교수법	연구대상	시험시기			
		학기말	6주 후	12주 후	18주 후
교수법 I	S_1 . . . S_{10}				
교수법 II	S_{11} . . . S_{20}				
교수법 III	S_{21} . . . S_{30}				

〈그림 8-2〉 반복측정 이원변량분석의 가설적인 예

출처 : Huck, S. W., Cormier, W. H., & Bounds, W. G. (1974). *Reading statistics and research*. Harper & Row.

에 관한 것이다. 그러나 반복측정 이원변량분석에서는 반복측정치로 인해 해석하는 방법이 약간 다르다.

첫 번째 연구문제는 반복측정되지 않은 요인(피험자 간 요인)의 주효과에 관한 것으로 세 가지 교수법 간에는 유의한 차이가 있는가이다. 만약 모든 시기의 개인 점수를 평균했을 때 각기 다른 교수법에 따라 유의한 차이가 있는 것으로 나타난다면 교수법이 개인의 아동학 성적에 서로 다른 영향을 미친다고 할 수 있다.

두 번째 연구문제는 반복측정되는 요인(피험자 내 요인)의 주효과에 관한 것으로 30명의 연구대상이 네 차례의 시험에서 동일한 성적을 얻는가이다. 만약 유의한 차이가 있는 것으로 나타난다면 30명을 한 집단으로 봤을 때 네 차례의 시험에서 각기 다른 성적을 얻었다는 것을 의미한다. 실제로 이러한 연구를 수행한다면 학기말에 시험을 본 성적이 가장 좋을 것이고, 그후 18주 후에 시험을 본 성적이 가장 나쁠 것이다.

세 번째 연구문제는 두 요인 간의 상호작용에 관한 것으로 네 차례에 걸친 시험성적이 모든 교수법 집단에서 동일한가이다. 만약 상호작용효과가 있다면 각 교수법 집단별로 시험성적의 변화가 다르게 나타날 것이다. 예를 들면, 교수법 I 집단의 학생들이 다른 교수법 집단보다 학습내용을 보다 오랫동안 기억하는 것으로 나타나는 것이다.

이원변량분석이나 반복측정 이원변량분석 모두 3개의 연구문제가 있는 것은 동일하지만 변량분석표는 동일하지 않다. 〈표 8-2〉는 반복측정 이원변량분석 Summary Table의 예이다.

반복측정 이원변량분석 Summary Table은 우리에게 몇 가지 정보를 제공해준다. 첫째, 〈표 8-2〉에서 피험자 간 열(row)의 자유도(*df*) 29는 30명의 피험자로부터 자료가 수집되었다는 것을 말해준다. 둘째, 피험자 간 부분의 변량원에서 '교수법' 의 자유도가 2라는 것은 반복측정을 하지 않는 요인의 명칭이 '교수법' 이며, 이 교수법에는 3가지 방법이 있다는 것을 의미한다. 셋째, 피험자 내 부분의 변량원에서 '시험시기' 의 자유도가 3이라는 것은 반복측정되는 요인의 명칭이 '시험시기' 이며, 30명의 피험자가 모두 4번에 걸쳐 측정되었다는 사실을 말해준다.

〈표 8-2〉 반복측정 이원변량분석 Summary Table

변량원	*df*	*SS*	*MS*	*F*
피험자 간	29			
교수법	2	48	24	6
오차	27	108	4	
피험자 내	90			
시험시기	3	24	8	4
교수법×시험시기	6	24	4	2
오차	81	162	2	
전체	119	366		

〈표 8-2〉에서 보듯이 반복측정 이원변량분석의 Summary Table에서 변량원은 피험자 간(between-subjects) 부분과 피험자 내(within-subjects) 부분으로 나뉜다. 피험자 간 부분은 반복측정을 하지 않는 요인(교수법)의 주효과와 오차변량으로 구성된다. 피험자 내 부분은 반복측정되는 요인(시험시기)의 주효과와 상호작용 그리고 오차변량으로 구성된다.

변량분석에서와 마찬가지로 주효과가 유의한 경우 수준이 셋 이상이면 다중비교검증을 실시하고 상호작용효과가 유의한 경우 단순 주효과 검증을 실시한다. 상호작용효과는 그래프로 그려주는데 이때 종속변인이 *Y*축에 오도록 하고 반복측정되는 독립변인이 *X*축에 오도록 하며 반복측정되지 않는 또 다른 독립변인은 그래프 내에서 집단별로 그려준다(〈그림 8-3〉 참조).

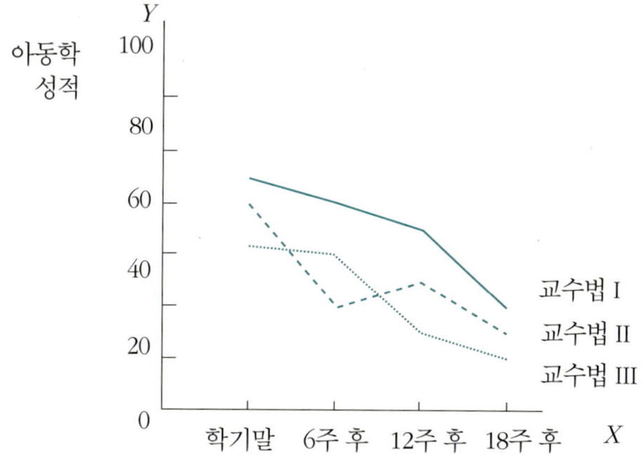

〈그림 8-3〉 반복측정 이원변량분석 상호작용효과의 예

3. 반복측정 삼원변량분석

반복측정 이원변량분석이 이원변량분석과 유사하다면 반복측정 삼원변량분석(Lindquist Type III ANOVA)은 삼원변량분석과 유사하다. 예를 들어, 학

생들의 능력수준과 학기말 이후의 시간경과에 따른 세 가지 아동학 교수법의 효과를 비교한다고 가정해보자. 학생들의 능력을 상하로 분류하고 이 학생들을 10명씩 세 가지 교수법 집단에 무선할당한 다음 학기말, 6주 후, 12주 후, 18주 후, 네 차례에 걸쳐 모든 학생들에게 아동학 시험을 보게 한다. 이에 관한 도식이 〈그림 8-4〉에 제시되어 있다.

삼원변량분석에서는 3개의 주효과와 3개의 1차 상호작용효과, 1개의 2차 상호작용효과를 분석할 수 있다. 이와 마찬가지로 반복측정 삼원변량분석에서도 7개의 연구문제에 대답할 수 있다. 그러나 여기서는 반복측정치로 인해 해석하는 방법이 약간 다르다.

3개의 주효과에 관한 연구문제는 세 가지 요인(교수법, 능력, 시험시기)에 해당하고, 3개의 1차 상호작용효과에 관한 연구문제는 두 요인 간의 상호작용(교수법×능력, 교수법×시험시기, 능력×시험시기)에 해당하며, 1개의 2차 상호작용효과에 관한 연구문제는 세 요인 간의 상호작용(교수법×능력×시험시기)에 해당한다.

삼원변량분석이나 반복측정 삼원변량분석이나 모두 7개의 연구문제가 있는 것은 동일하지만 변량분석표는 동일하지 않다. 〈표 8-3〉은 반복측정 삼원변량분석 Summary Table의 예이다. 반복측정 삼원변량분석 Summary Table은 우리에게 몇 가지 정보를 제공해준다.

첫째, 〈표 8-3〉에서 피험자 간 열의 자유도 59는 60명의 피험자로부터 자료가 수집되었다는 것을 말해준다. 둘째, 피험자 간 부분의 변량원에서 '교수법' 의 자유도가 2라는 것은 반복측정되지 않은 요인의 명칭이 '교수법' 이고, 이 교수법은 3가지 방법으로 측정되었다는 것을 의미한다. '능력' 또한 반복측정되지 않은 요인으로, 능력은 2가지(상, 하)로 구분되었다는 것을 말해준다. 셋째, 피험자 내 부분의 변량원에서 '시험시기' 의 자유도가 3이라는 것은 반복측정되는 요인이 '시험시기' 이며 60명의 피험자가 모두 4번에 걸쳐 측정되었다는 것을 말해준다.

반복측정 이원변량분석과 마찬가지로 〈표 8-3〉에서 보듯이 변량원은 크

교수법	능력수준	연구대상	시험시기: 학기말	6주 후	12주 후	18주 후
교수법 I	능력(상)	S_1 · · · S_{10}				
	능력(하)	S_{11} · · · S_{20}				
교수법 II	능력(상)	S_{21} · · · S_{30}				
	능력(하)	S_{31} · · · S_{40}				
교수법 III	능력(상)	S_{41} · · · S_{50}				
	능력(하)	S_{51} · · · S_{60}				

〈그림 8-4〉 반복측정 삼원변량분석의 가설적인 예

출처 : Huck, S. W., Cormier, W. H., & Bounds, W. G. (1974). *Reading statistics and research*. Harper & Row.

〈표 8-3〉 반복측정 삼원변량분석 Summary Table

변량원	*df*	*SS*	*MS*	*F*
피험자 간	59			
교수법	2	36	18	9
능력	1	24	24	12
교수법×능력	2	20	10	5
오차	54	108	2	
피험자 내	180			
시험시기	3	18	6	12
교수법×시험시기	6	12	2	4
능력×시험시기	3	9	3	6
교수법×능력×시험시기	6	6	1	2
오차	162	81	.5	
전체	239	214		

게 피험자 간(between Subjects) 부분과 피험자 내(within Subjects) 부분으로 나뉜다. 피험자 간 부분에는 2개의 주효과와 1개의 1차 상호작용효과가 있다. 피험자 내 부분에는 1개의 주효과, 2개의 1차 상호작용효과, 1개의 2차 상호작용효과가 있다. 반복측정 요인과 관계되는 모든 주효과와 상호작용효과는 피험자 내 부분에 포함된다.

주효과가 유의한 경우 수준이 셋 이상이면 다중비교검증을 실시하고, 상호작용효과가 유의한 경우 단순 주효과 검증을 실시한다.

4. 기본 가정

반복측정 변량분석을 사용하기 위해서는 두 가지 중요한 기본 가정이 있는데 구형성 가정(sphericity assumption)과 복합대칭성(compound symmetry) 가정이 그것이다. 구형성(球形成) 가정은 반복측정 요인의 모든 수준에서 모집단의 변량이 동일하다는 가정으로서 이는 변량분석의 동변량성

(homogeneity of variance) 가정과 유사한 것이다. 복합대칭성 가정은 구형성 가정보다 더 엄격한 가정으로 모집단의 동변량성 가정에다 공변량(covariances)의 동일성 가정을 더한 것이다. 반복측정 변량분석에서 피험자들은 일정한 시점마다 여러 차례 반복해서 측정되기 때문에 각 반복측정치들 간에는 어느 정도 상관관계가 존재하게 된다. 복합대칭성 가정이란 이러한 상관관계가 모두 동일하다는 가정이다. 하지만 복합대칭성 가정은 실제 자료에서 위배되는 경우가 흔하기 때문에 이 가정은 반복측정 변량분석의 충분조건이지 필요조건은 아니다.

John Williams Mauchly

구형성 가정과 복합대칭성 가정을 충족시키지 못하면 제1종 오류를 범할 확률이 높아진다. 구형성 가정을 검증하기 위해서는 반복측정 요인의 자료를 수집한 후 Mauchly 구형성 검증[1)]을 적용한다. 검증결과 구형성 가정이 위배되면 제1종 오류를 피하기 위한 몇 가지 방법이 있다.

Samuel W. Greenhouse

그중에서 가장 흔히 사용되는 두 가지 방법이 Greenhouse-Geisser Correction과 Huynh-Feldt Correction이다. Greenhouse-Geisser(1959) 방법과 Huynh-Feldt(1976) 방법은 모두 구형성 가정이 위배되었을 경우 우선 그 위배된 정도를 알려주는 ε 지수를 계산한다. 그런 다음 F값이 구해진 "원래" df에다 ε 지수를 곱해서 df를 조정한다. 조정된 df는 원래 df보다 작은 값이기 때문에 이와 관련된 임계치(critical value)는 자동적으로 큰 수치가 된다.

Seymour Geisser

Greenhouse-Geisser 방법에서 ε 지수는 $1/(k-1)$과 1사이에 있는데, 여기서 k는 반복측정 요인의 수준(level)의 수이다. ε 지

1) 구형성 가정을 검증하기 위해서 John W. Mauchly가 1940년에 개발한 검사이다. 한편 복합대칭성 가정을 검증하기 위한 프로그램은 현재 SPSS 프로그램에는 준비되어 있지 않다.

수가 1에 가까우면 모집단의 변량이 동일하기 때문에 구형성 가정이 충족된다. 하지만 ε 지수가 .75 이상이면 임계치가 너무 높아져 영가설을 기각하기 어렵기 때문에 결과적으로 매우 엄격한 *F* 검증이 된다. 따라서 ε 지수가 .75 이상일 때에는 Huynh-Feldt 방법을 사용하는 것이 좋다. Huynh-Feldt 방법은 Greenhouse-Geisser 방법보다 덜 엄격하다.

구형성 가정과 관련해서 어떤 수정방법이 사용되든지 간에 이 가정은 반드시 검증되어야만 하는 매우 중요한 가정이다. 따라서 반복측정 변량분석에서 구형성 가정이 검증되지 않은 채 유의한 결과가 나온 연구는 해석면에서 신중을 기해야 한다.

5. 반복측정 변량분석의 예

반복측정 변량분석은 동일한 피험자들에게 두 번이상의 측정을 하게 될 때 반복되는 측정에서 유의한 차이가 있는지를 알아보기 위해 사용하는 통계기법이다. 변량분석이 집단 간의 차이에 초점을 둔다면, 반복측정 변량분석은 동일한 집단 내의 반복측정되는 요인에서의 차이에 초점을 둔다. 앞서 살펴본 바와 같이 반복측정되는 요인은 측정시기일 수도 있고, 각기 다른 처치조건일 수도 있다. 예를 들어, 연구자가 "놀이유형에 따라 유아의 몰입에는 차이가 있는가?" 라는 연구문제를 설정했다면 연구자는 유아를 대상으로 각기 다른 종류의 놀이(기능놀이, 구성놀이, 상징놀이, 규칙이 있는 게임)에서의 몰입수준을 비교하기 위해, 유아에게 기능놀이, 구성놀이, 상징놀이, 규칙이 있는 게임을 각기 1주 간격으로 실시해보고 유아가 각각의 놀이를 할 때의 몰입수준을 측정한다. 다음과 같은 절차를 이용하여 유아의 놀이유형에 따른 몰입수준에서의 차이를 검증할 수 있다.

1) 반복측정 변량분석의 실시

SPSS를 이용하여 반복측정 변량분석을 실시하는 절차는 다음과 같다.

> 분석 → 일반선형모형 → 반복측정 → 반복측정요인 정의(요인이름, 수준 지정) → 반복측정 개체-내 변수(반복측정변인 투입) → 모형 → 옵션(기술통계량) → 확인 → 결과분석

메뉴바에 있는 분석을 클릭해서, 일반선형모형을 클릭한 후, 반복측정을 클릭한다. 반복측정 요인 정의에서 '정의'를 클릭하여 개체-내 요인이름과 수준의 수를 지정하고 추가를 클릭한다. 여기에서는 반복되는 요인이 4가지 놀이유형으로 이루어져 있기 때문에 4로 지정한다(〈그림 8-5〉~〈그림 8-7〉 참조).

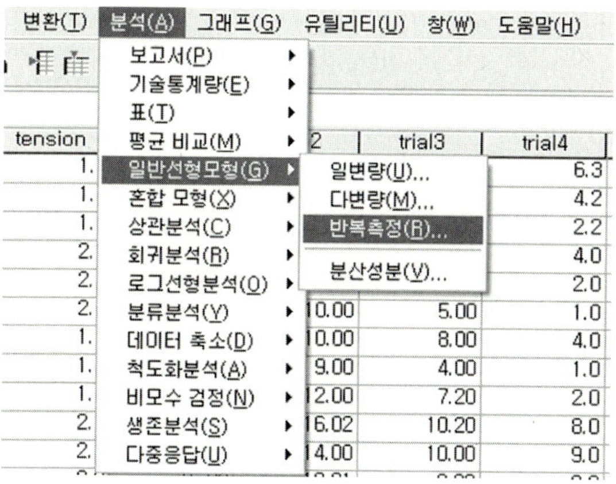

〈그림 8-5〉 일반선형모형의 반복측정 선택하기

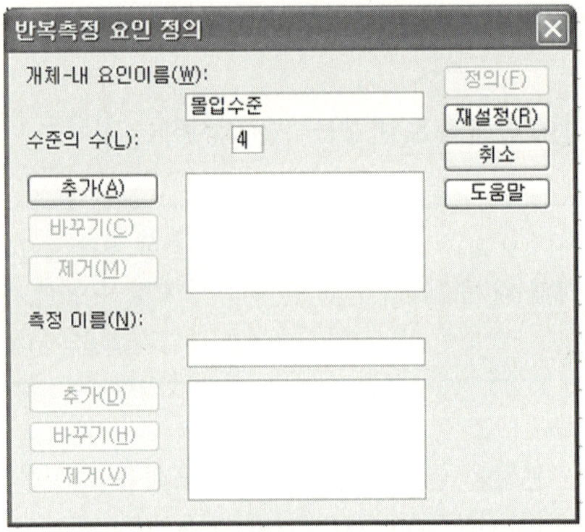

〈그림 8-6〉 반복측정요인의 요인이름 지정하기

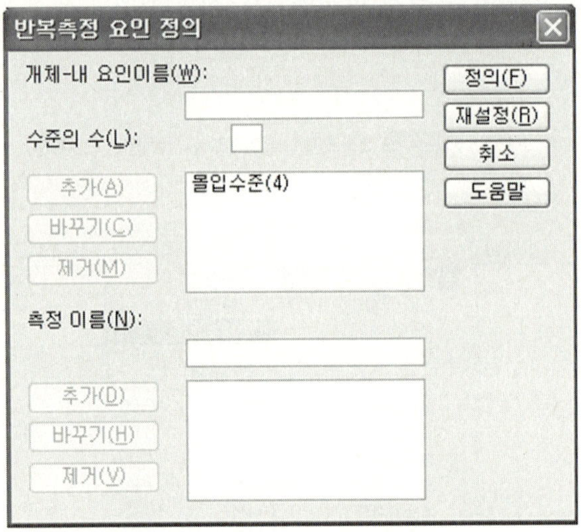

〈그림 8-7〉 반복측정요인의 수준의 수 지정하기

반복측정의 변수 목록에서 개체-내 변수에 반복측정된 종속변인을 선택해서 투입한다.

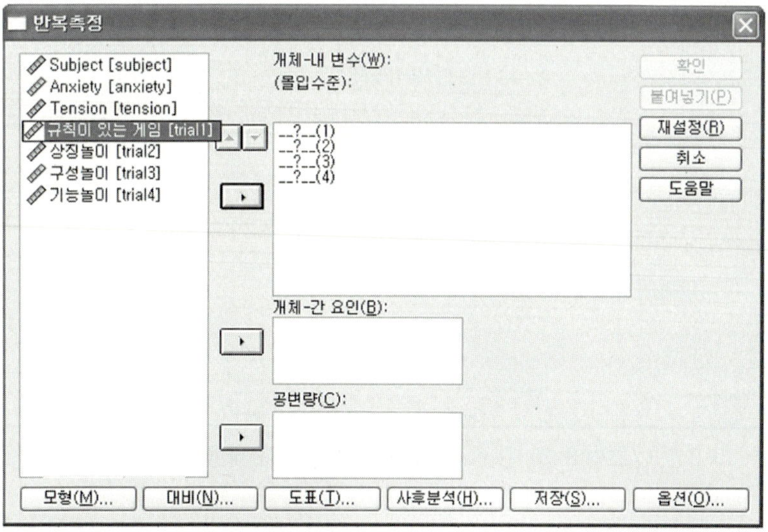

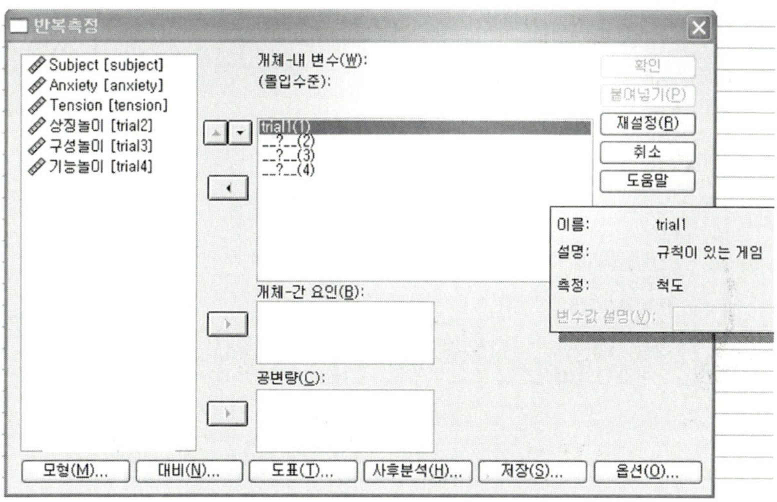

〈그림 8-8〉 개체-내 변수에 반복측정된 종속변인을 선택하여 투입하기

모형에서 기본설정값인 완전요인모형과 제 III유형 제곱값을 유지하고 계속을 클릭한다. 옵션의 출력부분에서 기술통계량을 선택한다. 계속과 확인을 클릭한다.

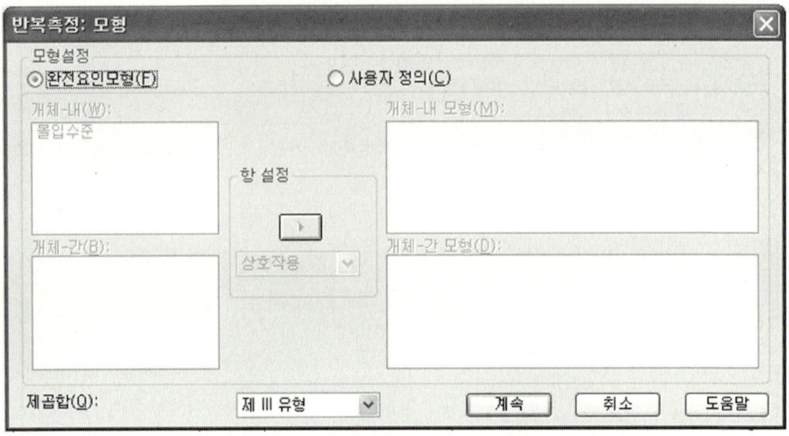

〈그림 8-9〉 완전요인모형과 제 III 유형 제곱합 선택

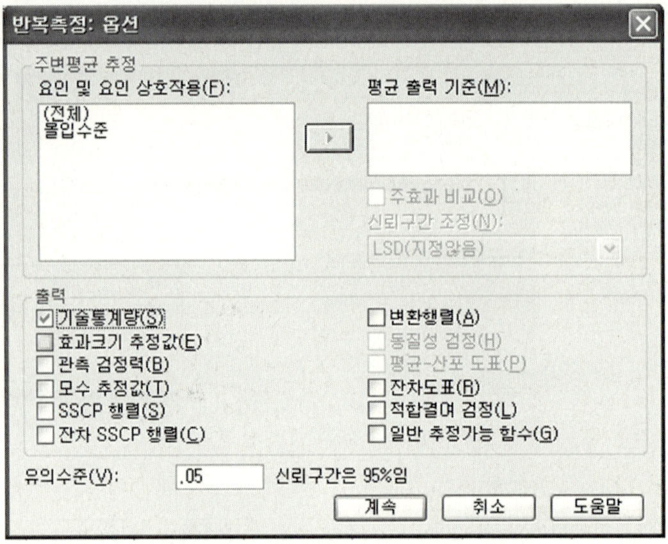

〈그림 8-10〉 옵션에서 기술통계량 선택

2) 반복측정 변량분석의 결과

〈그림 8-11〉에 제시된 기술통계량을 간단히 살펴보면 규칙이 있는 게임을

기술통계량

	평균	표준편차	N
규칙이 있는 게임	16.5328	2.13412	36
상징놀이	11.6342	2.32221	36
구성놀이	7.8056	2.44458	36
기능놀이	4.331	2.8401	36

다변량 검정[b]

효과		값	F	가설 자유도	오차 자유도	유의확률
몰입수준	Pillai의 트레이스	.957	242.702[a]	3.000	33.000	.000
	Wilks의 람다	.043	242.702[a]	3.000	33.000	.000
	Hotelling의 트레이스	22.064	242.702[a]	3.000	33.000	.000
	Roy의 최대근	22.064	242.702[a]	3.000	33.000	.000

a. 정확한 통계량

b.
계획: 절편
개체-내 계획: 몰입수준

Mauchly의 구형성 검정[b]

측도: MEASURE_1

개체-내 효과	Mauchly의 W	근사 카이제곱	자유도	유의확률	엡실런[a]		
					Greenhouse-Geisser	Huynh-Feldt	하한값
몰입수준	.435	28.102	5	.000	.654	.693	.333

정규화된 변형 종속변수의 오차 공분산행렬이 단위행렬에 비례하는 영가설을 검정합니다.

a. 유의성 평균검정의 자유도를 조절할 때 사용할 수 있습니다. 수정된 검정은 개체내 효과검정 표에 나타납니다.

b.
계획: 절편
개체-내 계획: 몰입수준

개체-내 효과 검정

측도: MEASURE_1

소스		제 III 유형 제곱합	자유도	평균제곱	F	유의확률
몰입수준	구형성 가정	2962.185	3	987.395	401.195	.000
	Greenhouse-Geisser	2962.185	1.962	1509.617	401.195	.000
	Huynh-Feldt	2962.185	2.078	1425.767	401.195	.000
	하한값	2962.185	1.000	2962.185	401.195	.000
오차(몰입수준)	구형성 가정	258.419	105	2.461		
	Greenhouse-Geisser	258.419	68.677	3.763		
	Huynh-Feldt	258.419	72.716	3.554		
	하한값	258.419	35.000	7.383		

개체-내 대비 검정

측도: MEASURE_1

소스	몰입수준	제 III 유형 제곱합	자유도	평균제곱	F	유의확률
몰입수준	선형	2943.021	1	2943.021	648.461	.000
	2차형	18.240	1	18.240	10.457	.003
	삼차형	.924	1	.924	.839	.366
오차(몰입수준)	선형	158.846	35	4.538		
	2차형	61.051	35	1.744		
	삼차형	38.522	35	1.101		

개체-간 효과 검정

측도: MEASURE_1
변환된 변수: 평균

소스	제 III 유형 제곱합	자유도	평균제곱	F	유의확률
절편	14619.027	1	14619.027	880.355	.000
오차	581.204	35	16.606		

〈그림 8-11〉 SPSS에서 반복측정 변량분석 output

할 때의 몰입수준은 16.53(SD=2.13), 상징놀이는 11.63(SD=2.32), 구성놀이는 7.81(SD=2.44), 기능놀이는 4.33(SD=2.84)이다. 이처럼 동일한 피험자라도 놀이유형에 따라 몰입수준에서 차이가 있는 것으로 보이므로 놀이유형에 따른 유아들의 몰입수준에서의 차이를 알아보기 위해 반복측정 변량분석을 실시한다.

다변량검정 결과(결과부분의 두 번째 표 참조), 놀이유형에 대한 Wilks' Lambda 값은 .043이고 $p<.001$이다. 이는 놀이유형에 따라 몰입수준이 각기 다르다는 것을 의미한다.

반복측정 변량분석에 앞서 공분산의 동질성을 검증한 결과(결과부분의 Mauchly의 구형성 검정표 참조), 네 모집단의 공분산행렬이 동일하지 않은 것으로 나타났다(Mauchly's W = .44, $\chi^2=28.10$, $p<.001$). 이처럼 공분산의 동질성 가정이 충족되지 않을 때, 이에 따른 오류를 교정하게 위해 Greenhouse-Geisser 방법을 주로 사용한다. 위의 예에서는 구형성 가정이

충족되지 않았으므로 Greenhouse-Geisser의 *F*값을 기초로 해석한다(결과 부분의 개체-내 효과 검정표 참조).

요컨대, 유아의 놀이유형에 따른 몰입수준에서의 차이를 알아보기 위해 반복측정 변량분석을 실시한 결과, 유아들은 놀이유형에 따라 몰입수준에 차이가 있는 것으로 나타났다($F=402.20$, $p<.001$). 즉, 동일한 유아라도 놀이유형에 따라 몰입에서 차이를 보이는데, 규칙이 있는 게임을 하는 동안 가장 몰입이 강하고, 그 다음으로는 상징놀이, 구성놀이이고 기능놀이에서 가장 몰입이 약한 것으로 나타났다. 이러한 결과를 표로 정리하면 〈표 8-4〉, 〈표 8-5〉와 같다.

〈표 8-4〉 놀이유형에 따른 몰입정도

	M(SD)
규칙이 있는 게임	16.53(2.13)
상징놀이	11.63(2.32)
구성놀이	7.81(2.44)
기능놀이	4.33(2.84)

〈표 8-5〉 놀이유형에 따른 몰입수준에 대한 반복측정 변량분산분석 결과

분산원	*SS*	*df*	*MS*	*F*
몰입	2962.19	2	1509.62	402.20***
유아간	581.20	35	16.60	
오차	258.42	105	3.76	
전체	3801.81	142		

***$p<.001$

제9장

공변량분석

1. 공변인의 기능
2. 공변량분석의 목적
3. 일원공변량분석
4. 다원공변량분석
5. 기본 가정
6. 일원공변량분석의 예
7. 이원공변량분석의 예

공변량분석(Analysis of Covariance: ANCOVA)은 기본적으로는 변량분석인데, 종속변인에 미치는 공변인의 영향력을 통계적으로 제거한 분석방법이다. 다시 말해서 공변량분석은 연구를 시작하기 전에 집단 간에 있을지 모르는 차이를 조정한 다음 집단 간의 평균을 비교하는 통계기법이다. 따라서 지금까지 살펴본 여러 종류의 변량분석(ANOVA)에 대응하는 공변량분석(ANCOVA) 방법이 있다.

예를 들어, 일원변량분석에 대응하는 일원공분량분석이 있고, 이원변량분석에 대응하는 이원공변량분석이 있으며, 삼원변량분석에 대응하는 삼원공변량분석이 있다. 마찬가지로 반복측정 일원변량분석에 대응하는 반복측정 일원공변량분석이 있고, 반복측정 이원변량분석에 대응하는 반복측정 이원공변량분석이 있으며, 반복측정 삼원변량분석에 대응하는 반복측정 삼원공변량분석이 있다.

변량분석에는 단지 두 종류의 변인이 있는데 독립변인과 종속변인이 그것이다. 변량분석에서는 독립변인을 요인(factor)이라 부르고, 각 요인의 범주를 수준(level)이라고 부른다. 변량분석에서는 1개 이상의 요인이 있으며 이 요인은 피험자 간 요인 또는 피험자 내 요인으로 이 모두가 다 독립변인이다. 따라서 변량분석에는 1개 이상의 독립변인과 1개의 종속변인이 있다.

한편, 공변량분석에는 세 종류의 변인이 있는데 독립변인과 종속변인 외에 공변인이 하나 더 있다. 공변인은 측정변인이기 때문에 독립변인보다는 종속변인과 더 유사하다. 하지만 공변인과 종속변인은 공변량분석에서 전적으로 다른 기능을 한다.

이 장에서는 공변인의 기능과 공변량분석의 목적에 관해 살펴본 다음 일원공변량분석, 다원공변량분석에 관해 알아보기로 한다. 그리고 마지막으로 공변량분석의 기본 가정에 관해 살펴보기로 한다.

1. 공변인의 기능

공변인의 두 가지 기능은 검증력과 통제 기능이다. 공변인은 제2종 오류를 감소시킴으로써 검증력(statistical power)을 높인다. 왜냐하면 제2종 오류와 검증력 간에는 부적 상관이 있기 때문이다. 검증력을 높이는 기능 외에 공변인은 가외변인을 통제하는 기능이 있다. 심지어 어떤 연구자들은 공변인을 통제 변인(control variable)이라고 부르기도 한다.

공변량분석에서 공변인의 통제 기능은 다음과 같이 이루어진다. 한마디로 말해서 공변량분석에서는 각 집단의 종속변인 평균이 조정된다. 즉, 비교집단 중 어느 한 집단의 공변인 평균을 다른 집단과 비교했을 때 공변인에서 평균 이상(above-average mean)이면 그 집단의 종속변인 평균은 낮아질 것이다. 반대로 공변인에서 평균 이하(below-average mean)이면 종속변인 평균은 높아질 것이다. 어떤 집단의 평균이 종속변인에서 조정되는 정도는 그 집단이 공변인의 평균으로부터 얼마나 떨어져 있는가에 달려 있다. 종속변인의 평균을 조정함으로써 공변량분석은 비교되는 집단이 공변인에서 동일한 평균을 가졌을 경우 종속변인에서 어떤 결과가 나올지를 추정하게 된다.

공변량분석에서 종속변인의 평균이 어떻게 조정되는지를 알아보기 위해 예를 들어 보기로 한다. 기초통계학 강의를 위해 두 가지 교수법을 비교한다고 가정해보자. 우선 기초통계에 관한 내용으로 구성된 40점 만점의 사전검사를 실시한다. 그러고 나서 강의식 교수법과 토론식 교수법의 두 집단에 연구대상을 무선할당(random assignment)한다. 같은 강사가 학기 중 두 집단의 강의를 모두 맡아 동일한 수업일수를 채운 다음 학기말에 사전검사와 동일한 내용의 사후검사를 실시한다. 〈표 9-1〉에 가설적 연구의 가상적 점수가 제시되어 있다(Huck, Cormier, & Bounds, 1974).

〈표 9-1〉에서 보는 바와 같이 강의집단의 평균점수는 사전검사가 14.5이고 사후검사가 34.8이다. 반면, 토론집단의 평균점수는 사전검사가 9.5이고

〈표 9-1〉 강의집단과 토론집단의 사전검사와 사후검사의 가상적 점수

강의집단			토론집단		
학생	사전검사	사후검사	학생	사전검사	사후검사
1	10	32	1	6	29
2	16	38	2	14	34
3	14	35	3	10	32
.	.	.	.	.	.
.	.	.	.	.	.
.	.	.	.	.	.
20	13	33	20	8	28
	$\overline{X}$ = 14.5	$\overline{X}$ = 34.8		$\overline{X}$ = 9.5	$\overline{X}$ = 32.1

사후검사는 32.1이다. 이 결과는 두 집단 모두 사후검사가 사전검사보다 성적이 훨씬 낫다는 것을 말해준다. 그러나 연구문제는 기초통계학 강의를 위해 강의식 교수법과 토론식 교수법 중 어느 것이 더 효율적인가에 관한 것이다. 이 연구문제에 대한 대답을 하기 위해서는 학기 중의 학습량을 비교해야 한다. 이때 두 집단의 비교를 위해 독립표본 t검증을 실시할 수 있다. 기말고사에서 강의집단과 토론집단이 유의한 차이가 있는지를 알아보는 t검증 결과는 토론보다 강의가 유의하게 나은 것으로 나타날지 모른다(34.8 : 32.1). 그러나 사전검사의 평균점수에서 보듯이 두 집단은 출발선이 동일하지 않기 때문에(14.5 : 9.5) 기말고사 성적을 직접 비교하는 것은 적절하지 않다. 다시 말해서, 강의집단의 학생들은 토론집단의 학생들보다 기초통계학에 관해 더 많은 지식을 가지고 시작했기 때문에 사전검사와 사후검사에서의 차이점을 고려해서 조정한 다음 두 교수법의 효과를 비교해야 한다.

공변인에 대한 두 집단의 차이를 상쇄하기 위해 공변량분석에서는 사후검사에 대한 조정이 이루어진다. 조정의 논리는 다음과 같다. 강의집단은 출발선에서 유리하게 시작했기 때문에 사전검사 평균(14.5)이 전체 평균(12.0)보다 2.5점 높다. 따라서 사후검사 평균점수는 더 낮게 조정이 이루어진다. 즉, 34.8 − 2.5 = 32.3이 된다. 반면, 토론집단은 사전검사 평균(9.5)이 전체 평균

(12.0)보다 2.5점 낮다. 따라서 사후검사 평균점수는 더 높게 조정이 이루어진다. 즉, 32.1 + 2.5 = 34.6이 된다. 여기서 강의집단 사후검사 평균점수는 토론집단의 사후검사 평균점수보다 높지만 조정된 강의집단의 사후검사 평균점수는 더 낮다는 사실에 주목할 필요가 있다.

사후검사의 점수를 조정하는 것은 매우 중요한데 왜냐하면 조정되지 않은 사후검사를 가지고 두 집단 간의 평균을 비교하게 되면 그릇된 결론을 내리게 되기 때문이다. 사후검사의 평균을 조정한 다음 집단 간의 평균을 비교하는 통계기법이 바로 공변량분석이다.

2. 공변량분석의 목적

공변량분석의 목적은 첫째, 종속변인에 영향을 미칠지 모르는 가외변인을 통제하는 것이다. 공변량분석은 실험적인 통제를 할 수 없을 때 통제하지 못한 변인을 통계적으로 조정하는 방법이다. 즉, 집단 간의 차이가 독립변인의 효과인지 아니면 가외변인의 효과인지 그도 아니면 이 둘이 결합된 효과인지 명확히 알 수 없을 때 공변량분석을 사용하면 가외변인을 어느 정도 통제할 수 있게 된다. 공변량분석은 공변인을 기초로 하여 사후검사의 평균을 조정하고, 조정된 사후검사의 평균을 비교한다. 여기서 유념해야 할 점은 조정(adjustment)은 종속변인에서 이루어지는 것이지 공변인이 아니라는 것이다.

둘째, 검증력의 문제이다. 어떤 통계기법이 비교되는 집단 간의 차이를 민감하게 감지한다면 검증력이 높다고 말할 수 있다. 다른 조건이 동일하다면 연구자는 검증력이 높은 통계기법을 선호한다. 앞에서 예로 든 강의식 교수법과 토론식 교수법에서 두 집단 간의 사전검사 평균이 같다고 가정해보자. 사전검사의 평균이 같기 때문에 사후검사 평균의 조정이 필요 없다. 따라서 자료분석에서 공변인의 존재가 필요 없기 때문에 사전검사 점수는 사용하지 않고 사후검사의 점수만 사용할 수도 있다. 그러나 공변인의 자료를 가지고 공변량분석을 실시하면 공변인을 생략하고 사후검사의 평균만 분석하는 것보다 훨씬 검증력이 높으므로 이때에도 공변량분석을 실시하는 것이 좋다. 단지 공변인과 종속변인 간의 상관이 매우 낮거나 전혀 없을 경우에는 공변인을 무시해도 된다. 왜냐하면 공변량분석은 공변인과 종속변인 간의 관련성에 따른 변량을 추출해냄으로써 오차변량을 감소시키기 때문에, 독립변인이 유의한 효과를 나타내는 경향이 있다.

공변량분석의 두 가지 목적인 가외변인의 통제와 검증력의 증가는 동시에 발생한다. 다시 말해서, 연구자가 이 중 한 가지 목적만을 염두에 두고 공변량분석을 실시한다고 하더라도 공변량분석의 두 가지 목적이 동시에 달성된다는 것이다.

대부분의 경우 1개의 공변인을 사용하지만 때로는 2개 이상의 공변인을 사용하기도 한다. 2개 이상의 공변인을 사용하는 경우 공변인과 종속변인의 상관이 높을수록 그리고 공변인들 간의 상관이 낮을수록 검증력이 높아진다.

가설적 예에서와 같이 공변인과 종속변인 모두 같은 척도(또는 검사)로 측정될 수 있는데, 이때 사전검사를 공변인이라 하고 사후검사를 종속변인이라 한다. 그러나 공변인과 종속변인이 반드시 동일한 척도에 의해 측정될 필요는 없다. 종속변인이 대학성적(GPA)이고 공변인은 수능고사 점수인 경우가 그 예가 된다.

공변인과 종속변인이 동일하든지 상이하든지 간에 공변량분석에서 조정이 이루어지는 절차는 기본적으로 동일하다. 우선 비교집단의 모든 피험자들로부터 공변인 평균점수를 구한다. 그러고 나서 각 비교집단의 공변인 평균점수를 전체 공변인 평균점수와 비교해서 그보다 높은지 또는 낮은지를 알아본다. 마지막으로 각 집단의 사후검사 평균점수를 조정한다.

3. 일원공변량분석

일원공변량분석(One-Way Analysis of Covariance)은 일원변량분석과 마찬가지로 독립변인이 하나이면서 비교하고자 하는 집단이 둘 이상이고 종속변인 외에 공변인이 있다. 한 연구(정옥분, 김경은과 박연정, 2005)에서 "청소년의 창의성 증진 프로그램" 이 청소년의 창의성 증진에 효과가 있는지 알아보기 위하여 프로그램 교육을 실시하는 실험집단과 교육을 실시하지 않는 통제집단에 청소년 100명씩을 무선할당하였다. 실험집단에 총 12회의 교육을 실시한 후 두 집단에 사후검사를 실시하였다. 이 연구에서 t검증보다는 실험집단과 통제집단의 출발선을 동일하게 조정해주는 공변량분석이 보다 적절한 통계분석이기 때문에 사전검사를 공변인으로 놓고 실험집단과 통제집단의 사후검사 평균을 비교분석하였다. 분석결과는 〈표 9-2〉에 제시되어 있다.

〈표 9-2〉 일원공변량분석 Summary Table의 예

변량원	df	SS	MS	F
공변인(사전검사)	1	528.30	528.30	41.80***
집단 간	1	553.74	553.74	43.81***
오차변량	196	2476.67	12.64	
전체	198	3547.49		

***$p < .001$

변량분석표에서 전체변량의 자유도는 $n-1$인 데 반해 공변량분석표에서는 자유도가 $n-2$이다. 이것은 공변인의 존재로 인해 오차변량에서 자유도가 하나 사용되었기 때문이다.

4. 다원공변량분석(Factorial Analysis of Covariance)

이원공변량분석은 이원변량분석과 마찬가지로 2개의 요인이 있으며 2개의 주효과와 1개의 상호작용효과를 검증할 수 있다. 삼원공변량분석은 삼원변량분석과 마찬가지로 3개의 요인이 있으며 3개의 주효과와 3개의 1차 상호작용효과 그리고 1개의 2차 상호작용효과를 검증할 수 있다. 〈표 9-3〉과 〈표 9-4〉는 이원공변량분석과 삼원공변량분석의 Summary Table의 예들이다.

〈표 9-3〉 이원공변량분석 Summary Table의 예

변량원	*df*	*SS*	*MS*	*F*
성역할 정체감(A)	2	8.44	4.22	.85
성별(B)	1	22.62	22.62	4.57*
A×B	2	12.20	6.10	1.23
오차	41	202.95	4.95	
전체	46			

*$p < .05$

〈표 9-4〉 삼원공변량분석 Summary Table의 예

변량원	*df*	*SS*	*MS*	*F*
연령(A)	1	.548	.548	.109
성별(B)	1	27.282	27.282	5.422*
지능(C)	1	3.738	3.738	.743
A×B	1	13.696	13.696	2.722
A×C	1	4.268	4.268	.848
B×C	1	9.969	9.969	1.981
A×B×C	1	8.530	8.530	1.695
오차	216	1086.800	5.031	
전체	224	1631.427	7.283	

*$p < .05$

5. 기본 가정

William Cormier

Jerzy Neyman

공변량분석은 변량분석과 마찬가지로 정규분포 가정, 동변량성 가정, 무선성과 독립성의 가정을 기본 전제로 한다. 그러나 변량분석과는 달리 공변량분석에만 해당되는 기본 가정이 몇 가지 더 있다(Huck & Cormier, 1996).

첫째, 독립변인이 공변인에 영향을 미쳐서는 안 된다는 가정이다. 실험연구에서 공변인의 자료가 실험처치 전에 수집된다면 이 가정은 충족된다. 그러나 실험처치 후에 공변인의 자료가 수집된다면 이 가정이 충족된다는 보장이 없다. 따라서 실험처치가 공변인에 영향을 미치지 않는다는 논리적 증거를 제시해야 한다. 특히 무선할당이 이루어지지 않는 비실험연구(nonexperimental studies)에서는 연구를 시작하기 전에 이미 독립변인이 공변인에 영향을 미쳤을 가능성이 크기 때문에 이 가정을 충족시키기가 쉽지 않다. 공변량분석이 집단 간에 있을지 모르는 차이를 조정해주는 통계기법이기 때문에 많은 연구자들이 무선할당을 하지 않은 본래대로의 집단(intact group) 간의 비교에 공변량분석이 적합하다고 생각할지 모른다. 그러나 공변인이 집단 간에 있을지 모르는 모든 가외변인의 차이를 다 조정해주지는 못한다. 다시 말해서, 무선할당을 하지 않고 본래 있는 대로의 집단을 그대로 사용한 연구설계상의 오류를 공변량분석이라는 통계기법이 수정해주지는 못한다는 것이다.

둘째, 비교되는 집단은 모두 동일한 회귀계수(homogeneity of regression coefficients)를 가진다는 가정이다. 즉, 공변인과 종속변인 간의 상관계수가 비교되는 모든 집단에서 동일하다는 것이다. 대부분의 연구에서 이 두 번째 가정이 충족되지만 만약 이 가정이 충족되지 못할 경우에는 ANCOVA를 사용하는 대신 공변인을 무시하고 ANOVA를 사용하거나 Johnson-Neyman 방법[1] 등을 사용해야 한다.

셋째, 선형관계(linearity) 가정으로서 공변인과 종속변인의 관계는 직선 관계에 있어야 한다는 것이다. 대부분의 연구에서 선형관계 가정이 충족되지만 만약 이 가정이 의심스러울 때에는 산포도(scattergram)나 그 외 다른 통계기법으로 선형관계 가정의 위배 여부를 알아볼 수 있다.

이와 같이 공변량분석의 경우, 변량분석의 기본 가정 외에도 공변량분석에만 해당되는 기본 가정의 복잡성과 중요성으로 인해 공변량분석을 제대로 사용하지 못하거나 공변량분석의 결과를 잘못 해석하는 등의 오류를 범하기 쉽다. 특히 앞에서 언급한 바와 같이 비교집단들이 무선할당(random assignment)에 의해 형성된 것이 아닐 경우에는 더욱 그러하다. 따라서 공변량분석을 사용할 때에는 변량분석을 사용할 때보다 몇 배의 신중을 기해야 한다.

6. 일원공변량분석의 예

공변량분석은 종속변인에 영향을 미칠 수 있는 제3의 변인을 통제한 후 독립변인의 영향을 검증할 때 사용하는 통계방법이다. 일원공변량분석은 일원변량분석과 유사하나 공변인을 가진다는 점에서만 차이가 있다. 예를 들어, 연구자가 창의성프로그램의 효과를 검증하고자 한다면, 프로그램을 처치한 집단(실험집단)과 프로그램을 처치하지 않은 집단(통제집단) 간의 사후점수를 비교하면 된다. 아주 간단하게 이 두 집단의 사후점수를 t 검증을 사용하여 분석할 수도 있을 것이다. 하지만, 이 두 집단 간에 사전점수에서 이미 차이가 존재했다면 이것은 프로그램의 효과와는 상관없이 종속변인에 영향을 미

1) Johnson-Neyman 방법은 동일 회귀계수 가정(homogeneity of regression coefficients assumption)이 위배되었을 때 ANOVA의 대안으로 사용할 수 있는 통계기법인데, SAS 프로그램을 이용하면 된다.

치게 된다. 즉, 사전점수에서의 차이로 인해 프로그램의 효과를 명확히 밝힐 수 없다는 문제를 가지게 된다. 이럴 경우 사전점수를 공변인으로 놓고 공변량분석을 실시하면 사전점수(공변인)의 효과를 통제할 수 있게 된다. 연구자가 "창의성 프로그램이 유아의 창의성 증진에 효과가 있는가?"라는 연구문제를 설정했다면 다음과 같은 절차를 이용하여 집단 간의 차이를 검증할 수 있다.

1) 일원공변량분석의 실시

SPSS를 이용하여 일원공변량분석을 실시하는 절차는 다음과 같다.

분석 → 일반선형모형 → 일변량 → 종속변수 → 모수요인(독립변인) → 공변인 → 옵션(주변평균추정, 기술통계량, 동질성 검증) → 확인 → 결과분석

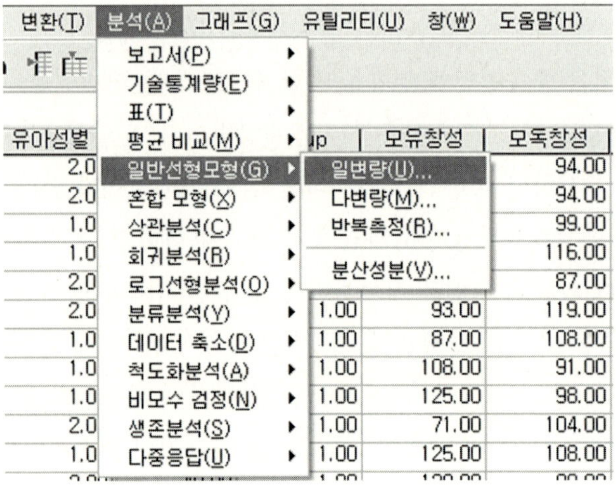

〈그림 9-1〉 일반선형모형의 일변량 선택하기

메뉴바의 분석을 클릭해서, 일반선형모형을 클릭한 후, 일변량을 클릭한다. 종속변수에 문제해결능력을 선택하고 모수요인에 독립변인인 집단을 선택한 후 공변인에 사전점수를 클릭한다. 옵션을 클릭해서 기술통계치, 동질성 검증을 클릭한다. 계속과 확인을 차례대로 클릭한다.

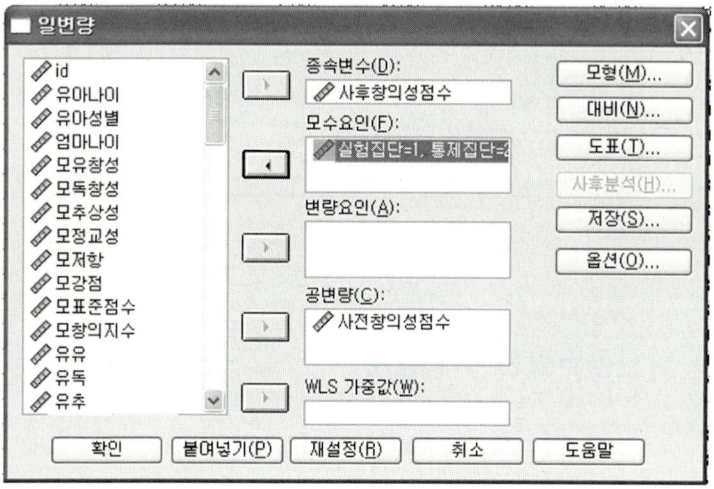

〈그림 9-2〉 종속변수, 모수요인(독립변인), 공변량 투입하기

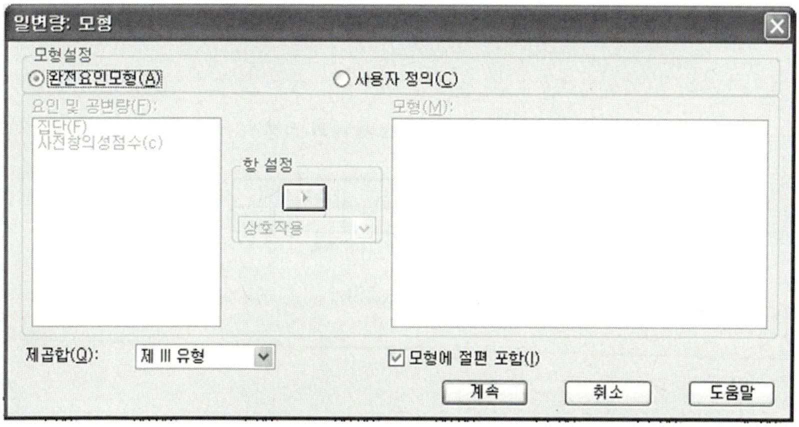

〈그림 9-3〉 모형에서 완전요인모형과 제 III 유형 제곱합 확인

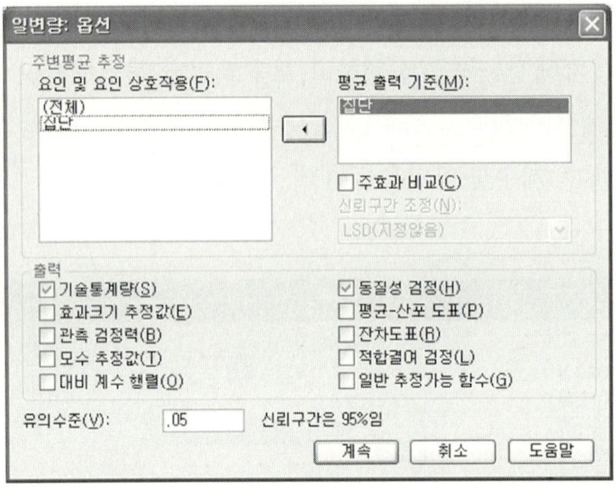

〈그림 9-4〉 옵션에서 집단 평균 출력, 기술통계량, 동질성 검정 클릭

2) 일원공변량분석의 결과

기술통계량

종속변수: 사후창의성점수

집단	평균	표준편차	N
실험집단	3.5919	.44253	39
통제집단	3.1247	.59917	35
합계	3.3709	.56948	74

오차 분산의 동일성에 대한 Levene의 검정[a]

종속변수: 사후창의성점수

F	자유도1	자유도2	유의확률
.352	1	72	(.555)

여러 집단에서 종속변수의 오차 분산이 동일한 영가설을 검정합니다.

a. 계획: 절편+사전창의성점수+집단

개체-간 효과 검정

종속변수: 사후창의성점수

소스	제 III 유형 제곱합	자유도	평균제곱	F	유의확률
수정 모형	12.940[a]	2	6.470	42.792	.000
절편	4.040	1	4.040	26.720	.000
사전창의성점수	8.913	1	8.913	58.951	.000
집단	2.965	1	2.965	19.613	.000
오차	10.735	71	.151		
합계	864.534	74			
수정 합계	23.674	73			

a. R 제곱 = .547 (수정된 R 제곱 = .534)

추정된 주변평균

1. 총평균

종속변수: 사후창의성점수

평균	표준오차	95% 신뢰구간	
		하한값	상한값
3.360[a]	.045	3.270	3.450

a. 모형에 나타나는 공변량은 다음 값에 대해 계산됩니다.: 사전창의성점수 = 3.2579.

2. 집단

종속변수: 사후창의성점수

집단	평균	표준오차	95% 신뢰구간	
			하한값	상한값
실험집단	3.561[a]	.062	3.437	3.686
통제집단	3.159[a]	.066	3.027	3.290

a. 모형에 나타나는 공변량은 다음 값에 대해 계산됩니다.: 사전창의성점수 = 3.2579.

〈그림 9-5〉 SPSS 일원공변량분석 output

〈그림 9-5〉에 제시된 결과의 기술통계량을 살펴보면, 실험집단의 창의적 문제해결능력 평균은 3.59(*SD*=.44)이고 통제집단의 평균은 3.12(*SD*=.60)이다. 이 두 집단 간의 사후점수만을 비교하여 집단 간에 차이가 있다고 말하기에는 무리가 있으므로, 사전점수를 공변인으로 하여 사전점수를 통제한 후에도 집단 간에 문제해결능력에서 차이가 있는지를 알아보기 위해 공변량분석을 실시하였다.

공변량분석을 검증하기에 앞서, Levene의 등분산 검증 결과($F=.35$, $p>.05$) 영가설을 기각하지 못하므로 두 집단의 분산은 같다고 볼 수 있다. 개체-간 효과검정표를 살펴보면, 집단 간에 문제해결능력에서 유의한 차이가 있는 것으로 나타났다($F=19.61$, $p<.001$). 창의성 프로그램 실시 후 실험집단의 유아가 통제집단의 유아에 비해 문제해결능력이 높았다. 이는 창의성 프로그램이 유아의 창의적 문제해결능력 증진에 유의한 효과가 있음을 나타낸다. 결과부분의 다섯 번째 표에는 집단별 교정된 사후 창의성 점수의

〈표 9-5〉 창의적 문제해결능력의 사전점수와 사후점수

group	사전점수	사후점수	교정된 사후점수
	M(SD)	*M(SD)*	*M(SD)*
실험집단	3.30(.46)	3.59(.44)	3.57(.06)
통제집단	3.20(.68)	3.12(.60)	3.16(.07)

〈표 9-6〉 창의성 프로그램의 효과

	분산원	*SS*	*df*	*MS*	*F*
창의성 프로그램	사전점수(공변인)	8.91	1	8.91	58.95***
	집단	2.97	1	2.97	19.61***
	오차	10.74	71	.15	
	합계	23.67	73		

$^{***}p<.001$

평균과 표준편차가 제시되어 있다. 이러한 결과를 표로 정리하면 〈표 9-6〉과 같다. 공변량분석표를 제시할 때에는 반드시 교정된 평균과 표준편차도 제시해야 한다(〈표 9-5〉 참조).

7. 이원공변량분석의 예

이원공변량분석은 이원변량분석과 거의 유사하지만 공변인이 존재한다는 점에서 차이가 있다. 이원공변량분석은 종속변인에 영향을 미칠 수 있는 제3의 변인을 통제한 후 두 개의 독립변인들의 영향을 검증할 때 사용하는 통계방법이다. 예를 들어, 연구자가 성별 및 처치 집단에 따른 창의성 프로그램의 효과를 검증하고자 한다면, 남녀별 프로그램을 처치한 집단(실험집단)과 프로그램을 처치하지 않은 집단(통제집단) 간의 사후점수를 비교하면 된다. 아주 간단하게 이 네 집단의 사후점수를 F검증을 사용하여 분석할 수도 있을 것이다. 하지만, 이 네 집단 간에 사전점수에서 이미 차이가 존재했다면 이것은 프로그램의 효과와는 상관없이 종속변인에 영향을 미치게 된다. 즉, 사전점수에서의 차이로 인해 프로그램의 효과를 명확히 밝힐 수 없다는 문제를 가지게 된다. 이럴 경우 사전점수를 공변인으로 놓고 공변량분석을 실시하면 사전점수(공변인)의 효과를 통제할 수 있게 된다. 연구자가 창의성 프로그램이 유아의 창의성 증진에 미치는 효과 및 성에 따른 차이를 알아보고자 한다면 다음과 같은 절차를 이용하여 집단 간의 차이를 검증할 수 있다.

1) 이원공변량분석의 실시

SPSS를 이용하여 이원공변량분석을 실시하는 절차는 다음과 같다.

분석 → 일반선형모형 → 일변량 → 종속변수 → 모수요인(독립변인) 2개 투입 → 공변인 → 옵션(주변평균추정, 기술통계량, 동질성 검증) → 확인 → 결과분석

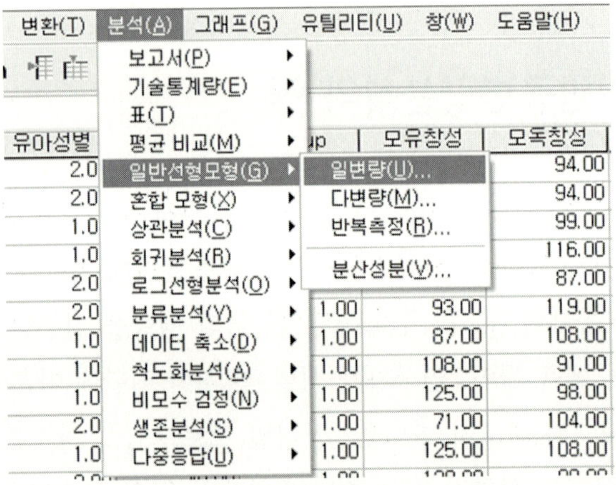

〈그림 9-6〉 일반선형모형의 일변량 선택하기

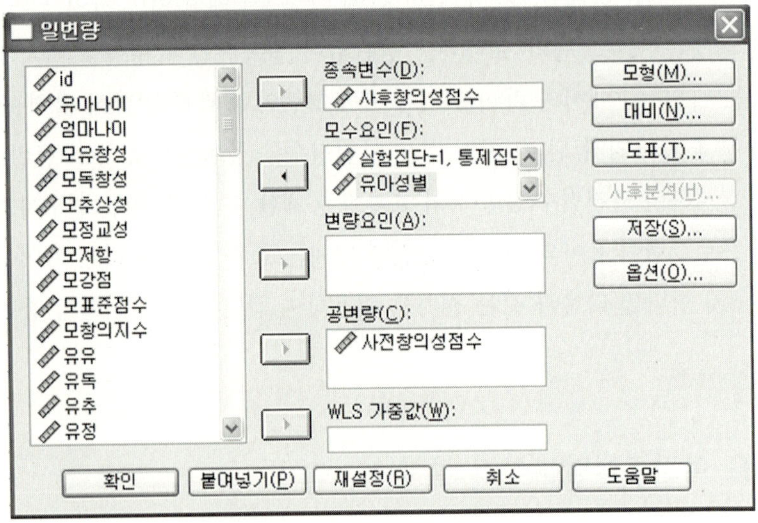

〈그림 9-7〉 종속변수, 모수요인(독립변인 2개), 공변량 투입하기

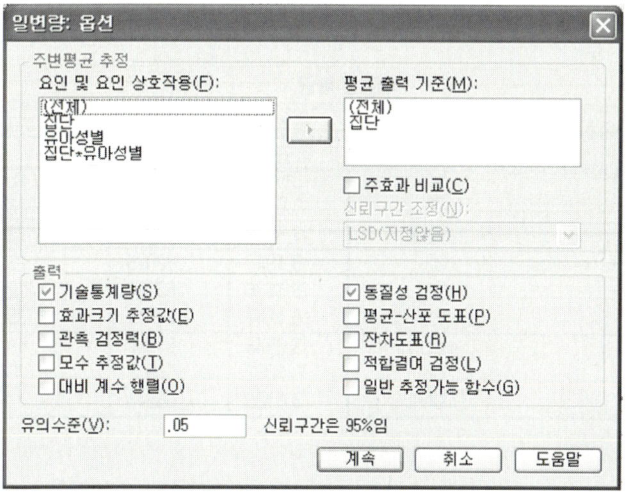

〈그림 9-8〉 옵션에서 평균출력기준 투입, 기술통계량, 동질성 검정 클릭하기

메뉴바의 분석을 클릭해서, 일반선형모형을 클릭한 후, 일변량을 클릭한다. 종속변수에 사후 창의성 점수를 선택하고 모수요인에 독립변인인 집단과 성별을 선택한 후 공변인에 사전 창의성 점수를 클릭한다. 옵션을 클릭해서 주변평균추정, 기술통계치, 동질성 검증을 클릭한다. 계속과 확인을 차례대로 클릭한다.

2) 이원공변량분석의 결과

〈그림 9-9〉에 제시된 결과의 기술통계량을 살펴보면, 실험집단 남아의 사후 창의성 점수 평균은 3.59(*SD*=.45), 여아의 창의성 점수 평균도 3.59(*SD*=.44)이며, 통제집단의 남아의 평균은 3.10(*SD*=.60), 여아의 평균은 3.16(*SD*=.62)이다. 이 네 집단 간의 사후점수만을 비교하여 집단 간에 차이가 있다고 말하기에는 무리가 있으므로, 사전점수를 공변인으로 하여 사전점수를 통제한 후에도 성별 및 처치 집단에 따라 문제해결능력에서 차이가 있는지를 알아보기 위해 이원공변량분석을 실시하였다.

기술통계량

종속변수: 사후창의성점수

집단	유아성별	평균	표준편차	N
실험집단	남	3.5929	.45051	26
	여	3.5897	.44418	13
	합계	3.5919	.44253	39
통제집단	남	3.1043	.60025	23
	여	3.1636	.62171	12
	합계	3.1247	.59917	35
합계	남	3.3636	.57580	49
	여	3.3852	.56835	25
	합계	3.3709	.56948	74

오차 분산의 동일성에 대한 Levene의 검정[a]

종속변수: 사후창의성점수

F	자유도1	자유도2	유의확률
.132	3	70	.940

여러 집단에서 종속변수의 오차 분산이 동일한 영가설을 검정합니다.

a. 계획: 절편+사전창의성점수+집단+유아성별+집단 * 유아성별

개체-간 효과 검정

종속변수: 사후창의성점수

소스	제 III 유형 제곱합	자유도	평균제곱	F	유의확률
수정 모형	12.962[a]	4	3.240	20.871	.000
절편	3.924	1	3.924	25.276	.000
사전창의성점수	8.907	1	8.907	57.372	.000
집단	2.543	1	2.543	16.377	.000
유아성별	.010	1	.010	.063	.803
집단 * 유아성별	.011	1	.011	.073	.788
오차	10.713	69	.155		
합계	864.534	74			
수정 합계	23.674	73			

a. R 제곱 = .547 (수정된 R 제곱 = .521)

추정된 주변평균

1. 총평균

종속변수: 사후창의성점수

평균	표준오차	95% 신뢰구간 하한값	95% 신뢰구간 상한값
3.356[a]	.048	3.259	3.453

a. 모형에 나타나는 공변량은 다음 값에 대해 계산됩니다.: 사전창의성점수 = 3.2579.

2. 실험집단=1, 통제집단=2

종속변수: 사후창의성점수

집단	평균	표준오차	95% 신뢰구간 하한값	95% 신뢰구간 상한값
실험집단	3.553[a]	.067	3.419	3.687
통제집단	3.159[a]	.070	3.019	3.299

a. 모형에 나타나는 공변량은 다음 값에 대해 계산됩니다.: 사전창의성점수 = 3.2579.

3. 유아성별

종속변수: 사후창의성점수

유아성별	평균	표준오차	95% 신뢰구간 하한값	95% 신뢰구간 상한값
남	3.368[a]	.056	3.256	3.481
여	3.344[a]	.079	3.186	3.501

a. 모형에 나타나는 공변량은 다음 값에 대해 계산됩니다.: 사전창의성점수 = 3.2579.

4. 실험집단=1, 통제집단=2 * 유아성별

종속변수: 사후창의성점수

집단	유아성별	평균	표준오차	95% 신뢰구간 하한값	95% 신뢰구간 상한값
실험집단	남	3.578[a]	.077	3.424	3.732
	여	3.528[a]	.110	3.309	3.746
통제집단	남	3.158[a]	.082	2.994	3.323
	여	3.160[a]	.114	2.933	3.387

a. 모형에 나타나는 공변량은 다음 값에 대해 계산됩니다.: 사전창의성점수 = 3.2579.

〈그림 9-9〉 SPSS 이원공변량분석 output

공변량분석을 검증하기에 앞서, Levene의 등분산 검증 결과(F=.13, p>.05) 영가설을 기각하지 못하므로 네 집단의 분산은 동일하다고 볼 수 있다. 개체-간 효과검정표를 살펴보면, 처치 집단 간에 문제해결능력에서 유의한 차이가 있는 것으로 나타났다(F=16.38, p<.001). 창의성 프로그램 실시 후 실험집단의 유아가 통제집단의 유아에 비해 문제해결능력이 높았다. 이는 창의성 프로그램이 유아의 창의적 문제해결능력 증진에 유의한 효과가 있음을 나타낸다. 하지만 성별에 따른 창의성 프로그램의 적용 효과를 분석한 결과 창의적 문제해결능력에서 남아와 여아 간에는 유의한 차이가 나타나지 않았다(F=.06, p>.05). 또한 성별과 처치 집단 간의 상호작용효과도 유의하지 않은 것으로 나타났다(F=.07, p>.05). 결과부분의 네 번째 표에서 일곱 번째 표에는 유아의 사전 문제해결능력 전체 평균인 3.26을 기준으로 교정된 총평균, 처치 집단별 교정된 평균, 성별 교정된 평균, 유아성별 및 집단에 따른 교정된 평균이 제시되어 있다. 이러한 결과를 표로 정리하면 〈표 9-8〉과 같다. 이원공변량분석표를 제시할 때에도 반드시 교정된 평균과 표준편차를 제시해야 한다(〈표 9-7〉 참조).

〈표 9-7〉 창의적 문제해결능력의 사전점수와 사후점수

group		사전점수	사후점수	교정된 사후점수
		$M(SD)$	$M(SD)$	$M(SD)$
실험집단	남	3.28(.46)	3.59(.45)	3.56(.08)
	여	3.35(.47)	3.59(.45)	3.53(.11)
통제집단	남	3.17(.72)	3.10(.60)	3.16(.08)
	여	3.26(.60)	3.16(.62)	3.16(.11)

〈표 9-8〉 성별 및 집단에 따른 창의성 프로그램의 효과

	분산원	*SS*	*df*	*MS*	*F*
사후 창의성 점수	사전점수(공변인)	8.91	1	8.91	57.37***
	집단	2.54	1	2.54	16.38***
	유아성별	.01	1	.01	.06
	집단*유아성별	.01	1	.01	.07
	오차	10.71	69	.16	
	합계	23.67	73		

*** $p < .001$

제10장 회귀분석

회귀분석의 주요 목적은 예측(prediction)과 설명(explanation)이다. 예를 들어, 어떤 대학에서 지원자들의 학업성취도를 알아보고자 할 때 지원자의 수능점수, 고등학교 성적, 논술고사 성적 등을 가지고 대학에서의 GPA를 예측하고자 할 것이다. 이때 이러한 예측의 목적을 달성하기 위해서 회귀분석이 이용된다.

또 다른 예로, 어떤 연구자가 왜 사람들이 자신의 삶에 만족하는 정도가 다른지에 관심이 있다고 가정해보자. 이때 연구자는 삶의 만족도를 측정하는 질문지를 연구대상들로 하여금 작성하게 함과 동시에 왜 어떤 사람들은 자신의 삶에 만족하는가하면 또 어떤 사람들은 자신의 삶에 끊임없이 불평불만을 일삼는지를 설명해줄지 모르는 몇 가지 변인들도 함께 측정할 것이다. 이처럼 회귀분석은 설명의 목적으로도 사용된다.

회귀분석은 두 개 또는 그 이상의 변인들 간의 인과관계를 체계적으로 분석할 수 있는 방법으로서 원인이 되는 독립변인과 결과가 되는 종속변인을 통해 원인과 결과의 관계를 규명하고 그 예측력이 어느 정도 되는지에 관한 증거를 제시하여 왔다. 분석을 위하여 회귀식이 만들어졌으며 독립변인과 종속변인의 수에 따라 단순회귀분석, 다중회귀분석 등으로 구분되어 사용되고 있다.

변인들 간의 관계를 살펴본다는 점에서 회귀분석과 상관분석(제4장 참조)은 유사한 것으로 보일지 모르지만 이 둘은 몇 가지 중요한 점에서 차이가 있다. 첫째, 상관분석은 변인들 간의 관계를 기술하는 것으로 관계의 정도를 밝히기 위해 통계분석에 기초한 상관계수를 사용한다. 반면, 회귀분석은 예측과 설명이 주 목적이다. 둘째, 변인에 붙여지는 명칭에 관한 것으로 두 변인(A와 B)을 예로 들면, 회귀분석에서 두 변인 중 하나(A)는 독립변인이 되고 다른 하나(B)는 종속변인이 된다. 그러나 상관분석에서는 독립변인과 종속변인의 구분이 없다. 셋째, 회귀분석과 상관분석의 또 다른 차이점은 상관분석이 기술통계인 반면, 회귀분석은 추리통계라는 점이다.

이 장에서는 단순회귀분석에서 회귀방정식과 유의도 검증을 살펴보고, 다중회귀분석에서는 다중회귀 예측방정식, 다중회귀분석의 종류, 다중상관계수, 회귀계수와 베타값, 유의도 검증, 교차타당화, 회귀분석의 기본 가정에 관해 살펴보기로 한다.

1. 단순회귀분석

회귀분석의 가장 단순한 형태가 단순회귀분석(Simple Regression Analysis)이다. 단순회귀분석은 단지 2개의 변인으로 구성되는데 이때 한 변인은 독립변인이 되고 또 다른 변인은 종속변인이 된다. 단순회귀분석의 목적 또한 예측과 설명이지만 대부분의 경우 예측이 주요 목적이다.

단순회귀분석이 예측의 목적으로 어떻게 사용되는지 예를 들어보기로 하자(Huck, 2008). 30세의 역도선수 A가 어깨부상을 입었는데 벌써 몇 개월째 약물치료를 받고 있지만 별 차도가 없어 애를 태우고 있다. A는 할 수 없이 최근에 관절경 수술(Arthroscopic Surgery)[1]을 받기로 결정하였다. 일반적으로 관절경 수술은 회복이 빠른 편이지만 A는 얼마나 오랫동안 역도연습을 할 수 없을지 궁금해한다. 다시 말해서 A는 담당의사가 회복하는 데 걸리는 시간을 예측해주기를 원한다. A의 주치의는 평균적으로 역도선수들이 관절경 수술 후 회복하는 데 걸리는 시간을 말해줄 수 있겠지만 A는 좀더 정확하게 자신의 회복기간을 알고 싶어 한다. 왜냐하면 개인차가 커서 어떤 사람은 회복기간이 매우 빠른가 하면 또 어떤 사람은 회복기간이 몹시 느리기 때문이다. 만약 A의 담당의사가 관절경 수술을 받은 역도선수들에 관한 최근자료를 가지고 있고 단순회귀분석을 실시할 수 있는 컴퓨터 프로그램을 가지고 있다면 A에게 좀더 확실한 대답(예측)을 해줄 수 있을 것이다. 〈표 10-1〉은

1) 환부에서 보내온 영상을 모니터로 보면서 하는 수술로서 관절 수술 등에 이용됨. 일명 비디오 게임 수술이라고도 함.

〈표 10-1〉 역도선수들의 연령과 회복기간

역도선수	연령	회복기간(일)
1	33	6
2	31	4
3	32	4
4	28	1
5	33	3
6	26	3
7	34	4
8	32	2
9	28	3
10	27	2

어깨부상을 입은 10명의 역도선수들의 연령과 회복기간에 관한 내용이다.

1) 단순회귀방정식

회귀분석의 구성요소와 기능을 이해하기 위해서는 우선 산포도를 그려보는 것이 좋다. 〈그림 10-1〉은 〈표 10-1〉의 자료를 가지고 산포도를 그려본

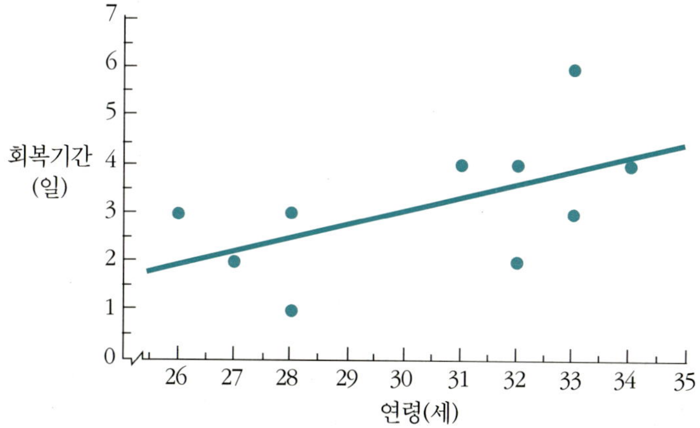

〈그림 10-1〉 연령에 따른 회복기간의 회귀선

것이다. 〈그림 10-1〉에서 X축은 연령이고 Y축은 회복기간이다. 회귀분석에서 궁극적으로 예측할 변인이 회복기간이므로 회복기간을 종속변인으로 정했다. 연령은 독립변인으로서 예측에 필요한 자료를 제공해주는 예측변인(predictor variable)이다.

〈그림 10-1〉에서 10개의 점을 통과하는 선을 회귀선(regression line)이라 하는데, 이것은 최소자승법(least squares principle)에 의해 구해진다. 회귀선은 A가 수술 후 회복하는 데 걸리는 시간을 예측해주는 기능을 한다. 즉, A의 연령은 30세이므로 X축에서 30을 찾아 회귀선과 만날 때까지 수직으로 올라간 다음 회귀선상의 그 점에서 Y축과 만날 때까지 수평으로 나아가면 대략 3일째 되는 날과 만나게 된다. 따라서 A가 회복하는 데 필요한 기간은 3일 정도일 것으로 예측할 수 있다. A가 조금 더 젊었더라면 회복기간은 이보다 더 빠를 것이고, 좀더 나이가 많다면 회복기간은 좀더 느릴 것이다. 만약 A가 26세라면 회복에 필요한 기간은 2일 정도가 될 것이고, 만약 34세라면 4일 정도가 소요될 것이다. 이와 같이 산포도의 점들을 통과하는 회귀선을 가지고 예측하는 것이 가능하지만 회귀방정식에 의해 좀더 과학적인 예측을 할 수 있다. 단순회귀분석에서 회귀방정식은 다음과 같다.

$Y' = a + bX$이다.

여기서 Y' =예측되는 변인으로서 준거변인 또는 종속변인이고,

a= 상수(절편)이며,

b= 회귀계수(기울기)이고,

X= 예측변인 또는 독립변인이다.

〈표 10-1〉의 자료를 가지고 만든 회귀방정식은 다음과 같다. 즉, $Y' = -5.05 + .27X$이다. 여기서 A의 회복기간을 예측하기 위해서 A의 연령(30세)을 공식에 대입하면 $Y' = 3.05$가 된다. 이것은 〈그림 10-1〉의 산포도를 가지고 예측했던 회복기간과 매우 유사하다.

또 다른 예로, 어떤 대학에서 지원자들 중 일부만을 합격시켜야 할 경우 어떤 학생들을 선발할 것인가의 문제는 결국 선발된 학생이 대학생활을 성공적으로 마치고 졸업할 것인가를 예측하는 문제이다. 이때 정해진 숫자의 학생들을 무작위로 선발하는 것보다는 대학성적과 관련된 예측변인들(예를 들면, 고등학교 성적)을 찾아보려고 할 것이다.

앞서 언급한 예에서 대학 신입생의 두 가지 변인(대학 1학년 1학기 성적과 고등학교 성적)에 관한 자료를 가지고 다음과 같은 예측방정식(prediction equation)을 만들 수 있다.

$Y' = .15 + .70X$이다. 여기서 Y'은 예측되는 변인으로서 준거변인 또는 종속변인이고, X는 예측변인 또는 독립변인이라 한다. 예측방정식의 궁극적인 목적은 각 지원자가 첫 학기에 얼마나 좋은 성적을 얻을 것인가에 대한 측정치를 얻는 것이다. 만약 어떤 지원자의 고등학교 GPA가 3.0(평균 B)이라면 방정식에 이 수치를 대입함으로써 2.25(평균 C^+)라는 수치를 얻게 된다.

예측방정식을 만들기 위해 사용된 원래 집단의 실제 대학성적(Y)과 예측점수(Y')가 매우 유사하다면 이 예측방정식을 앞으로 다른 집단에 사용할 때 보다 더 신뢰감을 가지게 될 것이다.

예측방정식이 성공적인가를 알아보기 위해서 실제점수와 예측점수 간의 상관을 구할 수 있다. 그런데 이 실제점수와 예측점수의 상관은 예측변인과 준거변인 간의 상관과 동일하다. 예를 들면, X와 Y간의 상관이 .72라면 Y와 Y' 간의 상관도 .72라는 것이다. 따라서 보다 정확한 예측을 하기 위해서는 준거변인과 가장 상관이 높은 예측변인을 찾아내야 한다.

예측방정식에서 어떤 값이 X로 사용되든지 간에 준거변인과 예측변인 간의 상관계수의 제곱(r^2)은 결정계수(coefficient of determination)라고 불린다. 예를 들어, 고등학교 GPA와 대학 GPA 간의 상관계수가 .80이라면 결정계수는 .64가 된다. 요약하면, 결정계수는 준거변인 점수 중에서 예측변인에 의해 설명될 수 있는 점수의 비율을 의미한다.

2) 통계적 추론

회귀선이나 회귀방정식은 모집단이 아니라 표본 자료로부터 구해지는 것이다. 따라서 회귀분석의 구성요소들, 즉 a(상수), b(회귀계수), r 등은 모집단의 모수치가 아니라 표본의 통계치들이다. 따라서 회귀분석에서도 역시 추리통계의 기법이 적용된다. 가장 흔히 사용되는 검증으로는 r에 관한 것으로 영가설은 모집단에서 두 변인 간의 상관이 0이라는 것이다. 즉, H_0: $\rho = 0$이다(〈그림 10-2〉 참조).

〈그림 10-2〉에서 보듯이 상관계수는 모집단이 아니라 표본으로부터 구해진다. 그러나 연구자의 궁극적인 관심은 표본이 아니라 모집단에 있다. 하지만 모집단으로부터는 두 변인 간의 상관계수를 구할 수 없기 때문에 표본으로부터 얻은 r값으로 모집단의 수치를 추론하게 된다.

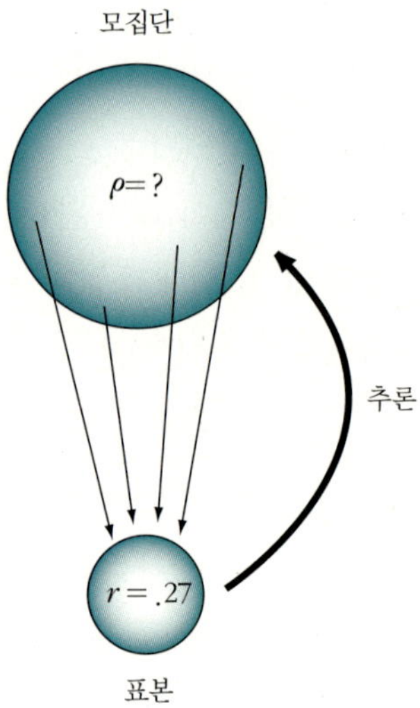

〈그림 10-2〉 표본으로부터 모집단에 대한 상관계수의 추론

3) 단순회귀분석의 예

단순회귀분석은 하나의 예측변인이 종속변인을 어느 정도 예측할 수 있는지를 검증할 때 사용하는 통계방법이다. 예를 들어, 연구자가 "아동의 정서지능은 아동의 사회적 능력을 어느 정도 예측할 수 있는가?"라는 연구문제를 설정했다면 다음과 같은 절차를 이용하여 검증할 수 있다.

(1) 단순회귀분석의 실시

SPSS를 이용하여 단순회귀분석을 실시하는 절차는 다음과 같다.

> 분석 → 회귀분석 → 선형 → 종속변수, 독립변수 선택 → 확인 → 결과분석

분석에 들어가서, 회귀분석을 클릭한 후, 선형을 클릭한다. 종속변인 창에 종속변인을 선택해서 넣고 예측변인을 독립변인 창에 선택해서 넣는다. 확인을 클릭한다.

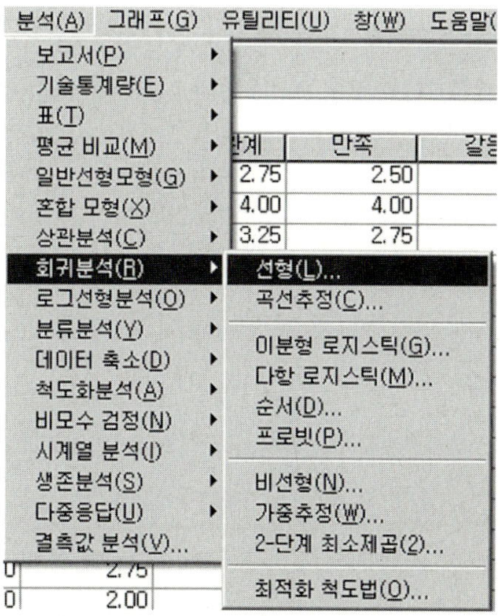

〈그림 10-3〉 회귀분석의 선형 선택

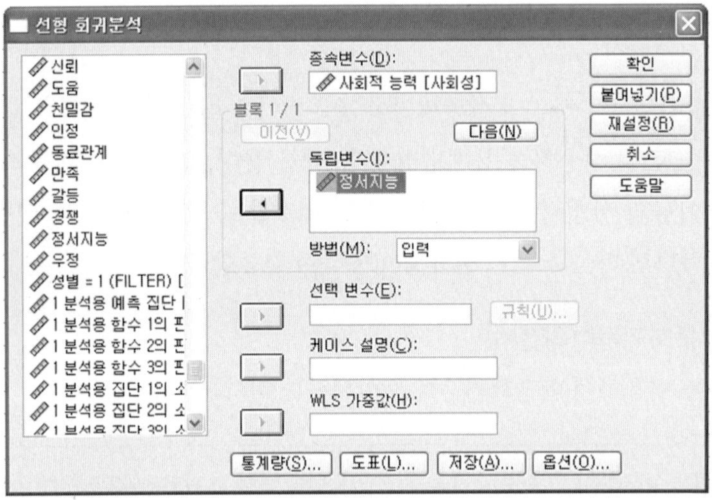

〈그림 10-4〉 회귀분석에서의 독립변수와 종속변수 투입

(2) 단순회귀분석의 결과

〈그림 10-5〉에 제시된 결과 부분에서, 모형요약은 본 자료의 회귀분석 모형을 요약한 것이다. 모형을 살펴보면 아동의 정서지능과 사회적 능력 간의 상관계수가 $r=.58$이고 결정계수 R^2은 .34로, 아동의 정서지능이 사회적 능력의 34%를 설명한다는 것을 의미한다. 분산분석표를 살펴보면, 정서지능이 독립변인으로 들어간 선형모형이 유의한 것으로 나타났다($F=162.67$, $p<.001$). 계수를 살펴보면, 선형모형에서 상수는 .56이고, 정서지능의 기울기(비표준화계수)는 1.05이다. 정서지능의 표준화계수는 .58이다. 상수와 기울기 모두 t검증 결과 유의한 것으로 나타났다. 이러한 결과를 표로 제시하면 〈표 10-2〉와 같다.

아동의 사회적 능력을 나타내는 식을 다음과 같이 나타낼 수 있다.

$$Y(\text{아동의 사회적 능력}) = .56 + 1.05X(\text{정서지능})$$

진입/제거된 변수[b]

모형	진입된 변수	제거된 변수	방법
1	정서지능[a]	.	입력

a. 요청된 모든 변수가 입력되었습니다.
b. 종속변수: 사회적 능력

모형 요약

모형	R	R 제곱	수정된 R 제곱	추정값의 표준오차
1	.579[a]	.336	.334	.39288

a. 예측값: (상수), 정서지능

분산분석[b]

모형		제곱합	자유도	평균제곱	F	유의확률
1	선형회귀분석	25.109	1	25.109	162.671	.000[a]
	잔차	49.701	322	.154		
	합계	74.810	323			

a. 예측값: (상수), 정서지능
b. 종속변수: 사회적 능력

계수[a]

모형		비표준화 계수		표준화 계수	t	유의확률
		B	표준오차	베타		
1	(상수)	.560	.180		3.117	.002
	정서지능	1.047	.082	.579	12.754	.000

a. 종속변수: 사회적 능력

〈그림 10-5〉 SPSS에서 Pearson 상관분석 output

〈표 10-2〉 사회적 능력에 대한 단순회귀분석

독립변수	B	β	t	R	R제곱[2)]	F
정서지능	1.05	.58	12.75***	.58	.34	162.67***

$^{***}p < .001$

2) 결정계수는 사례수가 많지 않을 경우, 무선오차의 영향을 고려한 '수정된 결정계수'로 해석하는 것이 더 정확하다. 본고에서는 설명을 돕기 위해 결정계수로 사용하였음을 밝힌다.

2. 다중회귀분석

다중회귀분석(Multiple Regression Analysis)은 단순회귀분석과 마찬가지로 종속변인(준거변인)이 1개이다. 하지만 독립변인(예측변인)의 수는 둘 이상이다. 다시 말해서, 종속변인은 1개이지만 독립변인의 수가 2개 이상일 때에는 단순회귀분석 대신 다중회귀분석을 사용해야 한다.

다중회귀분석과 단순회귀분석은 다음과 같은 공통점이 있다. 첫째, 회귀분석의 목적이 예측(종속변인에 초점을 맞춤)이나 설명(독립변인에 초점을 맞춤)이라는 점에서 유사하다. 둘째, 회귀분석에서 둘 다 회귀방정식이 만들어진다. 셋째, 다중회귀분석이든 단순회귀분석이든 둘 다 모두 추리통계가 적용된다.

1) 다중회귀 예측방정식

하나의 예측변인만 사용된 경우보다 둘 이상의 예측변인이 사용된다면 예측오차를 감소시킬 수 있을 것이다. 예를 들어, 대학 1학년 1학기 성적과 수능고사성적 간에는 높은 정적 상관($r=.72$)이 있고 고등학교 때 결석률과는 부적 상관($r=-.47$)이 있다는 정보를 알고 있을 경우, 고등학교 GPA와 더불어 이 두 가지 정보를 모두 사용함으로써 대학 첫학기 성적을 보다 정확하게 예측할 수 있을 것이다.

사용된 예측변인의 수대로 서로 다른 X기호(X_1, X_2, X_3 등)를 사용하여 방정식을 나타낼 수 있다. 앞의 예에서 보면 방정식은 $Y'=.20+.50X_1+.002X_2-5X_3$과 같이 표현될 수 있다. 이때 Y'은 대학 GPA, X_1 은 고등학교 GPA, X_2는 수능고사성적, X_3은 고등학교 결석률이고 .20은 상수를 의미한다. 만약 어떤 지원자의 고등학교 GPA가 3.00이고 수능고사성적이 600이며, 결석률이 .02라고 한다면 이 학생의 Y' 점수는 2.80(평균 B학점)이 된다는 것이다.

앞에서 살펴본 바와 같이 다중회귀방정식(Multiple Regression Prediction Equation)은 일반적으로 다음과 같은 형태를 취한다. $Y' = a + b_1X_1 + b_2X_2 + b_3X_3 + \cdots$

여기서 Y' = 종속변인(준거변인)이고,
a = 상수(절편)이며,
$b_1, b_2, b_3 \cdots$ = 회귀계수(기울기)이고,
$X_1, X_2, X_3 \cdots$ = 독립변인(예측변인)이다.

일반적으로 회귀분석은 독립변인과 종속변인이 모두 등간척도인 경우에 사용된다. 그러나 독립변인이 명목척도인 경우에도 가변수로 만들어 회귀분석에 포함시킬 수 있다. 가변수로 사용되는 변인의 예로 성별(남성, 여성), 인종(흑인, 백인), 결혼상태(기혼, 미혼) 등이 있다. 성별이 독립변인인 경우를 예로 들면, 남성=1, 여성=0 이라는 가변수로 변환하여 사용한다. 이와 같이 가변수를 이용한 회귀분석의 결과는 성별을 독립변인으로 사용하여 변량분석을 실시한 것과 같은 결과를 가져온다.

때로는 연구자들이 회귀방정식에 독립변인들 간의 상호작용 항(項)을 포함시키기도 한다. 새로운 독립변인으로 상호작용 항을 포함시킴으로써 종속변인에 대한 예측률(predictability)을 높일 수도 있다.

2) 다중회귀분석의 종류

다중회귀분석에는 여러 가지 형태가 있다(Cone & Foster, 1997; Huck, 2008). 대부분은 예측변인들을 회귀방정식에 투입하는 순서와 관련된 것이다. 예측변인들을 하나하나씩 투입할 수도 있고 하나 이상의 집단으로 투입할 수도 있다. 각 회귀분석의 형태는 예측변인이 준거변인을 예측하는 데 있어 각 변인이 새로운 정보(방정식에 있는 다른 변인들이 담고 있는 정보 이상 혹은 이하의)에 기여하는지를 검증하는 분석방식에 따라서도 다양하다.

(1) 동시다중회귀

동시다중회귀(Simultaneous Multiple Regression)에서는 모든 독립변인들이 동시에 방정식에 투입된다. 이 방법은 마치 야채수프를 끓일 때 모든 야채를 한꺼번에 솥에 넣고 잘 섞어서 함께 끓이는 과정과 유사하다.

(2) 단계적 다중회귀

이 방법은 야채수프를 만들 때 재료의 양이 많은 순서대로 냄비에 넣는 과정과 유사하다. 즉, 육수(다른 어떤 재료보다 양이 제일 많으므로)를 냄비에 제일 먼저 붓고 그 다음에 야채, 고기를 넣고, 마지막으로 조미료를 넣는다. 여기서 각기 다른 재료는 독립변인을 의미하고, 각 재료의 양은 특정 독립변인과 종속변인 간의 상관계수의 크기와 같다.

단계적 다중회귀(Stepwise Multiple Regression)에서는 어떤 변인이 준거변인을 가장 잘 예측하는지, 그 다음으로 어떤 변인이 유의하게 추가될 수 있는지 등을 순전히 계산적인 결정 규칙을 통해 규명한다. 단계적 다중회귀에서는 컴퓨터가 입력순서를 결정한다.

이러한 순서를 정하는 데는 여러 가지 방법이 있고, 어떤 절차를 사용할지를 컴퓨터에 입력하여야 한다. '전진투입법(forward entry)' 에서는 변량을 가장 많이 설명하는 변인을 처음에 입력한다. 변량을 두 번째로 많이 설명하는 변인을(첫 번째 변인이 방정식에 투입되어 있는 상태에서) 그다음으로 입력하는 식이다. 이러한 분석의 문제점은 일단 첫 번째 변인이 방정식에 투입되면 계속 방정식에 들어 있는 채로 진행이 된다는 것이다. 하지만, 첫 번째 변인 때문에 방정식에 들어가지 못하는, 이후에 입력되는 변인들이 서로 조합하여 첫 번째 변인보다 더 좋은 예측요인이 될지도 모른다. '전진 단계적(forward stepwise)' 절차에서는 새로운 변인들을 입력할 때마다 이미 투입되어 있는 변인들이 중복되지 않고 새로운 정보를 제공하는 데 기여하는지를 검증하여 이러한 문제점을 해결한다. '후진제거법(backward deletion)' 은 모든 변인들을 한꺼번에 회귀방정식에 입력한 후, 변량을 적게 설명하는 변인들을 제거해가는 방식이다. 몇몇 후진 단계적 절차에서는 각 변인의 입력 시 방정식의 결과를 재검증한다.

(3) 위계적 다중회귀

모든 재료를 한꺼번에 냄비에 넣고 야채수프를 만들거나 재료의 양에 따라 냄비에 넣는 순서를 정하는 대신에 특별한 맛(풍미)이나 재료의 연한 정도에 따라 재료를 넣는 순서를 정하기도 한다.

만약 마늘향을 좋아한다면 다른 재료에 비하여 비록 양은 그리 많지 않다 하더라도 마늘을 제일 먼저 넣을 수도 있고, 어떤 야채는 너무 연해서 오래 끓이면 너무 물러지므로 맨 나중에 넣기도 한다. 위계적 다중회귀는 이와 같은 순서로 야채수프를 만드는 것과 같다.

위계적 다중회귀(Hierarchical Multiple Regression)에서는 단계적으로 독립변인을 회귀방정식에 투입한다. 제일 먼저 투입되는 독립변인들은 연구자가 통제하기를 원하는 변인들(예: 성과 연령)이기도 하다. 이 변인들이 종속변인을 설명할 수 있는 만큼 설명한 다음 또 다른 독립변인들이 투입되는데, 먼저 들어간 독립변인들이 설명하고 남은 변량을 얼마만큼 설명할 수 있는지를 본다.

위계적 다중회귀에서는 이론적 혹은 방법론적 근거에 따라 연구자가 방정식에 투입할 변인들의 순서를 미리 구체적으로 정한다. 첫 번째 변인과 관련된 변량을 추출해 내고, 두 번째 변인에도 같은 과정을 되풀이하고, 그 다음도 마찬가지이다. 또는 각각의 모든 변인들이 투입될 순서를 구체화하거나, 변인들을 하위집단으로 집단화하고 그 하위집단을 투입한 후 각 집단 내 순서는 분석 시 분류되도록 할 수도 있다. 위계적 다중회귀에서는 연구자가 독립변인들의 입력순서를 정한다.

3) 다중상관계수

다중상관계수(Coefficient of Multiple Correlation) R은 예측방정식의 정확성을 나타내는 지표가 된다. 이것은 실제 Y 점수와 예측된 Y' 점수 간의 단순상관계수로 간주될 수 있다. 만약 R이 .80이라면 실제 준거점수와 예측된 준거점수 간의 상관이 .80이라는 것을 의미하고, 예측변인이 Y변량의 64%를 설명할 수 있다는 것을 나타낸다.

다중회귀분석에서 다중상관계수인 R을 보고하기도 하지만 훨씬 더 많은 경우 연구자들은 다중상관 결정계수인 R^2를 보고한다. 동시다중회귀에서는 단지 한 개의 R^2만 계산되지만 단계적 또는 회귀적 다중회귀에서는 각각의 독립변인(또는 한 세트의 독립변인들)이 투입될 때마다 R^2가 계산된다. 매단계마다 R^2값이 커지는데 이와 같은 매단계마다의 증가를 R^2 변화량(ΔR^2)이라고 부른다.

R^2 변화량을 설명하기 위해 예를 하나 들어보기로 하자. 위계적 다중회귀의 첫 번째 단계에서 종속변인인 강의평가를 예측하기 위해 3개의 예측변인들, 즉 학생 스스로 생각하는 자신의 성취도와 가변수화한 강사와 학생의 성(gender)이 회귀방정식에 투입되었을 때 R^2는 .044였다. 두 번째 단계에서 또 다른 3개의 예측변인들, 즉 강의에 대한 기대도, 중간고사와 기말고사 성적이 회귀방정식에 투입되었을 때 R^2는 .504가 되었다. 다시 말해서, 이 회귀방정식에서 학생들의 강의평가는 6개의 독립변인들에 의해 50.4%가 설명된다는 것이다. 이때 $\Delta R^2 = .46$이 된다.

다중회귀분석에서 때로는 조정 R^2(adjusted R^2)가 보고되기도 하는데, 조정 R^2는 R^2와 같은 방식으로 해석된다. R^2와 조정 R^2의 개념적 차이는 단지 R^2가 표본자료로부터 구해진 값이므로 모집단의 R^2보다 과대평가(overestimate)된다는 데 있다. 따라서 조정 R^2는 보다 더 큰 표본의 크기를 가지고 연구가 반복되었을 때 R^2의 감소(shrinkage) 현상이 일어난다는 것을 의미한다. 여기서 조정의 크기는 표본의 크기와 역상관관계에 있다.

4) 회귀계수와 베타값

다중회귀 예측방정식에서 각 예측변인 앞에 있는 수치는 회귀계수

(Regression Coefficients)라고 불린다. 그러나 어떤 예측변인이 가장 좋은 예측변인인가를 결정할 목적으로 이들을 직접 비교할 수는 없다. 왜냐하면 실제 예측방정식에서 각 예측변인들을 측정하는 척도들이 동일하지 않기 때문이다. 다른 예측변인들의 회귀계수를 직접 비교하는 것은 마치 사과와 배를 서로 비교하거나 3년과 60m를 서로 비교하려는 것과 같다.

회귀계수는 베타값(Beta Weights)이라는 비교가능한 단위로의 전환이 가능한데, 베타값은 다양한 예측변인들이 평균과 표준편차에서 동일하다고 가정할 경우에 얻을 수 있는 회귀계수로 간주될 수 있다. 부호에 상관없이 절대치가 가장 큰 베타값을 갖는 예측변인이 가장 좋은 예측치가 된다. 바꾸어 말하면, 베타값이 작은 예측변인은 다른 예측변인들에 비해 예측력이 낮다고 할 수 있다.

베타값이 회귀계수보다 낫다거나 아니면 회귀계수가 베타값보다 낫다라는 생각은 잘못된 것이다. 왜냐하면 이 두 가지는 서로 다른 유형의 정보를 전달하기 때문에, 어떤 상황에서는 회귀계수가, 어떤 경우에는 베타값이 더 유용하기 때문이다. 일반적으로 유사한 연구에서 준거점수를 예측하기 위한 예측방정식을 구하고 싶다면 회귀계수가 제시되고, 가장 기여도가 높은 예측변인을 보여주기 위해서는 베타값이 제시될 것이다.

5) 다중회귀분석과 유의도 검증

회귀분석에서 다양한 유의도 검증이 행해지지만 특히 다음 세 가지 검증이 일반적으로 많이 이루어지고 있다.

(1) R값이 0과 유의한 차이가 있는가?

세 가지 중요한 유의도 검증 중 첫 번째 것으로서 이때 영가설은 모집단에서 다중상관계수가 0이라는 것이다. 만약 영가설이 .01수준에서 기각된다면 R이 0과 너무나 차이가 나기 때문에 실제로 모집단 R이 0일 가능성은 1% 이하라는 것을 의미한다.

(2) 처음의 R과 두 번째 R은 유의한 차이가 있는가?

하나 혹은 그 이상의 예측변인을 첨가시킴으로써 다중상관계수가 유의하게 증가하는지의 문제이다. 회귀방정식에서 예측변인을 첨가할 때마다 대개 R이 증가하지만 예측변인의 수가 증가할수록 R의 증가량은 감소한다. 예측변인의 수가 증가할수록 이들을 측정하는 데 비용과 시간이 많이 들므로 R이 유의하게 증가하지 않을 경우에 새로운 변인의 첨가는 별로 의미가 없다.

(3) 특정 베타값은 0과 유의한 차이가 있는가?

예측변인들의 상대적 효율성을 비교하기 위해 회귀계수는 흔히 베타값으로 전환되어 사용되는데, 어떤 변인이 준거점수의 예측값과 실제값 간의 차이를 감소시키는 데 별로 유용하지 않다면 이 변인의 베타값은 0에 근접할 것이다. 반면 베타값이 크다는 것은 그 예측변인이 성공적 예측을 하는 데 크게 기여하고 있다는 표시가 된다. 베타값의 유의도 검증은 그 변인이 예측변인으로 포함될 수 있을 것인가를 결정해주므로 만약 영가설을 기각할 수 없다면 그와 관련된 특정 예측변인은 제외되고 결국 남아 있는 예측변인들에 기초하여 새로운 예측방정식을 개발하게 된다.

6) 교차타당화

다중회귀 예측방정식은 나중에 다른 집단의 사람들의 성취도를 예측할 목적으로 기존 집단의 사람들을 대상으로 하여 만들어지는 것이 일반적이다. R이 0과 유의하게 다르고 R^2가 큰 경우에도 연구자는 이 예측방정식이 새로운 집단에도 성공적으로 잘 적용될 수 있을지 확신할 수는 없다. 사실 기존의 회귀방정식이 새로운 사람들에게는 덜 맞을 가능성이 높다. 간단히 말해서 예측의 정확성이 감소하는 것(shrinkage)은 예측방정식의 개발에 이용된 사람들과 새로운 집단의 사람들이 동일하지 않다는 데에 기인한 것이다. 이것은 새로운 집단에 기존의 회귀방정식이 사용될 경우 예측방정식에서의 회귀계수가 달라질 수도 있음을 의미한다.

예측방정식이 새로운 집단의 사람들에게 사용되었을 경우에도 성공적일지 아닐지를 확인하기 위해 연구자는 교차타당화(Cross-Validation)라는 기법을 사용한다. 이러한 기법은 새로운 집단을 구하기 위해서 기다려야 하는 번거로움을 덜어준다. 즉, 연구자가 기존의 집단만을 가지고 이러한 과학적 추측을 할 수 있다는 것이다.

교차타당화 기법은 다음의 4단계를 포함한다. ① 예측점수와 준거점수의 정보가 모두 다 있는 원래의 연구대상들을 2개의 집단에 무선할당한다. ② 한 집단만이 예측방정식 개발을 위해 사용된다. ③ 이 방정식이 두 번째 집단의 사람들에 대한 준거점수를 예측하기 위해 사용된다. ④ 두 번째 집단의 사람들을 대상으로 한 예측점수와 실제점수를 상관짓는다. 이 둘 간의 높은 상관은 예측방정식 개발에 참여하지 않은 사람들에게도 이 방정식이 잘 적용된다는 것을 의미한다. 만약 앞으로의 연구대상이 교차타당화 과정에서의 연구대상과 크게 다르지 않다면 이 방정식을 다른 집단에 사용해도 무방할 것이다.

7) 회귀분석의 기본 가정

회귀분석을 사용하기 위한 기본 가정은 다음과 같다. 첫째, X와 Y는 선형관계이다. 즉, 독립변인 X와 종속변인 Y의 분포가 직선관계에 있다는 것을 전제로 한다. 만약 두 변인 간의 관계가 직선이 아니라면 회귀분석 대신에 다른 통계기법을 사용해야 한다.

둘째, 독립변인들은 서로 독립적이어야 한다. 즉, 독립변인들 간에는 상관관계가 없어야 한다는 것을 전제로 한다. 독립변인들 간에 상관관계가 강한 것을 다중공선성(multicolinearity)이라고 하는데, 이 경우 회귀계수의 변량이 엄청나게 커지기 때문에 회귀계수를 검증하는 것이 의미가 없다. 다중공선성의 문제를 해결하는 가장 좋은 방법은 서로 상관이 높은 변인들 중에서 가장 중요한 예측변인만을 선택하거나 상관을 보이는 변인들을 단일점수로 만드는 것이다.

셋째, 한 예측변인이 다른 예측변인들의 조합으로 나타나서는 안된다. 이것을 단일성(singularity)이라고 한다. 예를 들어, 치기, 욕하기, 주먹질하기 점수들과 공격성 총점을 예측변인들로 사용할 수 없다. 왜냐하면 공격성 총점은 치기, 욕하기, 주먹질하기 점수들의 조합으로 나타나기 때문이다.

넷째, 각 변인의 잔차(residual)는 서로 독립적이고 동일한 변량을 갖는다. 각 변인의 잔차가 독립적이라는 가정은 Durbin-Watson 계수로 검증할 수 있는데, SPSS나 SAS 프로그램에서 Option을 이용하면 된다. Durbin-Watson 계수는 0~4로 0에 가까우면 정적 상관이, 4에 가까우면 부적 상관이 있으며 2 정도는 상관이 없는 것으로 해석한다. 네 번째 가정 중에서 잔차의 변량이 일정하다는 가정이 충족되지 못한 경우를 이분산성(heteroscedasticity)이라고 하는데, 이 경우 변량이 큰 자료에 가중치를 주게 되어 회귀계수를 효율적으로 추정할 수 없게 된다. 이분산성의 문제를 해결할 수 있는 방법으로 GLS(Generalized Least Square)라는 방법이 있다.

8) 다중회귀분석의 예

앞서 설명한 바와 같이 다중회귀분석은 둘 이상의 예측변인이 종속변인을 어느 정도 예측할 수 있는지를 검증할 때 사용하는 통계방법이다. 예를 들어, 연구자가 보육교사의 이직률에 미치는 변인들에 관심을 가지고 있다고 가정해보자. 여러 변인들 중 "보육교사의 직무과부하, 보육교사와 원장 간의 관계의 질, 정서적 소진이 보육교사의 이직의도를 어느 정도 예측할 수 있는가?" 라는 연구문제를 설정했다면 다음과 같은 절차를 이용하여 검증할 수 있다.

(1) 다중회귀분석의 실시

SPSS를 이용하여 다중회귀분석을 실시하는 절차는 다음과 같다.

분석 → 회귀분석 → 선형 → 종속변수, 독립변수, 입력방법 선택 → 통계량 → R제곱변화량, 공선성진단, Durbin-Watson 선택 → 확인 → 결과분석

분석에 들어가서, 회귀분석을 클릭한 후, 선형을 클릭한다. 종속변수 창에

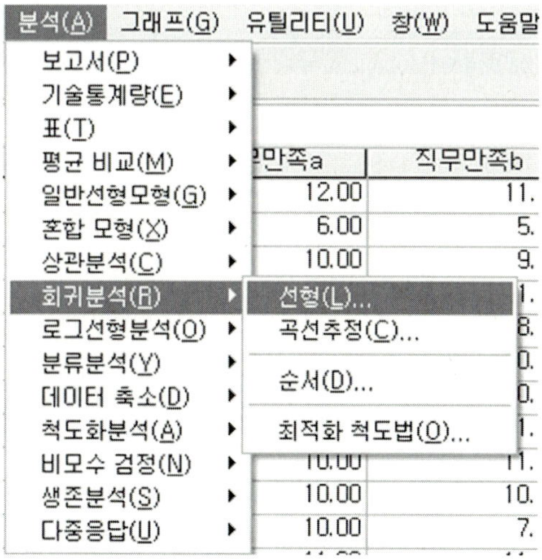

〈그림 10-6〉 회귀분석에서 선형 선택하기

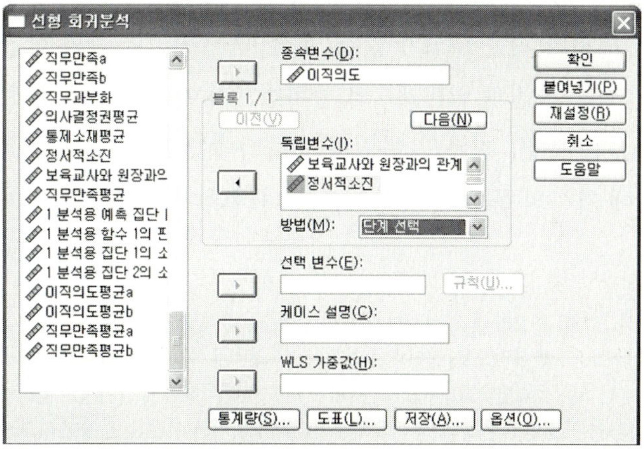

〈그림 10-7〉 종속변수와 독립변수(2개 이상)를 선택하고, 입력방법을 선택하기

종속변인을 선택해서 넣고 예측변인을 독립변수 창에 선택해서 넣는다. 입력방법[3] 중 단계선택을 클릭한다.

입력방식에서 단계선택을 선택하였으므로 통계량에서 R 제곱변화량을 클릭하고, 다중회귀의 기본 가정을 살펴보기 위해 통계량을 클릭해서 공선성 진단, Durbin-Watson을 선택한 다음 확인을 클릭한다.

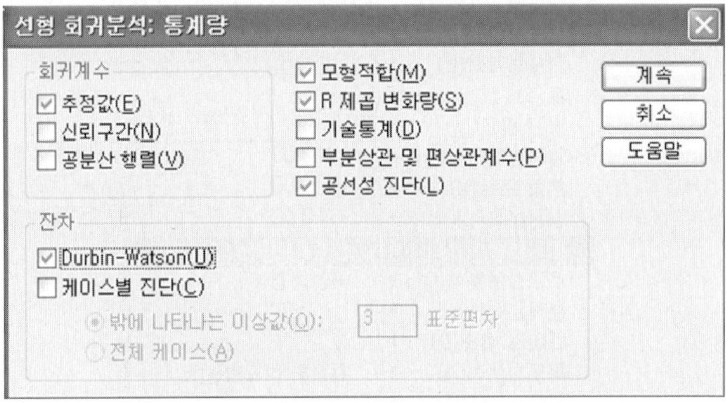

〈그림 10-8〉 통계량에서 R 제곱변화량, 공선성진단, Doubin-Watson 선택

(2) 다중회귀분석의 결과

〈그림 10-9〉에 제시된 결과 부분에서, 결과해석에 앞서 다중회귀의 기본 가정과 관련해서 살펴볼 필요가 있다. 우선, 독립변인들 간의 상관관계를 나타내는 공선성진단 결과 VIF 계수와 공차한계가 1에 가까워 문제가 없는 것으로 나타났다. 또한, 잔차의 독립성을 나타내는 Durbin-Watson 계수도 1.83으로 2에 가까워 문제가 없는 것으로 나타났다. 다음으로 결과해석과 관

3) 입력방식에서 '입력' 은 연구자가 선택한 모든 독립변수로 다중회귀분석을 실시하는 것이고, '단계선택' 은 각 단계마다 반복적으로(전진과 후진을 반복) 분석을 실시하여 최적의 모형을 찾는 방법이고, '제거' 는 선택한 독립변수를 제거하고 나머지 변수로 분석하는 방법이며, '후진' 은 F 통계량을 가장 적게 만드는 독립변인을 찾아 모형에서 제거하는 방법이고, '전진' 은 후진의 독립변수 중 F 통계량을 가장 크게 만드는 독립변인을 찾아 모형에 포함시키는 방법이다. 이 중 가장 일반적으로 사용되는 방법이 단계선택이다.

련하여 살펴보면, 모형요약은 본 자료의 회귀분석 모형을 요약한 것이다. 독립변인으로 보육교사의 직무과부하, 보육교사와 원장 간의 관계의 질, 정서적 소진을 투입하여 단계선택을 실시한 결과, 정서적 소진만 독립변인으로 투입된 모형 1과 정서적 소진과 원장과의 관계가 독립변인으로 투입된 모형 2가 유의한 것으로 나타났다. 보육교사의 직무과부하는 모형에서 제외되었음을 알 수 있다. 모형 2를 살펴보면 정서적 소진, 원장과의 관계와 이직의도 간의 상관계수가 $r=.48$이고 결정계수 R^2은 .23으로, 정서적 소진과 원장과의 관계가 이직의도의 23%를 설명한다는 것을 의미한다. 또한 정서적 소진만이 설명하는 변량은 21.8%이고, 원장과의 관계가 투입되어 추가적으로 설명하는 변량이 1.3%인 것으로 나타났다. 분산분석표를 살펴보면, 정서적 소진과 원장과의 관계가 독립변인으로 들어간 모형 2가 (이직의도에서 유의한 차이를 보여) 적절하다는 것을 의미한다. 계수를 살펴보면, 모형 2에서

진입/제거된 변수[a]

모형	진입된 변수	제거된 변수	방법
1	정서적소진	.	단계선택 (기준: 입력할 F의 확률 <= .050, 제거할 F의 확률 >= .100).
2	보육교사와 원장과의 관계	.	단계선택 (기준: 입력할 F의 확률 <= .050, 제거할 F의 확률 >= .100).

a. 종속변수: 이직의도

모형 요약[c]

모형	R	R 제곱	수정된 R 제곱	추정값의 표준오차	Durbin-Watson
1	.467[a]	.218	.216	.55472	
2	.481[b]	.231	.226	.55110	1.825

a. 예측값: (상수), 정서적소진

b. 예측값: (상수), 정서적소진, 보육교사와 원장과의 관계

c. 종속변수: 이직의도

분산분석[c]

모형		제곱합	자유도	평균제곱	F	유의확률
1	선형회귀분석	23.912	1	23.912	77.710	.000[a]
	잔차	85.543	278	.308		
	합계	109.455	279			
2	선형회귀분석	25.327	2	12.663	41.695	.000[b]
	잔차	84.129	277	.304		
	합계	109.455	279			

a. 예측값: (상수), 정서적소진

b. 예측값: (상수), 정서적소진, 보육교사와 원장과의 관계

c. 종속변수: 이직의도

계수[a]

모형		비표준화 계수		표준화 계수	t	유의확률	공선성 통계량	
		B	표준오차	베타			공차한계	VIF
1	(상수)	1.894	.151		12.549	.000		
	정서적소진	.406	.046	.467	8.815	.000	1.000	1.000
2	(상수)	2.444	.296		8.265	.000		
	정서적소진	.380	.047	.437	7.997	.000	.931	1.074
	보육교사와 원장과의 관계	-.152	.071	-.118	-2.158	.032	.931	1.074

a. 종속변수: 이직의도

〈그림 10-9〉 SPSS에서의 중다회귀분석 output

상수는 2.44이고, 정서적 소진의 기울기(비표준화계수)는 .38이고, 원장과의 관계의 기울기는 −.15이다. 또한 정서적 소진의 표준화계수는 .44이고, 원장과의 관계의 표준화계수는 −.12로, 정서적 소진이 원장과의 관계보다 이직의도에 상대적으로 더 큰 영향을 미침을 알 수 있다. 상수와 기울기 모두 t검증 결과 유의한 것으로 나타났다. 이러한 결과를 표로 제시하면 〈표 10-3〉과 같다.

〈표 10-3〉 이직의도에 대한 다중회귀분석

독립변수	B	β	t	R	R 제곱	R 제곱 변화량	F
정서적 소진	.38	.44	8.00***	.47	.218	.218	41.70***
원장과의 관계	−.15	−.12	−2.16*	.48	.231	.013	

***$p < .001$

제11장
판별분석

1. 단순판별분석
2. 다중판별분석

대부분의 연구에서 종속변인은 연속변인이다. 예를 들어, 대학에서의 성공여부를 예측하기 위해서 학점(GPA)이 준거변인으로 사용된다면 이때 학점은 연속변인이다. 신장, 체중, 연봉 등이 연속변인의 또 다른 예들이다. 이와 같이 준거변인이 연속변인일 경우에는 회귀분석이 사용된다.

때로는 종속변인이 연속변인이 아닌 명목변인인 경우도 있다. 앞서 대학에서의 성공을 예측하기 위한 예에서 준거변인이 GPA 대신에 단지 어떤 학생이 4년 후 대학을 졸업할 것인지 못할 것인지만을 예측하는 연구를 할 수도 있다. 이때 종속변인은 연속변인(continuous variable)이 아니고 이분변인(dichotomous variable)이다. 즉, 4년 후 대학을 졸업하는지 아니면 못하는지 둘 중 하나에 속하게 된다. 명목 준거변인(nominal criterion variable)은 물론 둘 이상의 범주를 가질 수 있다. 예를 들어, 학생들이 대학에서 어떤 전공을 선택할 것인지를 예측하고자 한다면 대학에서의 전공 수만큼의 범주가 있을 수 있다.

종속변인이 연속변인인 경우에는 회귀분석을 사용하지만 명목변인인 경우에는 판별분석을 사용해야 한다. 판별분석에는 크게 두 종류가 있는데, 명목 준거변인이 2개의 범주로 되어 있는 경우 사용되는 단순판별분석과 명목 준거변인이 셋 이상의 범주로 되어 있는 경우 사용되는 다중판별분석이 그것이다.

이 장에서는 단순판별분석에서는 판별함수 예측방정식과 *F* 검증에 대해 살펴보고, 다중판별분석에서는 Wilks' Lambda 유의도 검증, 판별함수 예측방정식, 표준벡터와 비율벡터, 집단중심점, 교차타당화 등에 관해 살펴보기로 한다.[1)]

---

1) 판별분석의 내용은 Huck, Cormier, & Bounds(1974)의 『Reading Statistics and Research』에서 상당 부분을 발췌하여 재구성한 것이다.

1. 단순판별분석

준거변인이 이분변인인 경우 단순(또는 두 집단)판별분석(Simple Discriminant Function Analysis)이 사용된다. 예를 들어, 대학 지원자 중 대학생활을 성공적으로 끝내고 4년 후 졸업할 학생과 그렇지 못할 학생을 구분해야 하는 연구에서, 예측변인은 회귀분석 때와 마찬가지로 고등학교 GPA, 수능고사성적, 고등학교 결석률이라고 가정해보자(판별분석에서는 회귀분석에서와 동일한 예측변인들이 사용될 수 있다). 4년 전에 입학한 학생들을 졸업한 집단과 그렇지 못한 집단으로 분류하고 그 학생들에 대한 세 가지 예측변인 값을 컴퓨터에 입력한 다음 판별 예측방정식을 구할 수 있다.

1) 판별함수 예측방정식

판별함수 예측방정식(Discriminant Function Prediction Equation)은 다중회귀 예측방정식과 동일한 형태를 지니고 있는데, 예측되는 변인은 방정식의 왼쪽에, 예측변인과 계수들은 방정식의 오른쪽에 위치한다. 위의 가설적 예에서는 다음과 같은 방정식이 구해질 수 있다.

$$Z = .75X_1 + .23X_2 + .53X_3$$

여기서 X_1은 고등학교 GPA, X_2는 수능고사성적, X_3은 고등학교 결석률을 의미한다. 예측변인의 계수가 회귀분석에서 사용된 계수와 유사하지만 그 목적이 다르다는 점을 유념해야 한다. 회귀분석에서 회귀계수는 실제점수와 예측점수 간의 차이를 최소화(minimize)하기 위해 채택되는 것이지만 판별분석에서의 계수는 집단 간의 정확한 분류(classification)를 최대화(maximize)하기 위해 채택되는 것이다.

앞의 예에서 세 가지 예측변인 값들이 대입되면 Z값이 하나의 수치로 제시되는데, 이 수치 자체가 예측점수로 해석되지 않고 어떤 사람이 졸업자 집단이나 비졸업자 집단에 속할 것인지를 결정하는 데 사용된다.

예측방정식에서 구해진 Z값은 임계치와 비교되는데, 어떤 지원자의 Z값이 임계치 이상이면 졸업자 집단에 속할 것이고, Z값이 임계치 이하이면 비졸업자 집단에 속할 것으로 예측할 수 있다.

2) F검증

F검증은 판별함수 예측방정식이 우연에 의한 예측보다 더 정확한 예측을 가능하게 해주는가를 결정하기 위해 사용된다. 준거변인으로 이분변인이 사용될 경우 우연에 의해서도 50%는 예측이 가능하다. 예측방정식의 유의도를 검증한다는 것은 50% 이상의 정확한 예측이 가능한가를 알아보는 것이다. 논문작성 시 연구자들은 판별함수 예측방정식이나 임계치(critical value 또는 cut-off score) 등은 보고하지 않더라도 판별분석에서 얼마나 정확한 예측이 이루어졌는가를 알아보는 F검증의 결과는 보고하는 것이 상례이다.

3) 단순판별분석을 사용한 실제 연구의 예

단순판별분석은 주로 학업이나 직업 상황에서의 성공여부를 예측하는 데 사용된다. 하지만 이 통계분석은 어떤 이분 준거변인과도 관련해서 사용될 수 있다. 한 예로 체육분야에서 수행된 재미있는 연구가 있다. 이 연구(Mitchem & Lane, 1968)에서 연구자는 물에 뜨는 사람과 뜨지 못하는 사람을 성공적으로 예측할 수 있는지를 알아보고자 하였으며, 준거

변인으로는 부력(buoyancy)이 사용되었다. 연구대상은 여자 대학생들로 구성되었는데, 물 속에서 더 이상 움직이지 말라는 지시를 받았을 때 이들이 물에 뜨는지 아니면 가라앉는지를 알아보았다. 이 판별분석에 사용된 예측변인으로는 신장, 체중, 앉은 키, 엉덩이 둘레 등을 포함한 17가지 인체 측정학적 변인이었다. 이 연구에서 유의도 수준을 .05로 정하고 F 검증을 통해 유의도 검증을 한 결과 이 예측방정식은 유의하지 않은 것으로 나타났다.

2. 다중판별분석

예측변인들이 집단의 소속을 성공적으로 예측하는지를 결정하는 데 관심이 있을 뿐만 아니라 명목척도인 준거변인의 범주가 셋 이상이라면 다중판별분석(Multiple Discriminant Function Analysis)이 사용된다. 이때 다중(multiple)이라는 용어는 예측변인의 수가 아니라 준거변인의 범주가 셋 이상이라는 것을 의미한다. 단순판별분석이나 다중판별분석에서는 모두 둘 이상의 예측변인이 사용될 수 있다. 그러나 다중회귀분석에서의 다중이라는 용어는 예측변인의 수가 여러 개라는 것을 의미한다.

통계분석의 결과를 보고함에 있어서 다중판별분석에는 단순판별분석과는 다른 몇 가지 차이점이 있다. 첫째, 다중판별분석에서는 자료분석 과정에서 맨 처음 Wilks' Lambda 유의도 검증을 하게 된다. 둘째, 같은 연구에서 2개 이상의 판별함수 예측방정식이 있게 된다. 셋째, 판별함수 예측방정식이 성공적인 예측을 하는지 여부를 알기 위해 집단중심점 그래프를 제시할 수도 있다. 이들 각각에 대해 살펴보기로 하자.

1) Wilks' Lambda 유의도 검증

각 준거집단에서 각 예측변인의 평균점수를 구할 수 있다. 가설적인 예에서 GRE-언어영역 점수, GRE-수리영역 점수, 대학성적, IQ가 4개의 예측변인이고, 학사, 석사, 박사학위 집단이 준거변인의 세 범주라면 각 집단과 관련된 4개의 평균들이 있는데(〈그림 11-1〉 참조), 이들이 집단의 평균벡터(mean vector)를 구성하게 된다. 따라서 언제나 준거변인의 범주 수만큼의 평균벡터가 있게 되고 각각의 평균벡터 속에는 예측변인 수만큼의 요소들이 있게 된다. 첫 번째 평균벡터 속에 있는 평균의 수는 두 번째, 세 번째 평균벡터 속에 있는 평균의 수와 같다.

		준거집단		
		학사학위	석사학위	박사학위
예측변인	GRE-V	480	520	650
	GRE-Q	440	560	580
	U-GPA	2.84	3.07	3.35
	IQ	115	120	125

〈그림 11-1〉 4개의 예측변인의 집단평균에 관한 도식

다중판별분석에서의 첫 단계는 다양한 예측변인들이 하나의 세트(즉, 평균벡터)로서 준거집단 간의 구분을 가능하게 해주는가를 결정하는 문제와 관련된다. 이것은 여러 준거집단의 평균벡터가 서로 상이한지를 검증하는 것이다. 영가설은 다양한 평균벡터 속의 공통요소가 상호동일하다는 것이다. 다시 말해서, 〈그림 11-1〉에서 보면 같은 줄에 있는 평균들이 서로 동일하다는 것이다. 그러나 이것이 첫 번째 줄의 평균(첫 번째 예측변인에서의 평균)이 다른 줄의 평균(다른 예측변인의 평균)과 동일하다는 것을 의미하지는 않는다. 따라서 동일한 평균벡터 내에 동일한 평균이 없는 경우에도 영가설이 참일 수 있다는 것이다. 연구자는 영가설이 기각되기를 희망하지만(준거집단 간에 차이가 없다면 이 예측변인들을 기초로 만들어진 예측방정식은 쓸모가 없으므로),

영가설이 기각되지 않을 경우에는 또 다른 예측변인들을 사용한 새로운 예측방정식을 개발해야 한다.

평균벡터가 동일하다는 가설은 Wilks' Lambda 유의도 검증에 의해 평가된다. Wilks'의 람다값(λ)이 구해지면 F값으로 전환하여 임계치와 비교해서 영가설을 기각하거나 수락하게 된다.

2) 판별함수 예측방정식

Wilks' Lambda 검증을 통해서 준거집단의 평균벡터가 서로 다르다는 점이 명확해지면 연구자는 판별함수 예측방정식에 관심을 돌리게 된다. 다중판별분석은 둘 이상의 예측방정식을 산출하는데, 가능한 방정식의 최대 숫자는 준거집단의 수에서 1을 뺀 숫자이거나 예측변인의 수 중에서 더 적은 숫자이다. 예를 들어, 3개의 준거집단과 4개의 예측변인이 있다면 2개의 예측방정식이 산출된다. 동일한 집단과 동일한 예측변인이 사용되지만 여러 예측변인과 관련된 계수는 방정식마다 다를 수밖에 없다. 만약 두 방정식의 계수가 동일하다면 2개의 방정식을 사용할 필요가 없다는 것을 의미한다.

예측방정식에서 개인의 예측변인 값들을 대입함으로써 Z값을 구할 수 있다. 각 방정식에서 구해진 Z값은 그 자체로서 집단소속을 예측하는 데 사용되는 것이 아니라 Z값 전체가 조합적으로 사용된다. 이러한 과정이 어떻게 이루어지는지 알아보기 위해 하나의 예를 들어보자. 어떤 연구자가 사람들이 과체중, 저체중, 정상체중 중 어디에 속하는지 예측하고자 한다. 이때 준거변인의 범주는 3이 된다. 예측변인으로는 팔길이, 허리둘레, 신발크기, 심장박동률이 사용되었다. 세 개의 준거범주와 네 개의 예측변인이 있기 때문에 두 개의 예측방정식이 산출되는데, 그 방정식은 다음과 같다고 가정해보자.

$$Z_1 = 2.5X_1 + .27X_2 + 3.0X_3 + .03X_4$$
$$Z_2 = .16X_1 + 2.9X_2 + .11X_3 + 4.1X_4$$

여기서 X_1 = 팔길이이고, X_2 = 허리둘레이며, X_3 = 신발크기이고, X_4 = 심장박동률이다.

첫 번째 방정식에서는 팔길이와 신발크기가 큰 계수를 가지므로 이 방정식은 신장과 관련된 것임을 알 수 있다. 두 번째 방정식은 허리둘레와 심장박동률이 큰 계수를 가지므로 주로 체중과 관련된 것임을 알 수 있다. 어떤 사람이 과체중, 저체중, 정상체중 중 어떤 집단에 속하는지 예측하기 위하여 2개의 Z값에 의해 제공되는 공동정보를 사용할 필요가 있다. 신장에 대한 정보만으로는 집단소속 예측을 위해 충분한 정보를 제공하지 못한다. 왜냐하면 각 집단에 장신(長身)과 단신(短身)이 모두 포함될 수 있기 때문이다. 마찬가지로 각 집단에 무겁고 가벼운 사람이 모두 속할 수 있기 때문에 체중에 대한 정보도 그것만으로는 충분한 정보가 되지 못한다. 그러나 Z_1과 Z_2를 함께 사용하면 정확한 분류를 할 수 있다. 만약 Z_1값이 Z_2값보다 훨씬 크다면 이 사람은 키가 크고 체중이 적은 사람이어서 저체중 집단에 속하는 것으로 분류된다. 반대의 경우라면 이 사람은 과체중 집단에 속하는 것으로 분류된다. 한편 두 값이 비슷하다면 이 사람은 정상체중 집단에 속하는 것으로 예측된다.

다중판별분석은 항상 둘 이상의 예측방정식을 산출하지만 이들이 집단소속에 대한 성공적 예측에 동일하게 기여하는 것은 아니다. 세 개의 방정식이 추출되었을 경우 첫 번째 추출된 예측방정식을 1차 함수라 하고, 두 번째 추출된 방정식을 2차 함수라 하며, 세 번째 추출된 방정식을 3차 함수라 한다. 일반적으로 다음에 오는 예측방정식(2차 함수)은 앞선 방정식(1차 함수)에 의해 설명되지 못한 집단 간 차이를 설명하게 된다. 그리고 마지막 예측방정식(3차 함수)은 앞의 방정식들에 비해 별로 많은 부분을 설명하지 못한다.

연구자들은 각각의 판별함수 예측방정식에 의해 얼마나 많은 변량이 설명되는지를 살펴본 다음 집단 간 차이를 설명하는 데 별로 도움이 되지 못하는 방정식을 사용하지 않을지도 모른다. 이때 어떤 연구자들은 임의로 이런 결정을 내리는가 하면 또 어떤 연구자들은 그 방정식을 사용할지 말지를 각각의 방정식에 대해 통계적 검증을 거친 후 결정을 내리기도 한다.

3) 표준벡터와 비율벡터

어떤 연구에서 3개의 예측방정식이 산출되었고 그 방정식은 다음과 같다고 가정해보자.

$$Z_1 = .71X_1 + 1.84X_2 + .13X_3$$
$$Z_2 = 2.5X_1 + .27X_2 + 3.0X_3$$
$$Z_3 = .16X_1 + 2.9X_2 + .11X_3$$

각 예측방정식에서 나온 계수들을 표준벡터(normalized vectors)라고 부른다. 만약 어떤 연구에서 4개의 예측방정식이 있고 10개의 예측변인들이 있다면 여기에는 10개의 계수로 구성된 4개의 표준벡터가 있게 된다. 이런 경우 대부분의 저자들은 이들을 표로 만들어 제시하게 되는데 표준벡터는 행(column)에 그리고 열(row)에는 예측변인들이 오게 된다.

연구자들은 표준벡터와 더불어 비율벡터(scaled vectors)를 제시하기도 하는데, 특정 비율벡터 내의 값들은 예측방정식에서 어떤 예측변인이 가장 유효한 변인인지를 결정하기 위해 서로 비교된다. 표준벡터의 값들은 서로 비교할 수 없다. 따라서 표준벡터의 값들은 다중회귀 예측방정식에서의 회귀계수와 매우 유사한 반면, 비율벡터의 값들은 베타값과 매우 유사하다.

4) 집단중심점

연구에서 두 개의 예측방정식이 있을 경우 방정식이 여러 준거집단 간의 차이를 구별하는 데 잘 적용되는지 보여주기 위해서 집단중심점 그래프를 제시할 수도 있다. 이것은 두 개의 예측방정식이 보다 나은 예측을 하기 위해 어떻게 연합적으로 작용하는지를 설명하는 데에도 도움이 된다.

각 집단의 중심점(centroid)은 다음의 두 단계를 통해 구할 수 있다. 먼저 각각의 예측변인에 대한 특정 준거집단의 평균들이 첫 번째 방정식의 X자리에 대치된다. 집단평균을 계수로 곱하면 평균판별점수(mean discriminant score) $\overline{Z}_1$이 되고 마찬가지 방식으로 $\overline{Z}_2$가 구해진다. 다음 단계는 그래프상에 점을 찍기 위해 처음 집단에 대한 $\overline{Z}_1$과 $\overline{Z}_2$가 사용된다. 첫 번째 평균($\overline{Z}_1$)은 그 점이 X축으로부터 얼마나 떨어져 있는지 결정하기 위해 사용되며, 두 번째 평균($\overline{Z}_2$)은 Y축으로부터 그 점이 얼마나 멀리 있는지 표시하기 위해 사용된다. 따라서 첫 번째 집단의 두 개의 평균판별점수에 해당하는 점은 그래프상에서는 한 개의 점으로 나타난다. 중심점(centroid)이라는 말은 이 하나의 점을 의미한다.

따라서 집단의 수와 동일한 수의 중심점(centroid)이 항상 있으며, 예측방정식이 성공적일 경우 집단중심점은 그래프상에 고루 퍼져 있게 된다. 그러나 예측방정식이 성공적이지 못할 경우 집단중심점은 비교적 가까운 위치에 서로 붙어 있게 된다. 즉, 집단들을 잘 구분해내지 못한다는 것이다.

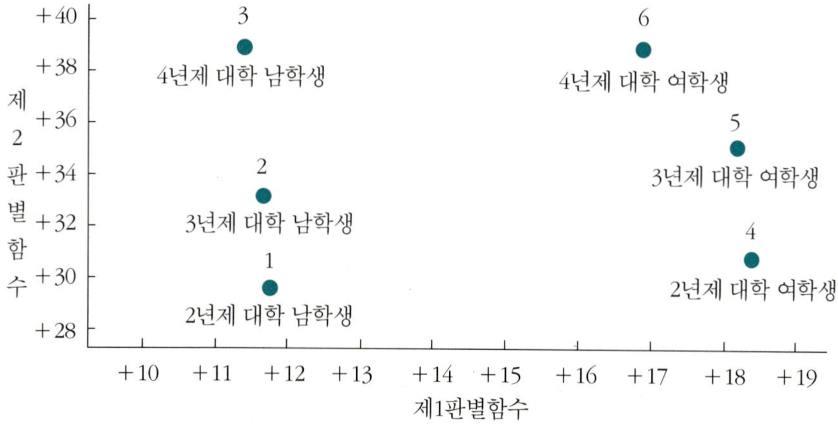

〈그림 11-2〉 집단중심점(Group Centroids) 그래프의 예

〈표 11-1〉 집단중심점 그래프의 평균

대학	성별	제1 판별함수	제2 판별함수
2년제 대학	남학생	11.89	29.10
3년제 대학	남학생	11.78	33.43
4년제 대학	남학생	11.27	39.87
2년제 대학	여학생	18.29	31.05
3년제 대학	여학생	18.26	34.30
4년제 대학	여학생	16.84	39.96

〈그림 11-2〉에 6개의 집단중심점 그래프가 제시되어 있고 〈표 11-1〉에는 이 그래프를 그리기 위한 평균들이 제시되어 있다. 이 연구에는 6개의 준거집단이 있기 때문에 모두 5개의 방정식이 산출되었지만 이 중 2개만 유용한 것으로 나타났다. 그림에서 보는 바와 같이 첫 번째 판별함수 방정식은 남성과 여성을 구분해주고, 두 번째 방정식은 대학의 종류(2년제, 3년제, 4년제)를 구분해주는 것으로 나타났다.

2차원상에서 3차원이나 4차원의 그래프를 그린다는 것은 불가능하므로 3개 이상의 판별함수 예측방정식이 있을 경우에는 집단중심점 그래프를 그릴 수 없다. 이런 경우에 연구자들은 각각의 예측방정식에 상응하는 각 집단의 평균판별점수 $\overline{Z}_1$, $\overline{Z}_2$ 등을 표에 제시하게 된다. 이 표에서 특정 준거집단의 평균들이 그 집단의 중심점이 된다.

판별분석은 그리 자주 사용되지는 않지만 이 통계분석을 실제로 사용한 연구가 있다. 한 연구(임춘희와 정옥분, 1988)에서 장남 부부의 부양의식 유형의 판별에 미치는 유대관계의 영향력을 다중판별분석을 통해 알아보았다. 여기서 부양의식 유형은 동거/보조형, 동거/독립형, 별거/보조형, 별거/독립형으로 나누었다. 연구결과 장남의 경우 애착과 갈등이 부양의식 유형의 판별에 통계적으로 유의한 것으로 나타났다. 판별력에 있어서 상대적 기여도는 표준판별함수계수로 볼 때, 애착이 가장 판별력이 크며 갈등이 그 다음으로 나타났다. 부인의 경우 갈등과 의무감이 시부모에 대한 부양의식 유형의 판별에 유의한 변인으로 나타났으며 갈등의 판별력이 가장 큰 것으로 나타났다.

5) 교차타당화

판별분석에서도 교차타당화 기법은 회귀분석과 동일한 방식으로 사용될 수 있다. 즉, 판별분석에서도 교차타당화의 목적이 회귀분석과 동일할 뿐만 아니라 앞에서 설명한 4단계도 동일하다. 요약하면, 한 집단의 사람들을 대상으로 예측방정식이 만들어지고 다른 집단의 사람들에게 이 방정식을 적용시킨다. 만약 나중에 적용된 사람들의 실제 집단소속과 예측방정식에 의한 예측집단 간의 합치도가 크다면 교차타당화는 성공적이라고 할 수 있다.

6) 다중판별분석의 예

다중판별분석은 예측변인이 집단의 소속을 잘 예측하는지를 살펴보기 위해 사용하는 통계기법이다. 다중판별분석에서는 예측변인의 수가 아니라 소속집단을 의미하는 준거변인의 수가 셋 이상이어야 한다. 예를 들어, 연구자가 "아동의 정서지능, 사회성, 우정이 또래지위집단(인기아, 보통아, 무시아, 거부아 집단)을 예측할 수 있는가?"라는 연구문제를 설정했다면 다음과 같은 절차를 이용하여 아동이 지닌 정서지능, 사회성, 우정을 통해 또래지위를 잘 예측할 수 있는지를 검증할 수 있다.

(1) 판별분석 실시

SPSS를 이용하여 판별분석을 실시하는 절차는 다음과 같다.

> 분석 → 분류분석 → 판별분석 → 집단변수 투입 → 집단변수 범위지정 → 독립변인 투입 → 통계량 (Box' s M 동질성 검증) → 분류(요약표 출력) → 확인 → 결과분석

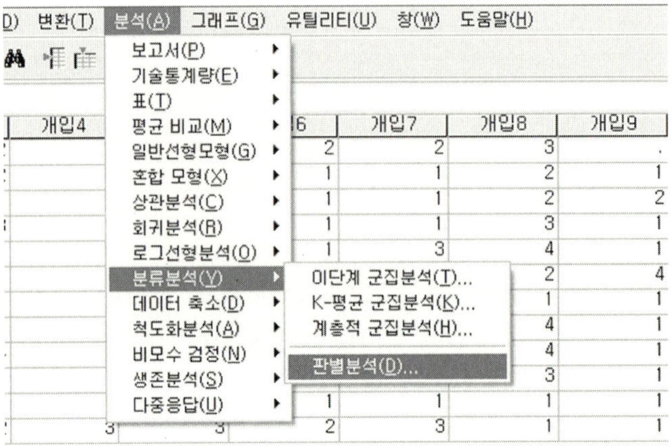

〈그림 11-3〉 분류분석의 판별분석 선택하기

메뉴바에 있는 분석을 클릭해서, 분류분석을 클릭한 후, 판별분석을 클릭한다.

집단변수에 준거변인인 또래지위를 선택하고 범위지정을 클릭하여 또래지위의 범위가 4라면 최소값에 1, 최대값에 4를 입력한 후 계속을 클릭한다. 독립변수에 예측변인인 정서지능, 사회성, 우정을 클릭한다. 독립변인을 투입할 때 독립변인을 동시에 투입하게 되면 독립변수를 모두 진입을 클릭하고, 다중회귀의 단계선택(stepwise)처럼 단계선택분석을 사용하고자 하면 단

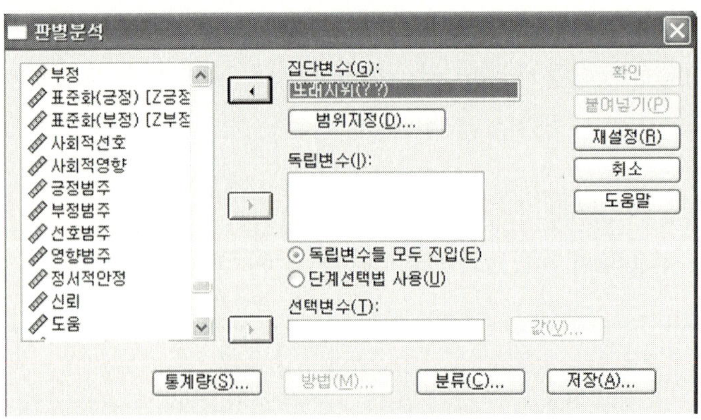

〈그림 11-4〉 집단변수에 준거변인인 또래지위를 투입

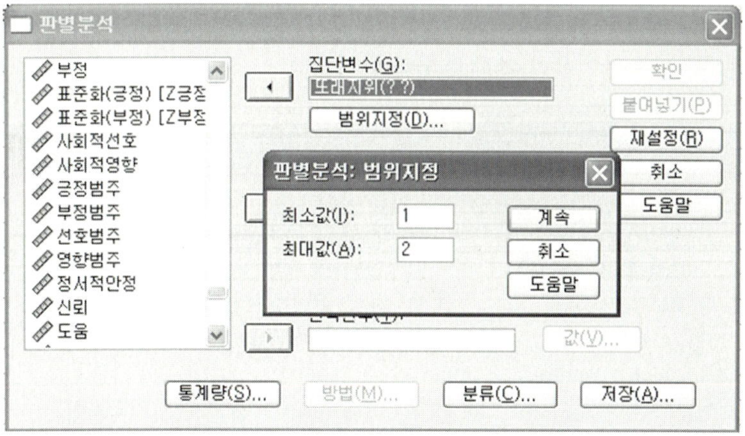

〈그림 11-5〉 집단변수의 범위 지정하기

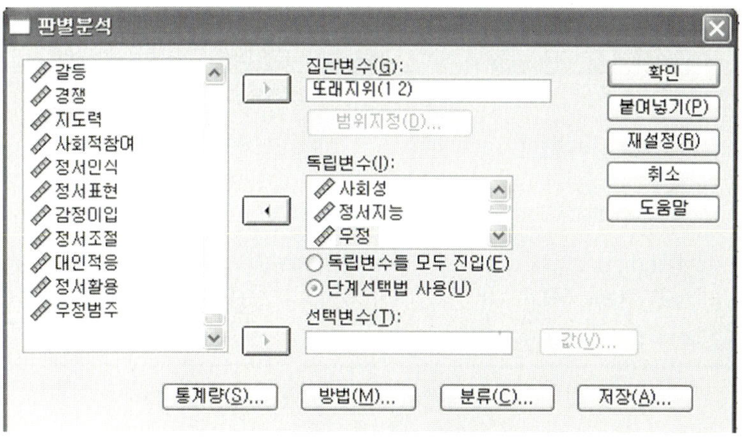

〈그림 11-6〉 독립변인 투입하기

계선택법을 클릭한다(〈그림 11-4〉~〈그림 11-7〉 참조).

통계량을 클릭해서 평균, 일변량분산분석, 공분산의 동일성을 검증하기 위해 Box' s M을 클릭하고, 각 집단별로 분류함수의 계수를 표시하도록 함수계수를 클릭한다. 집단이 잘 예측되었는지를 알아볼 수 있는 분류결과표를 얻기 위해서는 분류를 클릭해서 출력의 요약표를 클릭한다. 독립변인 투입을 단계선택법으로 선택했을 경우, 방법을 클릭해서 Wilks' Lambda를 클릭한다. 계속과 확인을 차례대로 클릭한다.

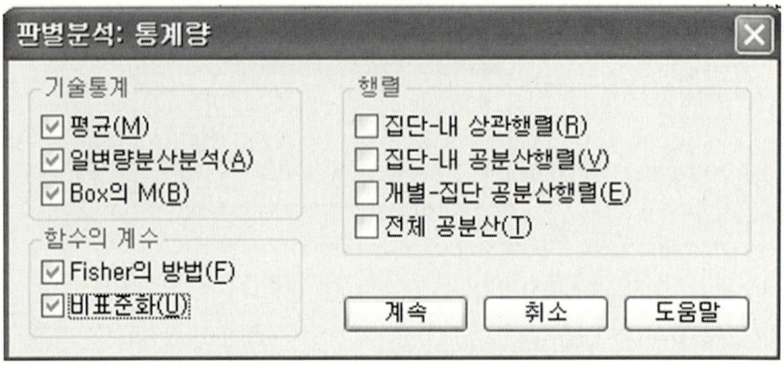

〈그림 11-7〉 통계량에서 Box' s M 클릭하기(동질성 검증), 집단별 분류함수

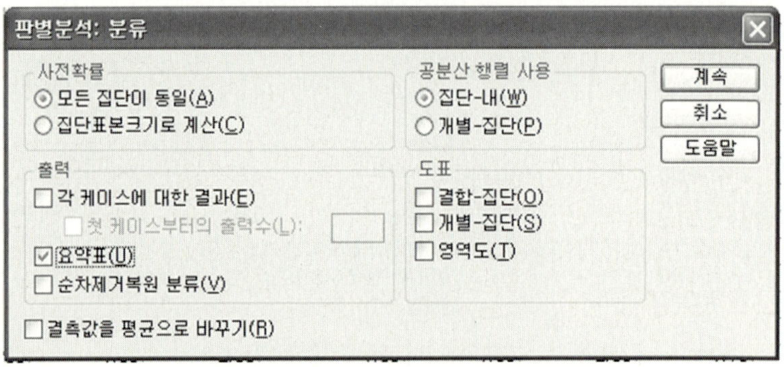

〈그림 11-8〉 분류에서 출력부분의 요약표 클릭하기

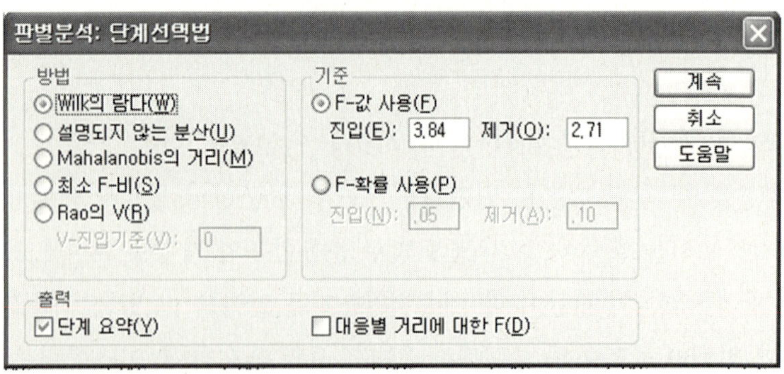

〈그림 11-9〉 방법에서 단계선택방법으로 Wilks' 람다를 클릭하기

〈그림 11-10〉 저장에서 예측소속집단, 판별점수, 집단소속확률을 클릭하기

(2) 다중판별분석 결과

집단 통계량

또래지위		평균	표준편차	유효수(목록별) 가중되지 않음	유효수(목록별) 가중됨
인기아	사회성	3.1180	.31731	16	16.000
	정서지능	2.2254	.25830	16	16.000
	우정	2.7899	.30614	16	16.000
보통아	사회성	2.9724	.48745	27	27.000
	정서지능	2.2411	.26610	27	27.000
	우정	2.7709	.50588	27	27.000
무시아	사회성	2.8926	.54232	5	5.000
	정서지능	2.0425	.33512	5	5.000
	우정	2.2481	.41823	5	5.000
거부아	사회성	2.7258	.54454	14	14.000
	정서지능	1.9489	.30806	14	14.000
	우정	2.5344	.52781	14	14.000
합계	사회성	2.9478	.47743	62	62.000
	정서지능	2.1550	.29925	62	62.000
	우정	2.6803	.47953	62	62.000

검정 결과

Box의 M		.860
F	근사법	.274
	자유도1	3
	자유도2	2553.731
	유의확률	.844

모집단 공분산행렬이 동일하다는 영가설을 검정합니다.

정준 판별함수의 요약

고유값

함수	고유값	분산의 %	누적 %	정준 상관
1	.212[a]	66.1	66.1	.418
2	.083[a]	26.0	92.1	.277
3	.025[a]	7.9	100.0	.157

a. 첫 번째 3 정준 판별함수가 분석에 사용되었습니다.

Wilks의 람다

함수의 검정	Wilks의 람다	카이제곱	자유도	유의확률
1에서 3	.743	17.076	9	.048
2에서 3	.900	6.035	4	.197
3	.975	1.437	1	.231

표준화 정준 판별함수 계수

	함수		
	1	2	3
사회성	.064	-.661	1.014
정서지능	.862	-.423	-.821
우정	.168	1.194	.329

구조행렬

	함수		
	1	2	3
정서지능	.986*	-.103	-.129
우정	.671*	.640	.375
사회성	.581	-.291	.760*

판별변수와 표준화 정준 판별함수 간의 집단-내 통합 상관행렬. 변수는 함수내 상관행렬의 절대값 크기순으로 정렬되어 있습니다.

*. 각 변수와 임의의 판별함수 간의 가장 큰 절대 상관행렬

정준 판별함수 계수

	함수		
	1	2	3
사회성	.136	-1.411	2.165
정서지능	3.087	-1.514	-2.941
우정	.364	2.584	.713
(상수)	-8.027	.497	-1.956

표준화하지 않은 계수

함수의 집단중심점

	함수		
또래지위	1	2	3
인기아	.280	-.063	.240
보통아	.302	.069	-.135
무시아	-.512	-.868	-.097
거부아	-.720	.249	.022

표준화하지 않은 정준 판별함수가 집단 평균에 대해 계산되었습니다.

분류 함수 계수

	또래지위			
	인기아	보통아	무시아	거부아
사회성	6.671	5.675	6.971	5.623
정서지능	20.035	21.005	19.799	17.118
우정	3.139	3.222	.531	3.426
(상수)	-38.458	-37.822	-32.285	-30.072

Fisher의 선형 판별함수

분류결과[a]

			예측 소속집단				전체
		또래지위	인기아	보통아	무시아	거부아	
원래값	빈도	인기아	11	4	0	1	16
		보통아	4	21	0	2	27
		무시아	1	1	3	0	5
		거부아	2	4	1	9	14
	%	인기아	68.6	25.0	.0	6.3	100.0
		보통아	14.8	77.8	.0	7.4	100.0
		무시아	20.0	20.0	60.0	.0	100.0
		거부아	14.3	28.6	7.1	64.3	100.0

a. 원래의 집단 케이스 중 71.0%이(가) 올바로 분류되었습니다.

〈그림 11-11〉 SPSS에서 다중판별분석 output

〈그림 11-11〉에 제시된 기술통계량을 간단히 살펴보면 인기아 집단의 사회성 평균은 3.12(*SD*=.32), 정서지능의 평균은 2.23(*SD*=.26), 우정관계의 질의 평균은 2.79(*SD*=.31)이다. 반면 거부아 집단의 사회성 평균은 2.73(*SD*=.54), 정서지능의 평균은 1.95(*SD*=.31), 우정관계의 질의 평균은 2.53(*SD*=.53)이다. 이처럼 또래지위에 따라 사회성, 정서지능, 우정관계의 질의 평균에서 어느 정도 차이가 있는 것으로 보이는데, 그렇다면 사회성, 정서지능, 우정관계의 질이 또래지위를 어느 정도 예측할 수 있는지를 알아보기 위해 다중판별분석을 실시한다.

다중판별분석에 앞서 공분산행렬의 동질성을 검증한 결과(결과부분의 두 번째 표 참조), 네 모집단의 공분산행렬이 동일한 것으로 나타났다(Box's M=.86, *F*=.27, *p*=.84). 판별함수는 집단을 판별하는 데 기여도가 가장 큰 것부터 도출된다. 판별함수의 수는 종속변인(준거변인)의 수준에서 하나를 뺀 수(집단수-1)와 독립변인(예측변인)의 개수 중, 작은 값보다 같거나 작아야 한다. 위의 예에서는 종속변인의 개수가 4이고 예측변인의 수는 3이므로, 판별함수의 수는 3개까지 가능하다. 하지만 도출된 모든 판별함수가 통계적으로 유의한 것은 아니다. 일반적으로 고유값의 비율, 정준상관계수, Wilks' Lambda 함수의 검정을 통해 판별함수의 수를 결정한다. 위의 예에서는 3개의 판별함수가 도출되었는데, 판별함수의 설명력인 고유값 분산의 비율은 66.1%, 26.0%, 7.9%로 판별함수 1의 설명력이 가장 높다. 판별함수와 집단 간의 상관의 정도를 의미하는 정준상관계수도 .418, .277, .157로 나타났다. 이를 통해 살펴볼 때 판별함수 1이 집단을 잘 예측할 수 있다고 볼 수 있다.

표준화 정준판별함수계수(결과부분의 다섯 번째 표 참조)는 값이 클수록 집단판별에 중요한 역할을 하는 것을 의미하는데, 위의 예에서 판별함수 1의 경우 정서지능(.862)이 집단판별에 중요한 역할을 하는 것으로 볼 수 있다. 또한 구조행렬에 제시된 구조계수(결과부분의 여섯 번째 표 참조)는 판별함수와 독립변인(예측변인) 간의 상관을 나타낸다. 마찬가지로 정서지능(.986)의 값이 가장 높게 나타났고 우정관계의 질(.671)도 높게 나타났는데, 이는 집단

판별을 잘 예측할 수 있는 변인임을 나타낸다. 집단중심점은 각 집단의 중심점을 의미하는 것으로 .28, .30, -.51, -.72로 나타났는데, 특히 인기아 집단 및 보통아 집단은 무시아 집단과 거부아 집단과는 상당히 분리되어 있음을 알 수 있다.

비표준화 정준판별함수 계수를 통해(결과부분의 일곱 번째 표 참조) 또래지위집단을 예측하는 판별함수를 구성할 수 있다. 판별함수 1의 경우 $Z = -8.027 + .136X_1$(사회성) $+ 3.087X_2$(정서지능) $+ .364X_3$(우정관계의 질)로 나타낼 수 있다. 분류함수 계수(결과부분의 아홉 번째 표 참조)는 각 예측변인에 의해 개인이 속할 집단을 분류하는 데 사용된다. 예를 들면, 인기아 집단$= -38.458 + 6.671X_1$(사회성) $+ 20.035X_2$(정서지능) $+ 3.139X_3$(우정관계의 질), 거부아 집단 $= -30.072 + 5.623X_1$(사회성) $+ 17.118X_2$(정서지능) $+ 3.426X_3$(우정관계의 질) 등으로 나타낼 수 있다. 이처럼 분류함수계수에 의해 각 개인의 집단별 분류점수가 계산되며, 각 개인은 산출된 분류점수에서 가장 큰 값을 나타내는 집단으로 분류된다.

분류결과는 판별분석의 정확도를 나타내는 것으로, 도출된 판별함수에 의해 실제로 얼마나 정확하게 집단을 판별할 수 있는지를 나타낸다. 분석결과를 살펴보면, 인기아 집단은 11명(68.6%), 보통아 집단은 21명(77.8%), 무시아 집단은 3명(60%), 거부아 집단은 9명(64.3%)이 정확하게 분류되어 전체적으로는 71.0%의 정확도를 나타내고 있다. 따라서 아동이 지닌 사회성, 정서지능, 우정관계의 질을 통해 아동의 또래지위를 잘 예측할 수 있다고 할 수 있다. 이러한 결과를 표로 정리하면 〈표 11-2〉, 〈표 11-3〉과 같다.

〈표 11-2〉 표준화판별계수

	표준화판별 계수	구조행렬 계수
사회성	.064	.986
정서지능	.862	.671
우정	.168	.581

〈표 11-3〉 또래집단 지위 분류의 정확도

		또래지위	예측 소속집단				전체
			인기아집단	보통아집단	무시아집단	거부아집단	
원래 소속 집단	빈도 (%)	인기아집단	11(68.8%)	4(25.0%)	0(0%)	1(6.3%)	16
		보통아집단	4(14.8%)	21(77.8%)	0(0%)	2(7.4%)	27
		무시아집단	1(20.0%)	1(20.0%)	3(60.0%)	0(0%)	5
		거부아집단	0(0%)	4(28.6%)	1(7.1%)	9(64.3%)	14

전체의 정확분류비율 71.0%

제12장

다중변인분석

1. 호텔링의 T^2
2. 다변량분석

지금까지 살펴본 통계분석들은 종속변인이 한 개인 경우에 사용되는 단일변인분석(univariate analysis)에 관한 것이었다. 단일변인분석과 다중변인분석의 차이는 독립변인의 수에는 상관이 없고 종속변인의 수의 차이에 있다. 즉, 종속변인이 한 개이면 단일변인분석이고, 둘 이상이면 다중변인분석이다.

앞서 이원변량분석에서 예로 들었던 성역할 정체감과 성별의 경우 종속변인은 자아존중감 한 개였다. 이제 여기에다 자아실현이라는 종속변인을 하나 더 보태면 이원다변량분석(Two Way MANOVA)이 된다. 이 경우에 종속변인인 자아존중감과 자아실현 각각에 대해 두 개의 이원변량분석을 실시하는 것은 적합하지 못한데 그 이유는 다음과 같다.

첫째, 대부분의 경우 종속변인들 간에 어느 정도의 상관이 있는데, 만약 두 변인 간에 명백한 상관이 존재할 때 종속변인 각각에 대해 단일변인분석을 하게 되면 제1종 오류가 증가한다. 둘째, 종속변인 간에 전혀 상관이 없다 하더라도 종속변인의 수가 증가함에 따라 제1종 오류가 증가하는데 이것은 F검증 실시 후 사후검증으로 여러 번의 t검증을 하는 대신에 다중비교검증을 하는 이유와 같다.

이 장에서는 종속변인이 둘 이상이면서 비교집단이 둘인 경우 적용하는 통계기법인 호텔링 T^2와 비교집단이 셋 이상이면서 종속변인이 둘 이상인 경우 사용하는 다변량분석에 관해 살펴보기로 한다.

1. 호텔링의 T^2

체중감량 프로그램의 효과를 연구하기 위해 과체중인 50명의 지원자들을 두 집단에 무선할당한 후, 한 집단에게는 식사의 횟수를 처음 1주 동안은 1일 2회, 다음 1주 동안은 1일 1회로 제한하되 식사량은 제한하지 않고, 나머지 한 집단은 3회의 식사 및 2회의 간식을 제공하되 식사량을 제한하고 2주 동안 열량섭취량을 점진적으로 감소시킨다고 가정해보자.

이 연구에서 가장 눈에 띄는 종속변인은 체중감량이다. 하지만 이 종속변인 외에도 ① 연구대상이 자신의 체중감량 프로그램을 선호하는 정도 ② 직장동료들이 평가한 체중감량 집단 사람들의 기분상태 ③ 일련의 사무 수행능력에 대해 두 집단을 비교하는 것 또한 연구자의 관심사라면 실제로 이 연구의 종속변인은 모두 4개인 셈이다.

1) T^2와 F

Harold Hotelling

위의 예에서처럼 종속변인이 둘 이상이면서 비교집단이 둘인 경우 자료를 분석할 통계기법들이 여럿 있지만 가장 흔히 사용되는 방법이 Hotelling's T^2이다. 이 통계기법은 종속변인 간의 가능한 상관관계를 고려한 후 모든 종속변인에 대한 두 집단 간의 차이를 검증하는 방법이다. 이때 영가설은 두 집단이 모든 종속변인상에서 차이가 없다는 것이다. 기술적인 용어로 표현하자면 두 집단이 동일한 모집단 평균벡터(mean vector)를 갖는다는 것이다.

T^2값을 구하는 절차는 매우 복잡하여 컴퓨터의 도움이 필요하며, 이것은 단일변인 t값을 제곱한 수치가 아니라는 점을 유념해야 한다. 또한 유의한 T^2가 무엇을 의미하는지를 이해하는 것은 더욱 중요하다. 간단히 말하면, .05 수준에서 T^2값이 임계치보다 크면 동일한 평균벡터라는 영가설이 기각될 수 있다. T^2값이 유의하면 두 집단이 여러 개의 종속변인 중 적어도 한 변인에서 두 집단 간에 차이가 있다는 것을 의미한다. 유의하지 않은 결과는 두 집단이 어떤 종속변인상에서도 차이가 없다는 것을 말해준다.

T^2에 대한 임계치(critical value)가 대부분의 통계학 책에 나와 있지 않기 때문에 T^2값을 우리가 흔히 아는 F값으로 전환해야 한다. 대부분의 논문에서는 T^2값이 아닌 F값으로 제시되고 있다는 점을 기억해야 한다. T^2값을 F값으로 전환하는 공식은 다음과 같다.

$$F_{p, n_1+n_2-p-1} = \frac{n_1 + n_2 - p - 1}{(n_1 + n_2 - 2)P} \times T^2$$

여기서 n_1 = 제1집단의 연구대상 수이고,
n_2 = 제2집단의 연구대상 수이며,
P = 종속변인의 수이다.

2) 추후검증

단일변인 t검증에서는 추후검증이 필요 없다. 그러나 다중변인 t검증 결과가 유의한 것으로 나타나면 어느 종속변인이 두 집단 간에 차이를 초래했는지 분석할 필요가 있다. 추후검증으로 단일변인 t검증을 실시하지 못하는 이유는 앞에서 각각의 종속변인에 대해 따로따로 단일변인 t검증을 실시하는 것이 적절하지 못하다고 설명한 이유와 같다.

흔히 사용되는 추후검증의 방법은 동시신뢰구간(simultaneous confidence intervals)과 두 집단 판별분석(two-group discriminant function analysis)이다.

(1) 동시신뢰구간(Simultaneous Confidence Intervals)

우선 각각의 종속변인에 대해 동시신뢰구간을 설정하는데 첫 번째 종속변인에 대한 예는 다음과 같다.

$$.69 \le u_{11} - u_{21} \le 4.37$$

여기서 u_{11} = 첫 번째 종속변인에 대한 첫 번째 집단의 평균이고
u_{21} = 첫 번째 종속변인에 대한 두 번째 집단의 평균이다.

양쪽 끝의 .69와 4.37은 가상적인 숫자인데, 양쪽 끝의 숫자가 위의 예에서와 같이 0을 포함하지 않으면 두 집단은 이 종속변인에서 차이가 있다는 것을 나타낸다.

(2) 두 집단 판별분석(Two-Group Discriminant Function Analysis)

판별분석은 주로 집단소속을 예측하는 데 사용되지만 Hotelling's T^2의 추후검증으로 사용되는 판별분석의 역할은 이와는 완전히 다르다.

판별함수 방정식의 예를 하나 들어 두 경우의 차이를 설명하고자 한다.

$$Z = 1.35X_1 + .03X_2 - 1.29X_3 + .17X_4$$

판별분석이 집단소속을 예측하는 목적으로 사용될 경우는 X변인은 독립변인을 나타내고 Z가 종속변인이다. 하지만 Hotelling's T^2의 추후검증으로 사용될 경우에는 X가 종속변인이고 Z가 독립변인이 된다. X변인 앞의 수치의 크기[1)]를 비교해서(부호에 상관없이) 그 종속변인이 두 집단 간에 유의한 차이를 초래하는지 아닌지를 결정한다. 위의 예에서는 X_1과 X_3, 즉 첫 번째와 세 번째 종속변인이 두 집단 간의 차이를 유발한 것으로 볼 수 있다.

3) 상관표본을 위한 호텔링의 T^2

앞에서 언급한 체중감량의 가설적인 예에서 두 집단은 상호 독립적인 표본이라 할 수 있다. 그러나 만약 연구자가 과체중인 25쌍의 쌍둥이들을 대상으로 각 쌍 중 한 명씩을 두 집단에 무선할당한다면 이 자료를 어떻게 분석해야 할 것인가? 이 경우 두 집단은 상관표본이라 할 수 있다. 4장에서 논의한 바와 같이 이 외에도 상관표본에는 서로 짝을 이룬 집단 및 동일한 피험자가 서로 다른 상황에서 두 번 측정되는 경우가 포함된다.

Hotelling T^2는 상관표본인 상황에도 적용될 수 있다. 계산절차는 다르지만 영가설, 유의한 T^2값의 의미, 추후검증은 독립표본과 동일하다.

1) 이 수치를 표준판별함수(standard discriminant function coefficients)라고 부르는데 이것은 비율벡터(scaled vector)와 유사한 개념이다.

4) 기본 가정

Hotelling's T^2 검증은 다음의 두 가지 가정에 기초하고 있다. 첫째, 정규분포 가정(normality assumption)으로서 표본자료(sample data)는 다변량 정규 모집단(multivariate normal population)에서 추출되었다는 점과, 둘째, 이 모집단은 동일 분산행렬(homogeneity of dispersion metrices)을 갖는다는 가정이다. 이 복잡한 가정은 단일변인 t검증의 정규분포 가정 및 동변량성 가정과 유사한 것이다.

위의 가정들을 검증해야 하는지의 여부는 연구자들 간에 합의된 견해가 없다. 어떤 연구자들은 표본의 수가 동일한 경우 위의 가정에 대한 검증이 필요 없다고 하는 반면 또 다른 연구자들은 위의 가정을 검증하기도 한다. 이때 연구자는 영가설이 채택되기를 희망하고, 가정에 대한 검증결과가 유의하지 않아 이러한 가정이 충족된 경우에만 T^2를 사용할 수 있다.

5) Hotelling T^2 분석의 예

한 예로, 부모교육 프로그램이 유아의 창의성 증진에 효과가 있는지를 알아보기 위해 실험집단과 통제집단 유아들의 창의성을 측정하였다. 이때 집단은 두 개이고, 종속변인인 창의성은 창의적 사고검사(TTCT)의 여러 하위요인과 창의적 문제해결능력검사를 통해 측정하였다. 종속변인들이 서로 관련이 없다면 Hotelling's T^2를 사용할 필요가 없으므로 Bartlett 검증을 통해 종속변인들(창의적 사고검사의 하위요인들과 창의적 문제해결능력)의 상관관계 행렬을 확인하였다. 그 결과, X^2 값이 168.59이고 $p<.001$이므로 종속변인들 간의 상관이 통계적으로 유의한 것으로 입증되었다.

〈표 12-1〉은 유아의 창의성 하위요인의 Hotelling's T^2 결과를 나타낸 것이다. 부모교육 프로그램에 참여한 집단의 유아와 참여하지 않은 집단의 유아 간의 차이를 나타내는 Hotelling's T^2는 44.86으로 통계적으로 유의하였

다($F_{(7, 59)} = 5.26$, $p < .001$). 이는 부모교육 프로그램이 유아의 창의성 향상에 효과가 있다는 것을 나타낸다.

〈표 12-1〉 유아의 창의성 하위요인의 Hotelling's T^2 검증결과

효과	종속변인		Hotelling's T^2	제 III유형 제곱합	*df*	*MS*	*F*	*p*
프로그램	창의적 사고능력	유창성	44.86***	172.07	1,72	172.07	.58	.451
		독창성		3724.38	1,72	3724.38	9.18	.003
		제목의 추상성		12045.74	1,72	12045.74	14.30	.001
		정교성		2116.64	1,72	2116.64	5.89	.018
		성급한 종결에의 저항		1446.85	1,72	1446.85	5.54	.022
		강점		147.46	1,72	147.46	.71	.403
	문제해결능력			2.61	1,72	2.61	16.90	.001

***$p < .001$

한편 종속변인 중 어떤 변인이 집단을 가장 잘 판별하는지를 살펴보는 추후분석을 위해 다시 두 집단 판별분석을 실시한 결과, 하나의 유의한 함수가 산출되었다. 유의도 검증결과를 보면, Wilks' Lambda는 .62로 $p < .001$ 수준에서 유의한 것으로 나타났다. 〈표 12-2〉에는 유아의 창의성 증진효과를 판별하는 판별함수의 표준화계수(standardized coefficients)가 제시되어 있다. 표준화계수는 판별함수상의 점수를 결정하는 데 있어서 어떤 변인이 가장 많이 기여했는지를 알려주는 것으로, 표준화계수가 크면 클수록 그 변인의 기여도나 중요성이 크다고 할 수 있다. 이를 토대로 살펴보면 유아의 문제해결능력(.633)과 제목의 추상성(.554), 독창성(.503)이 집단분리에 큰 기여를 한다는 것을 알 수 있다. 특히 유아의 문제해결능력은 가장 기여도가 높다.

즉, 유아들의 문제해결능력과 추상적인 사고능력, 독창성이 부모교육을 받은 실험집단의 자녀와 받지 않은 통제집단의 자녀를 가장 잘 구분시키는 변인인 것으로 나타났다.

〈표 12-2〉 유아의 창의성증진 효과를 판별하는 판별함수의 표준화계수

변인	표준화계수
	함수 1
유창성	-.053
독창성	.503
제목의 추상성	.554
정교성	.241
성급한 종결에의 저항	-.162
강점	-.017
문제해결능력	.633

이처럼 독립변인이 두 집단이고 종속변인이 두 개 이상일 경우, 어느 종속변인에서 두 집단의 차이를 유발했는지를 알아보기 위해 유용하게 사용되는 것이 호텔링 T^2이다.

2. 다변량분석

다변량분석(Multivariate Analysis of Variance: MANOVA)은 두 개 이상의 종속변인을 모두 한 번에 살펴본다는 것을 제외하고는 변량분석과 유사하다. 다변량분석은 변량분석과 마찬가지로 독립변인의 수에 따라 일원다변량분석, 이원다변량분석, 삼원다변량분석 등으로 나눌 수 있다. 일원다변량분석(One-Way MANOVA)은 일원변량분석과 마찬가지로 독립변인이 하나이고 독립변인의 수준은 둘 이상이다. 그러나 변량분석의 종속변인은 한 개인 데 반해 다변량분석은 종속변인의 수가 둘 이상이다.

두 개 이상의 독립변인과 역시 2개 이상의 종속변인이 있을 경우 MANOVA를 실시해야 한다. 가설적인 예로 한 연구자가 대학생들에게 강의 전에 수업 요지에 관한 목록을 제공한다면 더 효율적인 강의가 될 것인지, 아니면 오히려 요점이 적힌 목록 때문에 강의에서 덜 중요한 부분을 소홀히 하도록 하지는 않을지에 관심이 있다고 가정해보자.

연구대상을 무작위로 세 집단으로 나눈 다음 첫 번째 집단에게는 5개의 질문이 들어 있는 봉투를 나누어 주면서 이 질문들은 강의를 듣고 나서 대답을 할 수 있어야 하는 중요한 내용이라고 설명한다. 사실상 이 5개의 질문들은 그날 강의에서 매우 중요한 요점에 관한 것이다. 두 번째 집단에게는 또 다른 5개의 질문이 들어 있는 봉투를 나누어 주면서 첫 번째 집단과 똑같은 설명을 한다. 하지만 이 질문들은 강의에서 별로 중요하지 않은 내용에 관한 것이다. 마지막으로 세 번째 집단에게도 봉투를 나누어 주지만 여기에는 어떤 질문도 들어 있지 않고 단지 그 강사가 다음 학기에 새로이 개설할 강좌에 대한 설명만 들어 있다. 연구대상들은 세 집단이 각기 다른 세 종류의 봉투를 받았다는 사실을 인지하지 못한다.

수업 종료 5분 전에 10개 문항의 선다형 퀴즈를 시행하였다. 홀수 문항 5개는 첫 번째 집단에게 나누어준 질문과 관련된 내용이고, 짝수 문항 5개는 두 번째 집단에게 나누어준 질문과 관련된 내용이었다.

이 가설적인 예는 독립변인의 수준이 3(3집단)이고, 종속변인의 수가 2(홀수 문항 문제의 정답수와 짝수 문항 문제의 정답수)인 일원다변량분석(one-way MANOVA)에 관한 예시이다.

1) 영가설

일원다변량분석의 영가설은 호텔링의 T^2에 의해 검증되는 영가설을 확장한 것이라고 생각할 수 있다. 즉, 호텔링의 T^2에서는 영가설이 비교되는 두 집단이 모든 종속변인상에서 차이가 없다는 반면, 일원다변량분석에서는 영가설이 비교되는 둘 이상의 집단이 모든 종속변인상에서 차이가 없다는 것이다. 따라서 위의 가설적 예에서 영가설은 3개의 처치집단이 ① 홀수문항 문제와 ② 짝수문항 문제의 평균점수에서 차이가 없다는 것이다. 기술적인 용어로 표현하자면 이 연구의 영가설은 세 집단이 동일한 모집단 평균벡터를 갖는다는 것이다. 일반적으로 일원다변량분석에는 처치집단의 수만큼의 평균벡터가 있으며 각 평균벡터 내에는 종속변인의 수만큼의 요소(elements)들이 있다.

다변량분석을 검증하기 위한 몇 가지 방법이 있는데 그중에서 가장 오래되고 흔히 쓰이는 방법이 Wilks' Lambda(λ)이다. t검증이나 F검증과는 달리 Wilks' Lambda 값이 작을수록 유의한 차이가 있는 것으로 해석된다. 다시 말해서, 평균벡터들 간의 차이가 크면 클수록 λ의 값은 작아진다.

Lambda 값에 대한 임계치 표가 없기 때문에 유의도 검증을 위해서 대부분의 경우 λ를 F값으로 전환하여 사용하는데, Rao에 의한 방법(Rao's approximation)을 이용한다.

Wilks' Lambda 외에도 'Roy's largest root criterion' 'Hotelling's trace criterion' 'Step down F procedure' 등이 다변량분석에 적용될 수 있다. 호텔링의 T^2의 대안적 절차들과는 달리 Wilks' lambda와 다른 세 가지 절차들의 결과는 동일하지 않다. 연구논문을 읽는 독자가 기억해야 할 점은 영가설이 기각되거나 채택된다는 것이 무엇을 의미하는지를 이해하는 것이다.

2) 추후검증

영가설이 기각될 경우 독립변인의 어느 수준 간에 차이가 있는지, 그리고 어느 종속변인이 그 차이를 만드는지 알 수 없으므로 추후검증이 필요하다. MANOVA가 유의하게 나오면 단일 F검증(ANOVA)을 실시하는 사람들도 있지만, 이것은 처음부터 ANOVA를 실시하지 않는 바로 그 이유 때문에 적합하지 않은 분석방법이다.

(1) 동시신뢰구간

기본 과정은 Hotelling's T^2와 같다. 그러나 이번에는 각 종속변인에 대해 가능한 모든 쌍의 집단이 비교된다. 예를 들어, 세 집단에 종속변인이 2이면 모두 6번의 비교를 하게 된다. Hotelling' s T^2와 마찬가지로 양 끝의 숫자가 0을 포함하지 않으면 두 집단은 차이가 있다는 뜻이다.

(2) 다중판별분석

다중판별분석(Multiple Discriminant Function Analysis)에서는 한 개 이상의 판별함수 방정식이 있는데 방정식의 정확한 숫자는 종속변인의 수와 비교집단의 수에서 1을 뺀 수 중에서 어느 것이든 더 작은 수와 같다. 예를 들어, 3개의 종속변인을 가지고 세 집단을 비교한다면 이때 가능한 방정식의 수는 모두 2개가 된다.

첫 번째 방정식에서의 표준판별함수계수는 집단 간의 판별을 극대화하기 위해 선택된다. 두 번째 또는 그 이후의 방정식의 계수 역시 집단판별(group discrimination)을 극대화하는 것으로 선택되지만 이 방정식의 Z값이 앞선 방정식(들)의 Z값과는 상관이 없어야 한다는 전제조건이 있다.

3) 기본 가정

Hotelling's T^2 검증과 마찬가지로 MANOVA도 다변량 정규분포성 가정(multivariate normality assumption)과 동분산행렬 가정(homogeneity of dispersion metrices assumption)에 근거한다. 이 가정은 ANOVA의 정규분포 가정 및 동변량성 가정과 유사하다. 어떤 연구자들은 이 가정이 약간 위배된다하더라도 MANOVA의 절차상 별로 문제가 되지 않기 때문에 이 가정을 검증하지 않아도 된다고 생각한다. 또한 연구자에 따라서는 표본의 수가 동일하거나 클 경우에는 문제가 되지 않는다고 생각하기도 하지만 일부 연구자들은 이 가정을 반드시 검증해야 한다고 주장한다.

MANOVA를 사용하기 위해서는 앞에서 언급한 기본 가정 외에 두 가지 기본적인 규칙이 있다. 첫째, 비교되는 집단의 수보다 종속변인의 수가 적어서는 안 된다.[2)] 둘째, 연구에서 사용된 전체 표본의 수가 종속변인의 수보다 적어도 두 배 이상 커야 한다.

4) 다원다변량분석

제5장에서 다원변량분석, 좀더 구체적으로 이원변량분석과 삼원변량분석에 관해 설명했었다. 독립변인의 수가 둘 이상이면서 종속변인의 수 또한 둘 이상일 경우 다원다변량분석(Factorial MANOVA)이 사용된다. 종속변인이 다수일 경우 각각의 종속변인에 대해 따로따로 변량분석을 실시하지 않고 이원 또는 삼원다변량분석을 실시하는 이유는 다음과 같다. 첫째, 단일변인검증(univariate tests)은 종속변인들 간의 상관을 무시한다는 점과 둘째, 주어진 독립변인의 수준들이 두 번 이상 비교된다는 사실을 고려하지 않는다는 점이다.

다원다변량분석이 실시될 경우에도 한 개의 종속변인만 있을 경우와 동일한 수의 연구문제에 대한 해답이 주어진다. 즉, 이원다변량분석(two-way MANOVA)에서는 2개의 주효과와 1개의 상호작용효과가 있으며, 삼원다변량분석(three-way MANOVA)에서는 3개의 주효과와 3개의 1차 상호작용효과 및 1개의 2차 상호작용효과가 있다.

다원다변량분석으로부터의 유의한 효과는 전체적인 영가설을 기각하는 데 어떤 변인들이 기여하고 있는지를 결정하기 위해 추후검증을 필요로 한다.

2) 이 점에서 간단한 예를 제시하려고 보여준 앞서의 가상적인 예(비교되는 집단이 3개인데, 자아존중감과 자아실현 2개의 종속변인을 갖는 경우, 혹은 홀수, 짝수 문항의 정답수라는 2개의 종속변인을 갖는 경우)는 잘못된 것이고 실제로 이 연구를 실시하려면 4개나 5개의 종속변인이 필요하다.

5) 공다변량분석

제 6장에서 공변량분석(ANCOVA)에 관해 언급했었다. 공변량분석의 두 가지 목적은 가외변인을 통제하는 것과 검증력을 높이는 것이다. 공다변량분석(Multivariate Analysis of Covariance: MANCOVA)은 다수의 종속변인이 동시에 분석되는 공변량분석의 확장된 형태라고 볼 수 있다. 따라서 공다변량분석에 관한 내용들은 다변량분석과 공변량분석에서 언급된 사항들을 종합한 것이라 볼 수 있다. 그리고 MANCOVA의 결과들은 원래의 평균이 아닌 조정된 종속변인의 평균값을 언급하고 있음을 유념해야 한다.

6) 다변량분석과 자유도

변량분석과 공변량분석에서 주효과와 관련된 자유도(degrees of freedom)는 그 요인의 수준에서 1을 뺀 값이고 상호작용효과의 자유도는 상호작용과 관련된 요인들의 자유도를 곱한 것이다. 다변량분석의 주효과와 상호작용효과의 자유도는 앞서 언급한 규칙을 적용시킨 다음 연구에 포함된 종속변인의 수를 그 값에다 곱해야 한다. 예를 들어, 독립변인의 수가 3개이고, 각각의 수준이 2개이며, 종속변인의 수가 7이라면, 이때 주효과의 자유도는 각각 1이 아니라 7이 된다는 것이다. 단변량분석과 다변량분석의 또 다른 차이점으로는 다변량분석의 오차 자유도(error *df*)가 자연수가 아닌 소수점 이하로 나타날 수도 있다는 것이다.

7) 다변량분석의 예

앞서 설명한 바와 같이 다변량분석(MANOVA)은 종속변인 2개 이상일 때 사용하는 변량분석이다. 다변량분석은 2개 이상의 종속변인을 모두 한 번에 살펴본다는 점을 제외하고는 변량분석과 같다. 예를 들어, 연구자가 여러 하위요인으로 구성되어 있는 정서지능이 또래지위에 따라 차이가 있는지를 살펴보고자 한다면, 다음과 같은 절차를 이용하여 또래지위에 따른 정서지능 하위요인에서의 차이를 검증할 수 있다.

(1) 다변량분석의 실시

SPSS를 이용하여 다변량분석을 실시하는 절차는 다음과 같다.

분석 → 일반선형모형 → 다변량 → 종속변수(2개 이상) → 모수요인(독립변인) → 사후분석 → 옵션(기술통계치, 동질성 검증) → 확인 → 결과분석

분석에 들어가서, 일반선형모형을 클릭한 후, 다변량을 클릭한다.

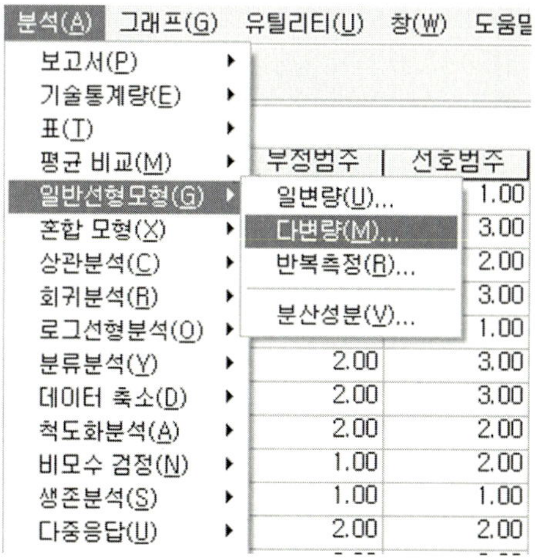

〈그림 12-1〉 일반선형모형에서 다변량 선택

종속변인에 정서지능의 하위요인인 정서인식, 정서표현, 감정이입, 정서조절, 정서활용을 선택하고 모수요인에 독립변인인 또래지위를 선택한다. 모형이 완전요인모형인지를 확인한다.

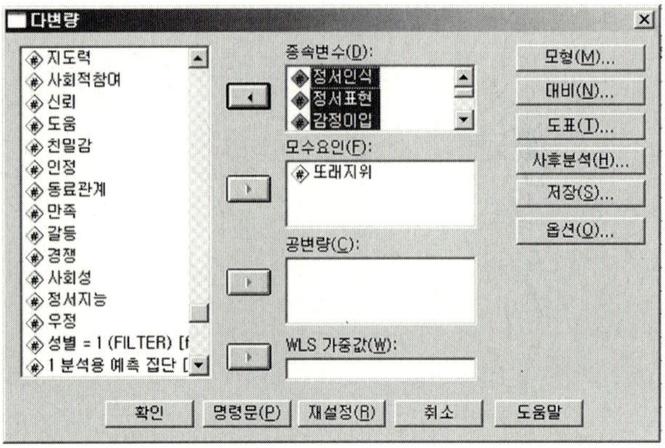

〈그림 12-2〉 종속변수(2개 이상)와 독립변수 선택

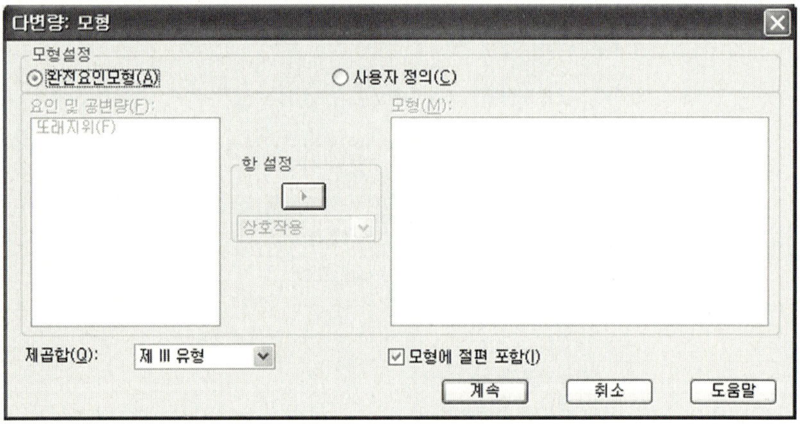

〈그림 12-3〉 모형 확인하기

옵션을 클릭해서 또래지위에 따른 사회성 하위요인에서의 기술통계치를 알아보기 위해 기술통계치를 선택하고, 다변량분석의 기본 가정인 공분산행렬에 대한 동질성을 검증하기 위해 동질성 검증 등을 클릭한다. 계속과 확인을 차례대로 클릭한다.

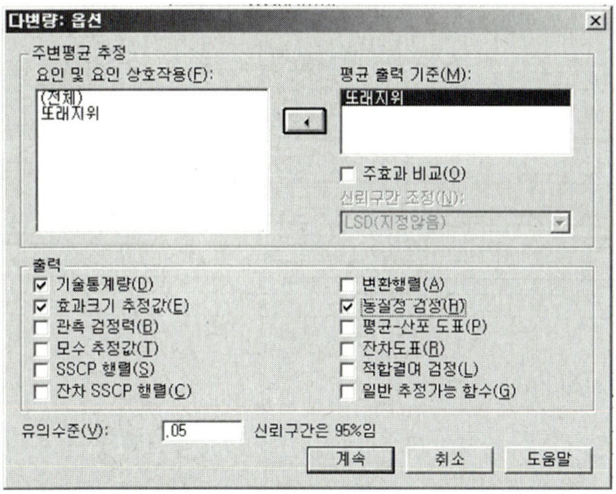

〈그림 12-4〉 옵션에서 기술통계량, 동질성 검증 등을 클릭

(2) 다변량분석의 결과

〈그림 12-5〉에 제시된 결과 부분을 살펴보자. 공분산행렬에 대한 Box의 동일성 검정표와 오차분산의 동일성에 대한 Levene 검정표에는 다변량분석의 기본 가정과 관련된 정보가 제시되어 있다. 공분산행렬에 대한 동질성 검증을 살펴보면, 유의확률은 .59로 공분산행렬이 동일하다는 영가설을 채택할 수 있다. 또한 오차분산의 동질성 검증결과 모든 종속변인의 유의확률이 유의수준 .05보다 크므로 영가설을 기각하지 못한다. 따라서 또래지위에 따라 모든 종속변인의 오차분산이 동일하다고 할 수 있다.

결과의 첫 번째 표에는 집단별 평균이 제시되어 있다. 집단별 평균을 살펴보면, 인기아(M=2.51, SD=.38)가 정서인식이 가장 높으며 거부아(M=2.44, SD=.41)가 정서인식이 가장 낮은 것으로 나타났고, 정서표현은 보통아(M=2.34, SD=.40)가 가장 높고 거부아(M=2.17, SD=.44)가 가장 낮은 것으로 나타났으며, 감정이입은 인기아(M=2.32, SD=.49)가 가장 높은 것으로 나타났고 거부아(M=2.05, SD=.47)가 가장 낮은 것으로 나타났다. 정서조절은 인기아(M=2.40, SD=.51)가 가장 높은 것으로 나타났고 무시아(M=2.16,

$SD=.47$)가 가장 낮은 것으로 나타났으며, 정서활용은 인기아($M=1.61$, $SD=.26$)가 가장 높고 거부아($M=1.54$, $SD=.30$)가 가장 낮은 것으로 나타났다. 또래지위에 따라 정서지능의 하위요인에서 차이가 있는지를 알아보기 위해 다변량검증표를 살펴보면, 또래지위에 따른 정서지능 하위요인에서의 차이가 있는 것으로 나타났다. 또래지위 간 차이를 나타내는 Wilks' Lamda는 .93으로 통계적으로 유의하였는데($F_{(15,826)}=1.53$, $p<.05$), 이는 또래지위에 따라 정서지능에서 차이가 있다는 것을 나타낸다. 개체 간 효과검증 표를 살펴보면, 또래지위에 따라 감정이입($F=3.81$, $p<.05$)과 정서조절($F=4.06$, $p<.01$)에서 주효과가 유의하게 나타났다. 이러한 결과를 정리한 다변량분석표가 〈표 12-3〉에 제시되어 있다.

추후검증으로 종속변인의 어느 하위요인에서 어떤 집단 간에 차이가 나는지 살펴보기 위해 또래지위에 대한 판별분석을 실시한다(〈그림 12-6〉~〈그림 12-8〉 참조).

SPSS를 이용한 추후검증의 절차를 간단히 살펴보면 다음과 같다. 분석에서 분류분석을 클릭하여 판별분석을 선택한다.

집단변수에 집단(또래지위)을 투입하고 집단의 범위를 지정(네 집단일 경우,

기술통계량

	또래지위	평균	표준편차	N
정서인식	1.00	2.5121	.37788	86
	2.00	2.4855	.41061	112
	3.00	2.4974	.41723	48
	4.00	2.4420	.41466	61
	합계	2.4862	.40234	307
정서표현	1.00	2.3367	.40912	86
	2.00	2.3391	.40468	112
	3.00	2.2738	.36216	48
	4.00	2.1747	.44150	61
	합계	2.2955	.41039	307
감정이입	1.00	2.3158	.48813	86
	2.00	2.1982	.46677	112
	3.00	2.1299	.52216	48
	4.00	2.0546	.47154	61
	합계	2.1919	.48927	307

정서조절	1,00	2,4036	,50581	86
	2,00	2,3521	,48539	112
	3,00	2,1609	,47206	48
	4,00	2,1754	,56078	61
	합계	2,3015	,51241	307
정서활용	1,00	1,6097	,25915	86
	2,00	1,5957	,27220	112
	3,00	1,5861	,22457	48
	4,00	1,5439	,29712	61
	합계	1,5878	,26670	307

공분산행렬에 대한 Box의 동일성 검정[a]

Box의 M	43,647
F	,938
자유도1	45
자유도2	122886,393
유의확률	,591

여러 집단에서 종속변수의 관측 공분산 행렬이 동일한 영가설을 검정합니다.

a. 계획: Intercept+또래지위

다변량 검정[c]

효과		값	F	가설 자유도	오차 자유도	유의확률	부분 에타 제곱
절편	Pillai의 트레이스	,986	4111,747[a]	5,000	299,000	,000	,986
	Wilks의 람다	,014	4111,747[a]	5,000	299,000	,000	,986
	Hotelling의 트레이스	68,758	4111,747[a]	5,000	299,000	,000	,986
	Roy의 최대근	68,758	4111,747[a]	5,000	299,000	,000	,986
또래지위	Pillai의 트레이스	,074	1,518	15,000	903,000	,092	,025
	Wilks의 람다	,927	1,529	15,000	825,809	,014	,025
	Hotelling의 트레이스	,078	1,538	15,000	893,000	,085	,025
	Roy의 최대근	,062	3,717[b]	5,000	301,000	,003	,058

a. 정확한 통계량

b. 해당 유의수준에서 하한값을 발생하는 통계량은 F에서 상한값입니다.

c. 계획: Intercept+또래지위

오차 분산의 동일성에 대한 Levene의 검정[a]

	F	자유도1	자유도2	유의확률
정서인식	,546	3	303	,651
정서표현	1,338	3	303	,262
감정이입	,572	3	303	,634
정서조절	,816	3	303	,486
정서활용	2,449	3	303	,064

여러 집단에서 종속변수의 오차 분산이 동일한 영가설을 검정합니다.

a. 계획: Intercept+또래지위

개체-간 효과 검정

소스	종속변수	제 Ⅲ 유형 제곱합	자유도	평균제곱	F	유의확률	부분 에타 제곱
수정 모형	정서인식	.183[a]	3	.061	.374	.772	.004
	정서표현	1.271[b]	3	.424	2.554	.056	.025
	감정이입	2.659[c]	3	.886	3.805	.011	.036
	정서조절	3.103[d]	3	1.034	4.057	.008	.039
	정서활용	.166[e]	3	.055	.775	.509	.008
절편	정서인식	1708.871	1	1708.871	10491.982	.000	.972
	정서표현	1440.761	1	1440.761	8684.985	.000	.966
	감정이입	1309.420	1	1309.420	5620.361	.000	.949
	정서조절	1430.556	1	1430.556	5611.809	.000	.949
	정서활용	694.625	1	694.625	9743.942	.000	.970
또래지위	정서인식	.183	3	.061	.374	.772	.004
	정서표현	1.271	3	.424	2.554	.056	.025
	감정이입	2.659	3	.886	3.805	.011	.036
	정서조절	3.103	3	1.034	4.057	.008	.039
	정서활용	.166	3	.055	.775	.509	.008
오차	정서인식	49.351	303	.163			
	정서표현	50.265	303	.166			
	감정이입	70.592	303	.233			
	정서조절	77.240	303	.255			
	정서활용	21.600	303	.071			
합계	정서인식	1947.110	307				
	정서표현	1669.263	307				
	감정이입	1548.236	307				
	정서조절	1706.484	307				
	정서활용	795.773	307				
수정 합계	정서인식	49.533	306				
	정서표현	51.536	306				
	감정이입	73.252	306				
	정서조절	80.343	306				
	정서활용	21.766	306				

a. R 제곱 = .004 (수정된 R 제곱 = -.006)
b. R 제곱 = .025 (수정된 R 제곱 = .015)
c. R 제곱 = .036 (수정된 R 제곱 = .027)
d. R 제곱 = .039 (수정된 R 제곱 = .029)
e. R 제곱 = .008 (수정된 R 제곱 = -.002)

〈그림 12-5〉 SPSS에서 다변량분석 output

〈표 12-3〉 정서지능 하위요인의 다변량분석

종속변인	Source	Wilks' Lamda	제Ⅲ 유형제곱합	*df*	*MS*	*F*	*p*
정서인식			1.83	3	.061	.374	.772
정서표현			1.271	3	.424	2.554	.056
감정이입	또래지위	.93**	2.659	3	.886	3.805	.011
정서조절			3.103	3	1.304	4.057	.008
정서활용			.166	3	.055	.775	.509

** $p<.01$

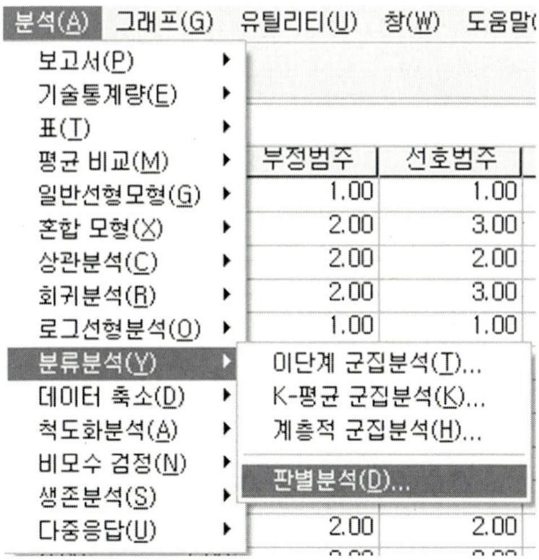

〈그림 12-6〉 분류분석에서 판별분석 클릭

1-4로 지정)한다. 독립변수에 집단분리에 영향을 미치는 변인(다변량분석에서의 종속변인)을 투입한 다음 확인을 클릭한다.

또래지위에 대한 네 집단 판별분석 결과, 한 개의 유의한 함수가 산출되었다. 유의도 검증결과를 보면 제1 판별함수의 Wilks' Lambda = .93으로 $p<.05$

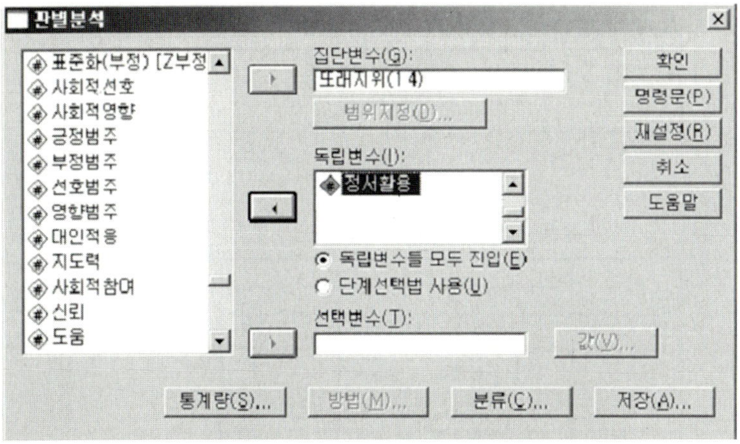

〈그림 12-7〉 집단변수와 독립변수 투입

수준에서 유의한 것으로 나타났다. 표준화 정준 판별함수 계수표에는 또래 지위 차이를 판별하는 판별함수의 표준화계수(standardized coefficients)가 제시되어 있다. 표준화계수는 판별함수상의 점수를 결정하는 데 있어서 어떤 변인이 가장 많이 기여했는지를 알려주는 것으로 표준화계수가 크면 클수록 그 변인의 기여도나 중요성이 크다고 할 수 있다. 이를 토대로 살펴보면 정서표현(.53), 정서조절(.52)과 감정이입(.43)이 집단분리에 큰 기여를 하는 것으로 나타났다. 세 집단중심점(group centroids)을 비교해보면 제1 판별함수에서 인기아는 .26, 보통아는 .11, 무시아는 −.23 거부아는 −.39로 네 집단이 분리되어 있다는 것을 나타내며 특히 인기아 및 보통아와 무시아 및 거부아 간의 차이가 뚜렷한 것을 알 수 있다.

고유값

함수	고유값	분산의 %	누적 %	정준 상관
1	.062[a]	79.7	79.7	.241
2	.010[a]	12.9	92.5	.099
3	.006[a]	7.5	100.0	.076

a. 첫 번째 3 정준 판별함수가 분석에 사용되었습니다.

Wilks의 람다

함수의 검정	Wilks의 람다	카이제곱	자유도	유의확률
1에서 3	.927	22.798	15	.010
2에서 3	.984	4.735	8	.785
3	.994	1.741	3	.628

표준화 정준 판별함수 계수

	함수		
	1	2	3
정서인식	-.189	.489	-.158
정서표현	.525	-.183	.882
감정이입	.428	.897	-.376
정서조절	.517	-.930	-.373
정서활용	-.005	.234	.239

함수의 집단중심점

또래지위	함수 1	함수 2	함수 3
1.00	.255	.074	-.073
2.00	.114	-.095	.059
3.00	-.232	.166	.099
4.00	-.386	-.061	-.083

표준화하지 않은 정준 판별함수가 집단 평균에 대해 계산되었습니다.

〈그림 12-8〉 SPSS에서 다변량 추후검증 output

제13장

요인분석

1. 요인분석의 목적
2. 요인분석의 기본 가정
3. 요인행렬표와 요인부하량
4. 요인과 요인부하량의 도식적 표현
5. 요인분석의 절차
6. 요인분석 이용 시 고려사항
7. 요인분석의 예

요인분석은 변인들 간의 상관관계를 기초로 다수의 변인들을 소수로 묶음으로써 이를 통해 좀더 요약된 정보를 구하고자 할 때 사용되는 통계방법이다. 요인분석에서는 변인들 간의 상관관계나 공변량을 바탕으로 공통적인 특성을 보이는 일련의 변인들을 하나의 요인으로 묶고, 이들 일련의 변인들에 영향을 미치는 것으로 보이는 내재된 특성인 요인을 찾아낸다. 즉, 요인분석은 변인들 속에 내재하는 대표적인 구조나 차원을 찾아내는 방법이다.

요인이란 검사, 척도, 문항 및 거의 모든 측정치에 내재하는 것으로 가정된 구성개념, 즉 가설적 실체인 일종의 잠재변인이다. 예를 들어, 지능에는 언어능력, 수리능력, 추상적 추론, 공간적 추론, 기억 등과 같은 많은 요인들이 내재되어 있는 것으로 알려져 왔다. 적성이나 태도 및 성격 요인도 이와 마찬가지이다(Kerlinger, 1986).

요인분석은 연구의 목적에 따라 탐색적 요인분석(Exploratory Factor Analysis: EFA)과 확인적 요인분석(Confirmatory Factor Analyses: CFA)으로 나눌 수 있다. 아동연구에서 흔히 이용하는 요인분석은 대체로 탐색적 요인분석인데, 이는 원래의 방대한 자료를 가능한 한 줄여서 중요한 요인들을 추출해내는 데 목적이 있다. 탐색적 요인분석은 연구하고자 하는 요인에 대해 이론이나 가설이 아직 체계적으로 정립되지 않은 경우에 사용된다. 이 방법은 사전 가설이 없이 자료를 통해 잠재되어 있는 요인을 탐색해보고자 하는 목적으로 사용된다. 반면, 확인적 요인분석은 기존의 이론이나 연구결과 고찰을 통해 변인들 간의 관계를 미리 예측하고 가설을 설정한 후 요인분석을 함으로써 설정해놓은 변인들 간의 관계들이 잘 성립되는 관계인지 아닌지를 증명하는 데에 사용되는 분석방법이다. 즉, 확인적 요인분석에서는 기존의 이론적 배경을 바탕으로 변인들 간의 관계에 대한 가설을 자료를 분석하기 전에 미리 설정하게 된다.

확인적 요인분석은 다음 장에서 다룰 구조방정식 모형의 특수한 형태이므로, 이 장에서는 탐색적 요인분석을 중심으로 요인분석의 목적, 기본 가정, 요인행렬표와 요인부하량, 요인분석의 절차, 요인분석 이용 시 고려해야 할 사항 등에 관해 살펴보기로 한다.

1. 요인분석의 목적

요인분석은 기본적으로 A_1, A_2, A_3, ... 등의 측정변인들이 서로 밀접하게 관련되어 있어 A라는 하나의 요인을 구성할 수 있는지를 살펴보고, A에 속한 변인들이 B요인이나 C요인에 속한 변인들과의 관계보다 A요인 자체에 속한 변인들과 더 밀접하게 관련되는지를 결정하고자 하는 것이다. 또한 이를 바탕으로 다수의 측정변인들에 잠재되어 있는 공통된 특성(요인)을 찾아낸다. 요인분석의 목적을 정리하면 다음과 같다.

첫째, 정보를 요약한다. 측정된 자료를 대표하는 모형을 만들기 위해 다수의 변인들을 보다 적은 수의 요인으로 요약한다. 이때 이론적으로 부합하는 적정 수의 요인을 산출해야 하고, 산출된 요인들은 신뢰할 수 있고 해석이 가능해야 한다.

둘째, 집합 내 여러 변인들 중 주성분 요인과 높은 상관관계를 보이는 변인을 추출해 낸다. 반면 요인으로 묶여지지 않는 상관관계가 낮은 변인은 제거한다.

셋째, 회귀분석이나 판별분석 등 추후의 통계절차에 사용할 수 있도록 다중공선성 문제가 없는 (서로 상관관계를 보이지 않는) 요인들을 만들어낸다.

넷째, 측정도구의 타당성을 검증하기 위해 같은 개념을 측정하는 문항들이 동일한 요인에 적재되는지 살펴본다. 이때는 사전에 정해진 요인의 수와 설정된 가설에 따라 이를 검증하게 된다.

2. 요인분석의 기본 가정

Andrew L. Comrey

요인분석을 실시하기 위해서는 우선 표본의 수가 커야 한다. 요인분석은 변인들 간의 상관행렬을 기초로 분석하는 방법인데 변인들 간 상관이 안정된 값을 갖기 위해서는 많은 수의 표본이 필요하기 때문이다. 표본 수 50 이하는 요인분석을 하기에 너무 적고, 100도 적은 편이다. 보통 표본 수가 200 정도는 필요하고, 300 이상이 좋다(Comrey & Lee, 1992). 일반적으로 관찰변인(문항) 당 최소 10개 이상의 측정치가 있어야 한다고 보므로 변인(문항) 수와 표본 수의 비율은 1 : 10 정도가 바람직하며, 최소 1 : 5는 넘어야 한다. 즉, 분석에 사용하고자 하는 변인(문항)의 수가 많아지면 이에 따라 표본의 수도 커져야 한다.

요인분석 또한 다중선형성 가설(multiple general linear hypothesis)에 기초를 두기 때문에 다중회귀분석에서와 같은 기본 가정을 충족시켜야 한다. 첫째, 자료가 등간척도나 비율척도로 측정된 것이어야 한다. 둘째, 변인들의 모든 쌍이 선형관계를 가져야 한다. 셋째, 변인들 간 다중공선성이 높지 않아야 한다. 넷째, 유의도 검증을 위해서 다변량 정규분포성 가정을 충족시켜야 한다.

3. 요인행렬표와 요인부하량

만일 한 검사가 오직 하나의 요인만을 측정한다면, 이것을 "요인적으로 순수하다"라고 말한다. 하나의 검사가 하나의 요인을 측정하는 한 그 검사는 그 요인에 부하(負荷)되어 있거나 그 요인으로 채워져 있다고 말한다. 어떤 검사가 요인적으로 "순수한" 지의 여부와 그 검사가 하나의 요인으로 얼마나 채워져 있는지를 알지 못하고서는 실제로 요인분석이 완전하다고 할 수 없다. 만일 어떤 검사가 요인적으로 순수하지 않다면, 어떤 다른 요인이 그 검사에 포함되어 있는지를 알고자 할 것이다. 사실 어떤 측정도구는 매우 복합적이어서 그것이 무엇을 측정하고 있는지를 정확히 알기가 어렵다. 한 검사에 하나 이상의 요인이 포함된다면, 이것을 "요인적으로 복잡하다"라고 말한다.

어떤 검사와 측정도구는 요인적인 측면에서 상당히 복잡하다. 스탠퍼드-비네 지능검사가 이에 해당되는 좋은 예이다. 과학적 연구에서 절실히 요구되는 것은 변인에 대한 순수한 측정치를 얻는 것이다. 만일 수리능력을 측정하는 검사가 요인적으로 순수하지 않다면, 수리능력과 학업성취 간의 관계성이 우리가 생각한 바로 그 관계라고 확신할 수 있겠는가? 만일 이 검사가 수리력과 언어적 추론능력을 모두 측정하고 있다면, 여기서 연구된 관계성에 대해서는 의심할 여지가 있다.

요인분석의 최종 결과 중의 하나가 요인행렬표(factor matrix)인데, 이것은 검사와 내재하는 요인 간의 관계를 나타내는 계수표이다. 〈표 13-1〉에 주성분 요인분석을 통해 나온 요인행렬표가 제시되어 있다. 표 안에 기입된 내용이 요인부하량(factor loadings)이다. 예를 들어, 두 번째 줄에 있는 .79는 요인 *A*에 대한 검사 *R*의 요인부하량이다. 네 번째 줄의 .70은 요인 *B*에 대한 검사 *N*의 요인부하량이다. 검사 *AS*는 요인 *A*에 대해 .10 및 요인 *B*에 대해 .79의 부하량을 갖는다.

요인부하량을 해석하는 것은 별로 어렵지 않다. 이것의 범위는 상관계수와 마찬가지로 -1.00에서 1.00까지이며, 그 해석도 상관계수의 경우와 동일하다. 간단히 말하면, 요인부하량은 검사와 요인 간의 상관을 나타낸다. 예를 들면, *V*는 요인 *A* 및 요인 *B*와 각각 .83과 .01의 상관이 있다. 분명히 검사 *V*는 요인 *A*에 대해 높게 부하되나 요인 *B*에 대해서는 전혀 부하되지 않는다. 검사 요인 *V*, *R* 및 *S*는 요인 *A*에 대해서는 부하되나, 요인 *B*에 대해서는 그렇지 않다. 검사 *N*, *AS* 및 *AT*는 요인 *B*에 대해 부하되나 요인 *A*에 대

〈표 13-1〉 요인행렬표의 예

검사	A	B	h^2
V	.83	.01	.70
R	.79	.10	.63
S	.70	.10	.50
N	.10	.70	.50
AS	.10	.79	.63
AT	.01	.83	.70

출처: Kerlinger, F. N. (1973). *Foundations of behavioral research* (2nd ed.). New York: Rinehart & Winston.

해서는 그렇지 않다. 따라서 모든 검사는 "순수"하다고 할 수 있다.

마지막 행(column)에 있는 수치를 공통성(communality) 혹은 h^2라 부른다. 그것은 한 검사나 변인의 요인부하량의 제곱이다. 예를 들면, 검사 R의 공통성은 $(.79)^2 + (.10)^2 = .63$이다. 한 검사나 변인의 공통성은 그것의 공통요인 변량이다.

4. 요인과 요인부하량의 도식적 표현

요인분석의 본질을 이해하기 위해서는 공간적·기하학적으로 생각해야 한다. 이렇게 하기 위한 두세 가지 좋은 방법이 있다. 상관행렬표를 상관들 간의 벡터와 각으로 나타낼 수 있는데, 여기서는 보다 보편적인 방법을 제시하기로 한다. 요인행렬표의 열에 기입된 수치를 좌표(coordinates)로 취급하여 기하학적 공간에 그 수치를 점으로 표시할 수 있다. 〈표 13-1〉에 제시된 요인행렬표의 수치를 좌표화한 것이 〈그림 13-1〉에 제시되어 있다.

두 요인 A와 B는 서로 직교된 선으로 표시되어 있다. 이들을 준거축(reference axes)이라 부른다. 적절한 요인부하량을 각 축상에 표시한 다음 각 검사의 부하량을 좌표로 나타내었다. 예를 들면, 검사 R의 부하량은 .79와

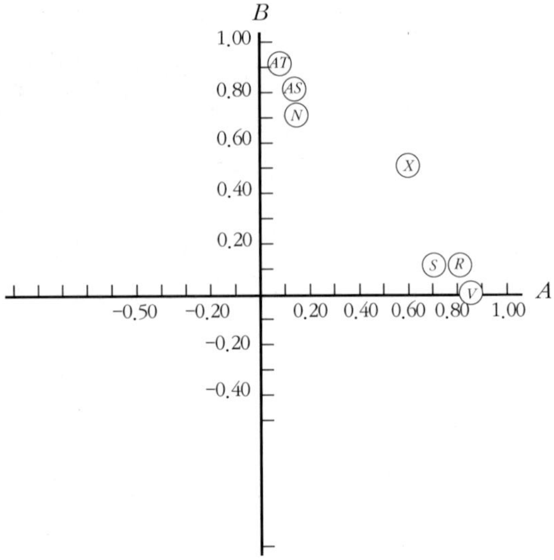

〈그림 13-1〉 요인부하량의 도식적 표현

출처: Kerlinger, F. N. (1973). *Foundations of behavioral research* (2nd ed.). New York: Rinehart & Winston.

.10이다. *A*축에서 .79만큼 이동하고 *B*축에서는 .10만큼 이동하여 좌표로 나타낸 것이 〈그림 13-1〉에 Ⓡ로 표시되었다. 다른 다섯 개 검사의 좌표도 이와 동일한 방식으로 표시되었다.

이제 요인구조를 분명하게 알 수 있다. 각 검사는 한 요인에 높게 부하되지만 다른 요인에 대해서는 그렇지 않다. 따라서 모든 검사는 비교적 "순수한" 각각의 요인 측정치를 갖는다고 할 수 있다. 두 요인을 측정하는 것으로 추정되는 검사는 〈그림 13-1〉에 Ⓧ로 표시되어 있다. 이 검사의 좌표는 .60과 .50이다. 이것은 이 검사가 두 요인, 즉 *A*에 대해서는 .60, *B*에 대해서는 .50이 부하되어 있다는 것을 의미한다. 이 검사는 "순수"하지 않다. 하지만 요인들이 직교적이며(서로 직각을 이루는 축), 검사 부하량이 높고 "순수"하며, 단지 두 요인에만 부하되는 이처럼 단순하고 분명한 요인구조는 그리 보편적인 것이 아니다.

출간된 대부분의 요인분석 연구에서는 2개 이상의 요인들을 보고하고 있다. 4개, 5개, 심지어는 10개 이상의 요인을 보고한 연구도 있다. 물론 하나의 그래프에 이와 같은 요인구조를 도식적으로 표현하는 것은 불가능하다. 비록 3개의 요인을 동시에 좌표로 나타내는 것이 가능하더라도 대개의 경우 보통 2개의 요인을 좌표화한다. 하지만 복잡한 n차원의 구조를 시각적으로 표현한다는 것이 매우 어렵다는 점을 인정해야 한다. 따라서 2차원적 구조로 나타내고 그것을 대수적으로 n차원의 구조에 일반화시키게 된다.

따라서 요인분석에 들어가기 전에 원상관행렬을 검토하고, 반영상관계수(anti-image correlation coefficient), Kaiser-Mayer-Olkin(KMO)의 표본적절성 측정치, Bartlett의 구형성 검증 통계치를 산출하여 요인분석에 적합한 자료인지를 확인해야 한다. 이들 검증결과가 통계적으로 유의하면 변인들 간의 상관관계가 유의하다고 볼 수 있으므로 자료를 요인분석에 이용한다.

5. 요인분석의 절차

요인분석의 일반적인 절차는 다음과 같다.

1) 원자료의 입력

요인분석을 위해 측정된 자료를 컴퓨터의 통계분석 프로그램을 이용하여 입력한다. 자료입력을 마친 후 누락치(missing value)가 있는지 확인한다. 누락치가 체계적으로 나타나는지 무작위로 나타나는지 등을 살펴보고, 누락치를 분석에 포함시킬 것인지 아닌지를 결정한다. 또한 입력된 자료의 측정 단위가 동일하지 않은 것이 있다면 자료를 표준화하여 평균은 0, 표준편차는 1인 정규분포로 바꾸어준다.

2) 변인 간 상관계수 계산과 상관행렬 검토

변인 간 상관관계를 상관행렬표로 만들어 변인 간의 상호관련성을 검토한다. 상관행렬(correlation matrix)의 산출은 자료의 적합성 여부의 판단을 위해 중요하다. 이때 일부 변인들은 비교적 높은 상관관계를 보이고 (보통 .3 이상) 일부 변인들은 서로 낮은 상관관계를 보여야 한다. 하지만, 다중공선성이 지나치게 높은 변인들은 어느 하나를 제거하거나 합하여 하나로 만든다.

3) 요인추출 방법의 선정

자료에서 요인을 추출하는 방법은 다양하다. 표본의 수와 변인의 수가 적을 때, 변인마다 공통성(communality) 추정치가 다른 경우에는 어떤 요인추출 방법을 사용하는지에 따라 그 분석결과가 달라지기 쉽다. 따라서 연구자는 특정 모형을 선택한 이유를 제시해야 한다.

가장 많이 사용되는 요인추출 방법으로 주성분분석(Principal Component Analysis: PCA)과 주요인분석(Principal Factor Analysis: PFA)을 들 수 있다. 주성분분석은 변인들에서 추출되는 변량(공통변량 및 고유변량)을 최대화시키는 변인들의 선형조합을 찾아내도록 반복하는 방식이다. 이 방법은 보통 변인의 수가 너무 많아 자료를 축소하기 위해서 또는 변인들의 변량을 최대로 설명하기 위해서 사용된다. 이를 주축방법(principal axis method)이라고도 부른다. 이 방법을 통해 서로 상관관계가 없는 요인들을 만들어낸다. 반면, 주요인분석은 변인들 간의 고유변량이 아닌 공통변량만을 설명하는 최소 수의 요인을 찾아내고자 하는 방법이다. 이 방법은 최초 변인들을 통해 쉽게 파악되지 않는 잠재된 공통요인을 알아내고자 할 때 사용된다. 이를 주축요인법(principal axis factoring)이나 공통요인분석(common factor analysis)으로 부르기도 한다.

그 밖에 기타 요인추출 방법으로 최대우도법(Maximum Likelihood: ML),

일반최소자승법(Generalized Least Square: GLS), 이미지 요인법(image factoring), 비가중최소자승법(unweighted least square), 알파요인법(alpha factoring) 등이 있다.

4) 상관행렬의 분해

상관행렬의 분해는 수학적으로 해당 행렬 내의 정보를 요약해서 소수의 요인을 추출하는 것을 말한다. 상관행렬을 분해하는 과정에서 고유치(eigenvalue)가 산출되는데, 고유치는 각 요인이 얼마나 많은 설명력을 가지는가를 나타내는 것으로 각 요인별로 요인부하량의 제곱을 더해서 구한다. 따라서 특정 요인의 고유치가 낮으면 그 요인이 변인들의 변량을 설명하는 데 별로 기여하지 못한다는 것을 의미한다.

5) 요인 수의 결정

Raymond B. Cattell

연구자는 분석을 용이하게 하면서도 어느 정도의 설명력을 유지하기 위하여 적절한 요인의 수를 결정해야 한다. 일반적으로 카이저방법, 스크리검사, 총 설명변량, 고유치 평균값, 해석가능성 등을 이용하여 요인의 수를 결정한다(Dunteman, 1989). 카이저(Kaiser) 방법은 고유치가 1 이하인 모든 요인들을 제거하는 방식인데, 요인의 수를 지나치게 많이 혹은 적게 산출하기도 한다. 스크리 검사(Scree-Test)는 Cattell(1965)에 의해 제안된 것으로 요인의 수를 X축에, 각 요인의 고유치를 Y축에 나타낸 스크리[1] 차트와 지수함수를 비교하는 방법이다. 이때 고유치가 X축과 거의 수평선을 이루는 지점에서 요인의 수를 결정

1) 스크리는 지질학적 용어로 암석이 많은 비탈에서 발견되는 잔 자갈의 파편을 의미한다.

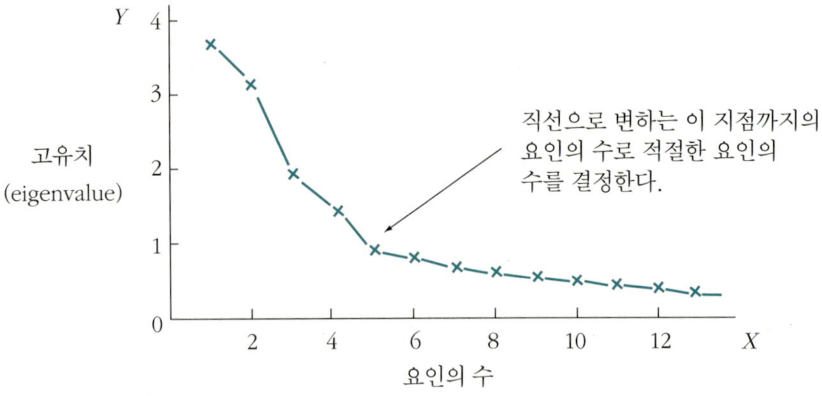

〈그림 13-2〉 스크리 검사의 예

하게 된다. 예를 들어, 〈그림 13-2〉에서는 5개의 요인이 추출된다. 총 설명변량을 기준으로 하는 방법도 있다. 사회과학에서는 보통 총 설명변량의 60% 정도를 설명해주는 요인까지를 선정한다. 고유치 평균을 이용하는 방법은 평균 이상의 고유치를 갖는 요인만을 선택하는 엄격한 방식으로 요인의 수가 너무 작아질 수 있다. 그 밖에 수학적으로 엄격한 기준을 적용하기보다는 그 의미해석이 가능한 모든 요인을 선택하는 방법도 있다.

6) 요인부하량 산출

요인부하량(factor loading)은 변인과 요인 간의 상관계수이다. 특정 요인이 어떤 변인의 변량을 얼마나 설명하는지 알고자 하면 그 변인의 요인부하량을 제곱하면 된다. 각 변인은 요인부하량이 가장 높은 요인에 속하게 된다. 각 변인과 요인 간의 관계를 판단할 때 최대 요인부하량이 얼마 이상이어야 하는지에 대한 명확한 기준은 없다. 하지만 일반적으로 어떤 변인의 요인부하량 값이 .4를 넘으면 해당 요인에서 유의한 변인으로 간주하고, .5 이상이 되면 매우 중요한 변인이라고 할 수 있다.

특정 변인의 모든 요인부하량을 제곱하여 더한 값을 공통성(communality)

이라고 한다. 공통성은 모든 요인들을 예측변인으로, 특정 변인을 결과변인으로 보았을 때의 제곱다중상관계수가 된다. 즉, 특정변인의 변량이 모든 요인에 의해 얼마나 설명되는지를 비율로 표시한 것이다. 따라서 특정 문항의 공통성이 낮으면 요인모형이 해당 문항을 잘 설명하지 못한다는 것을 의미하므로 해당 문항을 제거하기도 한다. 하지만 공통성이 낮더라도 해당 문항이 특정 요인을 설명하는 데 해석상으로 중요한 역할을 한다면 그 문항을 남겨놓기도 한다.

7) 요인의 회전

변인들이 여러 요인에 걸쳐 비슷한 요인부하량을 나타내는 경우, 각 변인이 어느 요인에 속하는지를 결정하기 힘들다. 이때 요인을 회전시키면 각 변인의 요인부하량이 어느 한 요인에 쏠리게 되므로 그 결과를 이해하고 요인을 해석하기 쉬워진다. 요인을 회전시키면 각 요인의 고유치와 요인부하량은 바뀌게 되나, 고유치의 총합은 회전 전이나 후나 동일하다. 어느 회전방법을 이용하든지에 관계없이 산출되는 고유치의 총합은 동일하지만, 각 변인의 요인부하량 값은 달라지게 된다. 즉, 요인의 회전을 통해 각 문항이 어느 한 요인에 높게 부하되게 하고 다른 요인들에는 낮게 부하되도록 하여 요인구조를 명확하게 만든다.

요인을 회전하는 방법에는 회전축을 90° 로 유지하면서 회전하는 직교회전(orthogonal rotation)과 회전축을 임의로 조정하는 사교회전(oblique rotation)이 있다. 직교회전은 추출된 요인들이 서로 독립적이라고 가정하는 경우에 사용되는데, 요인들 간의 관계가 완전히 독립적인 경우가 드물기 때문에 사교회전을 적용하는 것이 보다 현실적일 수도 있다. 그러나 회귀분석이나 판별분석과 같은 추가적인 분석을 하기 위해 요인점수를 이용하려면 직교회전을 사용해야만 다중공선성을 방지할 수 있다. 직교회전 중 가장 많이 사용되는 베리맥스(Varimax) 방법은 하나의 요인에 높게 적재하는 변인의 수를 줄여서 요인의 해석에 중점을 두는 방법이다. 그 밖에 각 변인을 설명하는 데 필요한 요인의 수를 최대한 줄여서 변인의 해석에 중점을 두는 쿼티맥스(Quartimax) 방법, 베리맥스 방법과 쿼티맥스 방법의 절충형인 이쿼맥스(Equamax) 방법이 있다.

사교회전은 추출된 요인들이 서로 독립적이지 않다고 가정될 때 사용된다. 사교회전에서는 요인 간의 상관관계를 허용한다. 사교회전을 하면 형태행렬(pattern matrix)과 구조행렬(structure matrix)이 산출된다. 구조행렬은 직교회전 시 나타나는 것과 같은 단순 요인부하량 행렬이고, 형태행렬은 고유변량만을 반영한 상관계수이다. 요인의 수가 많을수록 설명되는 변량 중 공통변량이 많아지므로 형태상관계수는 작아지게 된다. 사교회전을 한 경우 요인을 명명하고 해석할 때 형태상관계수와 구조상관계수를 모두 살펴보아야 한다. 사교회전 방식으로는 보통 오브리민(Oblimin) 방식이 많이 쓰이고, 그 밖에 프로맥스(Promax) 방식이 있다.

8) 요인의 해석 및 요인점수 산출

요인의 회전을 통해 최종 요인들을 산출하고 나면 각 요인을 해석하고 명명해야 한다. 연구자는 동일 요인 하에 묶여진 변인(문항)들의 공통된 특성을 살펴보고 요인을 해석하게 된다. 이때 요인의 해석가능성을 고려한다면 1개의 요인에 적어도 3개 이상의 변인이 있어야 한다. 요인을 해석하고 명명하는 이 과정에서는 연구자의 주관적 판단이 개입되므로 그 결과가 연구자마다 어느 정도 다를 수 있다.

최종적으로 요인을 확정한 후 요인점수를 산출하여 회귀분석이나 판별분석 같은 추후의 분석에 활용할 수 있다.

6. 요인분석 이용 시 고려사항

요인분석을 이용하는 과정에서 연구자가 주관적으로 판단해야 하는 사항들이 몇 가지 있기 때문에 보다 객관적이고 의미 있는 분석을 실시하기 위해서는 다음과 같은 사항에 대한 고려가 있어야 한다(채서일, 2005).

1) 자료의 적합성 검토

요인분석의 경우는 변수들의 상관관계를 기초로 상관관계가 높은 변수들끼리 묶는 것이므로, 의미 있는 요인분석이 행해지기 위해서는 변수들 간의 상관관계가 일정 수준 이상이 되어야 한다. 즉, 변수들 간에 상관관계가 거의 없다면 요인분석을 실시하더라도 의미 없는 결과를 낳게 되므로, 실시 전에 상관행렬(correlation matrix)을 검토하여 자료의 적합성 여부에 대한 평가를 내려야 한다.

2) 요인 수의 결정

요인의 수를 결정하기 위해서는 일반적으로 고유치(eigenvalue)를 기준으로 결정하거나 요인이 설명하는 분산의 정도에 따라 결정하는 것이 보통이다. 그러나 변인이 많은 경우, 이 기준을 무조건 적용하는 것은 많은 문제를 가져올 수 있는데, 요인의 수가 많아지면 의미 있게 나올 수 있는 하나의 요인이 의미 없는 여러 요인으로 분리되어 버릴 위험이 있다. 또한 요인의 수가 너무 적은 경우에는 요인구조(factor structure)에 문제가 생길 수 있기 때문에 기존 연구조사 등을 통해 요인 수에 대한 신중한 사전조사가 있어야 한다.

3) 상관관계의 문제

요인분석은 기본적으로 변수들 간의 상관계수로부터 시작되므로 상관계수의 문제인 정규성(normality), 범위(range), 분포(distribution) 등의 문제를 원천적으로 포함하게 된다. 정규성의 문제는 표본의 수가 증가함에 따라 해결될 수 있지만 범위나 분포의 문제는 분석에 앞서 설문지의 작성 단계와 자료수집 단계에서부터 많은 주의를 기울여야 한다. 특히 변수들 간의 척도가 상이한 경우 분포상의 상이성으로 인해 낮은 상관계수를 가지게 되며, 요인구조에 많은 문제가 발생하게 되므로 세심한 주의가 요구된다.

4) 회전의 문제

일반적으로 회전방법으로는 직교회전(orthogonal rotation) 방법 중의 하나인 베리맥스(varimax)가 많이 이용된다. 그러나 많은 변인들이 한 요인에 높은 부하량을 보이는 경우에는 베리맥스가 적합치 않게 된다. 또한 요인 간에 완전히 독립적이라고 보기 힘든 경우에는 사교회전(oblique rotation)에 의한 분석도 이루어져야 한다.

5) 원자료의 정보유지

요인분석의 목표는 원자료의 정보손실을 최소로 유지한 가운데 가능한 한 자료의 양을 줄이는 것이므로, 원자료의 정보는 가능한 한 유지되어야 한다. 즉, 이것은 공통성이 높아야 함을 말하는 것인데, 공통성이 낮은 경우 요인분석의 의미는 희박해지며, 더욱이 요인점수를 이용한 추가분석은 많은 문제점을 일으킬 수 있는 여지가 있다.

6) 요인분석의 효율성

4~5개 정도의 변인을 2개의 요인으로 묶는 정도의 분석은 요인분석의 의미를 찾기 힘들므로 요인분석을 하지 않는 것이 낫다. 즉, 컴퓨터를 이용한 요인분석을 실시하기 위해서는 효율성의 측면에서 보다 의미 있는 결과를 얻어내야 함은 당연하다. 따라서 가능한 한 적은 요인에 의해 많은 변인이 대표될 수 있도록 요인구조를 결정하여야 한다.

7. 요인분석의 예

요인분석은 변인들 간의 상관관계에 기초하여 여러 개의 변인들을 비슷한 특성을 가진 것끼리 범주화하여 몇 가지 요인으로 묶는 것이다. 한 예로, 연구자가 유아의 학교준비도 척도를 개발하고자 한다면, 학교준비도의 특징이라고 여겨지는 다양한 변인들(예를 들면, 새로운 환경에 잘 적응한다. 의자에 바른 자세로 앉아 있을 수 있다. 일상생활에서의 지시어를 이해할 수 있다 등)을 모아 비슷한 특성을 지닌 것끼리 요인화(리더십 요인, 사회적 참여 요인 등)한다.

1) 요인분석의 실시

SPSS를 이용하여 요인분석을 실시하는 절차는 다음과 같다.

> 분석 → 데이터 축소 → 요인분석 → 기술통계/KMO와 Bartlett 검증(기본가정 검증) → 요인추출 → 요인회전 → 요인점수 → 옵션 → 확인 → 결과분석

분석에 들어가서, 데이터 축소를 클릭한 후, 요인분석을 클릭한다.

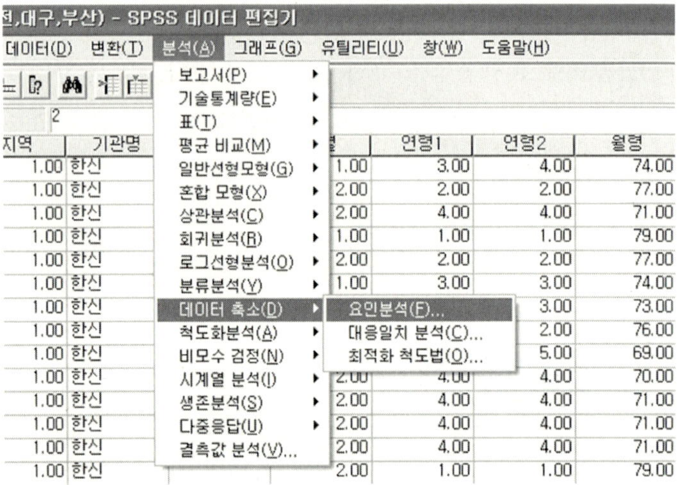

〈그림 13-3〉 분석의 데이터 축소에서 요인분석 선택

기술통계를 클릭해서 KMO와 Bartlett 검증을 통해 요인분석의 기본 가정을 검증한다.

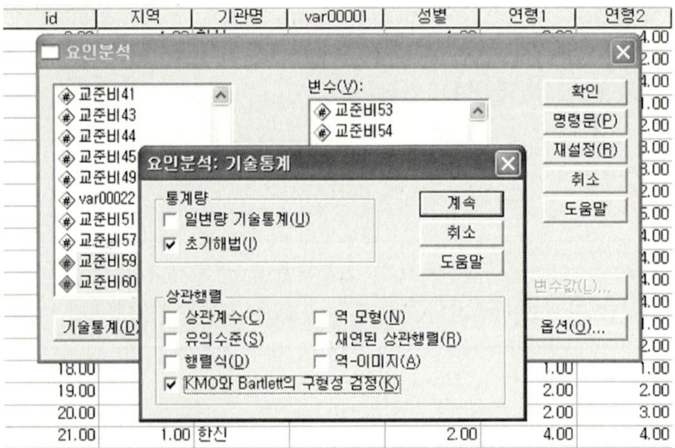

〈그림 13-4〉 기술통계의 상관행렬에서 KMO와 Bartlett 구형성 검증 클릭

요인추출을 클릭하여 요인추출 방법을 선택하고, 요인회전을 선택하여 요인회전 방법을 선택한다. 요인추출과 요인회전 방법은 이론적 근거에 기초하여 이루어져야 한다.

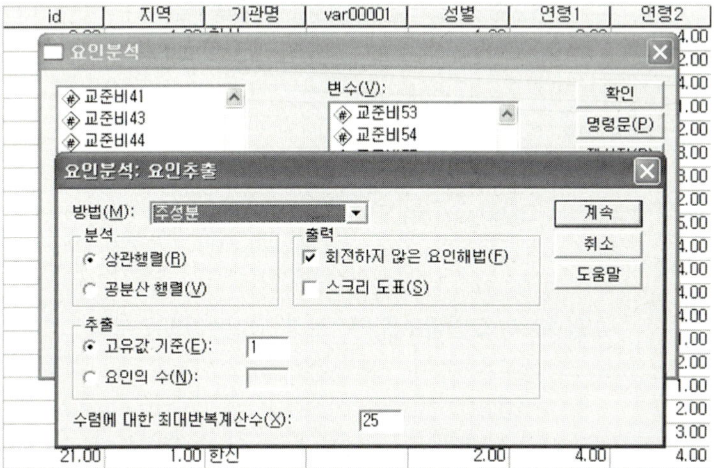

〈그림 13-5〉 요인추출 방법 선택

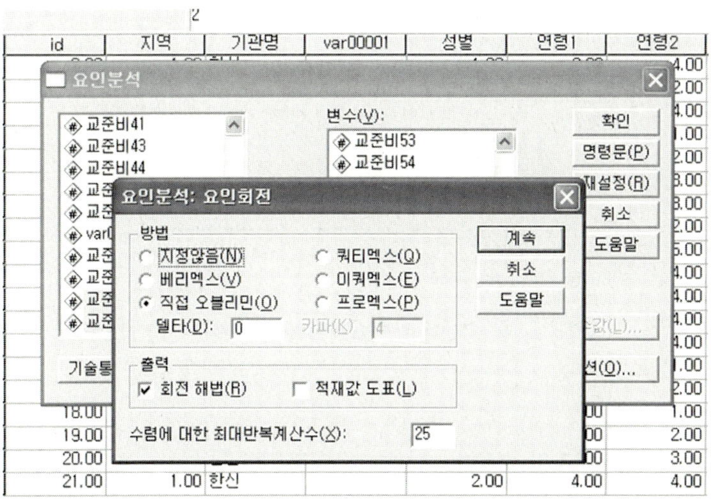

〈그림 13-6〉 요인회전 방법 선택

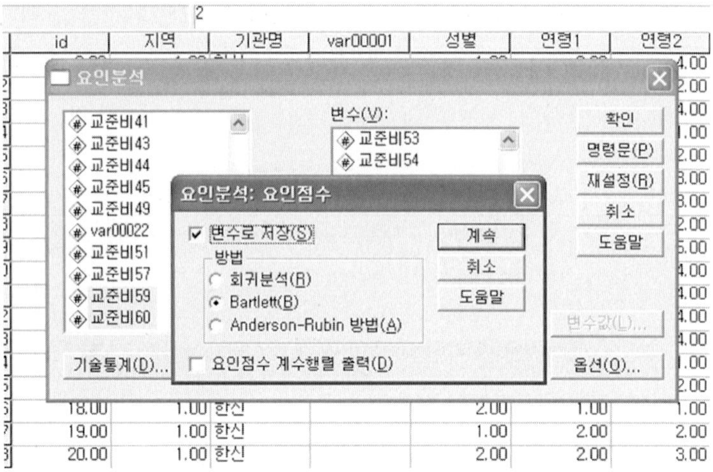

〈그림 13-7〉 요인점수를 변수로 저장하는 방법을 선택

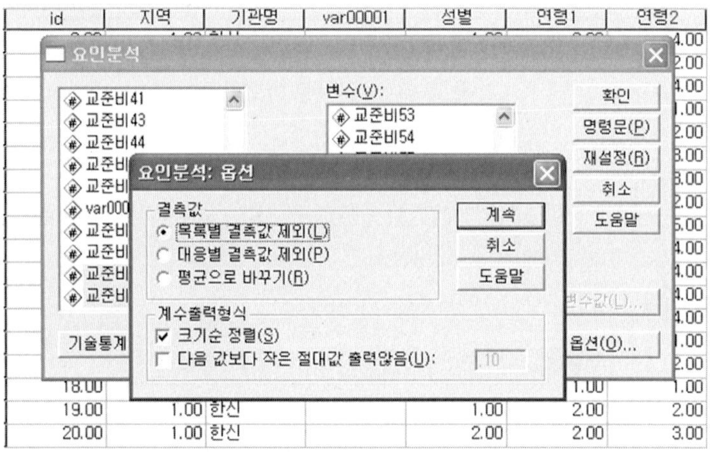

〈그림 13-8〉 옵션에서 계수출력형식을 크기순 정렬로 선택

2) 요인분석의 결과

〈그림 13-9〉는 학교준비도 변인들의 잠재적인 공통요인을 파악하고 척

도 구성의 타당성을 검증하기 위해 탐색적 요인분석(Exploratory Factor Analysis)을 실시하는 과정과 결과이다. 요인분석에 들어가기 전 KMO (Kaiser-Meyer-Olkin)의 표본적절성 측정치와 Bartlett의 구형성 검증 통계치를 산출하여 요인분석에 적합한 자료인지 확인하였다. 표본의 적절성을 측정하는 KMO 값이 .950으로 1에 가깝고, 변인들 간의 상관이 0인지를 검정하는 Bartlett의 구형성 검증 통계치가 11260.696(p<.001)으로 상관행렬이 요인분석을 하기에 적합하다. 이 연구에서 요인분석은 공통요인모형의 주축요인추출방법을 선택하였고, 요인구조의 회전은 요인들 간에 어느 정도의 상관이 존재한다는 가정 하에 Oblimin 방식으로 사각회전하였다. 그리고 요인의 수를 결정하기 위한 기준으로 스크리 검사, 누적분산비율, 해석가능성을 고려하였다. 스크리 도표를 살펴보면, 2요인과 3요인, 4요인과 5요인 사이 고유치 차이가 상대적으로 크게 줄어드는 것을 확인할 수 있다. 스크리 검사 및 해석가능성을 고려하여, 요인의 수를 4개로 두고 사각회전(Oblimin) 후 1차 요인구조를 산출하였고, 각 요인 내 요인부하량이 .3 미만인 문항과 두 요인 이상에 걸쳐 비슷한 요인부하량을 보이는 문항 등 7문항을 삭제하였다. 그리고 나머지 38문항을 가지고 같은 방법으로 요인분석한 결과, 요인부하량이 .3 미만의 1문항과 요인 내 의미가 부적합한 1문항을 제외한 총 36문항을 선정하였다. 이들 4요인의 총 설명분산은 52%로 나타났다. 사각회전 후 산출된 최종 요인구조와 요인부하량은 〈표 13-2〉에 제시된 바와 같다. 첫 번째 요인은 단체생활태도이고, 두 번째 요인은 정서교류능력, 세 번째 요인은 일상생활지식, 네 번째 요인은 학습활동능력으로 명명하였다.

KMO와 Bartlett의 검정

표준형성 적절성의 Kaiser-Meyer-Olkin 측도.		.950
Bartlett의 구형성 검정	근사 카이제곱	11260.696
	자유도	990
	유의확률	.000

요인	초기 고유값			추출 제곱합 적재값			회전 제곱합 적재값(a)
	전체	% 분산	% 누적	전체	% 분산	% 누적	전체
1	13.518	37.549	37.549	13.034	36.206	36.206	8.039
2	2.672	7.421	44.970	2.192	6.088	42.294	8.578
3	2.033	5.647	50.616	1.567	4.353	46.647	8.272
4	1.884	5.233	55.849	1.438	3.994	50.641	8.011
5	1.078	2.994	58.843				
6	.978	2.716	61.559				
7	.921	2.559	64.118				
이하 생략							

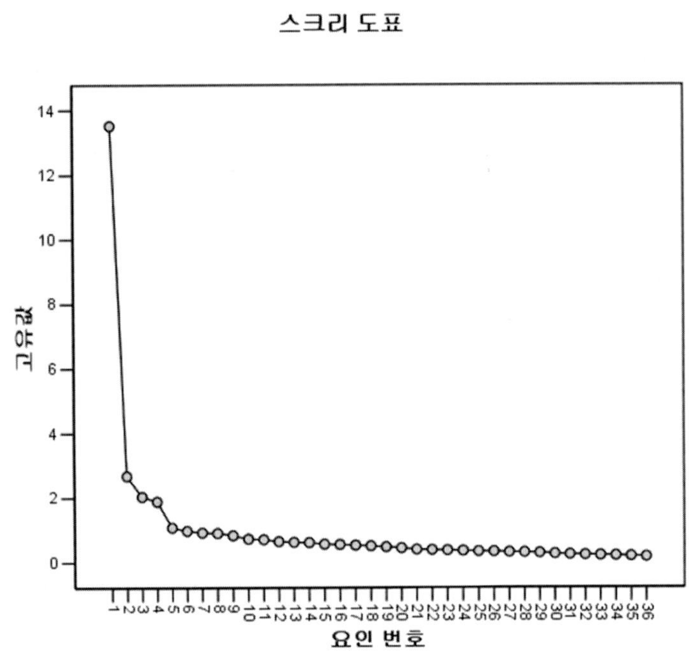

	요인			
	1	2	3	4
준비도53	.798	.020	-.034	-.004
준비도22	.795	-.051	-.085	.029
준비도18	.688	-.093	-.078	-.043
준비도42	.675	.019	.031	.101
준비도46	.640	-.047	.029	.001
준비도56	.588	-.069	.116	.011
준비도5	.397	-.235	.122	.037
준비도26	.344	-.141	.261	.179
준비도34	.326	-.236	.263	.065
준비도8	.325	-.163	.137	.211
준비도38	.316	-.117	.207	.185
준비도9	.282	-.269	.176	.102
준비도6	.001	-.901	-.097	-.052
준비도10	.051	-.829	-.022	.004
준비도14	-.077	-.825	.020	.066
준비도2	.134	-.625	-.022	-.106
준비도11	.026	-.309	.282	.159
준비도1	.034	-.223	.196	.011
준비도52	-.183	-.025	.784	-.042
준비도58	.035	.005	.614	-.031
준비도48	.128	.022	.594	.015
준비도55	.173	.010	.515	-.092
준비도47	-.075	-.002	.486	.230
준비도20	.130	-.100	.417	.024
준비도50	.161	-.239	.378	-.002
준비도24	.226	.045	.364	.245
준비도3	-.127	-.138	-.252	.722
준비도54	.063	-.002	-.045	.658
준비도31	.270	.105	-.018	.564
준비도36	-.028	.011	.293	.524
준비도32	.023	.062	.159	.517
준비도35	.180	.011	.227	.462
준비도27	.219	.013	.147	.453
준비도23	.359	-.013	.111	.404
준비도12	.260	-.267	.044	.288
준비도7	.168	-.136	.232	.265

〈그림 13-9〉 SPSS에서 요인분석 output

〈표 13-2〉 학교준비도 척도 최종 문항의 회전 후 요인행렬표

번호	문항내용	요인 1	요인 2	요인 3	요인 4	h^2
52	사용한 물건은 제자리에 둔다.	.786	-.041	.109	.023	.661
55	공공장소(식당, 공연장, 경기장, 박물관, 병원 등)에서 조용히 한다.	.722	-.059	-.018	-.079	.532
58	활동하는 데 필요한 준비물(책, 종이, 가위, 풀 등)을 잘 간수한다.	.700	-.110	.171	.001	.560
24	의자에 바른 자세로 앉아 있을 수 있다.	.544	.063	.000	-.121	.414
48	휴지는 스스로 휴지통에 버린다.	.481	.149	.110	.014	.385
20	다른 사람이 이야기할 때 집중하여 듣는다.	.441	.172	.011	-.138	.396
3	처음 만나는 사람에게 친근하게 다가간다.	-.079	.793	-.173	-.031	.520
23	자신에 대해 긍정적으로 생각한다.	.002	.652	.124	-.043	.540
31	평상시 표정이 밝다.	-.049	.644	.136	.004	.472
54	새로운 환경에 잘 적응한다.	-.054	.634	.117	.136	.384
35	자신의 감정을 긍정적으로 표현한다.	.181	.584	-.030	-.053	.484
12	새로운 활동에 호기심을 보인다.	-.044	.579	.216	-.077	.514
8	원에서의 활동에 흥미가 있다.	.003	.538	.148	-.150	.492
27	매사에 잘할 수 있다는 자신감이 있다.	-.040	.535	.065	-.207	.440
36	친구와 만나고 헤어질 때 인사를 잘한다.	.220	.505	.038	-.049	.463
47	어려움에 처한 사람을 위로해 준다.	.355	.489	.064	.103	.498
32	웃어른께 공손하게 인사한다.	.358	.469	.002	.045	.468
7	친구와 서로 협력한다.	.320	.447	-.041	-.152	.523
11	과제수행에 어려움이 있는 친구를 도와준다.	.284	.410	-.026	-.252	.548
46	위아래 사람에 대한 호칭(언니, 오빠, 누나, 형, 동생 등)을 구별한다.	-.002	-.014	.802	.023	.614
53	신체기관명을 알고 있다(예: 머리, 팔, 다리, 손, 발……).	.106	-.065	.719	-.018	.573
22	크기가 크고 작음을 구분한다.	-.016	.145	.710	-.082	.675
42	자기 집 가족사항에 대해 알고 있다.	-.001	-.016	.658	.040	.400
18	양이 많고 적음을 구분하다.	-.022	.072	.579	-.276	.609

34	오늘, 여름, 취침시간 등과 같은 시간 관련 개념을 이해한다.	.024	.187	.536	-.143	.545
50	좌우(왼쪽, 오른쪽)의 공간개념을 이해한다.	.015	.178	.533	-.081	.468
38	일상생활에서의 지시어를 이해한다.	.118	.004	.495	-.043	.345
56	책을 보는 방법(페이지 넘기기 등)을 알고 있다.	.379	-.013	.412	-.077	.516
14	받침 있는 글자를 쓴다(예: 공, 철봉, 운동장……).	.000	.022	-.078	-.827	.639
10	받침 없는 글자를 쓴다(예: 해, 나무, 무지개……).	-.007	-.104	.059	-.816	.646
6	받침 있는 글자를 읽는다(예: 책, 연필, 필통……).	.013	-.055	.175	-.777	.740
2	받침 없는 글자를 읽는다(예: 나, 너, 우리……).	-.037	.091	.225	-.589	.570
9	가위를 이용하여 모양을 반듯하게 오린다.	.252	.072	.060	-.486	.519
5	모양을 정확하게 따라 그린다.	.179	.301	.014	-.429	.548
26	다른 사람의 말을 듣고 바르게 전달한다.	.306	.219	.040	-.325	.496
1	연필을 바르게 잡고 사용한다.	.250	.132	.081	-.304	.367
	고유치	13.575	2.143	1.505	1.340	
	설명분산	37.709	5.952	4.180	3.722	
	누적설명분산	37.709	43.661	47.841	51.563	

출처: 박연정 · 정옥분(2008). 학령 전 아동의 학교준비도 척도개발 연구. 인간발달연구, 15(1), 23-47.

제14장

구조방정식 모형

1. 구조방정식 모형과 회귀분석, 요인분석, 경로분석과의 비교
2. 측정모형과 잠재모형
3. 구조방정식 모형의 연구절차
4. 구조방정식 모형 분석의 예

최근에 와서 사회과학분야에서 구조방정식(Structural Equation Modeling: SEM)에 대한 관심이 높아지고 구조방정식을 이해하고자 하는 노력들이 많아지고 있으나, 사실 구조방정식은 우리가 알고 있는 것보다 훨씬 더 긴 역사를 가지고 있는 오래된 분석방법 중 하나이다. 요인분석의 역사가 거의 1세기 가량이 되고, 경로분석이 거의 70여 년의 역사를 가지고 있다는 점에서 구조방정식도 따져보면 거의 100년에 가까운 긴 역사를 가지고 있는 분석방법이다. 구조방정식은 처음부터 색다르게 생성된 분석방법이 아니라 인과관계를 파악하고자 하는 요구에 의해 회귀분석, 요인분석, 경로분석을 토대로 생성된 분석방법이다.

사회과학이 학문적 특성상 단정적인 언어로 인과관계를 확정짓기 어렵다는 한계점을 안고 있기에, 구조방정식은 예측이나 통제를 목적으로 인과관계를 추론하고 이를 분명하게 제시하여 줄 수 있는 보다 강력한 통계적 절차를 밟음으로써 이러한 한계점을 극복하고자 하는 의도에서 만들어진 분석방법이다.

구조방정식은 어떤 현상에 대한 체계적인 이론을 검증하기 위해 가설검증 접근방식, 예를 들면 확인적 접근방식 등을 취하는 통계분석 방법이다(Byrne, 1994). 이러한 분석을 통해 연구자들은 이론적 고찰을 토대로 세운 가설을 검증함으로써 어떤 변인이 원인이 되는 변인이고, 어떤 변인이 결과가 되는 변인이며, 어떤 변인이 결과 변인이면서 동시에 원인이 되는 변인인지에 관한 구체적인 증거를 제시할 수 있게 된다.

이 장에서는 회귀분석, 요인분석, 경로분석을 구조방정식 모형과 비교해 보고 측정모형과 잠재모형에 관해 살펴본 다음 끝으로 구조방정식 모형의 연구절차에 관해 살펴보기로 한다.

1. 구조방정식 모형과 회귀분석, 요인분석, 경로분석과의 비교

앞에서 언급한 바와 같이 구조방정식 모형은 처음부터 색다르게 생성된 것이 아니라 회귀분석, 요인분석, 경로분석이 발전하고 결합하여 생성된 하나의 분석방법이다. 따라서 구조방정식 모형이 각 분석기법의 어떤 단점을 보완하여 생성된 방법인지 살펴보는 것은 구조방정식 모형에 대한 보다 깊이 있는 이해에 도움이 될 것이다.

1) 회귀분석과의 비교

사회과학에서 회귀분석(Regression Analysis)은 주로 예측을 하기 위한 용도로 사용되어 왔다. 그러나 회귀분석이 예측에 도움이 되는 분석이기는 하지만, 그 특성상 독립변인이 종속변인에 미치는 직접적인 영향력만을 확인할 수 있다는 한계점을 가지고 있다. 회귀분석을 통해서는 간접적인 영향력이나 제3 변인의 영향력들을 확인하는 것이 어렵다. 경로분석과 구조방정식 모형은 회귀분석의 이러한 한계점을 극복할 수 있는 통계분석 방법이다. 경로분석과 구조방정식 모형은 종속변인에 직접적인 영향을 미치는 변인뿐 아니라, 다른 변인을 매개로 간접적인 영향을 미치는 변인도 확인할 수 있고, 하나의 변인이 다른 두 개의 변인에 동시에 영향을 미치는 제3 변인의 효과도 확인할 수 있으므로 회귀분석보다 더 다양한 관계를 확인해줄 수 있다는 장점을 지니고 있다.

2) 요인분석과의 비교

요인분석(Factor Analysis)은 변인들 간의 상관관계를 기초로 변인들을 소수의 요인으로 묶음으로써 이를 통해 좀더 요약된 정보를 구하고자 할 때 사용되는 분석방법이다. 요인분석은 연구의 목적에 따라 탐색적 요인분석(Exploratory Factor Analysis)과 확인적 요인분석(Confirmatory Factor Analysis)으로 나누어진다. 구조방정식 모형은 확인적 요인분석과 관련되어 있다.

확인적 요인분석을 도식으로 나타내면 다음과 같다(〈그림 14-1〉 참조).

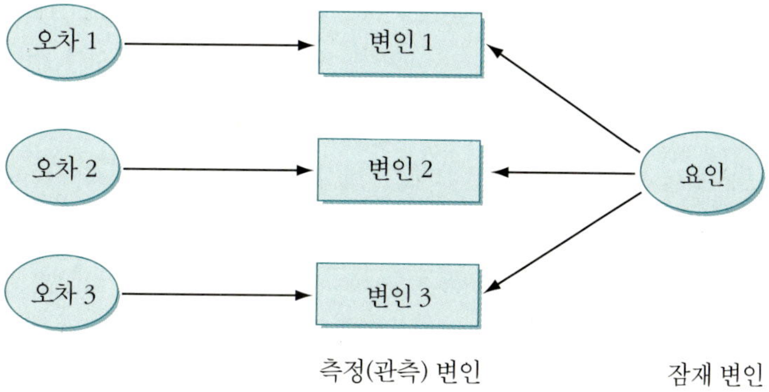

〈그림 14-1〉 확인적 요인분석

요인분석에는 직접 측정 또는 관찰을 통해 획득한 측정변인과 직접 측정된 것은 아니지만 잠재적으로 측정변인에 영향을 미치는 것으로 판단되는 요인(잠재변인)이 있다. 요인분석은 측정변인들 간의 상관관계는 요인이 미치는 영향에 의해 발생한다는 가정을 한다.

요인분석이 요인들 간의 상관관계에 많은 관심을 가지고 있다고 할지라도 이 요인들 간의 관계를 입증하여 줄 수 있는 회귀분석적 구조가 없기 때문에 요인들 간의 인과관계를 알 수 없다는 한계점을 안고 있다. 반면, 구조방정식 모형은 확인적 요인분석의 특성을 가지고 있으면서 동시에 인과관계를 알 수 있는 회귀분석, 경로분석의 특성을 가지고 있기 때문에 요인들 간의 인과관계 그리고 측정변인과 잠재변인과의 관계 파악에 유리한 특성을 가지고 있다.

3) 경로분석과의 비교

경로분석(Path Analysis)은 공분산이나 상관계수를 통해 변인들 간의 인과 관계를 규명하는 분석방법으로서 변인들을 하나의 경로로 엮어 모형을 구축할 수 있다. 모형을 사용함으로써 2개 이상의 독립변인들과 2개 이상의 종속변인들 간의 위치 관계를 쉽게 알아볼 수 있다는 장점이 있다. 이러한 측면은 하나의 종속변인을 설명하는 회귀분석보다는 활용할 수 있는 면이 더 많으며, 회귀분석에서는 파악하기 어려웠던 간접적인 영향력과 제3 변인의 영향력을 쉽게 파악할 수 있다는 장점을 지니고 있다.

〈그림 14-2〉에는 경로모형의 예가 제시되어 있다. 〈그림 14-2〉에서 보듯이 경로분석은 연구자의 가설에 따라 모형을 구축하고 그 흐름을 화살표로 표시하고 있어 분석이 어떤 방향으로 이루어지는지를 잘 보여주고 있다.

〈그림 14-2〉를 통해 알 수 있듯이 사실 경로분석은 구조방정식 분석의 한 부분을 차지하고 있다고 해도 과언이 아닐 정도로 그 경향성에 있어서 상당히 유사한 부분을 많이 지니고 있다. 그러나 구조방정식 모형과는 달리 잠재요인에 대한 부분이 없다. 즉, 경로분석에는 여러 개의 측정변인들을 기초로 한 잠재변인에 대한 개념이 없다. 따라서 측정변인 하나로 잠재변인 하나를 이루게 되는데, 이러한 점 때문에 때로는 경로분석을 잠재변인이 없는 구조방정식이라고도 부른다. 사회과학에서는 하나의 측정변인으로 잠재변인을

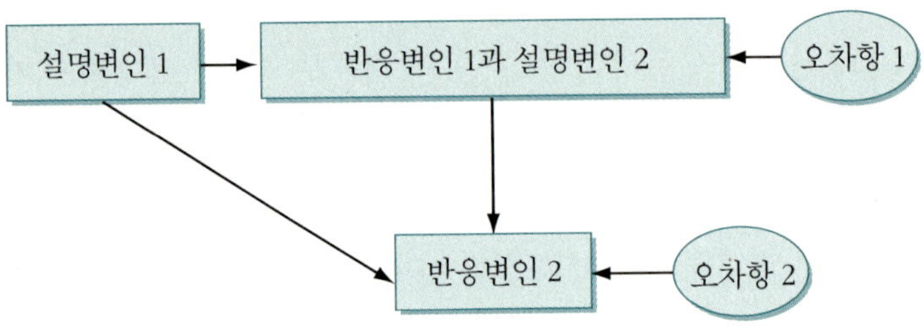

〈그림 14-2〉 경로모형의 예

모두 설명하기 어려운 경우들이 많다. 따라서 여러 개의 측정변인을 통해 잠재변인을 확인하는 구조방정식 모형이 연구자가 실제로 연구하고자 하는 목표에 더 가까이 접근할 수 있는 가능성이 많은 분석방법이라 하겠다.

2. 측정모형과 잠재모형

구조방정식 모형은 공변량 구조분석 모형(covariance structural modeling) 또는 공변량 구조방정식 모형이라고도 불리는데, 이는 측정모형(measurement model)과 잠재모형(structural model)을 통해 변인들 간의 인과관계를 일련의 방정식으로 표현한 모형을 의미한다. 측정모형이란 관찰 또는 측정된 값을 통해 이루어진 모형을 의미하며, 잠재모형이란 직접 관찰되거나 측정되는 것이 아니라 간접적인 방식으로 관찰되거나 잠재적으로 내재되어 있는 모형을 의미한다(Byrne, 1994).

연구자는 이론적인 배경 하에 측정변인들과 잠재변인들을 설정하고, 측정변인들을 측정함으로써 얻게 되는 잠재변인들 간의 인과관계를 구조방정식 모형을 이용해 검증하게 된다. 이러한 검증과정에 보완된 회귀분석, 요인분석, 경로분석 등이 사용되는 것이다.

일반적으로 구조방정식 모형은 잔차요인(잔여분 변인)과 외생변인 간의 상관이 없고, 잠재변인과 측정오차 간의 상관이 없으며, 잔차요인과 측정오차 간에도 상관이 없다는 가정에 근거한다(이순묵, 1990). 구조방정식 모형을 사용하기 위해서는 먼저 이 가정들이 충족되어야 한다. 내생변인이 연구에서 설정한 외생변인들에 의해 설명되지만 100% 설명이 다 되는 것은 아니다. 이때 설명되지 못한 부분을 잔차요인이라 한다. 잠재변인은 측정가능한 변인이 아니므로 측정변인을 측정함으로써 잠재변인을 이해해야 하는데, 측정변인이 잠재변인을 100% 설명을 다 할 수 있는 것은 아니다. 이때 측정되지 못한 부분을 측정오차라고 부른다.

1) 측정모형

측정모형이란 관찰변인 또는 측정변인들이 들어 있는 모형으로 측정변인과 잠재변인과의 관계를 보여주는 모형이다. 측정변인은 외생변인(잠재적인 독립변인 모형)이 있는 모형과 내생변인(잠재적인 종속변인 모형)이 있는 모형으로 나누어진다. 외생변인은 다른 변인에 의해 설명되지 않는 일종의 독립변인이며, 내생변인은 독립변인이나 외생변인으로부터 설명되는 종속변인으로 생각하면 된다. 외생변인이 있는 측정모형은 〈그림 14-3〉과 같으며 내생변인이 있는 모형은 〈그림 14-4〉와 같다.

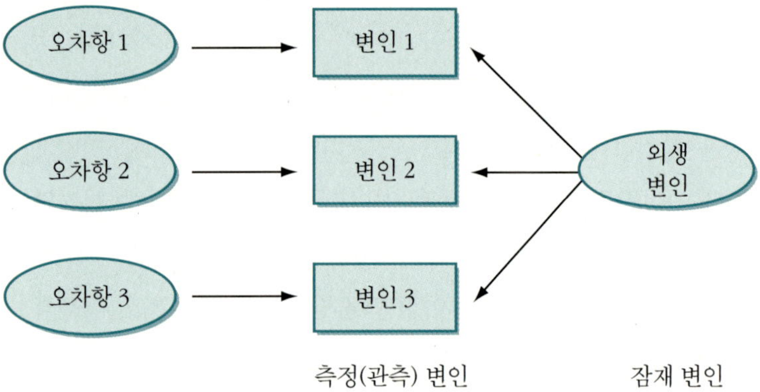

〈그림 14-3〉 외생변인 측정모형

모형을 이해하기 위해서는 먼저 경로모형에 사용되는 표시에 익숙해져야 한다. 그림에서 보이는 잠재변인은 원(타원)으로 표시하여야 하고, 측정변인들은 사각형으로 표시하여야 한다. 그리고 일방향 화살표는 원인과 결과를 표시하는 것으로서 화살표의 시작이 원인이며 화살표의 끝부분이 결과이다. 〈그림 14-3〉과 〈그림 14-4〉에는 없지만 〈그림 14-5〉에서 볼 수 있는 쌍방향 화살표도 존재하는데 그것은 공변량 또는 상관관계를 의미한다.

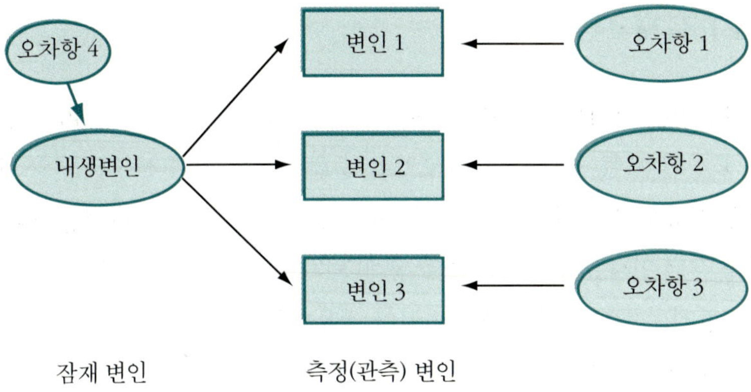

〈그림 14-4〉 내생변인 측정모형

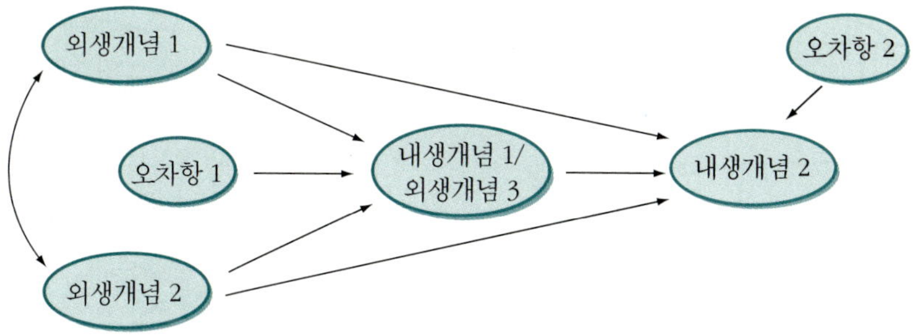

〈그림 14-5〉 잠재모형의 예

〈그림 14-3〉에서 보듯이 외생변인이 있는 측정모형은 확인적 요인분석과 크게 다를 바가 없으나 〈그림 14-4〉에서 보듯이 내생변인이 있는 모형에는 내생변인에 오차항이 추가되어 있는 것이 다르다. 이는 내생변인이 적어도 하나 이상의 원인과 결과 관계에서 결과를 나타내는 변인, 즉 독립변인에 의해 영향을 받는 종속변인이므로 내생변인에 오차항을 추가하여야 한다.

2) 잠재모형

잠재모형은 측정모형을 통해 나타난 외생변인과 내생변인 그리고 오차항으로 구성된 모형이다. 이 잠재모형은 문헌고찰을 통해 설정해놓은 연구모형에 근거하여 작성된다. 즉, 잠재모형은 연구가설에 따라 내생변인과 외생변인들 간의 인과관계를 나타낸 모형이다.

구조방정식 모형에서는 내생변인이 경우에 따라 외생변인이 되기도 하는 특성이 있다. 즉, A라는 변인이 B변인과 C변인의 내생변인일지라도 A변인은 내생변인이면서 동시에 D라는 변인에 대해서는 외생변인으로 작용할 수 있다.

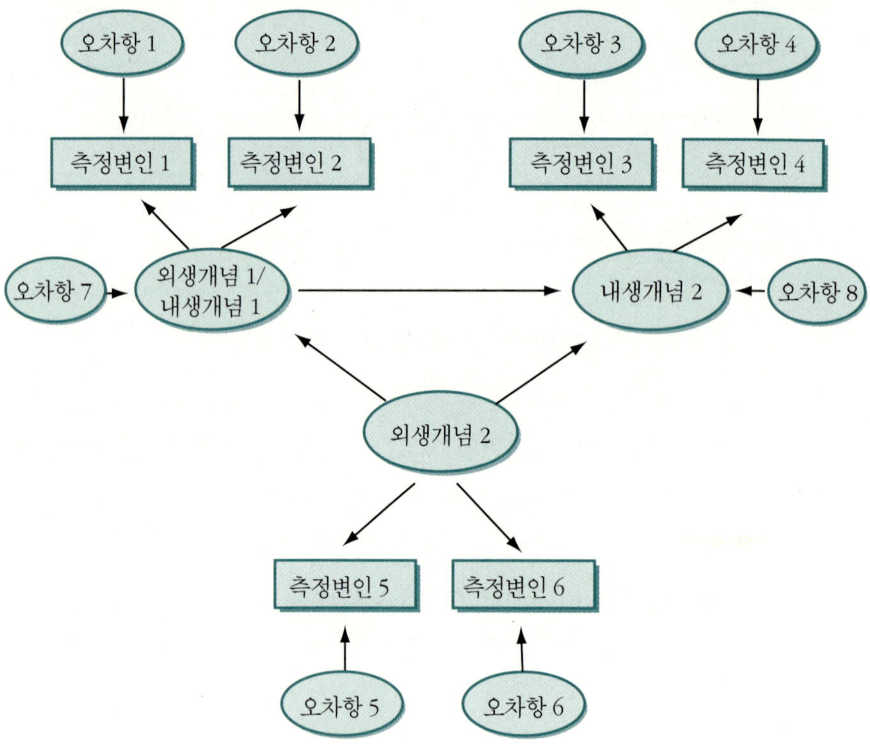

〈그림 14-6〉 구조방정식 모형의 한 예

위에서 설명한 잠재모형과 측정모형을 합하면 〈그림 14-6〉과 같은 구조방정식 모형을 설정할 수 있다.

3. 구조방정식 모형의 연구절차

모든 분석에 절차가 있듯이 구조방정식 모형을 분석하기 위해서도 몇 가지 절차가 있다. 그 절차는 구조방정식 모형의 유형과 연구목적에 따라 다소 차이가 있을 수도 있으나 일반적으로 다음과 같은 단계를 거친다(〈그림 14-7〉 참조). 먼저, 1단계에서는 이론 및 선행연구를 기초로 한 연구모형을 개발한다. 2단계에서는 개발한 모형에 포함된 변인들의 자료를 표본크기를 고려해 수집한 후 점검한다. 3단계에서는 개념적 연구모형을 잘 나타내는 경로도를 작성한다. 4단계에서는 경로도를 구조모형과 측정모형이 포함된 분석모

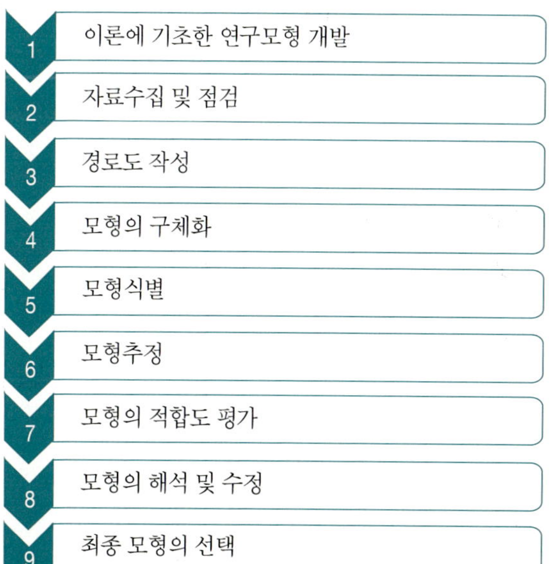

〈그림 14-7〉 구조방정식 모형을 이용한 연구모형 검증 절차

형으로 구체화한다. 5단계에서는 연구모형을 식별하고, 6단계에서는 연구모형을 추정한 후, 7단계에서 모형의 적합도 지수를 평가한다. 8단계에서는 연구모형을 해석하고, 이론적으로 적절하다면 더 나은 모형이 되도록 수정한다. 마지막 단계에서 연구자는 최종 모형을 선택한다. 이들 각 단계에 대해 보다 자세히 살펴보기로 하자.

1) 이론에 기초한 연구모형 개발

구조방정식 모형은 한 변인의 변화가 다른 변인의 변화에 의한 것이라고 가정되는 인과적 관련성(causal relationships)에 기초한 것이다(Heise, 1975). 하지만 이때 연구자가 두 변인 간 인과성에 대해 가정하는 근거는 선택한 분석방법이 아니라 두 변인 간 인과성을 뒷받침하는 이론이 되어야 한다. 인과성을 주장하고자 할 때 일반적으로 다음과 같은 기준을 충족시켜야 한다(Bullock, Harlow, & Mulaik, 1994). 두 변인 간의 관련성이 충분해야 하고, 원인이 결과보다 시간적으로 선행되어야 하며, 대안적인 원인변인이 부족하고, 두 변인 간 인과적 관련성에 대한 이론적 근거가 있어야 한다. 이러한 기준을 모두 충족시킬 수 없다면 최소한 인과적 관련성에 대한 이론적 근거가 반드시 있어야 한다. 그렇지 않다면, 구조방정식 모형이라는 분석방법 자체는 인과성을 증명하는 수단이 될 수 없다.

이론에 기초한 모형을 개발할 때 나타날 수 있는 오류 중 가장 심각한 것은 중요한 예측변인을 누락시키는 것이다. 모형에서 결과변인을 예측하는 데 필요한 중요한 변인이 누락된다면, 모형에 포함된 다른 변인들의 상대적 중요성 또한 제대로 평가하기 어렵다(MacCullum, 1986). 예를 들어, 아동이 하루에 섭취하는 칼로리와 부모의 비만정도가 아동의 비만정도를 예측하는 주요 변인이라고 해 보자. 분석에 하루 섭취 칼로리와 부모의 비만정도를 모두 포함하면 추정계수를 이용해 이들 두 예측변인의 상대적 중요성을 제대로 평가할 수 있을 것이다. 하지만 하루 섭취 칼로리 변인이 분석에서 빠진다면,

부모의 비만정도 변인의 추정계수도 달라지게 된다. 따라서 연구모형을 개발하기 전에 관련 이론 및 선행연구들을 종합적으로 살펴보고, 결과변인에 영향을 미치는 중요한 예측변인이 누락되지 않도록 주의해야 한다.

2) 자료수집 및 점검

연구모형을 개발한 후, 연구자는 연구가설이나 연구모형을 입증하기 위한 경험적 자료를 수집한다. 이 단계에서는 자료수집 과정에서 발생할 수 있는 문제들을 최소화하도록 노력하고, 수집된 자료를 기술통계 및 그래프 등을 이용해 면밀히 살펴보아야 한다.

일반적으로 구조방정식 모형을 수행하기 위해서는 다른 다변량분석에 비해 표본크기가 커야 한다. 표본크기가 작을 경우, 구조방정식 모형 프로그램에서 사용되는 일부 통계적 알고리즘의 결과를 신뢰하기 힘들기 때문이다. 따라서 적절한 표본크기를 고려하여 자료를 수집해야 한다. Hair와 그 동료들(2006)은 구조방정식 모형을 수행하기 위해 필요한 최소 표본크기는 자료의 다변량 정규분포성, 모형 추정 방식, 모형의 복잡성, 결측치의 양 등에 따라 달라진다고 지적하였다. 또한 이들은 모형의 복잡성과 기본 측정모형의 특성을 고려해 표본크기에 대해 다음과 같이 제시하였다. ① 각 잠재변인이 3개 이상의 관찰변인으로 구성되고, 이들 관찰변인들 간 공통성이 높으며(.60 이상), 총 5개 이하의 잠재변인을 포함한 구조방정식 모형은 100~150개의 표본으로도 적절히 추정될 수 있다. ② 공통성이 보통수준(.45~.55)이거나 모형에 관찰변인이 3개 이하인 잠재변인이 포함되어 있으면, 200개 이상의 표본이 필요하다. ③ 공통성이 낮거나 모형에 관찰변인이 3개 이하인 잠재변인이 여러 개 포함되어 있으면, 모형을 적절히 추정하기 위해서 표본크기가 최소한 300개 이상 필요하다. ④ 잠재변인의 수가 6개 이상이고, 이들 중 관찰변인이 3개 이하인 잠재변인이 포함되어 있으며 공통성이 낮은 경우, 500개 이상의 표본이 필요할 수도 있다. 그 밖에 자료가 정규분포를 따르지 않거나 결측치가 10% 이상인 경우 등에도 표본크기가 커야 모형을 적절히 추정할 수 있다.

수집된 자료를 분석하기 위해 컴퓨터에 입력한 후, 자료의 정확성을 확인하고 기본 특성을 점검한다. 원자료나 상관행렬 또는 공분산행렬을 입력할 때 오류가 없이 정확히 입력되었는지 기술통계나 빈도분포 등을 이용해 검토한다. 예를 들어, 변인의 최소값과 최대값을 확인해 해당 변인이 가질 수 있는 범위의 값인지 확인한다.

자료가 정확하게 입력이 되었는지 확인한 후, 결측치가 있는지 점검한다. 결측치는 모형 추정 과정에 영향을 미칠 수 있으므로 분석 전에 결측치를 어떻게 처리할 것인지 결정해야 한다. 결측치 문제를 해결하는 방식은 목록별 제거(listwise deletion)방법에서 다른 값으로 대체(imputation)하는 방법까지 매우 다양하다. 기대-최대화(EM: expectation-maximization)[1] 방식이 추정된 모형에서 결측치로 인한 오류를 최소화할 수 있는 것으로 보이지만, 결측치의 비율이 그리 높지 않다면 목록별 제거나 대응별 제거(pairwise deletion) 방법을 이용할 수 있다(Brown, 1994).

자료의 정상성도 점검해야 한다. 비정규성은 일변량정상성 수준과 다변량 정상성 수준에서 나타난다. 엄격한 의미에서 구조방정식 모형을 분석하기 전에 자료에서 충족시켜야 하는 것은 다변량정상성 가정이지만, 개별 변인들이 일변량정상성을 충족시킨다면 구조방정식 모형을 이용해도 크게 문제되지 않으므로, 개별 변인의 왜도와 첨도를 확인한다. 보통 개별 변인의 왜도가 2보다 크지 않고 첨도가 7보다 크지 않으면 정상성에 문제가 없다고 볼 수 있다(Curran, West, & Finch, 1996).

1) 결측자료의 분포의 모양을 가정하고, 그 분포 하에서의 결측치에 대한 우도값을 추정하는 접근방법이다(배병렬, 2007).

3) 경로도 작성

경로도(path diagram)는 연구자가 제안하는 여러 관계를 시각적으로 나타낸 것이다. 경로도를 이용해 구인들 간의 상관관계 및 인과관계를 이해하기 쉽게 표현할 수 있다. 경로도는 구인(construct)과 화살표로 구성된다. 먼저, 구인은 이론에 근거한 개념들로 관련성을 규정하는 데 사용된다. 연령, 소득, 성별과 같이 단순한 개념뿐 아니라 사회경제적 지위, 지식, 선호도, 태도 등과 같이 복잡한 개념도 모두 구인에 포함된다. 경로도에서 구인은 타원으로 표시한다. 연구자는 구인들을 이용해 경로도를 만들고 각 구인을 측정하는 변인들을 설정한다. 다음으로, 화살표는 구인들 간의 구체적인 관련성을 표현하는 데 사용된다. 일방향의 직선 화살표는 하나의 구인에서 다른 구인에 미치는 직접적인 인과관계를 나타내고, 양방향의 곡선 화살표(또는 단순연결 곡선)는 두 구인 간의 단순한 상관관계를 나타낸다. 또한 양방향의 직선 화살표는 두 구인 간의 순환적(nonrecursive) 혹은 상호적(reciprocal) 관련성

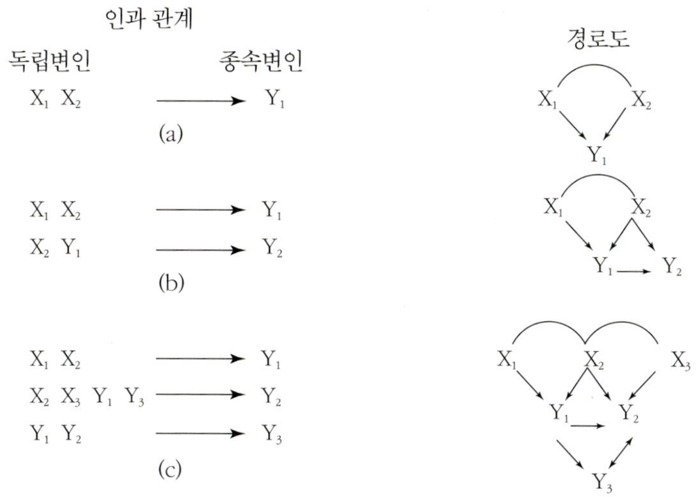

〈그림 14-8〉 경로도를 이용해 나타낸 인과적 관련성

출처: Hair, J. F., Anderson, R. E., Tatham, R. L., & Black, W. C. (1998). *Multivariate data analysis* (5th ed.). New Jersey: Prentice-Hall, Inc.

을 나타낸다. 〈그림 14-8〉은 인과관계를 표현하는 경로도의 예를 제시한 것이다.

4) 모형의 구체화

연구자는 이론적 모형을 개발하여 경로도로 나타내는 단계를 거친 후, 이를 구조방정식 모형에 보다 적합한 형태로 구체화(specification)해야 한다. 이 단계에서는 구인을 연결하는 구조방정식을 설정하고, 어떤 변인들이 어떤 구인을 측정하는지를 구체적으로 나타내는 측정모형을 설정하며, 구인들 또는 변인들 간의 가설적 관련성을 기술한다.

측정모형에서 연구대상으로부터 수집한 측정변인들을 지표변인(indicator)이라고 부르며, 이들을 이용해 잠재변인(구인)을 나타내게 된다. 잠재변인을 나타낼 때 다중 지표변인을 사용하는 것이 바람직하다. 지표변인 하나로 잠재변인을 나타내는 것도 가능하기는 하지만, 이 경우는 연구자가 지표변인의 신뢰도를 추정해 측정오차의 정도를 미리 설정하여 통제해야 한다(Joreskog & Sorbom, 1993, Schumacker & Lomax, 2004 재인용). 보통 하나의 잠재변인을 나타낼 때 최소한 3개 이상의 지표변인을 사용하는 것이 바람직하다.

이 단계에서는 추정해야 할 모수의 수와 특성이 구체적으로 결정된다. 모수는 보통 자유모수(free parameter)와 고정모수(fixed parameter)로 나눌 수 있다. 자유모수는 구조방정식 모형을 분석해 추정하는 수치이다. 연구자는 자유모수에 관심을 갖고 있으며, 모형 분석을 통해 자유모수의 강도와 방향을 알아내고자 한다. 고정모수는 그 값이 연구자에 의해 분석 전에 특정 수치로 고정되는 모수를 말한다. 예를 들어, 잠재변인의 측정단위를 부여하기 위해 지표변인들 중 하나는 항상 1로 고정된다. 이때 1로 고정된 변인을 준거변인(reference variable)이라고 한다. 또한 두 변인 사이 경로가 없는 경우도 (이 변인들 간 관계의 값을 0으로 고정한 것과 마찬가지이므로) 고정모수에 해당된다.

5) 모형식별

모형식별(model identification)은 표본공분산행렬에 모형을 적합시켰을 때, 모형의 모든 자유모수가 고유치(unique value) 또는 고유해(unique solution)로 구해질 수 있는가를 의미한다(배병렬, 2007). 모형이 식별되기 위해서는 경험적인 자료가 제공하는 정보의 수가 미지수보다 많아야 한다.

연구자는 모형식별을 위해 과대식별모형(over-identified model)을 설정하는 것이 바람직하다. 과대식별모형은 측정을 통해 얻은 정보의 수가 추정되는 미지수보다 큰 모형을 의미한다. 이 모형에서 각 모수는 하나 이상의 추정치를 가질 수 있으므로, 각 모수마다 여러 가지의 고유해가 존재하게 된다. 따라서 모형분석을 통해 여러 가지 고유해 중에서 관측된 자료를 가장 잘 적합시키는 해를 구하게 된다.

반면, 과소식별모형(under-identified model) 혹은 미식별모형(unidentified model)은 추정해야 할 모수가 정보의 수보다 많은 모형이다. 따라서 모형을 수정하지 않으면 추정이 불가능하다. 식별 문제가 있는 경우, 모형에 보다 많은 관측변인을 포함시켜 자유도를 높이거나 변인 간 혹은 요인 간의 불필요한 경로가 있으면 이를 0으로 고정시키거나 잠재변인의 오차를 .005 이하로 고정시켜 주는 등의 방법을 이용해 문제를 해결하기도 한다(김계수, 2001).

그 밖에 적정식별모형(just-identified model) 혹은 포화모형(saturated model)은 측정을 통해 얻은 정보의 수와 미지수가 같은 모형을 의미한다. 따라서 모형 식별은 가능하지만 이때의 해는 일반화 가능성이 없으므로 이 모형은 연구자의 관심의 대상이 아니다.

6) 모형추정

모형이 식별되고 나면, 연구자는 모형을 어떤 방식으로 추정할 것인지 결정해야 한다. 모형추정(model estimation) 단계에서 연구자는 경험적 자료를 이용해 모형에 포함된 자유모수의 값을 어떤 수학적 연산방식을 이용해 산출할 것인지를 결정해야 한다. 구조방정식 모형에서 가장 널리 사용되는 추정 방식은 최대우도추정법(maximum likelihood estimation: MLE)이다. 이 방식은 표본크기가 50인 경우에도 가능하지만, 안정적인 해를 구하기 위해서는 표본크기가 최소 100～150 정도 되는 것이 바람직하다(Ding, Velicer, & Harlow, 1995). 최대우도추정법은 자료의 다변량정상성이 충족된다면 가장 효율적이고 비편향적인(unbiased) 방식으로 알려져 있다. 자료가 다변량정상성 가정을 충족시키지 못하는 경우에는 가중화최소자승법(weighted least squares: WLS), 일반최소자승법(generalized least square: GLS), 점근분포자유법(asymptotically distribution free: ADF) 등을 사용할 수 있다(Hayduk, 1996).

7) 모형의 적합도 평가

모형을 추정한 후, 연구자는 모형의 적합도를 평가하게 된다. 적합도(goodness-of-fit)는 실제 관측된 자료(공분산 혹은 상관) 행렬과 제안된 모형에서 예측된 행렬 간의 유관성을 평가하는 것이다. 연구자는 이 단계에서 모형의 적합도가 일반적으로 받아들여지는 수준에 도달하면, 이를 어떤 절대적 기준에 의해 평가하기보다는 더 나은 모형을 찾아내고자 하는 상대적인 과정에 사용되는 수치로 활용해야 한다. 적합도 지수는 크게 절대적합지수(absolute fit index), 증분적합지수(incremental fit index), 간명적합지수(parsimonious fit index)로 나눌 수 있는데, 이들을 좀더 자세히 살펴보면 다음과 같다.

(1) 절대적합지수

절대적합지수는 모형의 전반적인 적합도를 평가하는 지표인데, 여기에는 χ^2, GFI, RMR, RMSEA 등이 포함된다. χ^2 통계량은 전반적인 적합도를 나타내는 가장 기본적인 측정치이다. 이 값은 모형이 수집된 자료에 얼마나 잘 맞는가를 보여주는 지수로, 여러 적합도 지수 중 유일하게 통계적 유의성 검증의 대상이 된다. χ^2 값이 작고 확률값이 크면 모형이 적합하다고 평가하고, χ^2 값이 크고 확률값이 작으면 모형이 적합하지 않다고 평가한다. 유의하지 않은 χ^2 값은 수집한 자료를 이용해 산출한 표본 분산-공분산 행렬(sample variance-covariance matrix)과 모형을 이용해 재생한 분산-공분산행렬(model-implied reproduced variance-covariance matrix)이 통계적으로 차이가 없음을 의미하므로, 설정된 모형이 자료를 잘 반영하고 있는 것으로 해석할 수 있다. 하지만 χ^2 통계량은 표본크기의 영향을 많이 받는다. 표본크기가 증가할수록 (일반적으로 200이상인 경우) χ^2 통계량이 유의하게 나오는 경향이 있고, 표본크기가 감소할수록 (일반적으로 100이하인 경우) 유의하지 않게 나오는 경향이 있다(Schumacker & Lomax, 2004). 따라서 χ^2 통계량뿐 아니라 다른 여러 적합도 지수를 함께 고려해 모형에 대한 최종적 평가를 내려야 한다.

GFI(goodness-of-fit-index, 적합지수)는 주어진 모형이 조사한 자료를 얼마나 잘 설명해 줄 수 있는가, 즉 모형의 재생행렬에 의해 설명되는 표본행렬의 변량-공변량의 양을 의미한다. 예를 들어, GFI가 .99라면, 수집된 자료에서 관측된 표본행렬의 99%가 모형을 이용한 재생행렬에 의해 설명된다는 것이다. 이 값은 0과 1 사이에 있으며, .90 이상이면 수용가능한 수준이다.

RMR(root mean square residual, 잔차평균자승이중근)은 표본행렬과 재생행렬의 요소 간 차이인 잔차의 평균을 자승한 후 이를 합하고, 이에 이중근($\surd$)을 취한 값이다. 따라서 모형이 설명할 수 없는 표본자료의 분산-공분산 크기를 의미한다. 이 값은 분석되는 표본자료의 측정단위에 의해 영향을 받으므로 수용수준에 대한 절대적인 기준은 없으나, 적합도가 좋은 모형일수록

이 값이 0에 가깝다.

RMSEA(rootmean square error of approximation, 근사오차평균자승의 이중근)는 모형을 표본이 아닌 모집단에서 추정하는 경우에 기대되는 적합도이다. 이는 표본크기가 큰 가설모형을 기각시키는 카이제곱 통계량의 한계를 극복하기 위해 개발된 적합도 지수이다. 이 값이 .10 이하이면 모형이 자료를 잘 적합시키고, .05 이하이면 적합도가 우수하며, .01 이하이면 모형의 적합도가 매우 좋다고 할 수 있다(Steiger, 1990).

(2) 증분적합지수

증분적합지수는 기본모형(독립모형)과 연구자가 제안한 모형의 적합도를 비교하는 것으로 TLI, NFI, CFI 등을 말한다. TLI(Tuker-Lewis index, 터커-루이스지수)는 NNFI(non-normed fit index, 비표준적합지수)라고도 불린다. 이 지수는 기본모형에 비해 연구자가 제안한 모형이나 대안모형이 얼마나 더 나은 모형인지 비교할 때 사용된다. 보통 0에서 1 사이의 값을 가지며, 1에 가까울수록 적합도가 우수함을 의미한다. 이 값이 .95 이상이면 우수한 모형임을 나타낸다(Schumacker & Lomax, 2004).

NFI(normed fit index, 표준적합지수)는 χ^2 값을 0에서 1 사이의 범위로 다시 척도화한 지수이다(Bentler & Bonett, 1980). 연구자가 제안한 모형이 기본모형에 비해 얼마나 향상되었는지를 나타낸다. 0에서 1 사이의 값을 가지며, 1에 가까울수록 적합도가 우수함을 의미한다. 이 값이 .95 이상이면 우수한 모형임을 나타낸다(Schumacker & Lomax, 2004).

CFI(comparative fit index, 비교적합지수)는 Bentler Comparative Fit Index로도 알려져 있다. 이 지수는 잠재변인들이 서로 독립적이라는 가정을 하는 기본모형과 제안모형의 적합도를 비교하는 것이다. CFI는 0에서 1 사이의 값을 가지며, 1에 가까울수록 적합도가 우수함을 의미한다. 일반적으로 .90 이상이면 표본자료 공분산의 90% 이상이 모형에 의해 재생될 수 있다는 것을 의미하므로, 모형이 수용가능한 수준이라고 할 수 있다(Garson,

2009).

(3) 간명적합지수

간명적합지수는 모형의 간명성과 관련되는 것으로, 여기에는 NC, PFI, AIC 등이 있다. NC(normed chi-square, 표준카이제곱)는 χ^2 값을 자유도로 나눈 값이다. 이 지수를 이용해 부적합한 모형을 찾아낼 수 있다. 즉, 모형이 과대식별된 경우나 표본의 관측자료와 잘 맞지 않는 경우를 찾아내는 데 유용하다. 보통 1.0보다 작은 값을 가지면 모형이 부적합함을 의미하고, 5.0보다 큰 값을 가지면 모형이 관측자료와 잘 맞지 않으므로 수정해서 적합도를 높여야 한다는 것을 의미한다(Schumacker & Lomax, 2004).

PFI(parsimonious fit index, 간명적합지수)는 NFI를 수정한 지수로(James, Muliak, & Brett, 1982), 적합도 산출 시 자유도를 고려한 지수이다. 모형의 계수를 추정할 때 보다 적은 수의 자유도를 이용할수록 모형의 간명성이 높아지고, PFI도 1에 가까워진다. 이 지수는 0에서 1 사이의 값을 가지며, 1에 가까울수록 모형이 적합함을 의미한다. 어느 정도가 높은지에 대한 명확한 기준은 정해져 있지 않으므로, 경쟁모형과 비교할 때 상대적으로 높은 값을 갖는 모형이 더 우수하다고 평가할 수 있다.

AIC(Akaike information criterion, 아카이케정보기준)는 잠재변인의 수가 다른 모형을 비교할 때 이용된다. 즉, 위계모형이 아닌 모형들 간의 적합도를 비교하는 데 많이 사용된다. 이 값이 0에 가까울수록 적합도가 좋고 간명성이 우수한 것으로 볼 수 있다. 경쟁모형과 비교할 때 상대적으로 낮은 값을 갖는 모형이 더 우수하다고 평가할 수 있다.

8) 모형의 해석 및 수정

모형의 여러 가지 적합도 지수를 살펴보고 모형을 수용할 수 있다고 판단되면 모형을 해석하는 단계에 들어간다. 이론에 근거해 제시한 주요 관련성이 검증되었는지, 통계적으로 유의한지를 살펴보게 된다. 또한 제안한 관련성의 방향이나 크기에도 관심을 가지고 모형을 해석한다.

모형 내 추정된 관련성을 평가할 때 모수의 크기도 평가하게 된다. 이때 연구자는 표준화계수를 이용할 것인지 비표준화계수를 이용할 것인지를 결정해야 한다. 비표준화계수는 구인의 척도를 반영하여 산출된 값이다. 따라서 한 모형 내에서도 비표준화계수의 크기로 각 계수의 영향력을 비교할 수 없다. 반면, 표준화계수는 회귀분석의 베타값과 같이 계수의 상대적 중요성을 평가하는 데 유용하다. 구조방정식 모형에서 표준화계수들의 분산은 동일하고, 표준화계수의 최대값은 1.0이다. 표준화계수의 값이 1.0에 가까울수록 계수의 효과가 크다는 것을 알 수 있고, 0에 가까울수록 계수의 효과가 거의 없다는 것을 의미한다. 하지만 표준화계수는 표본이 바뀌면 계수의 값도 달라지므로 다른 표본을 이용해 추정된 계수들의 값을 비교할 수 없다는 점에 유의해야 한다(Hair, Anderson, Tatham, & Black, 1998).

이상과 같은 과정을 마치고 나면 분석은 대체로 끝나지만, 모형을 일부 수정하거나 모형을 재설정하여 다시 분석을 해야 하는 경우도 있다. 모형을 수정하면 적합도가 높아질 가능성이 있지만, 이론적 근거 없이 통계적 수치에만 기초해 모형을 수정하는 것은 바람직하지 않다. 그런 경우에는 단지 연구자가 자료를 수집한 표본에만 잘 맞는, 일반화 가능성은 낮은 모형을 산출하기 쉽다. 따라서 모형을 수정할 때에는 반드시 이론적 근거가 있어야 한다.

9) 최종 모형의 선택

연구자는 앞서의 단계를 거쳐 가장 최선이라고 판단되는 최종 모형을 선택하게 된다. 그리고 최종 모형에 따라 제안한 개념모형에 대해 잠정적인 결론을 내리게 된다. 나아가 가능하다면 모형이 다른 표본에서도 재현될 수 있는지를 검토하는 교차타당화분석(cross-validation analysis)을 실시하는 것이 바람직하다. 교차타당화를 통해 검증된 모형은 보다 안정적으로 해당 분야의 예측모형으로서 기여하게 될 것이다.

어머니의 양육효능감에 대한 인과관계 모형을 검증하기 위해 경로분석을 사용한 연구(최형성과 정옥분, 2005)를 예로 들어 살펴보자. 이 연구에서는 아동의 기질, 어머니의 사회적 지원, 스트레스가 어머니의 양육효능감에 미치는 영향과 과정에 대해 살펴보았다. 〈그림 14-9〉에서 보는 바와 같이 어머니의 양육효능감에 관한 최종수정모형에서의 모든 경로계수는 매우 유의한 것으로 나타났다. 사회적 지원은 양육효능감에 직접적이며 정적인 영향을 미치고, 어머니의 스트레스는 어머니의 사회적 지원을 통해 양육효능감에 간접적인 영향을 미치는 것으로 나타났다. 반면 아동의 기질은 어머니의 양육효능감에 직접적인 영향을 미침과 동시에 사회적 지원을 매개로 간접적인 영향을 미치는 것으로 나타났다. 이 모형의 합치도 지수(〈표 14-1〉 참조)를 살펴보면, 최종모형의 χ^2, *GFI*, *AGFI*, *NFI*, *NNFI*, *RMR* 값들은 본 모형과 자료가 매

〈표 14-1〉 모형찾기 과정을 통해 나타난 합치도의 지수

	χ^2	*df*	*p*	*Q*	*GFI*	*AGFI*	*NFI*	*NNFI*	*RMR*
기본모형	12.066	1	.001	12.066	.986	.859	.963	.790	.013
최종수정모형	.375	1	.540	.375	1.000	.995	.999	1.012	.002

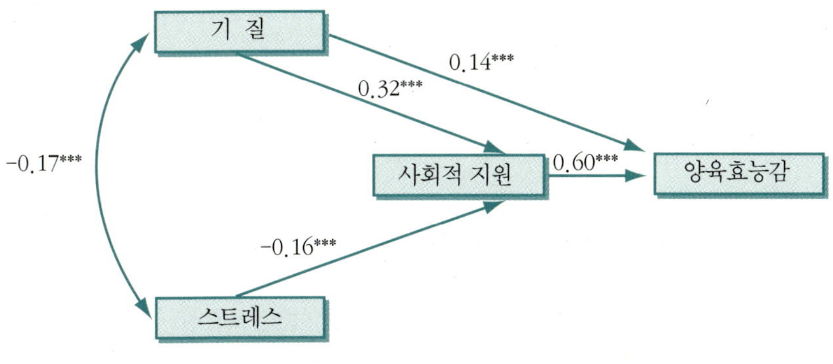

〈그림 14-9〉 어머니의 양육효능감에 관한 최종수정모형

***$p < .001$

우 잘 맞음을 보여준다. 일반적으로 χ^2 값의 확률치가 .05가 넘으면 좋은 모형이라고 할 수 있으며, *GFI*와 *AGFI*, *NFI*, *NNFI* 지수는 보통 0에서 1 사이에 존재하고 그 값이 .9보다 크면 잘 부합되는 모델로 해석한다. RMR은 0에 가까울수록 잘 부합되는 모델로 해석한다. 이 연구에서 최종모형의 합치도를 판단하고자 다중상관자승치(Squared Multiple Correlation : SMC)[1)]를 살펴본 결과, 어머니의 사회적 지원과 스트레스, 아동의 기질이 어머니의 양육효능감을 설명하는 설명력은 44.3%인 것으로 나타나, 이 요인들이 어머니의 양육효능감에 미치는 영향력은 매우 크다고 할 수 있다.

4. 구조방정식 모형 분석의 예

앞서 설명한 바와 같이 구조방정식은 측정모형과 잠재모형을 통해 변인들 간의 인과관계를 검증할 때 사용하는 통계방법이다. 즉, 구조방정식 모형은 다수의 회귀모형을 동시에 검정할 수 있을 뿐 아니라 측정변인과 잠재변인들의 인과관계도 검정할 수 있는 장점을 지닌다. 예를 들어, 연구자가 대학생의 창의성에 영향을 미치는 변인들에 관심을 가지고 있다고 가정해보자. 연구자는 여러 선행연구를 토대로 대학생들의 정서와 자기조절능력과 창의성 간의 관계에 대한 연구모형을 설정할 수 있다. 구조방정식은 이러한 연구모형이 적합한지를 검증하는 데 초점을 둔다. 다음과 같은 절차를 이용하여 검증할 수 있다.

1) 구조방정식 모형의 분석

우선, 선행연구를 통해 연구모형을 개발한다. 문헌고찰을 통해 잠재변인

1) 관측변인의 전체 변이 중에서 어느 정도 비율이 이론변인의 변이에 공헌하는가를 나타내는 척도이다.

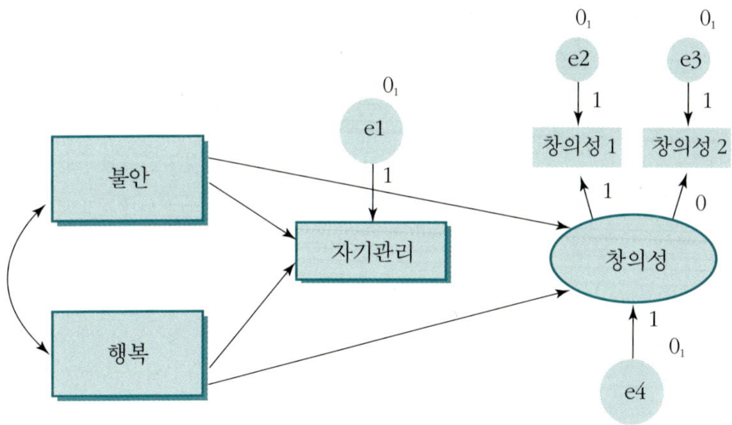

〈그림 14-10〉 연구모형 설정하기

을 설명하는 측정변인과 잠재변인들 간의 관계에 대한 경로를 구축한다(〈그림 14-10〉 참조).

AMOS는 간단한 도형을 이용하여 모형을 검증할 수 있다는 장점이 있다. 우선 (select data file)을 클릭하여 SPSS에 있는 자료를 가져온다(〈그림

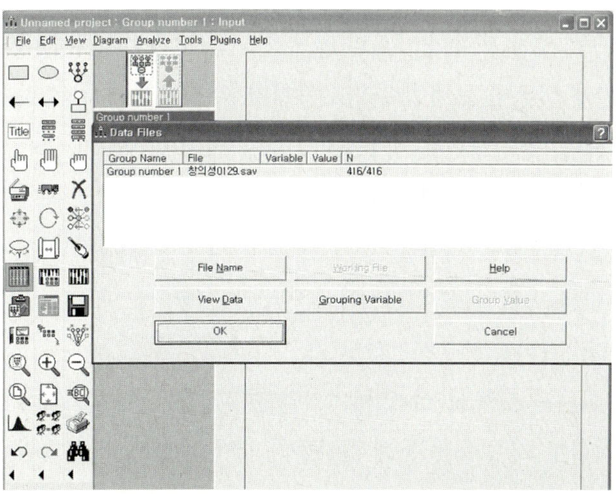

〈그림 14-11〉 select data file을 이용하여 자료 불러오기

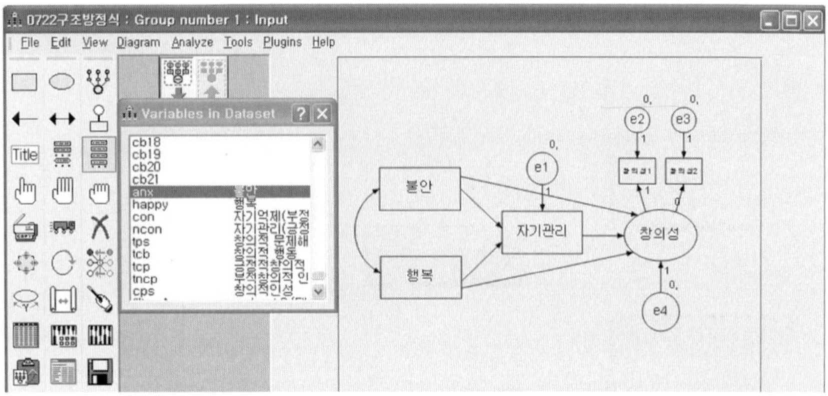

〈그림 14-12〉 List variables in data set을 클릭하여 각 변인의 이름 이동

14-11〉 참조). 왼쪽에 있는 그림의 맨 윗줄에서 직사각형은 측정변인을 의미하고, 타원은 잠재변인을 의미한다. 왼쪽에 있는 도형을 이용하여 연구모형을 그림으로 표현한 후, 변인들 간의 관계를 선으로 표현한다.  를 클릭하면 변인의 목록이 나타나고 여기에 있는 변인을 측정변인 도형으로 옮기면 자동적으로 이름이 생성된다(〈그림 14-12〉 참조). 이때 모든 내생변인에 대해서는 오차항을 설정해야 한다.

다음으로 연구자가 설정한 모형이 자료와 잘 부합되는 모형인지를 알아본다. 이에 앞서 연구자가 설정한 모형이 간명모형인지, 부정모형인지, 포화모형인지를 확인해야 한다. 부정모형은 자유도가 0보다 적어 미지수가 고유값을 가지지 못하므로 해석이 불가능하며, 포화모형은 자유도가 0으로 통계적 검정이 불가능하다. 간명모형은 자유도가 0보다 큰 모형으로 통계적 검정이 가능하고 분석의 의미를 파악할 수 있다. 이에 연구자는 연구모형으로 간명모형을 설정해야 한다.

연구자가 구축한 이론적 모형이 실제자료와 얼마나 부합하는지를 알아보기 위해 χ^2 검증과 적합도 지수 등을 통해 평가한다. 분석과정은 왼쪽 그림에 있는  analysis property를 클릭하고 estimation을 클릭한 후 maximum

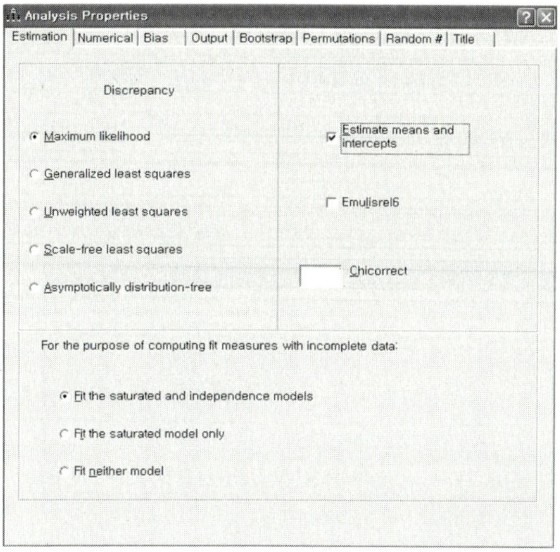

〈그림 14-13〉 분석(Analysis Properties): 추정(Estimation)에서 maximum likelihood와 estimate means and intercept를 선택하기

likelihood와 estimate means and intercepts를 선택한다(〈그림 14-13〉 참조).

메뉴바에서 output을 클릭한 후 standardized estimates, direct, indirect & total effect, squared multiple correlation을 선택한다(〈그림 14-14〉 참조).

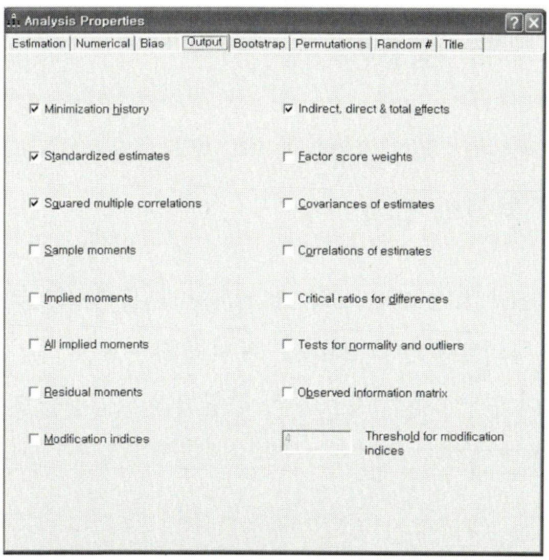

〈그림 14-14〉 분석(Analysis Properties): 결과(Output)에서 standardized estimates, squared multiple correlation, direct, indirect & total effect를 선택하기

calculate estimates를 선택하여 분석을 실행한다. 분석결과는 을 클릭하면 확인할 수 있다. 분석이 실행되고 나면 그림처럼 오른쪽 부분에 색이 나타난다. 또한 writing output 아래에 X^2 값과 자유도가 나타난다(〈그림 14-15〉 참조).

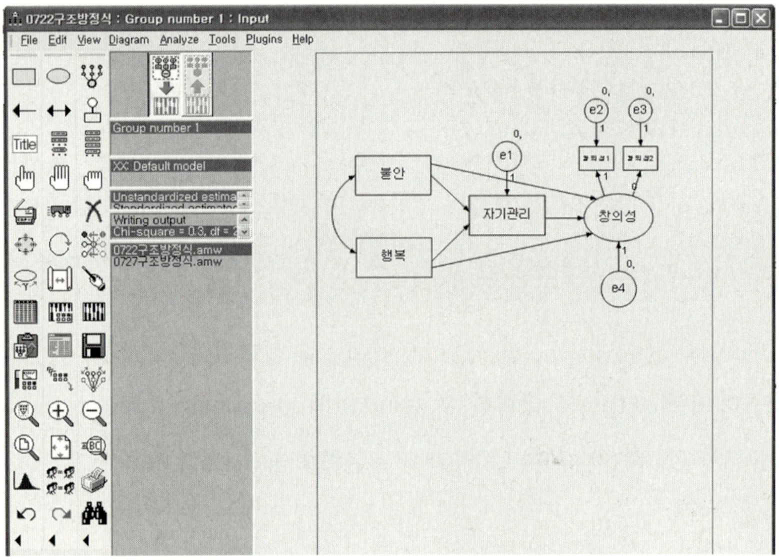

〈그림 14-15〉 분석 실행 후 모습

2) 구조방정식 모형 분석의 결과

결과부분에서는 Note for model, Estimates와 Fit measures를 중심으로 살펴본다. Note for model을 살펴보면 $X^2 = .27$이고, 유의확률은 .87로 영가설을 기각하지 못한다. 이는 이 연구모형이 자료와 잘 부합되는 모형임을 의미한다(〈그림 14-16〉 참조).

Notes for Model (Default model)

Computation of degrees of freedom (Default model)

Number of distinct sample moments:	20
Number of distinct parameters to be estimated:	18
Degrees of freedom (20 - 18):	2

Result (Default model)

Minimum was achieved
Chi-square = .268
Degrees of freedom = 2
Probability level = .874

〈그림 14-16〉 분석결과: Note for model

Estimates(추정치)를 살펴보면 연구모형에서 설정한 변인들 간의 경로계수의 통계적 유의도를 알아볼 수 있다. Regression weights에서 ncon(자기조절)에서 creativity(창의성)으로의 경로계수를 제외한 모든 경로계수가 통계적으로 유의함을 알 수 있다(〈그림 14-17〉 참조).

추정치의 아랫부분을 살펴보면, 총효과와 직접효과, 간접효과가 제시되어 있다. 예를 들면, 행복에서 자기조절능력으로의 총효과는 .45이고 직접효과도 .45임을 알 수 있다(〈그림 14-18〉 참조). 행복에서 창의성으로의 총효과는 .53이고, 직접효과는 .42, 간접효과는 .11인 것으로 나타났다. 이러한 효과에 대한 유의도는 bootstrap을 이용하여 검정할 수 있다.

Fit Measures(적합도)를 살펴보면, 연구모형의 적합도를 판단할 수 있다. 적합도 지수 중에서 주로 TLI(Tucker-Lewis Index), CFI(Comparative Fit Index), RMSEA(Root Mean Square Error Approximation)를 중심으로 판단할 수 있다. 이 지수들은 표본크기에 민감하게 영향을 많이 받지 않고, 특히 TLI와 RMSEA의 경우 모형의 설명력뿐 아니라 모형의 간명성도 고려하기 때문이다(홍세희, 2000). RMSEA값이 .01 이하이면 가장 좋은 적합도를 나타내며

Maximum Likelihood Estimates

Regression Weights: (Group number 1 - Default model)

			Estimate	S.E.	C.R.	P	Label
ncon	<---	anx	-.237	.056	-4.263	***	
ncon	<---	happy	.299	.036	8.368	***	
creativity	<---	ncon	.266	.062	4.261	***	
creativity	<---	anx	.099	.072	1.365	.172	
creativity	<---	happy	.303	.049	6.159	***	
tps1	<---	creativity	1.000				
tps2	<---	creativity	.875	.063	13.777	***	

Standardized Regression Weights: (Group number 1 - Default model)

			Estimate
ncon	<---	anx	-.227
ncon	<---	happy	.446
creativity	<---	ncon	.245
creativity	<---	anx	.087
creativity	<---	happy	.417
tps1	<---	creativity	.927
tps2	<---	creativity	.824

〈그림 14-17〉 분석결과: 경로계수

(Steiger, 1990) CFI와 TLI는 .95값 이상일 때 좋은 적합도로 해석한다(Hu & Bentler, 1999). 이러한 기준에 따르면 본 연구모형은 높은 적합도를 가지는 모형임을 알 수 있다(〈그림 14-19〉 참조).

연구모형으로 다시 돌아가 가운데 부분의 standardized estimates를 클릭하면, 오른쪽 연구모형에 각 경로 간 표준화계수 및 설명력이 나타난다(〈그림 14-20〉 참조). 〈그림 14-20〉의 연구모형을 살펴보면 대학생들의 불안, 행복, 자기관리가 창의성을 29% 설명하는 것으로 나타났다.

Total Effects (Group number 1 - Default model)

	happy	anx	ncon	creativity
ncon	.299	-.237	.000	.000
creativity	.383	.035	.266	.000
tps2	.335	.031	.233	.875
tps1	.383	.035	.266	1.000

Standardized Total Effects (Group number 1 - Default model)

	happy	anx	ncon	creativity
ncon	.446	-.227	.000	.000
creativity	.526	.031	.245	.000
tps2	.433	.026	.202	.824
tps1	.487	.029	.227	.927

Direct Effects (Group number 1 - Default model)

	happy	anx	ncon	creativity
ncon	.299	-.237	.000	.000
creativity	.303	.099	.266	.000
tps2	.000	.000	.000	.875
tps1	.000	.000	.000	1.000

Standardized Direct Effects (Group number 1 - Default model)

	happy	anx	ncon	creativity
ncon	.446	-.227	.000	.000
creativity	.417	.087	.245	.000
tps2	.000	.000	.000	.824
tps1	.000	.000	.000	.927

Indirect Effects (Group number 1 - Default model)

	happy	anx	ncon	creativity
ncon	.000	.000	.000	.000
creativity	.079	-.063	.000	.000
tps2	.335	.031	.233	.000
tps1	.383	.035	.266	.000

Standardized Indirect Effects (Group number 1 - Default model)

	happy	anx	ncon	creativity
ncon	.000	.000	.000	.000
creativity	.109	-.056	.000	.000
tps2	.433	.026	.202	.000
tps1	.487	.029	.227	.000

〈그림 14-18〉 분석결과: 총효과 및 직간접 효과

Baseline Comparisons

Model	NFI Delta1	RFI rho1	IFI Delta2	TLI rho2	CFI
Default model	1.000	.999	1.002	1.009	1.000
Saturated model	1.000		1.000		1.000
Independence model	.000	.000	.000	.000	.000

RMSEA

Model	RMSEA	LO 90	HI 90	PCLOSE
Default model	.000	.000	.049	.952
Independence model	.480	.455	.506	.000

〈그림 14-19〉 분석결과: 적합도 지수

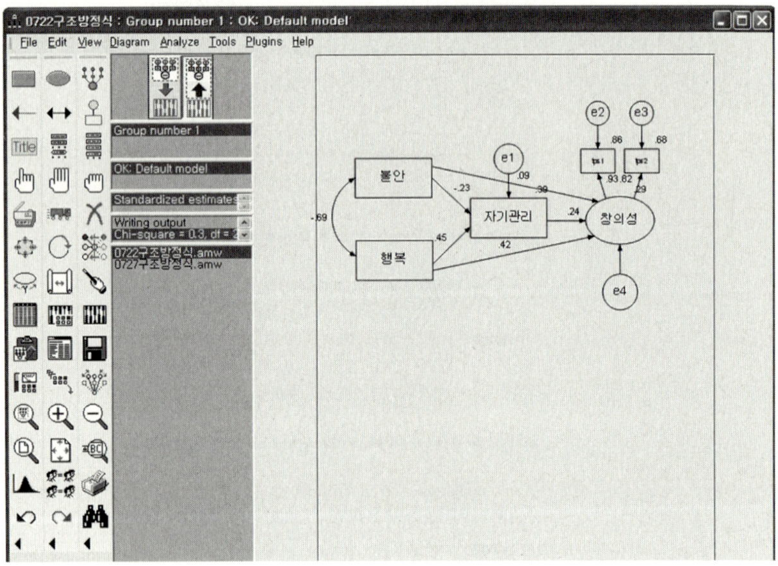

〈그림 14-20〉 연구모형

앞서 제시한 연구모형은 이론적 모형과 자료가 잘 부합되었지만, 현실적으로 이론적 모형과 자료가 잘 부합하지 않으면 모형을 수정해서 다시 평가해야 한다. 이때 명심해야 할 점은 자료에 의존해서 모형을 수정하는 것이 아니라 이론적인 근거에 준해 수정을 해야 한다는 것이다.

일반적으로 모형을 평가할 때에는 단일모형을 제시하기보다는 경쟁모형을 제시하여 모형 간 비교를 통해 자료와 더 잘 부합하는 모형을 최종모형으로 선택한다. 경쟁모형을 평가할 때 한 모형이 다른 모형에 내재되어(nested) 있는 모형일 경우, χ^2 검증을 통해 최종모형을 선택한다. χ^2 검증에서 영가설이 기각되었다는 것은 두 모형 간에는 자료를 설명하는 정도에서 차이가 있다는 것을 의미한다. 이때에는 자유도가 작은 더 복잡한 모형을 선택한다. 하지만 이 검증에서 영가설이 기각되지 않았을 때에는 두 모형 간에 차이가 없다는 것을 의미하는 것으로, 이때에는 보다 간명한 모형을 선택한다.

제15장

다층선형모형

1. 다층선형모형의 필요성
2. 다층선형모형의 목적
3. 다층선형모형의 기본적인 형태
4. 다층선형모형 연구의 예
5. 다층선형모형의 일반적 절차와 고려사항
6. 다층선형모형 분석의 예

Tom Snijders

Roel Bosker

다층선형모형(multilevel linear modeling)은 1980년대부터 개발되기 시작한 것으로 다중선형 회귀모형을 확장시킨 것이다(Snijders & Bosker, 1999). 이는 둘 이상의 수준에 속해 있는, 군집적이고 위계적 구조를 가진 자료를 분석하는 데 매우 유용한 방법이다. 위계적 구조를 가진 자료란 다층표집(multistage sampling)을 통해 각 수준별로 측정한 점수를 말한다. 이때 하위층의 각 관측치(예: 아동)는 보다 상위층의 집단(예: 학교)에 속해 있게 되므로, 이를 내재적 자료(nested data), 위계적 자료(hierarchical data) 또는 다층자료라고도 한다. 예를 들면, 연구자가 수행력이라는 종속변인에 관심이 있는 경우, 다층표집을 이용해 아동 개인의 수행력, 아동이 속한 학교의 수행력, 학교가 속한 학군의 수행력뿐만 아니라 이들 각 층별로 관련된 독립변인들을 점수화한다. 이때 아동은 1수준(또는 일층위), 학교는 2수준(또는 이층위), 학군은 3수준(또는 삼층위) 단위가 된다.

흔히 위계적 선형모형(hierarchical linear models), 혼합선형모형(mixed linear models) 또는 무선효과모형(random effects models)이라고 부르는 분석방법들도 모두 다층선형모형에 해당한다. 다층선형모형에서 회귀계수들(즉, 절편들과 독립변인의 기울기들)이 집단(보다 상위수준의 단위)마다 다르기 때문에 이를 '무선회귀계수 모형(random coefficient regression model)' 이라고 부르기도 한다. 예를 들어, 한 학교 내 아동들의 수행력과 사회경제적 지위 간의 관계를 나타내는 회귀계수는 여러 학교들로 이루어진 모집단에서 무선적으로 표집된 것으로 간주된다. 전통적인 회귀모형의 경우, 각 개체들만이 모집단에서 무선적으로 표집된다고 가정하지만, 다층선형모형에서는 집단들도 무선적으로 표집된다고 본다.

일반적인 2수준모형(2-level model)은 1수준 하위모형과 2수준 하위모형으로 구성된다. 예를 들어 연구자가 여러 학교집단에서 아동의 수행력에 관심이 있다면, 1수준모형은 아동개인수준의 변인들 간 관계를 나타내고, 2수준모형은 학교수준의 영향력을 나타내게 된다. 같은 논리로 3수준모형(3-level model)이라면 3개의 하위모형이 생기게 된다. 예를 들어, 1수준모형은 아동수준의 변인들 간 관계를 나타내고 2수준모형은 학교수준, 3수준모형은 학군수준의 영향력을 나타내게 된다. 이들 다층선형모형을 통해 각 수준 내에서 나타나는 관계들에 대한 가설과 수준 간 상호작용(즉, 한 수준에서 측정된 변인이 다른 수준에서 나타나는 관계에 어떻게 영향을 미치는지에 대한 것)에 대한 가설을 검증하고 각 수준 변이(variation)의 정도를 평가할 수 있다.

이 장에서는 다층선형모형의 필요성과 목적에 대해 살펴보고, 다층선형모형의 기본적인 형태를 기본모형과 연구모형으로 나누어 알아볼 것이다. 또한 다층선형모형 분석을 위한 일반적 절차를 간략히 소개하고, HLM을 이용하여 다층선형모형을 분석한 예를 제시할 것이다.

1. 다층선형모형의 필요성

다층선형모형은 교육학분야에서 많이 사용되고 있지만, 아동가족분야의 연구에서도 매우 유용한 분석방법이다. 한 예로, 연구자가 아동의 창의성에서 왜 개인차가 나타나는지를 설명하고자 한다고 해 보자. 연구자는 종속변인으로서 아동들의 창의성점수를 수집하고, 이 종속변인의 분산을 설명하기 위해 아동 개인수준의 변인을 수집하며, 그와 동시에 아동이 속한 학교수준의 변인을 수집하게 된다. 여기서 아동의 창의성(Creativity)은 아동이 가진 긍정적 정서(Positive Emotion: PE)의 영향을 받는 동시에 아동이 다니는 학교가 속한 지역사회의 특성(Area; 0=서울, 1=제주)으로부터도 영향을 받는다고 가정해보자. 이 연구에 활용되는 변인들은 아동의 개인수준, 학교수준과 같이 위계적인 여러 수준에서 수집되고 관측되므로, 이때 수집된 자료는 내재적 특성을 갖는다.

연구자는 아동 개인수준으로 분석을 할 것인지, 학교수준으로 분석을 할 것인지 분석의 단위를 결정해야 한다. 보다 구체적으로 연구자가 아동 개인수준을 분석단위로 할 경우, 아동의 창의성(Creativity)은 종속변인이 되고, 개인수준에서는 아동의 긍정적 정서(PE)가, 학교수준에서는 학교가 속한 지역사회의 특성(Area)이 독립변인이 된다. 이때의 통계모형은 다음과 같다.

$$Y_{ij} = \beta_0 + \beta_1 (PE)_{ij} + \beta_2 (Area)_{ij} + e_{ij}$$

즉, 아동의 창의성$_{ij}$ = β_0 + β_1(아동의 긍정적 정서)$_{ij}$ + β_2(학교가 속한 지역)$_{ij}$ + e_{ij} 이다. 이 모형에서 Y_{ij}는 j번째 학교의 i번째 아동의 창의성점수이다. 위의 모형에서는 각 아동의 창의성점수가 서로 독립적이라고 가정한다. 하지만 위계적 구조를 갖는 자료의 경우, 상위수준이 같은 하위수준의 자료들은 서로 독립적이지 않다. 이 모형의 경우, 한 학교에 다니는 아동들은 물리적으로 유사한 학교환경을 공유하므로 독립적이라고 할 수 없다. 즉, 같은 학교를 다니는 아동들은 어떤 변인들에 대해 서로 공유하는 공통적인 면모를 지닐 수 있는 반면, 다른 학교에 다니는 아동들과는 다른 특성을 가질 수 있다. 기존의 일반선형모형에서 관측치의 독립성이 지켜지지 않으면 가설검증의 타당성이 심각하게 저해되므로(Glass, Peckham, & Sanders, 1972, 강상진, 2007, 재인용), 아동수준을 분석단위로 하고자 할 때 위의 모형을 사용하는 것은 부적합하다.

나아가 앞의 방정식에서 연구자는 각 변인이 아동의 창의성에 미치는 영향의 크기가 일정하다는 가정하에 그 양을 추정한다. 따라서 이때, β들을 고정효과모수(fixed-effects parameters)라고 한다. 하지만 아동의 긍정적 정서(PE)가 창의성에 미치는 영향이 학교의 특성과 관계없이 모두 똑같다는 가정은 논란의 여지가 있다. 아동의 긍정적 정서가 창의성에 미치는 영향이 학교의 특성에 따라 달라질 수도 있기 때문이다. 따라서 앞서 제시한 방정식의 모형을 수정하여 아동의 정서가 창의성에 미치는 회귀계수의 값이 학교에 따라 다를 수 있다는 가능성을 검증할 수 있도록 식을 구성한다. 각 학교마다 개별 회귀분석모형을 제시하면 다음과 같은 모형이 j개 나타나게 된다.

$$Y_{ij} = \beta_{0j} + \beta_{1j}(\text{PE}-\text{MPE}_j)_{ij} + e_{ij}$$

즉, 아동의 창의성$_{ij}$ $= \beta_{0j} + \beta_{1j}$(아동의 긍정적 정서−긍정적 정서 학교평균$_j$)$_{ij}$ $+\ e_{ij}$이다.

그렇다면 앞서 제시한 모형을 학교가 속한 지역사회의 특성인 학교수준에서 고려해 보자. 이때 각 변인들의 값으로 아동 개인수준의 값을 바탕으로 산출한 각 학교의 평균값이 사용된다.

$$Y_j = \beta_0 + \beta_1(\text{MPE})_j + \beta_2(\text{Area})_j + e_j$$

즉, 아동의 창의성$_j$ $= \beta_0 + \beta_1$(긍정적 정서 학교평균)$_{ij}$ $+ \beta_2$(학교가 속한 지역)$_{ij}$ $+ e_j$이다.

이 방정식에서 Y_j는 j번째 학교아동들의 평균 창의성점수이다. $(\text{MPE})_j$는 각 학교 아동들의 긍정적 정서 평균점수이다. 이 식의 통계모형은 분석단위들이 각각 독립적이므로 관측치의 독립성 가정을 충족시킨다. 하지만 무엇보다도 표본의 크기가 전체 아동수(N)가 아닌 학교 수(J)로 작아진다. 따라서 일반적으로 표본의 크기가 작을 때 나타나는 통계모형의 제한점을 갖게 된다. 중다회귀분석에서는 독립변인 수의 10～20배 정도 표본 크기가 필요함을 고려할 때 현실적으로 표집에 어려움이 있다. 또한 학교수준의 분석단위를 사용할 경우, 아동 개개인의 정보는 원천적으로 차단되므로, 아동수준의 정보를 알아낼 수 없게 된다.

정리하면, 기존의 연구에서 많이 사용된 변량분석이나 회귀분석을 적용하기 위해서는 수집된 자료가 종속변인의 정규분포성, 집단 간의 등분산성, 관측치의 독립성 등을 충족시켜야 한다. 하지만, 다층자료의 경우, 등분산성과 독립성을 충족시키기 힘들다. 또한 이를 충족시키기 위해 분석단위를 보다 상위층으로 할 경우, 표본의 크기가 작아지고, 하위층 개체 수준의 정보가 차단된다. 따라서 다층자료의 경우, 각 층의 변이의 정도(variation)를 모두 분석대상으로 할 수 있는 다층선형모형분석을 사용해야 한다.

2. 다층선형모형의 목적

Barbara G. Tabachnick

다층선형모형을 통해 알아볼 수 있는 주요 문제들은 다중회귀분석에서의 문제들과 유사하다(Tabachnick & Fidell, 2007). 즉, 종속변인과 독립변인들 간 관련성 정도(예: 아동의 창의성은 긍정적 정서와 관련되는가, 사회경제적 지위와 관련되는가?), 각 독립변인들의 중요성(예: 아동의 긍정적 정서는 창의성을 설명하는 데 얼마나 중요한가? 사회경제적 지위는 얼마나 중요한가?), 독립변인의 첨가 및 수정(예: 학교의 빈곤수준이 아동의 창의성을 설명하는 모형에 투입되면 회귀모형이 어떻게 변하는가?), 독립변인들 간의 유관성(예: 아동의 사회경제적 지위에서 나타나는 차이를 고려하여 모형을 추정했을 때 긍정적 정서의 영향은 어떠할 것인가?), 모수 추정치(예: 아동의 긍정적 정서와 창의성 간의 관계에 대한 방정식에서 기울기는 어떠할 것인가?), 새로운 개체의 종속변인 점수 예측하기 등을 들 수 있다. 이상과 같은 문제들 외에도 다층선형모형분석을 통해서는 다음과 같은 문제를 집중적으로 살펴볼 수 있다.

첫째, 집단들의 평균 차이(group differences in means)를 알아볼 수 있다. 여러 집단들의 절편(평균)이 유의한 차이가 있는가? 예를 들어, 아동들의 창의성(평균)이 학교에 따라 유의한 차이가 있는지를 알아보는 것이다. 이는 변량분석에서와 같이 분산도(variability)에 관한 문제이다. 즉, 집단 간 변량이 집단 내 변량보다 유의하게 큰가를 알아보는 것이다. 이와 관련하여 1수준모형의 절편을 분석한다. 또한 다층선형모형에서 이러한 집단들의 평균차이는 급간 내 상관계수(intraclass correlations)를 이용해 평가된다.

둘째, 집단들의 기울기 차이(group differences in slopes)를 검증할 수 있다. 여러 집단들의 기울기에 유의한 차이가 있는가? 예를 들어, 아동의 정서와 창의성 간의 관련성을 나타내는 기울기는 학교에 따라 유의한 차이가 있는지를 알아보는 것이다. 집단(학교)에 따라 독립변인과 종속변인 간의 기울기에서 차이가 나타난다면 비교되는 집단은 모두 동일한 회귀계수(homogeneity of regression coefficients)를 가진다는 가정에 위배되므로 ANCOVA를 사용하는 데는 문제가 되지만, 다층선형모형의 경우에는 이러한 기울기의 차이가 모형에 포함될 수 있다. 1수준 독립변인을 2수준모형에서 분석하여 집단들의 기울기 차이를 분석할 수 있다. 예를 들어, 아동의 긍정적 정서를 독립변인으로, 창의성을 종속변인으로 하여 각 학교단위로 회귀분석을 하고, 이들 학교별 회귀계수를 비교한다.

셋째, 각 수준 간 상호작용(cross-level interaction)이 종속변인에 미치는 영향을 살펴볼 수 있다. 특정 수준의 변인이 다른 수준의 변인과 상호작용하여 종속변인에 영향을 미치는가? 예를 들어, 학교전반의 사회경제적 수준(제3의 변인)과 아동의 긍정적 정서(1수준 변인)의 상호작용으로 인해 아동들의 창의성에서 차이가 나타나는지를 알아보는 것이다.

3. 다층선형모형의 기본적인 형태

여기서는 다층선형모형의 형태를 크게 기초모형과 연구모형으로 나누어 살펴볼 것이다. 기초모형은 절편만으로 구성된 모형으로, 일종의 '귀무모형'을 의미한다. 연구모형은 무선계수모형(Random Coefficients Model) 또는 무선효과모형(Random Effect Model)이라고도 한다. 무선계수모형에서는 절편과 기울기 모두 집단별로 다른 값을 가질 수 있다. 연구자는 무선계수모형이 절편만으로 된 귀무모형보다 통계적으로 유의하게 더 나은 모형인지, 즉 관측치를 더 잘 대표하는 모형인지 살펴본다. 또한 회귀식의 변량성분이 통계적으로 유의한지 살펴본다. 뿐만 아니라 무선계수모형을 통해 상위수준의 변인이 집단 간 변량에 영향을 미쳤는지, 집단과 개인수준의 독립변인 간의 수준 간 상호작용(cross-level interactions)[1]이 있는지를 검증할 수 있다.

G. David Garson

Anthony S. Bryk

Stephen W. Raudenbush

다층선형모형에서는 각 수준 내 또는 수준 간 변량을 평균내거나 변량에 가중치를 두는 기법으로 모형 내 계수를 산출한다. 이때 보통 최대우도법(maximum likelihood estimation)을 이용한다. 〈표 15-1〉에는 다층선형모형에서 전형적으로 사용되는 기호와 의미가 제시되어 있다. 이어서 이들 각 모형과 수준별 방정식 및 관련계수에 대해 살펴볼 것이다(Garson, 2007; Tabachnick & Fidell, 2007).

1) 상위수준의 변인(예: 학교정책)과 하위수준의 변인(예: 아동의 학업성취도) 사이의 상호작용을 수준 간 상호작용이라고 한다(Bryk & Randenbush, 1992).

〈표 15-1〉 다층선형모형에서 흔히 사용되는 방정식과 기호

기호	의미
1수준 방정식	$Y_{ij} = \beta_{0j} + \beta_{1j} X_{ij} + e_{ij}$
Y_{ij}	1수준에서 각 개체의 DV점수, 집단 j 내 개체 i의 점수
X_{ij}	1수준 IV
β_{0j}	집단 j (2수준)의 DV를 나타내는 절편
β_{1j}	집단 j (2수준)에서 DV와 1수준 IV간의 관계를 나타내는 기울기
e_{ij}	1수준 방정식에서 예측 시 나타나는 무선오차 (r_{ij}로 표기하기도 함)
2수준 방정식	DVs는 2수준인 집단 j 에서 1수준의 IV-DV 관계를 나타내는 기울기와 절편들임. $\beta_{0j} = \gamma_{00} + \gamma_{01} W_j + \mu_{0j}$ $\beta_{1j} = \gamma_{10} + \mu_{1j}$
γ_{01}	총절편: 모든 IVs의 값이 0일 때 모든 집단을 포함한 DV의 총평균
W_j	2수준 IV
γ_{01}	2수준 IV와 DV간 관계(기울기)를 나타내는 총회귀계수
μ_{0j}	총절편으로부터 각 집단절편이 떨어져 있는 편차를 나타내는 무선오차 성분: 절편상 나타나는 집단 j의 고유효과
γ_{10}	1수준 IV와 DV 간 관계(기울기)를 나타내는 총회귀계수
μ_{1j}	기울기의 오차성분; 총기울기로부터 각 집단의 기울기가 떨어져 있는 편차. 2수준 IV인 W의 값이 0일 때 기울기에 나타나는 집단 j의 고유효과
수준 간 상호작용이 포함된 혼합방정식	$Y_{ij} = \gamma_{00} + \gamma_{01} W_j + \gamma_{10} X_{ij} + \gamma_{11} W_j X_{ij} + \mu_{0j} + \mu_{1j} X_{ij} + e_{ij}$
$\gamma_{01} W_j$	2수준 회귀계수(γ_{01})×2수준 IV
$\gamma_{01} X_{ij}$	2수준 회귀계수(γ_{10})×1수준 IV
$\gamma_{01} W_j X_{ij}$	2수준 회귀계수(γ_{11})×1수준 IV와 2수준 IV의 cross product; 수준 간 상호작용항
$\mu_{0j} + \mu_{1j} X_{ij} + e_{ij}$	혼합방정식의 무선오차성분

변량 성분(variance components)	
τ(tau)	무선오차성분 추정치를 나타내는 변량-공변량 행렬
τ_{00}	무선 절편들(평균들) 간 변량
τ_{11}	무선 기울기들 간 변량
τ_{10}	기울기들과 절편들 간의 공변량

DV: 종속변인, IV: 독립변인, 예측변인(predictor)

출처: Tabachnick, B. G., & Fidell, L. S. (2007). *Using multivariate statistics* (5th ed.). Allyn & Bacon.

1) 기초모형

다층선형모형은 일련의 회귀방정식으로 표현된다. 다층선형모형의 가장 간단한 형태는 절편만으로 된 기초모형(Intercept only model)이다. 이를 '무선효과의 일원변량분석모형(One-way ANOVA with random effects)' 이라고 하기도 한다. 1수준에서 (독립변인이 없이) 절편만으로 된 모형의 경우, 집단마다 다른 절편을 통해 각 개체의 종속변인점수를 예측한다. 이는 일종의 귀무모형(null model)으로 이후 단계의 연구모형이 절편만으로 된 기초모형보다 관측치를 통계적으로 유의하게 더 잘 대표하는지를 비교하기 위해 이용된다. 또한 기초모형은 다층모형이 필요한가를 결정하는 수치인 집단 내 상관(intraclass correlation)에 대한 정보를 제공한다.

정리하면, 기초모형 분석을 통해 집단의 평균들의 평균인 총평균(고정효과), 수준별 변량($\sigma^2+\tau$), 집단 내 상관(ρ), 1수준 독립변인 무선계수의 신뢰도(β)를 알아보고, 카이제곱검증으로 2수준 무선효과를 검증(H_0: $\tau=0$)할 수 있다.

(1) 기초모형의 1수준 방정식

다음 방정식은 절편만으로 된 1수준 방정식(The Intercepts-Only Model: Level-1 Equation)을 나타낸 것이다.

$$Y_{ij} = \beta_{0j} + e_{ij}\text{인데, 여기서 } Var(e_{ij}) = \sigma^2\text{이다.}$$

Y와 e에는 ij라는 아래첨자가 두 개 붙는다. 이는 집단 j내 개체 i를 나타낸다. 또한 절편인 β_0에 붙은 아래첨자 j는 계수가 집단마다 다를 수 있다는 것을 나타낸다. β_0의 값은 집단마다 다를 수 있으므로 단일 수치가 아니다. 모수추정치(τ_{00})와 표준오차는 이러한 무선효과의 변량을 나타낸다. 즉, 모수추정치가 무선효과 변량의 정도를 반영하는데, 모수추정치가 클수록 그 효과가 매우 다양하다는 것을 나타낸다. 예를 들어, 집단들의 모수추정치는 집단의 평균들이 얼마나 불일치하는지를 나타낸다. 또한 τ_{00}를 표준오차로 나눈 무선성분에 대한 z검증을 통해 집단들의 차이가 유의한지 평가한다.

(2) 기초모형의 2수준 방정식

기초모형에서 2수준 분석(The Intercepts-Only Model: Level-2 Equation)은 1수준 절편(집단평균)을 종속변인으로 이용한다. 집단 j의 절편을 예측하기 위해 다음과 같은 식을 사용한다.

$$\beta_{0j} = \tau_{00} + \mu_{0j}\text{인데, 여기서 } Var(\mu_{0j}) = \tau\text{이다.}$$

위의 방정식을 각 집단별로 표현하면 다음과 같다.

$$Y_{ij} = \tau_{00} + \mu_{0j} + e_{ij}\text{이다.}$$

다층선형모형에서 상수를 구하는 성분들을 '고정' 모수라고 한다. 위의 방정식에서 전체 집단의 절편평균은 고정성분이자 표준오차를 가지고 있는 모수추정치이다. 다중선형모형에서는 이 값이 0과 다른지를 검증한 결과보다는 변량(μ_{0j}, e_{ij})을 검증한 결과에 더 관심이 있다. 즉, 종속변인의 분산을 각 수준의 분산으로 구분한다. 종속변인의 전체 분산 중 집단수준의 분산이 차지하는 비율을 살펴보는 것이다. 이를 통해 집단 내 상관계수(intraclass correlation: ICC, ρ)를 구할 수 있다.

2) 1수준 독립변인만 포함된 연구모형

이 연구모형에서는 종속변인을 예측하기 위해 1수준 독립변인을 방정식에 포함시킨다(Model with a First-Level Predictor). 집단마다 다른 값을 가질 수 있는 계수를 '무선계수'라고 하는데, 이 모형에서는 절편과 기울기 모두 집단마다 다른 값을 가질 수 있고, 오차는 항상 무선적이라고 간주하므로, 이 모형을 흔히 무선계수모형(random coefficient model)이라고 부르기도 한다.

(1) 1수준 독립변인만 포함된 연구모형의 1수준 방정식

기초모형의 1수준 방정식에서는 집단마다 다른 값을 가질 수 있는 절편만을 이용해 개체의 종속변인점수를 예측한다. 하지만 1수준 독립변인만 포함된 연구모형의 1수준 방정식(Level-1 Equation for a Model with a Level-1 Predictor)에서는 이러한 무선 절편과 (종속변인과 1수준 독립변인 간의 관계를 나타내는) 무선 기울기를 이용해 개체의 종속변인점수를 예측한다.

$$Y_{ij} = \beta_{0j} + \beta_{1j}X_{ij} + e_{ij}\text{인데, 여기서 } VAR(e_{ij}) = \sigma^2\text{이다.}$$

위의 방정식은 아래 첨자를 제외하면 일반적인 단순회귀방정식($Y_i = \beta_0 + \beta_1 X_i + e_i$)과 매우 유사하다. 단순회귀방정식에는 개체를 나타내는 i라는 아래 첨자 하나만 사용되는 반면, 여기서는 개체를 나타내는 i와 집단을 나타내는 j가 사용된다. 회귀계수에도 집단을 나타내는 j가 첨가되는데, 이는 이들 회귀계수가 집단마다 다른 값을 가질 수 있음을 나타낸다.

(2) 1수준 독립변인만 포함된 연구모형의 2수준 방정식

각 계수의 무선효과를 살펴보기 위해서는 각 효과마다 별도의 2수준 방정식이 필요하다. 즉, 집단이 연구단위가 되는 2수준분석에서 1수준 절편과 1수준 기울기 각각을 종속변인으로 하는 두 개의 방정식이 필요하다. 먼저, 절편의 무선효과를 살펴보기 위한 방정식은 다음과 같다.

$\beta_{0j} = \tau_{00} + \mu_{0j}$인데, 여기서 $\mathrm{Var}(\mu_{0j}) = \tau_{00}$이다.

한편, 기울기의 무선효과를 예측하기 위한 방정식은 다음과 같다.

$\beta_{1j} = \tau_{10} + \mu_{1j}$인데, 여기서 $\mathrm{Var}(\mu_{1j}) = \tau_{11}$이다.

이들 두 방정식을 1수준 독립변인만 포함된 연구모형의 1수준 방정식에 제시된 항으로 대체하면 다음과 같은 방정식이 생기게 된다.

$\mathrm{Y}_{ij} = \tau_{00} + \mu_{0j} + (\tau_{10} + \mu_{1j})\mathrm{X}_{ij} + e_{ij}$이다.

이를 다시 정리하면, 다음과 같은 1수준 독립변인만 포함된 연구모형의 2수준 방정식(Level-2 Equation for a Model with a Level-1 Predictor)이 된다.

$\mathrm{Y}_{ij} = \tau_{00} + \tau_{10}\mathrm{X}_{ij} + \mu_{0j} + \mu_{1j}\mathrm{X}_{ij} + e_{ij}$이다.
이 방정식에 포함된 두 개의 고정성분은 절편평균(τ_{00})과 기울기평균(τ_{10})이다. 그리고 이 방정식에 포함된 세 개의 무선성분은 집단 j의 개체들의 절편편차(μ_{0j}), 집단 j 내 개체들의 기울기편차와 각 개체의 1수준 독립변인점수를 곱한 값($\mu_{1j}\mathrm{X}_{ij}$), 집단 j 내 개체 i의 오차(e_{ij})이다.

3) 1수준과 2수준 독립변인이 포함된 연구모형

이 연구모형에는 1수준 독립변인만 포함된 연구모형에 2수준 독립변인(지역)이 더해진다(Model with Predictors at First and Second Levels).[2)]

(1) 1수준과 2수준 독립변인이 포함된 연구모형의 1수준 방정식

다음은 1수준과 2수준 독립변인이 포함된 연구모형의 1수준 방정식(Level-1 Equations for Model with Predictors at Both Levels)을 나타낸 것이다.

$$Y_{ij} = \beta_{0j} + \beta_{1j}X_{ij} + e_{ij}$$ 이다.

이 연구모형은 1수준 독립변인만 포함된 연구모형의 1수준 방정식과 다르지 않다. 2수준 독립변인을 포함시키는 것은 1수준 분석을 위한 방정식에 영향을 미치지 않기 때문이다. 하지만, 각 효과는 다른 효과들로 교정되기 때문에, 이들 방정식의 결과에는 영향을 미칠 수 있다.

(2) 1수준과 2수준 독립변인이 포함된 연구모형의 2수준 방정식

집단들을 연구단위로 하는 2수준 분석에서는 〈표 15-1〉에 제시된 변인, 즉, 1수준 절편, 1수준 기울기, 2수준 독립변인(지역)이 모두 사용된다. 이러한 분석에서 1수준 기울기와 절편은 종속변인이 된다. 먼저, 무선 절편을 예측하기 위해서 다음과 같은 방정식을 이용한다.

즉, $\beta_{0j} = \tau_{00} + \tau_{01}W_j + \mu_{0j}$ 이다.

1수준 독립변인의 무선 기울기를 예측하기 위해 다음과 같은 방정식을 이

2) 이 모형에서는 절편 및 기울기의 무선 효과를 검증하므로 Intercepts and Slopes as Outcomes Model이라고 한다.

용한다.

$\beta_{1j} = \tau_{10} + \mu_{1j}$이다.

여기서, 학교의 기울기(β_{1j})는 1수준 독립변인과 종속변인 간 기울기의 평균을 나타내는 절편(τ_{10})과 집단의 기울기 편차(μ_{1j})를 이용해 예측된다.

이들 두 방정식을 1수준 독립변인만 포함된 연구모형의 1수준 방정식의 항으로 대체하면 다음과 같은 방정식이 생기게 된다.

$Y_{ij} = \tau_{00} + \tau_{10}W_{i} + \mu_{0j} + (\tau_{10} + \mu_{1j})X_{ij} + e_{ij}$이다.

이를 다시 정리하면, 다음과 같은 1수준과 2수준 독립변인이 포함된 연구모형의 2수준 방정식(Level-2 Equations for Model with Predictors at Both levels)이 나타나게 된다.

$Y_{ij} = \tau_{00} + \tau_{01}W_{i} + \tau_{10}X_{ij} + \mu_{0j} + \mu_{1j}X_{ij} + e_{ij}$이다.

이 방정식에 포함된 세 개의 고정성분은 전체 집단 절편들의 총평균(τ_{00}), 1수준 분석의 절편과 고정된 2수준 독립변인 간 관련성을 나타내는 기울기(τ_{01})를 집단의 독립변인 평균 (W_{j})으로 곱한 값, 2수준 독립변인인 W가 0일 때 집단 j가 기울기에 미치는 고유효과와 집단 j 내 개체 i의 1수준 독립변인 점수를 곱한 값($\tau_{10}X_{ij}$)이다. 그리고 이 방정식에 포함된 세 개의 무선성분은 집단 j 내 개체들의 절편 편차(μ_{0j}), 집단 j 내 개체의 기울기 편차와 집단 j 개체 i의 1수준 독립변인점수를 곱한 값($\mu_{1j}X_{ij}$), 집단 j내 개체 i의 오차(e_{ij})이다.

4. 다층선형모형 연구의 예

다층선형모형을 이용한 아동의 창의성에 관한 연구[3]를 예로 들어보자. 이 연구에서는 10개 학교를 대상으로 하였다. 그중 한 학교는 제주도(Area = 1)에 나머지 아홉 학교는 서울지역(Area = 0)에 있다. 대상이 된 아동들은 총 260명이다. 〈표 15-2〉에는 한 학교(ID: 1111) 아동들의 창의성점수가 제시되어 있다. 이 학교는 서울에 위치하고 있다. 종속변인은 아동의 창의성이고, 1수준 독립변인은 아동의 긍정적 정서(Positive Emotion: PE)이다. 〈표 15-2〉의 마지막 열에는 '긍정적 정서의 편차' 가 나타나 있다. 이는 이후 분

〈표 15-2〉 표본 자료의 일부

학교	아동	긍정적 정서	지역	창의성	긍정적 정서의 편차
1111	3	1	0	5	-0.39
1111	8	0	0	5	-1.39
1111	13	0	0	6	-1.39
1111	17	1	0	5	-0.39
1111	27	2	0	5	0.61
1111	28	1	0	6	-0.39
1111	30	5	0	4	3.61
1111	36	1	0	7	-0.39
1111	37	1	0	6	-0.39
1111	42	2	0	5	0.61
1111	52	1	0	5	-0.39
1111	53	1	0	5	-0.39
1111	61	1	0	4	-0.39
1111	64	2	0	6	0.61
1111	72	1	0	4	-0.39

3) 이 연구 예에 제시된 자료 및 내용은 Tabachnick & Fidell(2007)이 다층선형모형을 설명하기 위해 응용한 자료 및 연구 예의 변인명을 아동연구 분야에 적합하도록 다시 수정해 사용한 것이다.

1111	83	4	0	5	2.61
1111	84	1	0	5	-0.39
1111	85	2	0	5	0.61
1111	88	1	0	5	-0.39
1111	93	1	0	5	-0.39
1111	94	1	0	4	-0.39
1111	96	1	0	5	-0.39
1111	99	1	0	5	-0.39

석을 위한 것으로, 각 아동이 해당 학교의 긍정적 정서 평균점수로부터 얼마나 떨어져 있는가를 나타낸다.

다층모형은 1수준인 아동과 2수준인 학교(집단변인)로 구성되어 있다. 아동변인과 학교변인에는 무선효과가 있는 것으로 간주한다. 아동들은 학교에 속해 있고, 학교들은 다시 지역에 속해 있다. 하지만 이 예에서 지역은 2곳(제주도 또는 서울)뿐이므로, 3수준 모형 분석에 사용하기보다는 2수준의 고정효과를 갖는 독립변인으로 처리한다. 따라서 주요 연구문제는 긍정적 정서의 평균, 학교 간 창의성 차이, 학교 간 긍정적 정서와 창의성 간 관계의 차이를 고려한 상태에서 아동의 창의성은 지역에 따라 차이가 있는가를 알아보는 것이다.

다층선형모형은 보통 몇 단계를 거쳐서 수행된다. 이 연구의 경우, 먼저 절편만으로 된 모형(기초모형)에서는 독립변인을 포함하지 않고 집단들(학교들)의 종속변인(창의성) 평균이 차이가 있는지 살펴본다. 다음으로, 절편만으로 된 모형에 1수준 독립변인(긍정적 정서)을 포함한 모형을 분석한다. 끝으로, 앞서 구체화한 모형에 2수준 독립변인(지역)을 포함하여 분석한다. 〈표 15-3〉은 10개 학교(집단변인)의 ID, 학교가 위치한 지역, 그리고 각 학교별로 아동의 창의성을 종속변인으로, 긍정적 정서를 독립변인으로 산출한 회귀식의 절편(평균창의성) 및 기울기, 각 학교별 표본크기를 나타낸 것이다.

〈표 15-3〉 표본 자료의 10개 학교 아동의 창의성 절편 및 기울기

학교	지역	절편	기울기	표본크기
1111	0	5.46835	−0.30538	23
1112	0	5.49309	−0.29493	20
1113	0	4.46875	0.81250	24
1114	0	3.92644	0.60039	22
1115	0	5.84116	−0.44765	22
1116	0	5.55777	−0.35468	20
1117	1	6.43780	0.11162	67
1118	0	4.09225	0.66052	21
1119	0	4.26857	0.62000	21
1120	0	4.25258	0.65464	20

이 연구에 사용된 기초모형의 1수준 방정식과 2수준 방정식을 각각 나타내면 다음과 같다.

$$\text{아동의 창의성}_{ij} = \beta_{1j} + e_{ij} \quad \text{[기초모형의 1수준 방정식]}$$
$$\text{아동의 창의성}_{ij} = 5.4 + \mu_{0j} + e_{ij} \quad \text{[기초모형의 2수준 방정식]}$$

1수준 방정식에서 아동의 창의성은 아동이 속한 학교의 평균창의성과 그로부터의 아동개인편차(아동의 창의성점수가 학교평균으로부터 떨어져 있는 정도)를 더한 값이다. 2수준 방정식을 살펴보면, 10개 학교집단의 평균들로 산출한 창의성의 총평균은 5.4이다. 따라서 한 아동의 창의성점수는 모든 집단을 대상으로 구한 전체평균(5.4)과 이 총평균으로부터 아동이 속한 학교의 평균이 떨어져 있는 정도(즉, 해당 학교편차) 및 해당 아동이 자신의 학교 평균으로부터 떨어져 있는 정도(즉, 아동개인편차)를 더한 값이다. 다층선형모형에서 상수를 구하는 성분들을 '고정' 모수라고 한다. 앞의 방정식에서 총평균(5.4)은 고정성분이자 표준오차를 가지고 있는 모수추정치이다. 다층선형모형에서는 이 값이 0과 다른지를 검증한 결과보다는 변량(μ_{0j}, e_{ij})을 검증한

결과에 더 관심이 있다. 즉, 연구자는 아동의 창의성점수가 학교마다 다른지 혹은 같은지에 더 관심을 갖는다.

이 연구에서 1수준 독립변인만 포함된 연구모형의 1수준 방정식을 나타내면 다음과 같다.

$$창의성_{ij} = \beta_{0j} + \beta_{1j}(긍정적\ 정서)_{ij} + e_{ij}이다.$$

〈그림 15-1〉은 10개 학교 각각에서 아동의 창의성을 예측하는 회귀선을 나타낸 것이다. 이를 통해 각 학교의 회귀선이 동질적이지 않다는 것을 알 수 있다. 다시 말해서, 학교별로 아동들의 평균창의성(절편)이 다르고 창의성과 긍정적 정서 간의 관계(기울기)가 다르다는 것을 의미한다. 학교마다 절편이 다르다는 것은 학교마다 아동들의 창의성점수 평균이 차이가 있다는 것을 의미한다. 또한 기울기가 학교마다 다르다는 것은 집단변인인 학교와 독립변인인 아동의 긍정적 정서가 상호작용하여 종속변인인 아동의 창의성에 영

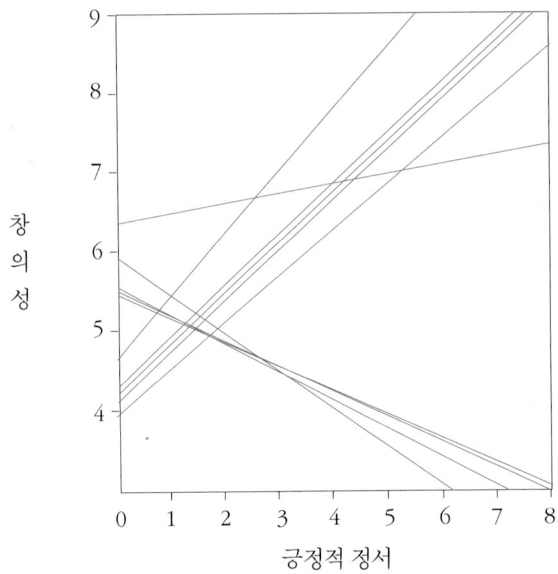

〈그림 15-1〉 학교별로 나타낸 아동의 창의성과 긍정적 정서 간의 관계

향을 미친다는 것을 의미한다.

이 연구에서 1수준 독립변인만 포함된 연구모형의 2수준 방정식을 나타내면 다음과 같다.

$\beta_{0j} = 4.981 + \mu_{0j}$이다.

여기서, 절편은 4.981이다. 이 값은 긍정적 정서가 0일 때 10개 학교의 창의성 총평균이 된다. 이에 대한 유의도 검증은 연구의 주요 관심사가 아니다.

$\beta_{1j} = 0.216 + \mu_{1j}$이다.

여기서 기울기평균의 표준오차는 0.515이므로, $Z = 0.216/0.151 = 1.43$이다. 유의수준 .05에서 창의성(종속변인)과 긍정적 정서평균(1수준 독립변인) 간 관계는 유의하지 않다. 다시 말해서, 아동의 창의성은 전체 학교의 긍정적 정서 총평균을 이용해 예측할 수 없다.

2수준 방정식 전체를 하나의 식으로 나타내면 다음과 같다.

$Y_{ij} = 4.981 + 0.216$(긍정적 정서) $+ (\beta_{0j} - 4.981) + (\beta_{1j} - 0.216)$(긍정적 정서) $+ e_{ij}$이다.

이 연구에서 1수준과 2수준 독립변인을 포함한 연구모형의 1수준 방정식은 1수준 독립변인만 포함된 연구모형의 1수준 방정식과 같다. 앞서 언급한 바와 같이 2수준 독립변인을 포함시키는 것은 1수준 분석을 위한 방정식 자체에 영향을 미치지는 않는다. 하지만, 방정식의 결과에는 영향을 미칠 수 있다. 1수준과 2수준 독립변인이 포함된 연구모형의 2수준 방정식을 나타내면 다음과 같다.

$\beta_{01j} = 4.837 + 1.472$ (지역) $+ \mu_{0j}$이다.

여기서 절편인 4.837은 긍정적 정서가 0일 때 서울지역(지역=0)의 평균이다. 기울기는 1.472이고 표준오차는 0.216이다. 따라서 $Z = 1.472/0.197 = 7.467$이다. 이는 유의수준 .05에서 유의한 값이다. 이는 서울지역(0으로 코딩된 집단)의 절편들(평균들)이 제주지역(1로 코딩된 집단)의 평균보다 낮다는 것을 의미한다. 창의성이 두 지역에서 유의하게 차이가 있다는 것이다.

$\beta_{1j} = 0.209 + \mu_{1j}$이다.

여기서 기울기 평균은 0.209이고 표준오차는 0.156이다. 따라서 $Z = 0.209/0.156 = 1.343$이다. 이는 유의수준 .05를 기준으로 유의하지 않은 값이다. 따라서 종속변인인 창의성과 독립변인인 긍정적 정서와의 관련성은 유의하지 않다. 이는 모든 학교들을 대상으로 한 긍정적 정서 총평균으로 창의성을 예측할 수 없다는 것이다.

2수준 방정식 전체를 한 번에 나타내면 다음과 같다.

$$Y_{ij} = 4.837 + 1.472(\text{지역}) + 0.209(\text{긍정적 정서}) + (\beta_{0j} - 4.837) + (\beta_{1j} - 0.209)(\text{긍정적 정서}) + e_{ij}$$
이다.

여기서 β_{0j}는 집단 j의 절편이고, β_{1j}는 집단 j의 1수준 독립변인과 종속변인 간 관계를 나타내는 기울기이다.

5. 다층선형모형의 일반적 절차와 고려사항

다층선형모형은 앞에서 제시한 연구모형 외에도 연구문제나 가설에 따라 매우 다양한 형태를 가질 수 있다. 연구문제나 가설에 따라서 연구모형이 달라지고, 이에 따라서 다층선형모형의 분석단계도 달라지게 된다. 따라서 여기서는 다층선형모형의 분석을 실시할 때 거치게 되는, 일반적 절차에 대해서만 간략히 소개할 것이다. 그런 후, 다층선형모형 분석 시 집단 내 상관과 중심화 방법에 대해 알아볼 것이다.

1) 다층선형모형의 일반적 절차

다층선형분석의 기본적 절차를 간단히 소개하면 다음과 같다(Hox, 1995, 2002). 첫째, 가장 간단한 형태인 기초모형을 분석한다. 즉, 절편만을 포함하는 귀무모형의 적합도를 산출한다. 또한 집단 내 상관계수를 살펴본다.

Joop Hox

둘째, 1수준의 모든 독립변인들을 고정시킨 후, 모형을 분석한다. 각 독립변인의 기여도를 평가하고 이들 모형의 차이를 살펴본다.

셋째, 독립변인들의 기울기를 한 번에 하나씩 무선화하여 그 효과를 평가한다. 두 번째 단계에서 유의하지 않았던 독립변인도 포함한다(2수준 단위에서 무선적인 값을 가질 수 있으므로). 그 결과, 집단 내 상관계수의 값이 충분히 작고 독립변인들의 무선효과가 유의하지 않으면, 다층선형모형 대신 1수준의 일반적인 회귀분석을 사용할 수 있다.

넷째, 필요한 무선성분을 모두 포함한 모형과 두 번째 단계에서 산출한 고정모형을 비교한다.

다섯째, 모형에 상위수준의 독립변인들과 수준 간 상호작용을 탐색적으로 첨가한다. 모형적합도가 나아지는지 살펴보고, 그렇지 않을 경우 상위수준의 변인이나 수준 간 상호작용을 모형에서 제거한다.

2) 다층선형모형 분석 시 고려사항

다층선형모형을 분석할 때 고려해야 할 점들이 있다. 여기서는 이들 중 집단 내 상관계수와 독립변인 중심화 방법에 관해 살펴볼 것이다.

(1) 집단 내 상관계수

집단 내 상관계수(ρ)는 위계구조상 2수준인 집단 간 변량 대 집단 내 변량의 비율이다. 즉, 종속변인의 전체분산 중 집단수준의 분산이 차지하는 비율이라고 볼 수 있다. 이 수치를 이용해 전체분산 중 몇 퍼센트가 집단 간의 차이로 인한 것이고, 몇 퍼센트가 개인 간의 차이로 인한 것인지 알 수 있다. 집단 내 상관계수가 클수록 집단 간 차이가 종속변인의 분산에서 차지하는 비율이 크다는 것을 의미한다. 이런 경우, 어느 집단을 선택하는지가 중요하다. 반면, 집단 내 상관계수가 작을수록, 종속변인의 분산에서 개인차 요인의 영향이 크므로, 종속변인을 설명하는 데 있어 어느 집단을 선택하는지는 별로 상관이 없게 된다.

집단 내 상관계수가 통계적으로 유의하게 0과 다르지 않을 경우, 집단수준으로 인한 오차변량은 없다는 것을 의미한다. 예를 들어, 집단 내 상관계수가 .10(ICC =.10)인 경우, 관찰된 분산의 90%(1-ICC=.90)는 개인 간의 차이에 의한 것이므로 개인수준의 변인을 활용해 종속변인에 대한 설명을 시도하게 되므로 다층선형모형이 필요하지 않다. 반면, 집단 내 상관계수가 유의하게 큰 값을 가질 경우, 집단수준의 연구모형이 필요하다는 것을 의미한다. 즉, 개인 간 차이로 설명하기 힘든 분산을 집단수준의 연구모형에서 설명하고자 시도하게 된다. 집단 내 상관계수는 절편만으로 된 기초모형의 2수준 방정식을 이용해 산출할 수 있다. 즉, 아래 식에서 보여주듯이, 2수준 변량을 1수준과 2수준 변량의 합으로 나눈 값이다.

$$\mathrm{ICC}\ (\rho) = \tau / (\tau + \sigma^2)$$ 이다.

(2) 중심화

중심화(centering)란 각 개체의 독립변인 점수에서 평균을 빼는 것을 말한다. 따라서 중심화를 이용하면 원점수가 편차(한 개체의 점수가 집단평균으로부터 떨어진 정도)로 바뀌게 된다. 중심화를 하는 주된 이유는 상호작용할 수 있는 독립변인들의 다중공선성 문제를 방지하기 위해서이다. 일반적으로 1수준 독립변인에 중심화를 적용한다. 2수준 독립변인을 중심화하는 경우는 드물다. 또한 점수를 해석하기 힘들게 만들므로 종속변인을 중심화하는 경우도 매우 드물다.

일반적으로 절편은 모든 독립변인의 값이 0일 때 종속변인의 점수 혹은 평균을 의미한다. 다층모형에 중심화를 적용하지 않고, 모형을 하나의 방정식으로 나타낼 경우, 절편은 모든 독립변인이 0일 때 종속변인의 값이 된다. 또한 다층분석에서 절편에만 무선효과가 있을 때, 절편의 무선변량은 독립변인이 어떤 값을 취해도 변하지 않는다(〈그림 15-2〉 참조).

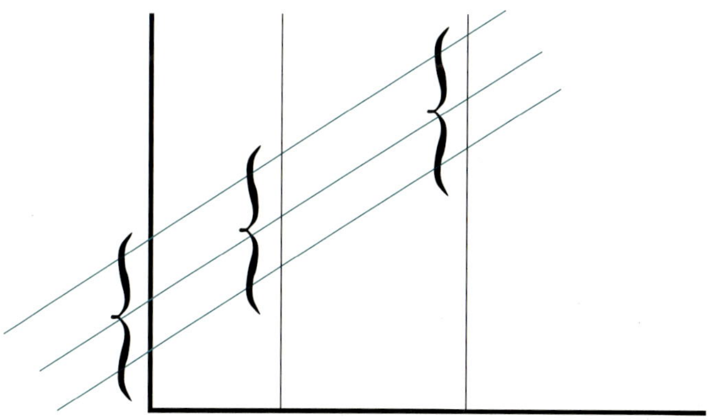

〈그림 15-2〉 절편에만 무선효과가 있고 기울기는 고정된 경우

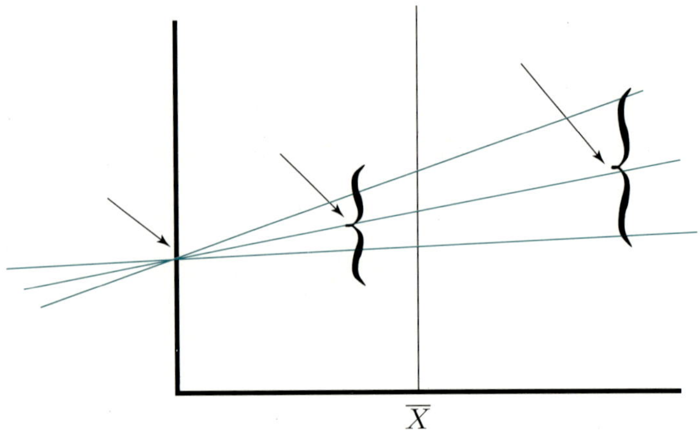

〈그림 15-3〉 절편과 기울기에 무선효과가 있고, 절편을 독립변인의 가장 대표적인 위치로 이동시킨 경우

하지만, 독립변인에 중심화를 적용하면 절편의 의미가 달라진다. 나아가 다층모형에서 기울기에 무선효과가 있게 설정이 되면 독립변인이 어떤 값을 갖는가에 따라 절편의 무선변량은 크게 변할 수 있다. 만일 독립변인이 0일 때 종속변인의 점수가 실질적으로 의미가 없는 경우라면 절편의 무선변량도 무의미한 정보를 제공하게 된다. 예를 들어, 아동의 창의성과 지능과의 관계에서 아동의 지능이 0일 때의 창의성에 대해 설명한다는 것은 실질적으로 의미가 없다. 따라서 실제 자료에서 독립변인의 가장 대표적인 위치로 절편을 정한다면 이때의 절편과 절편의 무선변량은 의미 있는 정보를 전달하게 된다(〈그림 15-3〉 참조). 예를 들어, 아동의 지능이 100일 때 창의성에 대해 설명하는 것이다.

다층모형에서 독립변인의 값을 중심화시키는 방법에는 총평균 중심화 방법과 집단평균 중심화 방법이 있다(Tabachnick & Fidell, 2007). 어느 방법을 사용하느냐에 따라서 2수준 모형의 결과가 되는 회귀 절편에 대한 해석이 달라진다. 먼저, 총평균 중심화는 독립변인의 값을 총평균을 기준으로 중심화시키는 것이다. 단순히 독립변인의 값에서 전체평균의 값을 빼서 구하게 되므로, 이때의 절편은 집단별로 교정되지 않은 평균들이 된다. 총평균 중심화를 이용하면 상호작용이 있을 때 다중공선성을 감소시킬 수 있고 원점수를 이용한 모형들로 쉽게 다시 전환할 수 있다. 다음으로, 집단평균 중심화는 독립변인의 값을 2수준 단위인 집단의 평균을 기준으로 중심화시키는 것이다. 즉, 독립변인의 값에서 집단평균의 값을 빼서 구하게 되므로 이때의 절편은 집단별로 교정된 평균들이 된다. 다시 말해서, 이때 절편은 1수준 공변량을 통제한 집단의 교정된 평균이 된다. 이 방법이 보다 흔히 사용된다. 하지만 집단평균들이 2수준 독립변인으로 연구모형에 포함되지 않을 경우 결과해석에 문제가 생기기 쉽다.

6. 다층선형모형 분석의 예

다층선형모형을 분석하기 위해 흔히 이용되는 통계 프로그램으로 SPSS의 선형혼합모형(Linear Mixed Model), SAS의 PROC MIXED 절차, HLM (Hierarchical Linear Modeling) 등이 있다. 여기서는 다층선형모형을 분석하기 위해 개발된 HLM을 이용할 것이다.[4] HLM Program 6.0에 예제로 들어있는 High School & Beyond(HS&B) 조사 자료를 이용해 분석해 보기로 한다.

이 연구 예에서 다층선형모형을 이용해 살펴보고자 하는 주요 문제는 다음과 같다.

① 미국 내 고등학교의 평균수학성적은 학교들마다 얼마나 다양한가?

② 학교의 평균 SES가 높은 경우에는 학교의 평균수학성적도 높은가?

③ 학생들의 SES와 수학성적 간의 관련성의 정도는 학교마다 다른가? 다

4) HLM 프로그램 사용방법에 대한 자세한 사항은 Raudenbush, S., Bryk, A., Cheong, Y. F., Congdon, R., & Toit, M. (2004). *HLM 6: Hierarchical Linear & Nonlinear Modeling*. IL: Scientific Software International을 참고할 것.

시 말해서, 학생들의 SES로 수학성적을 예측할 수 있는 정도가 학교에 따라 차이가 있는가?

④ 각 학교의 평균 SES를 통제한 상태에서 평균수학성적 및 학생들의 수학성적과 SES와의 관련성은 학교설립유형에 따라 차이가 있는가?

1) HLM 자료파일

HLM 프로그램을 사용할 때 첫 단계는 자료를 이용해 다변량 자료 행렬(Multivariate Data Matrix: MDM) 파일을 생성하는 것이다. MDM 파일 상에서는 변인이나 자료를 편집할 수 없으므로, 변인들을 편집할 때마다 MDM 파일을 다시 만들어야 한다. HLM에서는 SPSS의 자료파일을 이용해 MDM 파일을 만들 수 있게 되어있다.

High School & Beyond(HS&B) 조사 자료의 경우, 1수준 자료파일에는 학생 7,185명이 포함되어 있다. 이들은 2수준 자료파일의 160개 학교에 속해 있다. HLM에서는 1수준과 2수준 자료파일 모두에 들어있는 학교 ID 변인을 이용해 두 자료파일을 연결한다. HLM을 이용해 분석하기 전에 1수준과 2수준 자료파일에서 학교 ID 변인을 기준으로 자료를 정렬한다.

1수준(학생) 자료파일에는 다음과 같은 다섯 개의 변인이 포함되어 있다.

ID: 학교 ID

MINORITY: 학생이 소수민족인지 아닌지를 나타내는 지표; 1 = minority, 0 = not minority

FEMALE: 학생의 성별을 나타내는 지표; 1 = female, 0 = male

SES: 사회경제적 지위를 나타내는 표준화된 점수로, 부모의 교육수준, 수입, 직업을 평가해 구성함.

MATHACH: 수학성적

2수준(학교) 자료파일에는 다음과 같은 일곱 개의 변인이 포함되어 있다.

ID: 학교 ID

SIZE: 교내 학생 수

SECTOR: 학교설립유형; 1 = Catholic, 0 = public

PRACAD: 인문계 학생 비율(proportion of students on the academic track)

DISCLIM: 학업분위기

HIMNTY: 소수민족 학생 등록 수준; 1 > 40%, 0 = < 40%

MENSES: 1수준 자료파일에 속한 학생들의 사회경제적 지위 학교평균

다음에 제시한 세 단계를 거쳐 MDM 파일을 만든다.

첫째, HLM을 열고 MDM 파일의 형태를 구체화한다. SPSS에서 자료파일을 작성한 후, 이를 HLM menu bar에서 File > Make new MDM file > Stat package input을 불러온다(〈그림 15-4〉 참조).

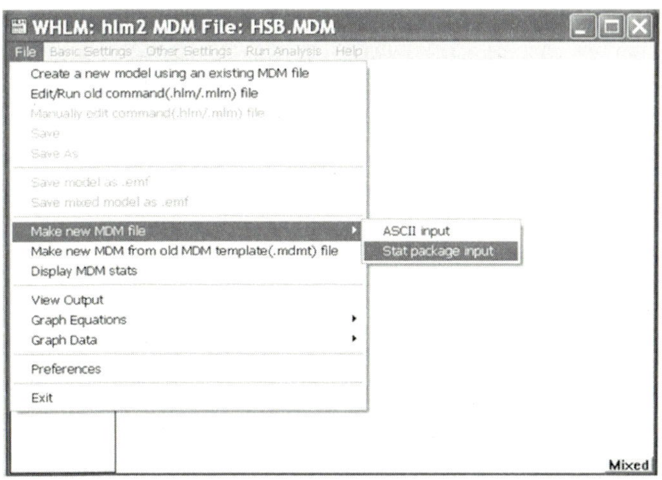

〈그림 15-4〉 다른 통계프로그램에서 작성된 자료파일을
MDM 파일로 만들기 위해 불러오기

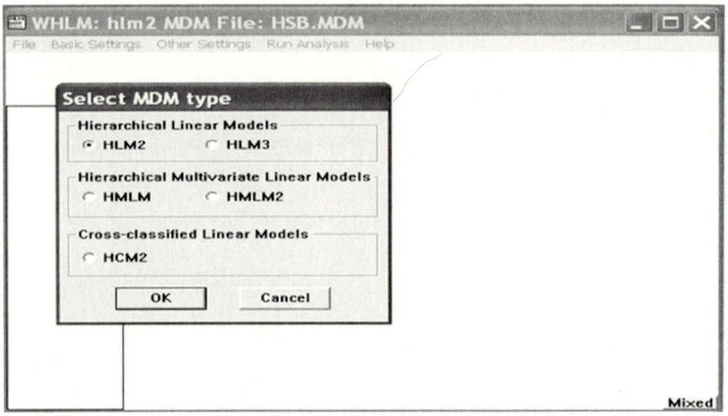

〈그림 15-5〉 2수준모형 분석을 위한 MDM 파일 선택하기

생성할 MDM 파일의 형태는 집단효과를 살펴보고자 하는지 개체 내 변화를 알아보고자 하는지, 2수준 자료인지 3수준 자료인지에 따라 달라진다. 여기서는 2수준 모형의 집단효과를 살펴볼 것이므로 창에서 HLM2를 선택한다(〈그림 15-5〉 참조).

둘째, HLM에 자료에 대한 정보를 입력하고, MDM template(MDMT) command 파일과 MDM 파일을 만든다(〈그림 15-6〉~〈그림 15-12〉참조).

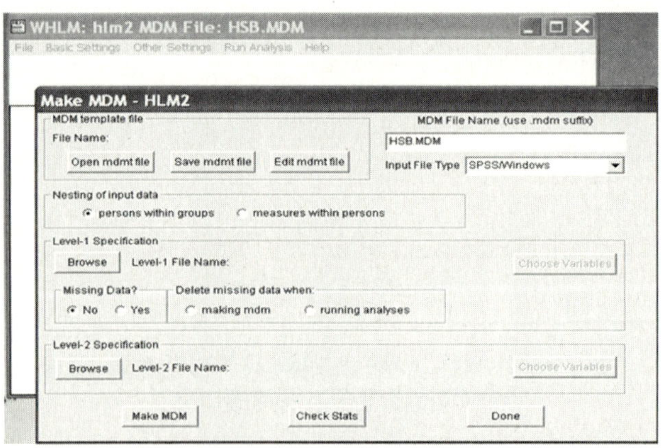

〈그림 15-6〉 MDM file 이름을 입력하기

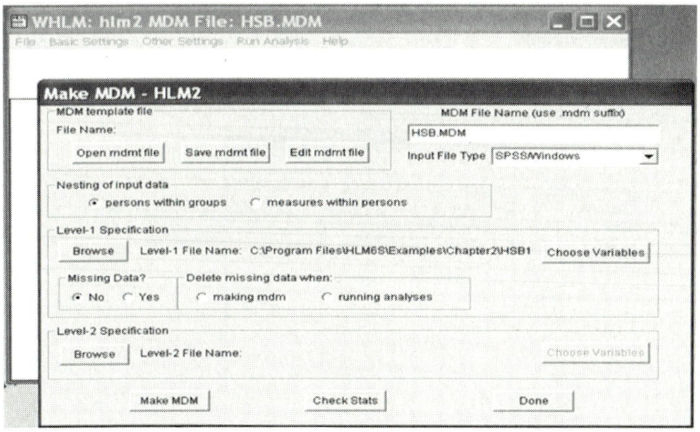

〈그림 15-7〉 1수준모형의 자료파일 경로 정하기

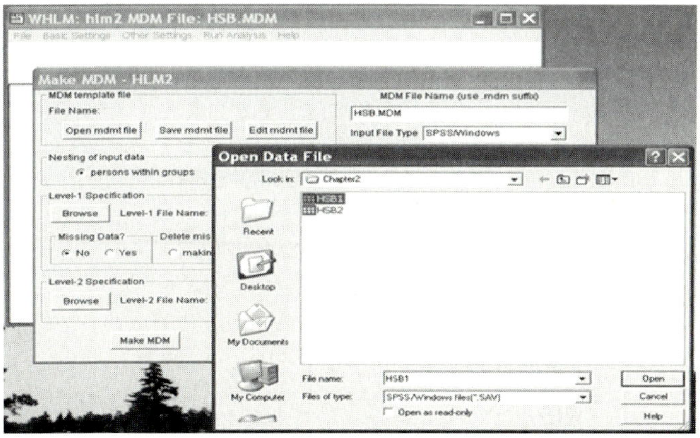

〈그림 15-8〉 1수준 변인 선택을 위해 1수준 자료파일 열기

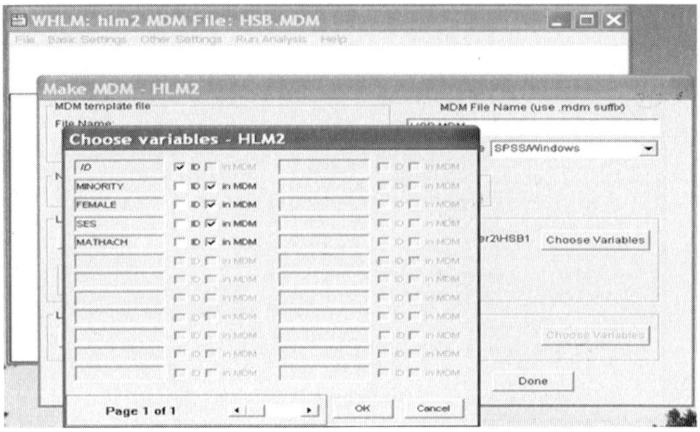

〈그림 15-9〉 ID 변인과 1수준 변인 선택하기

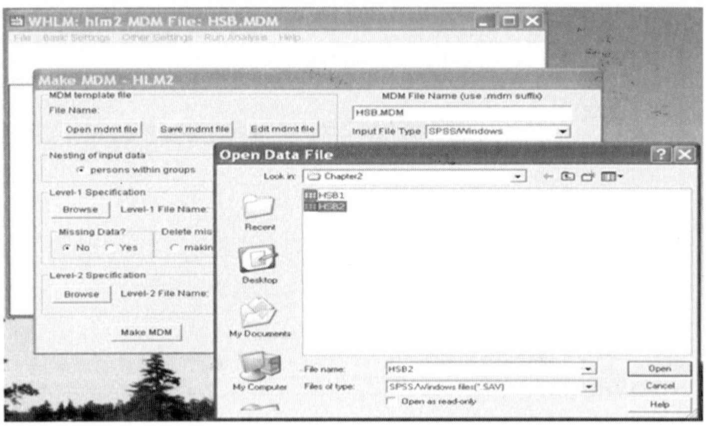

〈그림 15-10〉 2수준 변인 선택을 위해 2수준 자료파일 열기

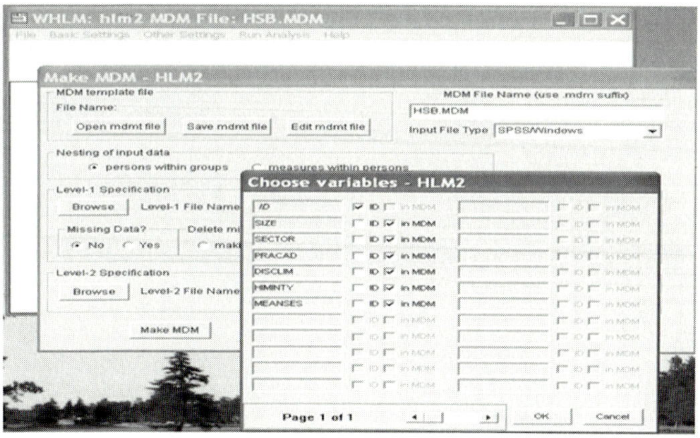

〈그림 15-11〉 ID 변인과 2수준 변인 선택하기

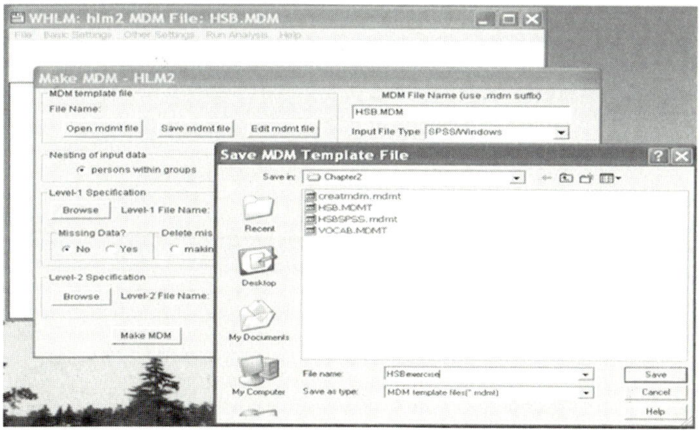

〈그림 15-12〉 MDM template (MDMT) command 파일 이름 입력하고 저장하기

셋째, MDM 파일상 자료가 제대로 되어 있는지 확인하기 위해 Check Stats를 클릭하여 기술통계치를 산출한다(〈그림 15-13〉~〈그림 15-14〉참조).

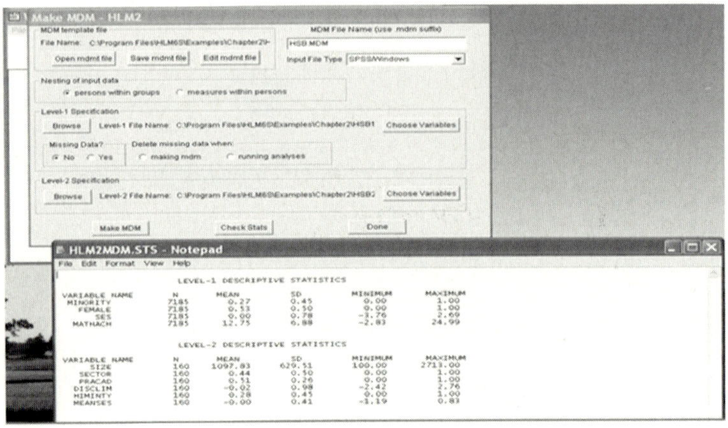

〈그림 15-13〉 자료파일의 기술통계치 산출하기

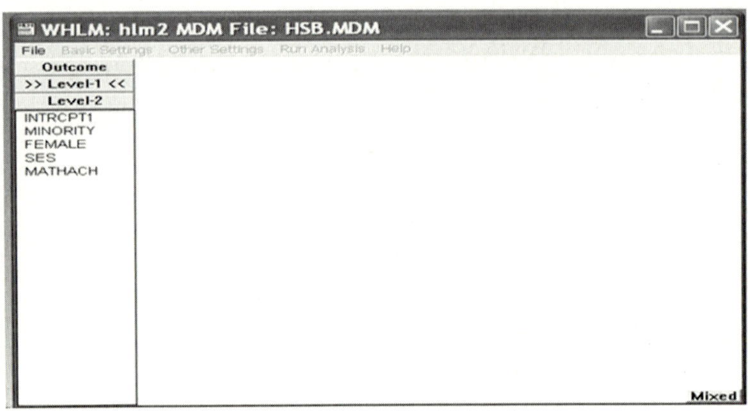

〈그림 15-14〉 2수준 MDM 파일이 완성된 후 나타나는 창

2) 다층선형모형 구성 및 분석

HLM에서 분석을 실시하기 전에 연구에 적합하도록 모형을 구체화해야 한다. 먼저, 1수준모형을 정한다. 다음으로, 1수준계수들을 예측하는 데 사용

될 2수준모형을 정한다. 끝으로, 1수준계수들을 고정모수로 할지 비고정모수로 할지를 정한다(즉, 모형 내 각 계수가 오차항을 포함하는지 포함하지 않는지를 정한다).

본 예에서는 다음과 같은 세 가지 모형을 만들기로 한다.

첫째, 독립변인이 포함되지 않은 절편만으로 된 기초모형을 만든다.

둘째, 1수준 독립변인만 포함된 연구모형을 만든다.

셋째, 1수준과 2수준 독립변인이 포함된 연구모형을 만든다.

(1) 기초모형 만들기

마우스를 1수준 변인리스트의 MATHACH에 놓고 왼쪽버튼을 클릭한다. 이때 나타나는 상자에서 OUTCOME VARIABLE을 클릭한다(〈그림 15-15〉 참조). 곧바로, 절편만으로 된 기초모형이 생성된다(〈그림 15-16〉 참조).

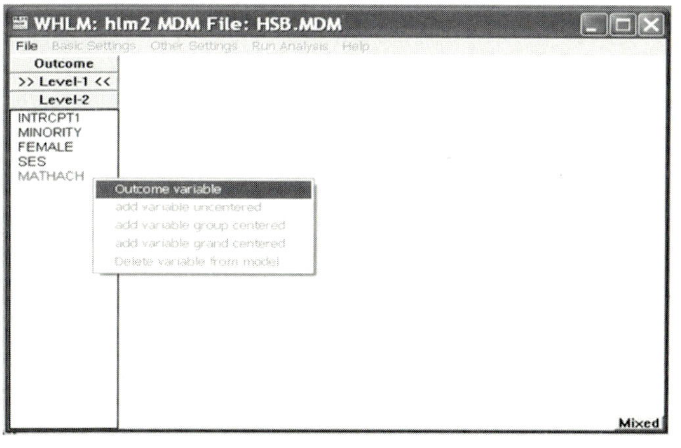

〈그림 15-15〉 종속변인 지정하기

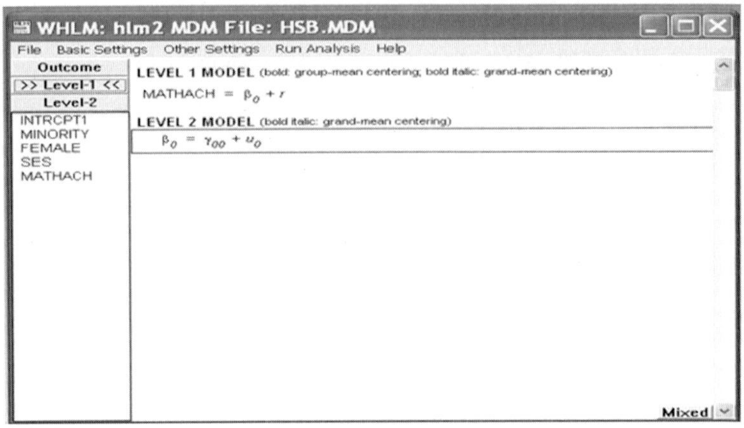

〈그림 15-16〉 절편만으로 된 모형

이때, HLM 창 하단 부분의 'Mixed'를 클릭하면 1수준 BETA(S)를 2수준 방정식으로 대체하면서 하나의 방정식이 만들어진다(〈그림 15-17〉 참조).

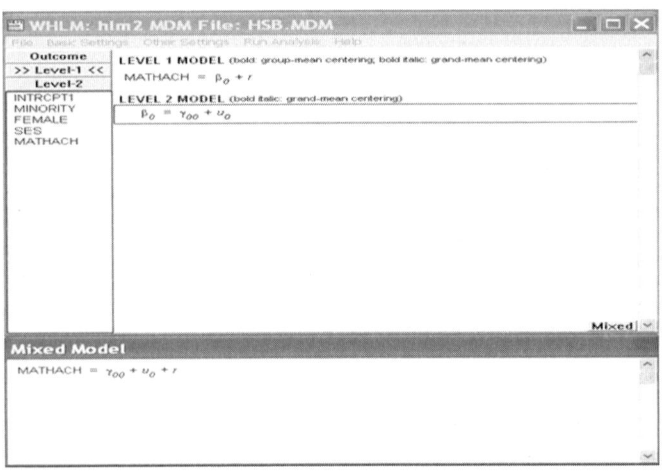

〈그림 15-17〉 단일 방정식으로 나타낸 기초모형

HLM 창의 menu bar에서 RUN ANALYSIS를 선택한다. 새로운 창이 나타나면, SAVE AND RUN을 선택한 후, COMMAND FILE 이름을 지정한다(〈그림 15-18〉 참조). 그러면 분석이 실행되면서 화면에 maximum likelihood iterations 과정이 나타났다가(〈그림 15-19〉 참조) 잠시 후 사라진다. 이는 분석이 완료되었다는 것을 의미한다. 따라서 HLM menu bar에서 VIEW OUPTUT을 클릭하면 분석결과를 볼 수 있는 창이 나타난다(〈그림 15-20〉 참조).

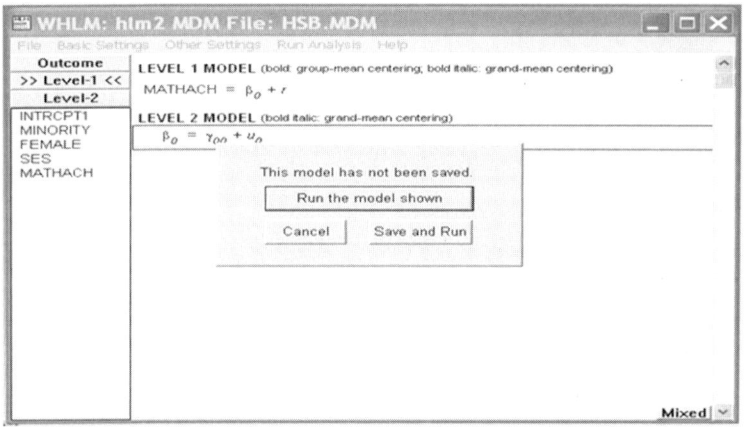

〈그림 15-18〉 기초모형 실행하기

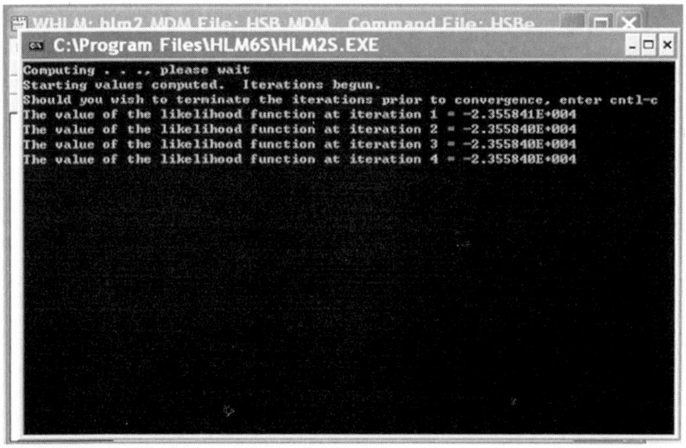

〈그림 15-19〉 maximum likelihood iterations 과정을 보여주는 화면

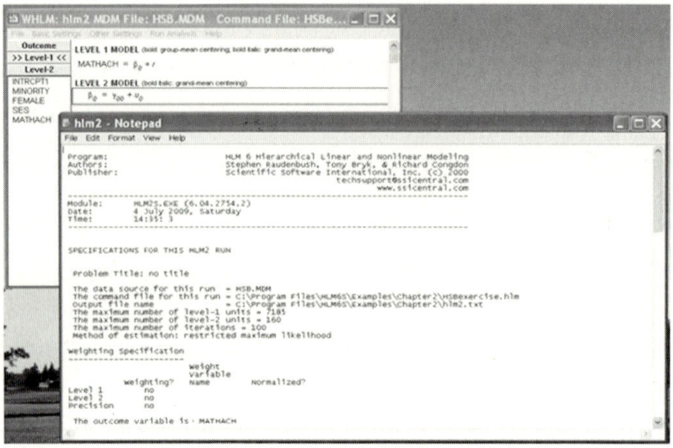

〈그림 15-20〉 기초모형을 분석한 결과

(2) 1수준 독립변인만 포함된 연구모형 만들기

기초모형 분석을 마친 후, 다시 WHLM: hlm2 창으로 돌아온다. 이때 기초모형이 창에 아직 남아 있게 된다. 여기에 1수준 독립변인으로 SES를 투입한다. 창의 왼편 변인리스트에서 SES를 클릭하고 "add variable group centered"를 선택한다(〈그림 15-21〉 참조). 이 독립변인이 1수준모형에 투입되고, 이와 관련해 β_1을 위한 방정식이 2수준모형에 투입된다. 이때 프로그램은 절편인 β_0만을 무선모수라고 가정한다. β_1의 방정식의 맨 끝 쪽에 μ_1이 회색으로 나타나는데 이는 1수준 계수가 고정되어 있음을 나타낸다. SES 기울기의 무선효과를 지정하기 위해서 β_1방정식의 오차항인 μ_1를 클릭한다(〈그림 15-22〉 참조). 그런 후, 기초모형에서 한 것과 마찬가지로 RUN ANALYSIS를 클릭하여 분석을 실행하고 결과를 확인한다. 이 모형을 분석한 결과에는 1수준 독립변인에 관한 설명이 추가되어 나타난다.

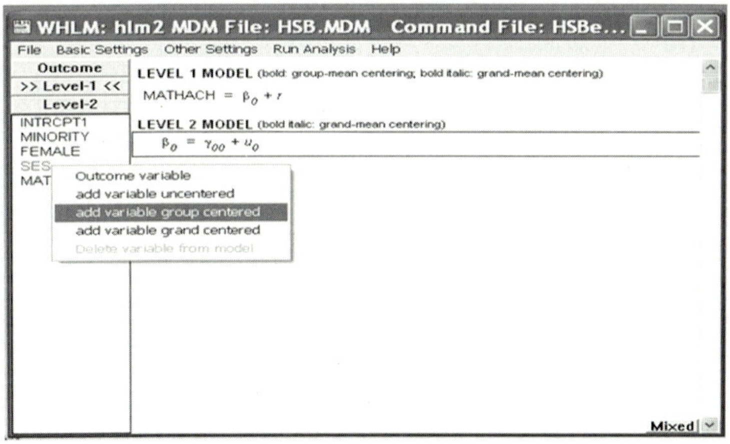

〈그림 15-21〉 1수준 독립변인 방정식에 투입하기

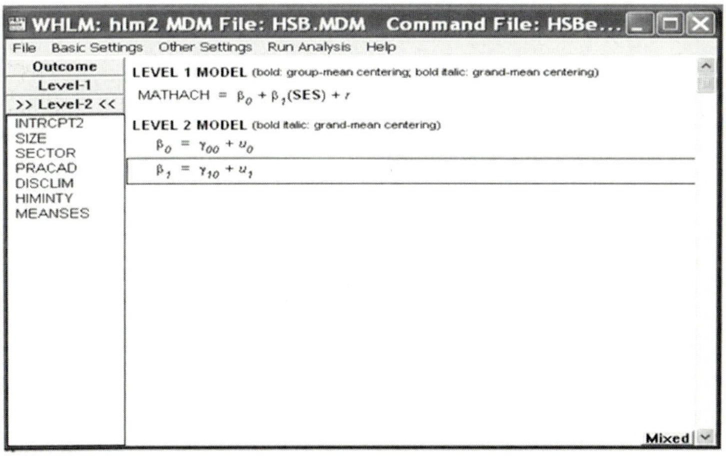

〈그림 15-22〉 오차항인 μ_1를 클릭해 무선계수화한 상태의 방정식

(3) 1수준과 2수준 독립변인이 포함된 연구모형 만들기

1수준 독립변인이 포함된 연구모형 분석을 마친 후, 다시 WHLM: hlm2 창으로 돌아온다. 이때 이전 단계 모형이 창에 남아 있다. 그 모형에 독립변인인 학교설립유형(SECTOR)과 학교의 평균 SES(MEANSES)를 2수준모형의 두 방정식에 투입한다. 창에 회색으로 나타나 있는 "LEVEL-2"를 클릭하고,

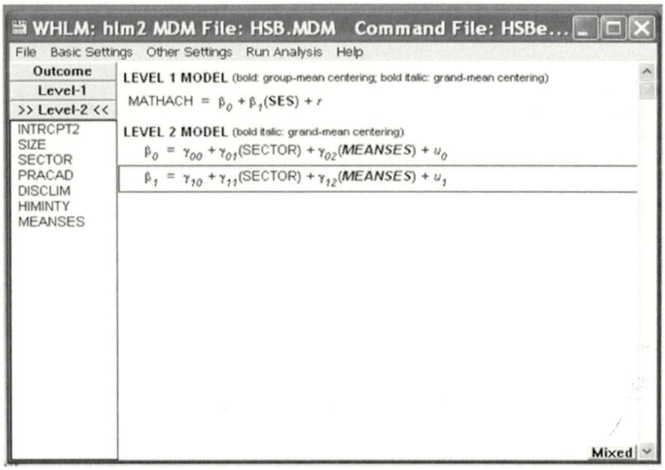

〈그림 15-23〉 1수준 변인과 2수준 변인을 투입한 방정식

2수준변인 리스트에서 투입할 독립변인을 선택한다. 먼저, β_0방정식을 클릭한다. SECTOR를 클릭하고 “add variable uncentered”를 선택한다. MEANSES를 클릭하고 “add variable grand centered”를 선택한다. 이 과정을 β_1방정식에 반복한다. 〈그림 15-23〉과 같은 방정식이 나타나면, 앞서와 마찬가지로 RUN ANALYSIS를 클릭하여 분석을 실행하고 결과를 확인한다.

3) 다층선형모형 분석결과

본 연구의 예에서 변인들의 기술통계를 확인한 결과는 〈표 15-4〉와 같다.

이어서 절편만으로 된 기초모형과 두 개의 연구모형을 분석한 결과를 살펴보자.

(1) 기초모형 분석결과

기초모형 분석결과를 바탕으로 집단 내 변량, 집단 간 변량합, 집단 간 변량 차이의 유의성 등을 알 수 있고, 집단 내 상관(ICC)을 계산할 수 있다.

〈표 15-4〉 HS&B 연구 예의 기술통계치

	변인명	평균	표준편차
학생수준 변인들			
수학성적	Y_{ij}	12.75	6.88
사회경제적 수준	$(SES)_{ij}$	0.00	0.78
학교수준 변인들			
학교설립유형	$(SECTOR)_j$	0.44	0.50
학교평균 SES	$(MEAN\ SES)_j$	0.00	0.41

```
The outcome variable is  MATHACH

Final estimation of fixed effects:
----------------------------------------------------------------------------
                                     Standard              Approx.
   Fixed Effect          Coefficient   Error       T-ratio    d.f.      P-value
----------------------------------------------------------------------------
For        INTRCPT1, B0
   INTRCPT2, G00           12.636972   0.244412    51.704        159     0.000
----------------------------------------------------------------------------

Final estimation of variance components:
----------------------------------------------------------------------------
Random Effect              Standard     Variance      df    Chi-square  P-value
                           Deviation    Component
----------------------------------------------------------------------------
INTRCPT1,        U0          2.93501      8.61431    159    1660.23259    0.000
 level-1,        R           6.25686     39.14831
----------------------------------------------------------------------------

Statistics for current covariance components model
--------------------------------------------------

Deviance                        = 47116.793477
Number of estimated parameters = 2
```

집단 내 변량(개인수준에서의 분산)을 나타내는 σ^2의 값이 39.15%이다. 이는 학교 내 변량을 의미한다. 이어서 집단 간 변량을 나타내는 τ_{00}의 값은 8.61이다. 이는 학교 간 변량을 의미하는 것이다. 집단 내 상관계수를 계산하면 다음과 같다.

$$ICC = \tau_{00} / (\tau_{00} + \sigma^2) = 8.61 / (8.61 + 39.15) = 0.18$$ 이다.

이는 수학성적 변량의 약 18%가 학교 간 차이에 의한 것임을 나타낸다.

최대우도법을 이용한 추정 결과, 수학성적의 전체평균은 12.64이고 표준오차는 0.24이다. 변량성분의 최종 추정치에서 절편인 τ_{00}의 값(8.61, $\chi^2 = 1660.23$, $p < .001$)이 .05수준에서 유의하므로 영가설(H_0: $\tau_{00} = 0$)이 기각된다. 따라서 학교 간 변량이 통계적으로 유의하게 차이가 있다. 다시 말해서, 수학성적은 학교마다 유의하게 차이가 있으므로 다층선형모형으로 분석해야 한다는 것을 알 수 있다.

분석결과 끝부분의 DEVIANCE 값(47116.79)은 모형을 다른 모형과 비교할 때 사용된다. 이 통계값은 현재 모형이 자료를 얼마나 설명하는가와 관련이 되는 것으로, 현재 모형이 얼마나 부적합한가를 나타낸다. 따라서 모형을 비교할 때 DEVIANCE 값이 작을수록 더 우수한 모형이라고 할 수 있다.

(2) 1수준 독립변인만 포함된 연구모형 분석결과

이 모형은 160개 학교에서 학생의 SES와 수학성적 간 관련성을 포함한 것이다. 이들 각 학교마다 고유의 절편과 기울기가 있다고 가정하고, 다음과 같은 문제를 살펴본다. 160개 회귀방정식의 평균절편과 평균기울기는 무엇인가? 회귀방정식은 학교마다 얼마나 다양한가? 절편과 기울기의 상관은 어떠한가?

```
The outcome variable is  MATHACH
Final estimation of fixed effects:
----------------------------------------------------------------------------
                                      Standard            Approx.
   Fixed Effect         Coefficient   Error      T-ratio   d.f.     P-value
----------------------------------------------------------------------------
For       INTRCPT1, B0
   INTRCPT2, G00         12.636196   0.244503   51.681       159    0.000
For       SES slope, B1
   INTRCPT2, G10          2.193157   0.127879   17.150       159    0.000
----------------------------------------------------------------------------

----------------------------------------------------------------------------
Random Effect            Standard      Variance     df    Chi-square  P-value
                         Deviation     Component
----------------------------------------------------------------------------
INTRCPT1,       U0        2.94633       8.68087   159    1770.85115    0.000
    SES slope,  U1        0.82485       0.68038   159     213.43769    0.003
 level-1,       R         6.05835      36.70356
----------------------------------------------------------------------------
Statistics for current covariance components model
--------------------------------------------------
Deviance                       = 46712.398927
Number of estimated parameters = 4
```

학교의 평균수학성적들의 총평균을 나타내는 τ_{00}는 12.64이다. 수학성적 평균은 학교에 따라 유의한 차이가 있음을 알 수 있다. 학생의 SES와 수학성적 간 관계인 기울기들의 평균을 나타내는 τ_{10}은 2.19이다. 이 값이 .05수준에서 유의하므로, 학교들 전체를 대상으로 볼 때, 학교 내 학생의 SES와 수학성적 간에 유의한 관련성이 있음을 알 수 있다.

무선효과를 나타내는 부분을 살펴보면, SES 기울기의 변량이 유의한 것으로 나타났다($\chi^2 = 213.43$, $p = .003$). 즉, 학생의 SES와 수학성적 간 관련성은 학교마다 유의하게 다르다는 것을 보여준다.

(3) 1수준과 2수준 독립변인이 포함된 연구모형 분석 결과

이 모형은 왜 어떤 학교는 다른 학교보다 수학성적이 높은지, 왜 어떤 학교에서는 학생의 SES와 수학성적 간 관련성이 다른 학교들보다 더 강한지에 대해 탐색하고 설명하기 위한 것이다. 이 모형에 포함되는 1수준 독립변인은 이전 모형과 같고, 새로이 2수준 독립변인인 학교설립유형(SECTOR)과 학교의 평균 SES(MEANSES)가 포함된다.

```
The outcome variable is  MATHACH
Final estimation of fixed effects:
----------------------------------------------------------------------------
                                     Standard             Approx.
   Fixed Effect        Coefficient   Error      T-ratio   d.f.     P-value
----------------------------------------------------------------------------
For       INTRCPT1, B0
   INTRCPT2, G00        12.095006    0.198717    60.865      157     0.000
     SECTOR, G01         1.226384    0.306272     4.004      157     0.000
    MEANSES, G02         5.333056    0.369161    14.446      157     0.000
For       SES slope, B1
   INTRCPT2, G10         2.937787    0.157119    18.698      157     0.000
     SECTOR, G11        -1.640954    0.242905    -6.756      157     0.000
    MEANSES, G12         1.034427    0.302566     3.419      157     0.001
----------------------------------------------------------------------------
The outcome variable is  MATHACH
Final estimation of variance components:
-----------------------------------------------------------------------------
Random Effect          Standard      Variance     df    Chi-square  P-value
                       Deviation     Component
-----------------------------------------------------------------------------
INTRCPT1,       U0       1.54271       2.37996   157    605.29503    0.000
    SES slope,  U1       0.38590       0.14892   157    162.30867    0.369
 level-1,       R        6.05831      36.70313
-----------------------------------------------------------------------------
Statistics for current covariance components model
------------------------------------------------
Deviance                       = 46501.875643
Number of estimated parameters = 4
```

수학성적평균은 학교의 평균 SES를 통제한 다음에도 여전히 가톨릭학교(SECTOR=1)에서 공립학교(SECTOR=0)보다 유의하게 더 높은 것으로 나타났다($\tau_{01}=1.22$, $t=4.04$, $p<.001$). 또한 학교설립유형에 관계없이 학교의 평균 SES와 수학성적 간에 정적인 관련성이 유의하게 나타났다($\tau_{02}=5.33$, $t=14.45$, $p<.001$).

가톨릭학교(SECTOR=1)에서는 학생의 SES와 수학성적 간의 관련성이 공립학교(SECTOR=0)의 경우보다 더 약하게 나타났다($\tau_{11}=-1.64$, $t=-6.76$, $p<.001$). 즉, 각 학교별 평균 SES의 차이로 인한 영향력을 통제한 후에도 학생들의 SES는 공립학교에서 학생들의 수학성적을 결정하는 데 중요한 변수로 작용한다고 볼 수 있다. 학교설립유형에 관계없이 학생의 SES와 수학성적 간의 관련성은 학교의 평균 SES가 더 높은 곳에서 더 강하게 나타났다($\tau_{12}=1.03$, $t=3.42$, $p<.001$).

기초모형의 DEVIANCE 값은 47116.79이었다. 현 모형에서는 46501.88로 기초모형에 비해 작아졌다. 따라서 현 모형이 기초모형보다 학생들의 수학성적을 설명하는 데 더 우수하다는 것을 알 수 있다.

제16장

카이제곱검증과 부호검증

1. 카이제곱검증
2. 부호검증

제6장에서 제15장까지는 추리통계방법 중에서 모수통계(parametric statistics)에 관해 살펴보았다. 대부분의 연구에서는 모수통계가 사용되지만 경우에 따라서는 비모수통계(nonparametric statistics)가 사용되기도 한다.

모수통계를 사용하기 위해서는 몇 가지 가정이 전제되어야 하는데, 연구에 사용되는 표본(sample)은 정상분포를 이루는 모집단(population)으로부터 표집되어야 한다는 정규분포 가정(normality assumption)과 각 모집단의 변량이 동일하다는 동변량성 가정(homogeneity of variance assumption)이 그것이다. 그러나 사례수가 많거나 각 집단의 사례수가 같을 때에는 이 가정들이 위배되어도 추론결과에 미치는 영향이 크지 않으므로 대부분의 경우 검증력이 높은 모수통계를 사용하게 된다. 하지만 정규분포 가정이나 동변량성의 가정이 위배되고, 사례수가 적거나 각 집단의 사례수가 같지 않을 때에는 이러한 가정들이 필요 없는 비모수통계를 사용하는 것이 바람직하다.

비모수통계를 사용하는 또 다른 이유는 측정의 수준이다. 측정수준에는 명목척도, 서열척도, 등간척도, 비율척도가 있다. 명목척도는 사물을 명명하거나 구분하기 위하여 사용되는 척도로서 질병의 분류, 전화번호, 주민등록번호 등이 그 예이다. 서열척도는 상대적인 서열을 나타내기 위하여 순위에 따라 수치를 부여하는 것으로 학생들의 성적순위나 사회경제적 지위(SES) 등이 이에 속한다. 등간척도는 등가성과 서열성뿐만 아니라 대상들 간에 어느 정도 차이가 있는가에 관한 동간성 정보도 포함하고 있다. 섭씨나 화씨의 온도, 지능지수 등이 등간척도의 예들이다. 비율척도는 명목척도, 서열척도, 등간척도의 특성을 다 지니고 있으며, 그에 덧붙여 절대 영점이 있다. 무게, 길이, 캘빈 온도 등을 그 예로 들 수 있다. 연구자가 수집한 자료가 명목척도인 경우에는 모수통계를 사용할 수 없다. 서열척도의 경우에는 연구자에 따라 모수통계를 사용하기도 하고 비모수통계를 사용하기도 한다. 등간척도의 경우에는 다른 조건이 충족된다면 모수통계를 사용하는 것이 검증력이 더 높다. 비모수통계를 사용하는 세 번째 이유는 표본의 수에 있다. 표본의 수가 너무 적으면 비모수통계를 사용하는 것이 좋다.

가설을 검증하는 과정은 비모수통계 역시 모수통계와 마찬가지로 다섯 단계를 거친다. 첫째, 가설을 설정하고, 둘째, 유의도 수준을 정하며, 셋째, 통계치를 구하고, 넷째, 임계치를 구한 다음, 다섯째, 영가설을 기각하거나 채택한다.

이 장과 다음 장에서는 비율과 백분율 그리고 서열자료를 분석하는 비모수통계에 관해 살펴보기로 한다.

1. 카이제곱검증

카이제곱검증(Chi-Square Test)은 기대값과 관찰값 간에 차이가 나는가를 검증하는 통계방법으로서 가장 흔히 사용되는 비모수통계 중의 하나이다. 카이제곱검증에는 단일표본검증과 독립표본검증 그리고 독립성 카이제곱검증 등이 있다. 카이제곱검증의 기본 가정은 다음과 같다.

첫째, 측정수준은 명목척도이다.

둘째, n개의 독립적 관찰로 이루어져야 한다.

셋째, 둘 이상의 범주는 상호배타적(mutually exclusive)이고 포괄적(exhaustive)이어야 한다.

사진 설명: 말이 발주기(發走機)에 정렬하여 신호와 함께 발주하는 찰나

1) 단일표본 카이제곱검증

단일표본 카이제곱검증(Single Sample Chi-Square Test)은 적합도(goodness-of-fit)검증이라고도 하는데 영가설에 의해 연구자가 기대하는 빈도수(expected frequency)와 실제 관찰되는 빈도수(observed frequency) 간에 차이가 있는가

〈표 16-1〉 단일표본 카이제곱검증의 예 1

발주대 (post position)	영가설의 확률 (null proportion)	실제빈도 (f)	기대빈도 (f')	$x^2 = \sum_{j=1}^{k} \frac{(f-f')^2}{f'}$
1	.125	29	18	6.72
2	.125	19	18	.06
3	.125	18	18	.00
4	.125	25	18	2.72
5	.125	17	18	.06
6	.125	10	18	3.56
7	.125	15	18	.50
8	.125	11	18	2.72
	1	144	144	16.34

를 검증하는 것이다.

예를 들어, 경마(horse race)에서 어느 발주대(post position)의 말이 우승을 제일 많이 하는가를 알아본다고 가정해보자. 〈표 16-1〉은 144회에 걸쳐 관찰한 8개의 발주대의 말이 실제 우승한 빈도와 우승할 것으로 기대한 빈도의 가상적인 결과이다. 이 연구에서 영가설은 8개의 발주대의 말이 우승할 확률이 똑같다는 것이다($H_0 : \pi_1 = .125 \ \cdots\cdots \ \pi_8 = .125$).

이 연구의 가설을 검증하기 위하여 우선 유의도 수준을 .05로 정하고 x^2 통계표에서 자유도(df)가 7($k-1$)일 때의 임계치(critical value)를 구하면 14.07인 것을 알 수 있다. 위에서 계산된 x^2 값은 16.34로 임계치 14.07보다 크므로 발주대 별로 우승확률이 동일하다는 영가설을 기각하게 된다. 여기서 한 가지 유념해야 할 점은 영가설이 양방검증임에도 불구하고 카이제곱검증은 항상 일방검증(right-hand tailed test)이라는 점이다.

카이제곱검증은 기본적으로 표본의 수가 많을수록 좋다. 예를 들어, 범주의 수가 2일 때 기대빈도는 5 이상이 되어야 한다. 그리고 범주의 수가 2 이상일 때 기대빈도의 20% 이상이 5보다 적거나 기대빈도의 1개라도 1보다 적으면 카이제곱검증은 사용할 수 없다. 이를 해결하는 방법은 범주의 수를 줄이거나 표본의 수를 늘리는 것이다.

자유도(*df*)가 1일 경우에는 Yates Correction[1]을 사용해야 하는데, 그렇지 않으면 제1종 오류가 증가하게 된다. Yates Correction을 사용한 χ^2 공식은 다음과 같다.

$$\chi^2 = \sum_{i=1}^{k} \frac{(|f-f'|-5)^2}{f'}$$

위의 가설적인 예를 조금 변경하여 이번에는 연구가설이 1번에서 4번까지 발주대의 말이 5번에서 8번까지 발주대의 말보다 우승할 확률이 높다라고 해보자. 〈표 16-2〉는 이 영가설에 대한 기대빈도와 실제빈도를 나타내고 있다.

유의도 수준 .05에서 자유도가 1일 때의 임계치를 χ^2 통계표에서 찾아보면 3.84인 것을 알 수 있다. Yates Correction을 사용하여 구한 χ^2 값이 9.50이므로 1~4번 발주대의 말과 5~8번 발주대의 말이 우승할 확률이 동일하다는 영가설을 기각하게 된다.

〈표 16-2〉 단일표본 카이제곱검증의 예 2

발주대 (post position)	영가설의 확률 (null proportion)	실제빈도 (f)	기대빈도 (f')	$\chi^2 = \sum_{j=1}^{k} \frac{(\|f-f'\|-5)^2}{f'}$
1~4	.5	91	72	4.75
5~8	.5	53	72	4.75
	1	144	144	9.50

1) 영국의 통계학자 Frank Yates(1934)가 제안한 것으로 자유도(*df*)가 1일 경우 *p*값을 증가시켜 제1종 오류가 발생하게 되므로 이를 방지하기 위한 공식이다.

2) 독립표본 카이제곱검증

카이제곱검증은 단일표본뿐만 아니라 둘 이상의 독립표본에도 사용할 수 있다. 예를 들어, 기초통계학을 강의하는 두 교수 중에서 어느 쪽이 학점을 잘 주는지에 관심이 있다고 가정해보자. 〈그림 16-1〉은 실제빈도와 기대빈도의 분할표(contingency table)이다.

독립표본 카이제곱검증(Independent Samples Chi-Square Test)에서 자유도(df)는 (열-1)(행-1)이므로 가설적 연구에서의 자유도는 $(3-1)(2-1)=2$가 된다. 이 연구의 가설을 검증하기 위해 유의도 수준 .05에서 χ^2 통계표를 보고 자유도가 2일때의 임계치를 구하면 5.99이다. 위에서 계산된 χ^2 값은 16.01[2)]로 임계치보다 크므로 두 교수가 학점(A, B, C)을 주는 엄격함의 정도가 비슷하다는 영가설을 기각하게 된다.

독립표본 카이제곱검증에서 자유도가 1인 경우에는 모든 기대빈도가 10 이상이어야 하고 자유도가 1 이상이면 모든 기대빈도가 5 이상이어야 한다.

실제빈도

학점	교수 1	교수 2	
A	7	21	28
B	18	8	26
C	10	2	12
	35	31	66

기대빈도

학점	교수 1	교수 2	
A	14.85	13.15	28
B	13.79	12.21	26
C	6.36	5.64	12
	35	31	66

〈그림 16-1〉 독립표본 카이제곱검증의 예 1: 실제빈도와 기대빈도의 분할표

2) 독립표본 카이제곱검증에서 χ^2값을 구하는 공식은 다음과 같다.

$$\chi^2 = \sum_{i=1}^{r}\sum_{j=1}^{c}\frac{(f-f')^2}{f'}$$

		약의 종류		
		아스피린	위약	
심장발작	있음	29/36.95	46/38.05	75
	없음	171/163.05	160/167.95	331
		200	206	406

* 셀 속의 수치는 f/f'이다.

〈그림 16-2〉 독립표본 카이제곱검증의 예 2

독립표본 카이제곱검증의 분할표가 2×2이면 자유도가 1이 되는데 이때에는 단일표본 카이제곱검증과 마찬가지로 Yates Correction을 사용해야 한다. 예를 들어, 아스피린이 심장발작의 감소에 어떤 효과가 있는지 알아보기 위해 406명을 대상으로 아스피린과 위약(플라시보)을 처방했다고 가정해보자. 〈그림 16-2〉는 아스피린과 위약을 각기 처방한 후 심장발작을 일으키거나 일으키지 않은 기대빈도와 실제빈도를 보여주고 있다. 자유도가 1이므로 Yates Correction[3]을 사용하여 구한 x^2값은 3.63이고 임계치는 3.84이므로 아스피린이나 위약이 심장발작을 감소시키는 효과가 동일하다는 영가설을 채택하게 된다. 만약 Yates Correction 공식을 사용하지 않고 x^2 값을 구하면 4.14가 되므로 제1종 오류의 증가로 영가설을 기각하게 된다.

3) 독립성 카이제곱검증

독립성 카이제곱검증(Chi-square Test of Independence) 또는 상관조사 카이제곱검증(Chi-square as a correlational probe)은 두 명목변인(nominal

3) Yates Correction Formula는 다음과 같다.

$$x^2 = \sum_{i=1}^{r} \sum_{j=1}^{c} \frac{(|f-f'|-.5)^2}{f'}$$

variable) 간에 통계적으로 유의한 관계가 있는가를 알아보는 데 사용된다. 예를 들어, 100명의 남녀 대학생들을 대상으로 친척이름을 대보라고 한다. 그리고 이들 대학생들과 그들이 언급한 친척들의 성이 남성인지 아니면 여성인지 기록해 둔다(〈그림 16-3〉 참조).

		친척의 성별	
		남성	여성
대학생의 성별	남성	30	20
	여성	23	27

〈그림 16-3〉 대학생과 그들 친척의 성별 분포(실제빈도)

〈그림 16-3〉을 보면 학생의 성과 친척의 성 간에는 관계가 있는 것으로 보인다. 즉, 남학생은 남자 친척의 이름을 더 많이 대고, 여학생은 여자 친척의 이름을 더 많이 대는 경향이 있다. 만약 모집단에서 두 변인 간에 아무런 관계가 없다면 모집단의 분할표에서 4개의 빈도가 모두 동일할 것이다(〈그림 16-4〉 참조).

		친척의 성별	
		남성	여성
대학생의 성별	남성	25	25
	여성	25	25

〈그림 16-4〉 대학생과 그들 친척의 성별 분포(기대빈도)

두 변인 간에 통계적으로 유의한 관계가 있는가를 알아보기 위해 phi 상관계수를 구할 수 있다. 즉, phi $=\sqrt{\frac{X^2}{N}}$ 이다. 이때 열이나 행이 둘 이상이면 phi 상관계수 대신에 분할상관계수(Contingency Coefficient)를 구하면 된다.

즉, $C = \sqrt{\frac{\chi^2}{N+\chi^2}}$ 이다.

4) χ^2 검증의 예

χ^2 검증은 범주형 변인을 분석하기 위해 사용하는 통계방법이다. 성별에 따른 애착유형, 성별에 따른 선호하는 장난감, 또래지위에 따른 선호하는 놀이유형 등과 같이 연구자가 관심을 갖고 있는 독립변인과 종속변인이 모두 질적인 변인일 때 사용하는 통계방법이다. 예를 들어, "대학생의 성별에 따라 피임방법의 선호도에 차이가 있는가?" 라는 연구문제를 설정했다면 다음과 같은 절차를 이용하여 이를 검증할 수 있다.

(1) χ^2 검증의 실시

SPSS를 이용하여 χ^2 검증을 실시하는 절차는 다음과 같다.

분석 → 기술통계량 → 교차분석 → 행(독립변인), 열(종속변인) 선택 → 셀(관측빈도, 행) → 확인 → 결과분석

메뉴바에 있는 분석에 들어가서, 기술통계량를 클릭한 후, 교차분석을 클

〈그림 16-5〉 기술통계량에서 교차분석 선택

릭한다.

교차분석을 시행하고자 하는 변인을 행과 열에 투입한다. 통계량을 클릭하여 χ^2 검증을 선택한다.

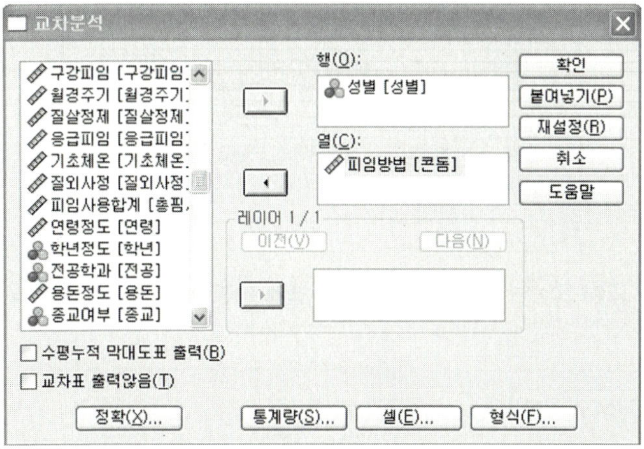

〈그림 16-6〉 교차분석을 시행하고자 하는 변인을 행과 열에 투입

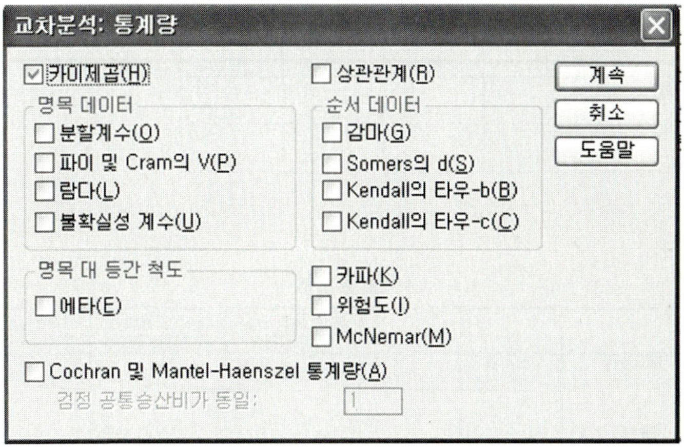

〈그림 16-7〉 통계량에서 카이제곱 선택

교차분석표의 각 셀에 표시하고자 하는 빈도와 퍼센트를 클릭한다.

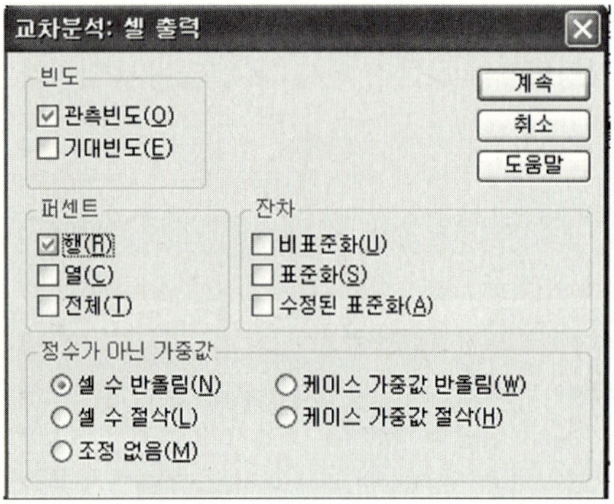

〈그림 16-8〉 교차분석표에서 각 셀에 제시될 관측빈도, 퍼센트

(2) 교차분석의 결과

성별 * 피임방법 교차표

			피임방법		전체
			콘돔	피임약	
성별	여	빈도	224	22	246
		성별의 %	91.1%	8.9%	100.0%
	남	빈도	62	80	142
		성별의 %	43.7%	56.3%	100.0%
전체		빈도	286	102	388
		성별의 %	73.7%	26.3%	100.0%

카이제곱 검정

	값	자유도	점근 유의확률 (양측검정)	정확한 유의확률 (양측검정)	정확한 유의확률 (단측검정)
Pearson 카이제곱	104.365[b]	1	.000		
연속수정[a]	101.933	1	.000		
우도비	104.253	1	.000		
Fisher의 정확한 검정				.000	.000
선형 대 선형결합	104.096	1	.000		
유효 케이스 수	388				

a. 2x2 표에 대해서만 계산됨

b. 0 셀 (.0%)은(는) 5보다 작은 기대 빈도를 가지는 셀입니다. 최소 기대빈도는 37.33입니다.

〈그림 16-9〉 SPSS에서 교차분석 output

〈그림 16-9〉에 제시된 결과를 살펴보면, 성별과 피임방법의 교차표에서 여학생의 91.1%가 선호하는 피임방법으로 콘돔을 선택한 반면 남학생의 56.3%는 선호하는 피임방법으로 피임약을 선택하고 43.7%는 콘돔을 선택한 것으로 나타났다. 성별에 따른 피임방법의 선호도에 대한 χ^2 검증 결과, 성별에 따라 선호하는 피임방법에 차이가 있는 것으로 나타났다($\chi^2 = 104.37$, $p < .001$). 이러한 결과를 표로 정리하면 〈표 16-3〉과 같다.

〈표 16-3〉 성별에 따른 피임방법 선호도의 차이

		피임방법		전체	χ^2
		콘돔	피임약		
성별	여학생	224(91.1%)	22(8.9%)	246(100.0%)	104.37***
	남학생	62(43.7%)	80(56.3%)	142(100.0%)	
전체		286(73.7%)	102(26.3%)	388(100.0%)	

***$p < .001$

2. 부호검증

부호검증(Sign Test)은 모수통계의 상관표본 t검증에 상응하는 비모수통계이다. 부호검증은 상관표본 t검증과 마찬가지로 두 표본이 서로 상관이 있어야 한다. 즉, 사전검사와 사후검사에서처럼 동일한 피험자가 두 번 측정되거나 서로 짝을 이룬 집단이나, 부부나 형제자매로 이루어진 두 집단을 비교할 때 사용되는 통계기법이다.

부호검증에서 서로 짝을 이룬 쌍의 한쪽은 상호배타적이고 포괄적인 2개의 범주 중 하나에 분류되는데 첫 번째 범주는 (+)로, 두 번째 범주는 (−)로 표현된다. (+)와 (−)부호를 사용하기 때문에 부호검증이라 불린다. 쌍을 이룬 두 집단 중에서 어느 쪽이 값이 큰가, 작은가의 양이 아니라 단지 (+)와 (−)부호만을 결정하므로 부호검증은 검증력이 약한 통계기법이다.

가설적인 예로 남편과 아내의 주량이 같은지를 알아본다고 가정해보자. 〈표 16-4〉는 16쌍의 부부를 대상으로 남편과 아내 중 어느 쪽이 술을 더 많이 마시는가에 관한 것으로 첫 번째 행은 부부의 번호이고, 두 번째 행은 부부 중 어느 쪽이 술을 더 마시는가를 나타내고, 세 번째 행은 부부 간의 차이의 방향을 나타내주는 (+) 또는 (−) 부호이다. 여기서 0은 부부의 주량에 차이가 없음을 나타내는 것으로 전체 사례수에 포함시키지 않는다. 부호검증의 영가설은 (+)부호와 (−)부호의 수가 같다는 것이다.

가설을 검증하기 위해 전체 사례수 N(+부호와 −부호를 합한 수)과 (−)부

〈표 16-4〉 부호검증의 예

부부	남편과 아내 중 어느 쪽이 술을 더 많이 마시는가?	부호
1	남편 > 아내	+
2	>	+
3	>	+
4	<	−
5	=	0
6	>	+
7	<	−
8	>	+
9	=	0
10	>	+
11	<	−
12	>	+
13	>	+
14	=	0
15	>	+
16	>	+

호의 수 m을 구한다. 가설적 예에서 $N = 13$이고 $m = 3$이다. N과 m을 가지고 비모수통계표에서 임계치를 구하는데, 이때 임계치가 유의도 수준보다 작은 숫자이면 영가설을 기각할 수 있다. 예를 들어, 유의도 수준이 .05인데 임계치가 .029이면 영가설은 기각된다. 만약 N이 25 이상이면 임계치를 구하기 위해 Z table을 이용한다.

제17장

서열자료의 통계분석

1. 중앙치검증
2. 맨-휘트니 U검증
3. 크루스칼-월리스 H검증
4. 윌콕슨 짝진 쌍 비교검증
5. 프리드만 이원변량분석
6. 스피어만의 순위상관계수
7. 켄달의 타우

서열척도는 상대적인 서열을 나타내기 위하여 순위에 따라 수치를 부여하는 것이다. 서열척도는 이해하기 쉽다는 장점이 있지만 제한된 정보를 제공한다는 단점이 있다. 서열척도에 의해 수집된 자료는 t검증이나 변량분석 등의 모수통계를 사용할 수 없다. 대신 서열자료를 위해 개발된 비모수통계를 사용해야 한다.

순위를 정하는 한 가지 방법은 연구대상들로 하여금 측정되는 변인의 관점에서 가장 큰 것부터 가장 작은 것까지, 가장 중요한 것부터 가장 덜 중요한 것까지, 가장 강한 것부터 가장 약한 것까지, 그 외 기타 등등에서 차례를 정하게 하는데 이것이 바로 순위이다. 다시 말해서, 서열척도에 대한 측정은 근본적으로는 순서와 같다.

순위를 정하는 두 번째 방법은 집단 내에서의 연구대상의 상대적인 위치를 관찰하는 것이다. 한 예로, 한 학급의 초등학생들을 일렬로 세워놓고 키가 큰 순서대로 순위를 매기는 것이다.

순위를 정하는 세 번째 방법은 앞에서 예로 든 초등학생들의 신장을 정확하게 측정한 다음 학급 내에서의 상대적인 위치를 알아보기 위해 실제로 측정된 신장을 가지고 키가 큰 순서대로 순위를 매기는 것이다. 이 방법은 등간척도나 비율척도의 자료를 서열척도로 전환하는 것이다.

이처럼 등간척도나 비율척도의 자료를 서열척도로 전환시키게 되면 중요한 정보를 잃게 되지만 이렇게 하는 데는 몇 가지 이유가 있다. 첫째, 서열척도의 자료를 위한 비모수통계는 등간척도나 비율척도의 자료를 사용하는 모수통계보다 기본 가정이 적다. 예를 들어, t검증이나 변량분석 등은 정규분포가정과 동변량성가정을 전제로 한다. 이 기본 가정을 충족시키지 못할 경우 연구자들은 등간척도나 비율척도의 자료를 서열척도로 전환시키게 된다.

둘째, 표본의 크기가 너무 작을 경우에도 모수통계를 사용할 수 없기 때문에 서열척도로 전환하는 것이 좋다. 여기서 표본의 수(n)가 얼마나 작은 경우가 여기에 해당되는지에 대해서는 통계학자들마다 견해가 다르기 때문에 분명한 답을 할 수가 없다.

셋째, 등간척도에 의해 수집된 원점수(raw scare)가 때로는 서열에 대한 정보만 제공할 뿐이다. 예를 들어, "전혀 그렇지 않다" 에서부터 "매우 그렇다" 라는 5점 리커트 척도(Likert Scale)는 엄격히 말해서 1점부터 5점까지의 간격이 동일하다고 가정할 수 없다. 사회과학에서 대부분의 변인들이 등간척도로 간주되지만 이들 중 상당수는 엄격한 의미에서 서열척도로 간주해야 한다고 주장하는 학자들로 더러 있다.

이 장에서는 중앙치검증, 맨-휘트니 *U*검증, 크루스칼-월리스 *H*검증, 윌콕슨 짝진 쌍 비교검증, 프리드만 이원변량분석, 스피어만의 순위상관계수, 켄달의 타우 등의 서열자료의 통계분석에 관해 살펴보기로 한다.

1. 중앙치검증

중앙치검증(Median Test)은 두 집단 이상을 비교할 때 사용되는 비모수통계로서 만약 두 집단만 비교한다면 중앙치검증은 모수통계의 독립표본 t검증에 상응하는 비모수통계이고, 세 집단 이상이 비교된다면 모수통계의 일원변량분석에 상응하는 비모수통계이다.

중앙치검증을 두 집단 간의 중앙치를 비교하는 것으로 오해하기 쉽지만 중앙치검증에서 구하는 중앙치는 각 집단의 중앙치가 아니라 전체 집단의 중앙치(grand median)이다. 그리고 통계적 검증은 두 집단 또는 세 집단 간에 중앙치 이상인 사례수에서 차이가 있는가를 알아보는 것이다. 중앙치검증은 일반적으로 표본의 수가 20~40인 경우에 사용된다.

예를 들어, 남자가 여자보다 더 권위적인가라는 가설적 연구문제를 가정해 보자. 이때 영가설은 두 집단이 같은 중앙치를 갖는 모집단으로부터 추출되었다는 것이다. 우선 남자집단과 여자집단을 합해 전체 권위점수의 중앙치를 구한다. 그리고 나서 남자와 여자 집단에서 전체 중앙치보다 높은 빈도와 낮은 빈도의 표를 만든다. 〈그림 17-1〉에서 보는 바와 같이 남자집단에서는 35

명이 중앙치 이상이고 5명이 중앙치 이하인 것으로 나타났다. 반면, 여자집단에서는 15명이 중앙치 이상이고 45명이 중앙치 이하인 것으로 나타났다.

중앙치 검증의 통계치를 구하기 위해 독립표본 카이검증의 공식을 사용해서 X^2 값을 구한다. 그러고 나서 X^2 통계표에서 유의도 수준과 자유도를 가지고 임계치를 구한 다음 통계치가 임계치보다 크면 영가설을 기각한다.

	남자	여자	
중앙치 이상의 빈도	35	15	50
중앙치 이하의 빈도	5	45	50
	40	60	100

〈그림 17-1〉 중앙치검증의 가설적인 예

2. 맨–휘트니 *U*검증

맨-휘트니 *U*검증(Mann-Whitney *U* Test)은 중앙치검증과 마찬가지로 모수통계의 독립표본 *t*검증에 상응하는 비모수통계이다. 그러나 이것은 중앙치검증보다 검증력이 더 높은 통계기법이다. 왜냐하면 맨-휘트니 *U*검증이 중앙치검증보다 더 많은 정보를 활용하기 때문이다. 맨-휘트니 *U*검증의 영가설은 두 독립표본이 동일한 모집단에서 추출되었다는 것이다.

예를 들어 15점 만점의 통계학 퀴즈에서 두 집단이 〈표 17-1〉과 같은 점수를 얻었다고 가정해보자. 연구자는 두 집단을 모두 합쳐 가장 낮은 점수에서 가장 높은 점수까지 모두 순위를 정한다. 만약 동점이 나오면 순위를 모두 합쳐 나눈다. 이때 영가설은 두 집단의 순위의 합이 동일하다는 것이다. 각 집단의 순위를 더해 R_1과 R_2를 구한 다음 U값을 산출하는데, 그 공식은 다음과 같다.

$$U_1 = n_1 n_2 + \frac{(n_1)(n_1+1)}{2} - R_1$$

$$U_2 = n_1 n_2 + \frac{(n_2)(n_2+1)}{2} - R_2$$

$U=\min(U_1,\ U_2)$인데 U_1과 U_2 중 작은 값이 U값이 된다. 가설적 예에서 $U_1=5$이고 $U_2=15$이다. $U=\min(5,\ 15)$에서 U값은 5가 된다.

임계치를 구하는 통계표가 다양한데 두 집단 중 어느 한 집단이라도 표본의 수가 8을 넘지 않을 때 사용하는 통계표와, 두 집단 중 한 집단이라도 표본의 수가 9~20일 때 사용하는 통계표가 다르다. 그리고 어느 한 집단이라도 표본의 수가 20이상이라면 임계치를 구하기 위해 Z table을 이용한다.

〈표 17-1〉 맨-휘트니 U검증의 예

A집단	순위	B집단	순위
8	4	1	9
3	8	7	5
4	7	9	3
6	6	10	2
		12	1
	$R_1=25$		$R_2=20$

〈표 17-2〉는 고객만족을 나타내는 각 독립변인의 높은 수준과 낮은 수준에 따라 재방문의사에서 유의한 차이가 있는지를 알아보기 위해 맨-휘트니 U 검증을 사용한 예이다. 고객만족도를 서열척도로 측정하였기 때문에, 정규분포의 가정을 만족시키지 못해 비모수적 방법을 사용하였다.

고객만족과 재방문의사의 맨-휘트니 U 검정을 실시한 결과 멀티플렉스에 대한 모든 만족(상영관 시설, 영화관람직원, 상영관 외 시설, 영화관람 외 직원, 전

〈표 17-2〉 재방문의사에 대한 맨휘트니 *U* 검증

만족구분	만족수준	*n*	평균순위	평균	표준편차
상영관 시설	저	17	42.26	3.18	.951
	고	189	109.01	4.25	.624
			U=565.500***		
영화관람직원	저	40	41.55	3.28	.784
	고	134	101.22	4.36	.665
			U=842.000***		
상영관 외 시설	저	58	53.53	3.21	.833
	고	147	122.52	4.28	.670
			U=1394.000***		
영화관람 외 직원	저	41	44.50	3.29	.981
	고	117	91.76	4.32	.641
			U=963.500***		
전반적 만족	저	19	24.61	2.63	.955
	고	190	113.04	4.26	.595
			U=277.500***		

***p < .001

출처: 장경 · 고현민(2005). 멀티플렉스 영화관에서의 고객만족과 고객의도에 관한 연구. 산업경영시스템학회지, 28(2), 1-7.

반적 만족)에서 만족도가 높은 고객이 만족도가 낮은 고객보다 재방문의사가 높은 것으로 나타났다.

3. 크루스칼-윌리스 *H* 검증

모수통계의 일원변량분석에 상응하는 것이 크루스칼-윌리스 *H*검증 또는 크루스칼-윌리스 일원변량분석(Kruskal-Wallis One-Way Analysis of

Variance of Ranks)이다. 크루스칼-월리스 *H*검증은 세 집단 이상의 독립표본이 모두 동일한 모집단으로부터 추출되었는지를 알고자 할 때 사용하는 통계방법이다. 변량분석의 가정을 충족시키지 못할 때, 즉 정규분포 가정이나 동변량성 가정이 위배될 때, 측정수준이 명명척도이거나 서열척도일 때, 표본의 수가 적을 때(5이하) 크루스칼-월리스 일원변량분석을 사용하게 된다.

예를 들어, 대학교 1(4명), 2(5명), 3(5명)학년을 대상으로 행동수정 프로그램에 대한 태도를 측정한다고 가정해보자. 〈표 17-3〉에 이들의 태도점수와 순위가 나와 있다.

〈표 17-3〉 크루스칼-월리스 일원변량분석의 예

1학년 태도점수	순위	2학년 태도점수	순위	3학년 태도점수	순위
17	8	12	5	25	14
14	6	11	4	19	10
4	1	21	11	24	13
10	3	6	2	15	7
		18	9	23	12
$N_1=4$	$R_1=18$	$N_2=5$	$R_2=31$	$N_3=5$	$R_3=56$

맨-휘트니 *U*검증과 마찬가지로 집단에 상관없이 전체를 대상으로 순위를 정한다. 각 집단의 순위를 더해 R_1, R_2, R_3을 구한 다음 *H*값을 산출하는데, 그 공식은 다음과 같다.

$$H = \frac{12}{N(N+1)} \sum_{j=1}^{k} \frac{R_j^2}{N_j} - 3(N+1)$$

H 통계표에서 임계치를 구하는데, *H* 통계표는 세 집단 중 어느 한 집단의 표본의 수도 5를 넘지 않을 때 사용할 수 있다. 만약 비교되는 집단이 넷 이

상이거나 이 집단 중 어느 한 집단의 표본의 수가 5 이상이면 X^2 통계표를 이용해야 한다. 계산된 H값이 H 통계표에서 구한 임계치보다 크면 영가설은 기각된다.

〈표 17-4〉는 4개의 멀티플렉스 영화관 C, M, S 및 Y에 따라 상영관 시설 만족도에 유의한 차이가 있는지를 알아보기 위해 크루스칼-윌리스 검증을 사용한 예이다. 시설만족도를 서열척도로 측정하였기 때문에, 일원변량분석의 비모수통계 버전이라 할 수 있는 크루스칼-윌리스 검증이 사용되었다.

4군데 멀티플렉스에 대한 상영관 시설만족도에서 유의한 차이가 나타났는데, 그 순위는 M > C > Y > S 멀티플렉스로 나타났다. 즉, M 멀티플렉스가 상영관 시설에 대한 만족도가 가장 높고, 그 다음이 C 멀티플렉스와 Y 멀티플렉스이고, S 멀티플렉스가 가장 만족도가 낮다

〈표 17-4〉 상영관 시설 만족에 대한 크루스칼-윌리스 분석

멀티플렉스	n	평균 순위	평균	표준편차
C	78	193.45	3.95	.851
M	84	211.29	4.17	.804
S	91	115.63	3.26	.697
Y	73	136.18	3.47	.669
카이제곱=66.985***		자유도=3		

$^{***}p < .001$

출처: 장경 · 고현민(2005). 멀티플렉스 영화관에서의 고객만족과 고객의도에 관한 연구. 산업경영시스템학회지, 28(2), 1-7.

4. 윌콕슨 짝진 쌍 비교검증

윌콕슨 짝진 쌍 비교검증(Wilcoxon Matched-Pairs Signed-Ranks Test)은 모수통계의 상관표본 t검증의 대안이다. 윌콕슨 비교검증은 짝진 쌍의 차이의 방향과 크기를 동시에 고려하는 통계방법으로 부호검증보다 검증력이 높

다. 왜냐하면 큰 차이를 보이는 쌍에 가중치가 주어지기 때문이다. 부호검증에서와 마찬가지로 두 표본이 서로 상관이 있어야 한다.

부호검증과 같은 예로 남편과 아내의 주량이 같은지를 알아보는 연구에서 8쌍을 대상으로 〈표 17-5〉와 같은 결과를 얻었다.

〈표 17-5〉 윌콕슨 짝진 쌍 비교검증의 예

부부	남편	아내	d	d의 서열	-부호의 서열
1	9	2	7	5	
2	11	1	10	6	
3	6	0	6	4	
4	1	2	−1	−1	1
5	5	2	3	2	
6	0	5	−5	−3	3
7	15	0	15	8	
8	12	1	11	7	
					$T=4$

〈표 17-5〉에서 첫 번째 행은 부부의 번호이고, 두 번째와 세 번째 행은 남편과 아내가 일주일에 몇 잔의 술을 마셨는지를 나타내고, 네 번째 행은 남편과 아내가 마신 술의 잔수의 차(d)이다. 4번과 6번 부부의 (−)부호는 아내가 남편보다 술을 더 많이 마시는 경우를 보여준다. 다섯 번째 행은 부호에 상관없이 차의 서열을 나타내준다. 차이가 가장 작은 부부에게 1을 부여하고, 그 다음으로 차이가 작은 부부에게 2를 부여하는 식으로 진행되는데 (−)부호는 앞의 행에서 그대로 가져온다.

마지막 행은 (−)부호의 서열만 가져오고 (−)부호를 없앤다. 그리고 이를 더해서 T값을 구하는데, 가설적 예에서는 $T = 4$가 된다. 유의도 검증을 위해 이 T값을 임계치와 비교하는데, 임계치는 N(여기서는 8쌍이므로 8이 된다)과 유의도 수준($\alpha = .05$)을 가지고 통계표에서 찾게 된다. 만약 T값이 임계치보다 작으면 영가설을 기각하게 된다. 부호검증과 마찬가지로 N이 25 이상이면 임계치를 구하기 위해 Z table을 이용한다.

〈표 17-6〉은 40대 이상의 성인들을 대상으로 성장호르몬 보충요법이 체성분의 변화에 영향을 미쳤는지를 알아보기 위해 짝을 이룬 비모수 검증인 윌콕슨 짝진 쌍 비교검증을 사용한 예이다. 31명의 성인을 대상으로 체중, 허리둘레, 근육 및 지방량의 치료 전과 후를 비교하기 위해 각 점수의 차이를 윌콕슨 짝진 쌍 비교검증으로 통계적 유의성을 검증하였다.

연구결과, 성장호르몬 치료 후 근육량은 유의하게 증가하였고 체지방률은 유의하게 감소하였으나, 지방량, 체중, 허리둘레에서는 유의한 변화가 없었다.

〈표 17-6〉 성장호르몬 치료 전과 6개월 후의 체성분 변화: 윌콕슨 짝진 쌍 비교검증의 예

신체특성	치료 전	6개월 후	p
체중(Kg)	60.4±11.8	61.7±14.1	.41
허리둘레(cm)	82.8±11.4	82.3±11.0	.97
체지방 비율(%)	28.8± 7.8	26.6± 7.7	.01
근육량(Kg)	40.3± 8.2	41.2± 8.4	.005
지방량(Kg)	17.7± 6.5	16.5± 6.2	.14

출처: 이덕철 · 이혜리 · 최영은 · 문선임(2004). 기능적 성장호르몬 결핍을 보이는 성인에서 6개월간의 성장호르몬 보충요법이 체성분 및 주관적 신체기능에 미치는 영향, 가정의학회지, 25, 244-250.

5. 프리드만 이원변량분석

프리드만 이원변량분석(Friedman Two-Way Analysis of Variance of Ranks)은 명칭은 이원변량분석이지만 오히려 모수통계의 일원변량분석과 유사하다. 프리드만 이원변량분석은 셋 이상의 독립표본이 모두 동일한 모집단으

로부터 추출되었는가를 검증한다. 프리드만 분석은 동일한 피험자가 반복해서 측정되는 상황에 적합한 통계기법이다.

가설적인 예로, 8명의 아동을 대상으로 네 가지 서로 다른 교육방법으로 교육을 하고 그 교육방법의 효과를 평가한다고 가정해보자. 〈표 17-7〉은 네 가지 실험조건에서 8명의 아동들이 받은 점수와 순위에 관한 내용이다.

〈표 17-7〉 프리드만 이원변량분석의 예

아동	실험조건				순위			
	A_1	A_2	A_3	A_4	A_1	A_2	A_3	A_4
1	10	21	12	24	1	3	2	4
2	5	31	13	30	1	4	2	3
3	11	20	9	21	2	3	1	4
4	8	19	10	23	1	3	2	4
5	14	24	13	29	2	3	1	4
6	15	33	20	40	1	3	2	4
7	11	23	18	28	1	3	2	4
8	7	18	12	17	1	4	2	3
					$R_1=10$	$R_2=26$	$R_3=14$	$R_4=30$

프리드만 이원변량분석에서는 전체 집단을 대상으로 순위를 정하는 것이 아니라 각 아동을 대상으로 네 가지 실험조건에서의 반응을 가지고 순위를 정한다. 1번 아동을 예로 들면, 이 아동이 받은 10점에 순위 1번을 매기고, 12점에 2, 21점에 3, 24점에 순위 4번을 매긴다. 각 아동들을 대상으로 실험조건에서의 순위가 정해지면 통계치(χ_r^2)를 구하는데, 그 공식은 다음과 같다.

$$\chi_r^2 = \frac{12}{Nk(k+1)}\sum_{j=1}^{k}(R_j)^2 - 3N(K+1)$$

여기서, N = 전체의 표본수이고,

K = 실험조건의 수이며,

R_j = j번째 실험조건의 순위의 합이다.

그 다음에 자유도와 유의도 수준을 가지고 χ_r^2통계표에서 임계치를 구한 다음 χ_r^2값이 임계치보다 크면 각 응답자의 각기 다른 실험조건에서의 응답은 차이가 없다는 영가설을 기각하게 된다.

〈표 17-8〉은 코르셋 착용 전후와 세 자세에 따른 근수축 개시시간의 순위

〈표 17-8〉 근수축 개시시간의 평균 순위

요천추 코르셋	자세	근육	평균순위	χ_r^{2a}
착용 전	엎드린 자세	배곧은근 큰볼기근 반힘줄모양근	2.95 1.95 1.10	68.60*
	옆으로 누운 자세	배곧은근 큰볼기근 반힘줄모양근	2.92 1.42 1.65	52.35*
	일어선 자세	배곧은근 큰볼기근 반힘줄모양근	1.05 2.83 2.13	63.95*
착용 후	엎드린 자세	배곧은근 큰볼기근 반힘줄모양근	2.92 2.03 1.05	70.35*
	옆으로 누운 자세	배곧은근 큰볼기근 반힘줄모양근	3.00 1.50 1.50	60.00*
	일어선 자세	배곧은근 큰볼기근 반힘줄모양근	1.13 2.72 2.15	52.55*

* χ_r^2: 순위에 의한 프리드만 이원변량분석의 값

* $p < .05$

출처: 박철홍 · 권오윤 · 조상현(2002). 정상인에서 요천추 코르셋 착용이 엉덩관절을 펼 때 배곧은근과 엉덩관절 폄근의 수축 개시시간에 미치는 영향. 한국전문물리치료학회지, 9(1), 23-37.

에 차이가 있는지 알아보기 위해 프리드만 이원변량분석을 사용한 예이다. 각각의 자세에서 다섯 번 반복한 자료값을 취하여 그중 최대, 최소값을 뺀 세 개 값의 평균을 산출하여 분석에 사용하였다. 배곧은근을 기준값 0으로 정하고, 먼저 수축개시를 한 경우 +값으로, 나중에 수축개시를 한 경우 −값으로 상대적인 근수축 개시기간을 정하여 순위를 결정하였다.

연구결과, 코르셋 착용 전의 엎드린 자세와 옆으로 누운 자세, 그리고 일어선 자세에서 근수축 개시의 평균 순위에 유의한 차이가 있었고, 코르셋 착용 후의 세 자세에서도 근수축 개시의 평균순위에서 유의한 차이가 있었다. 즉, 엎드린 자세와 옆으로 누운 자세에서는 배곧은근이 제일 늦게 수축되었고, 일어선 자세에서는 배곧은근이 가장 먼저 수축하였다.

6. 스피어만의 순위상관계수

Charles E. Spearman

스피어만 순위상관계수는 두 변인이 모두 서열척도인 경우에 사용되는 비모수통계 방법이다. 그러나 두 변인이 모두 등간척도인 경우라도 표본의 크기가 너무 작은 경우에는 피어슨의 적률상관계수 대신에 스피어만의 순위상관계수를 산출한다. 스피어만의 r_s는 순위가 중복됨이 없이 N개의 사례에 1부터 N까지의 등위가 있다는 것을 전제로 하여 피어슨의 r의 공식을 단순화한 것이다. 즉, 피어슨의 적률상관공식을 실제 점수가 아니라 순위에 적용하여 계산한 것이다. 따라서 중복된 등위(동점자)가 너무 많을 때에는 스피어만의 공식보다는 순위자료를 피어슨의 r공식에 대입하여 r_s를 구하면 된다.

예를 들어, 두 명의 관찰자가 8명의 아동을 대상으로 창의성을 평가한다고 가정해보자. 〈표 17-9〉에서 두 번째 행과 세 번째 행은 두 명의 관찰자가 8명의 아동의 창의성을 평가하여 순위를 정한 것이고 네 번째 행은 순위의 차이

〈표 17-9〉 스피어만의 순위상관계수의 예

아동	관찰자 A	관찰자 B	d	d^2
1	2	1	1	1
2	1	2	-1	1
3	3	4	-1	1
4	5	5	0	0
5	4	7	-3	9
6	8	6	2	4
7	7	8	-1	1
8	6	3	3	9
				26

(d)이고, 마지막 행은 이를 제곱한 것(d^2)이다.

스피어만의 순위상관계수를 구하는 공식은 다음과 같다.

$$r_s = 1 - \frac{6\Sigma d^2}{n(n-1)(n+1)}$$

위의 예에서 $r_s = 1 - \dfrac{6(26)}{8 \cdot 7 \cdot 9} = .69$이다.

유의도 검증을 위해 산출된 스피어만의 상관계수를 가지고 t값을 구해야 하는데 그 공식은 다음과 같다.

$$t_{n-2} = \frac{r_s\sqrt{n-2}}{\sqrt{1-r_s^2}}$$

가설적인 예에서 $t_6 = \dfrac{.69\sqrt{8-2}}{\sqrt{1-(.69)^2}} = 2.33$이다.

유의도수준 .05에서 자유도(df) 6을 가지고 임계치를 구하면 1.94가 된다. 따라서 관찰자 A와 관찰자 B가 평가한 아동의 창의성에 차이가 없다는 영가설을 기각하게 된다.

〈표 17-10〉은 공간추론능력 채점자 간 신뢰성을 알아보기 위해 스피어만 순위상관계수를 사용한 예이다. 채점의 신뢰성을 알아보기 위해 공간추론능력 하위 항목별로 채점자 3명이 부여한 점수들을 서열척도로 간주하여 점수들 간에 차이가 있는지에 대해 순위상관계수를 구하였다.

연구결과, 공간추론 하위능력별로 나타난 채점자 1, 채점자 2, 채점자 3 상호 간의 상관계수를 살펴보면, 대부분의 상관계수가 .7 이상으로 유의한 상관이 있는 것으로 나타났으며 이를 통해 채점자 간 신뢰도가 높음을 알 수 있다.

〈표 17-10〉 공간추론능력 채점의 상관관계

공간추론능력		채점자 1	채점자 2
분석과 종합	채점자 2	.849**	
	채점자 3	.724**	.745**
연역적 추론	채점자 2	.818**	
	채점자 3	.682**	.696**
시각화방법의 개발과 적용	채점자 2	.852**	
	채점자 3	.770**	.825**
체계적 접근	채점자 2	.659**	
	채점자 3	.635**	.745**
변환의 인식과 적용	채점자 2	.857**	
	채점자 3	.751**	.798**

** $p < .01$

출처: 김유경 · 방정숙(2007). 초등학교 6학년 학생들의 공간감각과 공간추론능력 실태조사. 대한수학교육학회지: 학교수학, 9(3), 353-373.

7. 켄달의 타우

켄달의 타우는 스피어만 순위상관계수와 마찬가지로 두 변인이 모두 서열척도인 경우에 사용된다. 켄달의 타우(tau)와 스피어만의 로(rho)의 차이점은 단지 동점자 처리를 어떻게 하느냐에 있다. 예를 들어, 6명의 학생이 10점 만점인 시험에서 10, 9, 7, 7, 5, 3점을 받았다고 가정해보자. 이 점수를 순위로 전환하면 1, 2, 3.5, 3.5, 5, 6이 된다. 세 번째와 네 번째 학생이 모두 7점으로 동점을 받았기 때문에 이들의 순위는 3과 4를 더한 다음 2로 나누면 3.5가 된다.

켄달의 타우는 동점자가 있는 경우 스피어만의 순위상관계수보다 더 엄격하고 정확한 통계기법이다. 각 대학의 MBA 프로그램을 2개의 잡지(U.S. News와 Business Week)가 평가한 같은 자료를 가지고 스피어만의 로(ρ)와 켄달의 타우(τ)를 계산한 결과 켄달의 타우는 .58이고 스피어만의 로는 .76인 것으로 나타났다(〈표 17-11〉 참조).

〈**표 17-11**〉 MBA 프로그램을 2개의 잡지가 평가한 순위

대학	U.S. News 2001 순위	Business Week 2000 순위	대학	U.S. News 2001 순위	Business Week 2000 순위
Harvard U.	1.5	3	Dartmouth College	12	16
Stanford U.	1.5	11	UCLA	12	12
U. of Penn.	3	1	U. of Virginia	12	9
MIT	4	4	New York U.	14	13
Northwestern U.	5	2	Cornell U.	15	8
Columbia U.	6.5	7	U. of Texas	16.5	17
U. of Chicago	6.5	10	Yale U.	16.5	19
Duke U.	8	5	U. North Carolina	18	15
U. of Michigan	9	6	Carnegie Mellon	19	14
UC-Berkeley	10	18	Indiana U.	20	20

출처: Sabrin, M. (2000). A ranking of the most productive business ethics scholars: A five-year study. *Journal of Business Ethics, 36*(4), p. 373.

참고문헌

강상진(2007). 다층모형분석. 이재열 외. 사회과학의 고급계량분석-원리와 실제, pp. 13-64. 서울: 서울대학교 출판부.

강종헌 · 양소영(2004). 패밀리레스토랑 음식서비스에 대한 만족에 영향을 미치는 요인들의 평가. 한국조리과학회지, 20(4), 371-379.

김계수(2001). 구조방정식모형분석. 서울: SPSS아카데미.

김병성(1996). 교육연구방법. 서울: 학지사.

김유경 · 방정숙(2007). 초등학교 6학년 학생들의 공간감각과 공간추론능력 실태조사. 대한수학교육학회지: 학교수학, 9(3), 353-373.

박연정, 정옥분(2008). 학령 전 아동의 학교준비도 척도개발 연구. 인간발달연구, 15(1), 23-47.

박정식 · 윤영선(1980). 통계학개론. 서울: 다산출판사.

박철홍 · 권오윤 · 조상현(2002). 정상인에서 요천추 코르셋 착용이 엉덩관절을 펼 때 배곧은 근과 엉덩관절 폄근의 수축 개시시간에 미치는 영향. 한국전문물리치료학회지, 9(1), 23-37.

배병렬(2007). AMOS 7에 의한 구조방정식 모델링-원리와 실제. 서울: 도서출판 청람.

송인섭(1992). 통계방법의 이해. 서울: 학지사.

이덕철 · 이혜리 · 최영은 · 문선임(2004). 기능적 성장호르몬 결핍을 보이는 성인에서 6개월간의 성장호르몬 보충요법이 체성분 및 주관적 신체기능에 미치는 영향.

가정의학회지, 25, 244-250.

이순묵(1990). 공변량구조분석. 서울: 성원사.

임춘희 · 정옥분(1988). 분거한 도시장남부부의 부양의식유형: 세대 간 유대관계를 중심으로. 대한가정학회지, 26(1), 163-177.

장경 · 고현민(2005). 멀티플렉스 영화관에서의 고객만족과 고객의도에 관한 연구. 산업경영시스템학회지, 28(2), 1-7.

정옥분 · 곽경화(2003). 배려지향적 도덕성과 정의지향적 도덕성. 서울: 집문당.

정옥분 · 정순화 · 김경은 · 박연정(2007). 가족가치관과 부모역할인식에 관한 연구-세대 간 차이를 중심으로-. 한국가족관계학회지, 12(2), 215-249.

채서일(2005). 사회과학조사방법론(제3판). 서울: 비 · 앤 · 엠 · 북스.

천희영 · 강신영 · 김종민(2004). 예비교사의 웹기반 교육 학습효과 및 인식에 관한 연구. 미래유아교육학회지, 11(3), 119-139.

최형성 · 정옥분(2005). 어머니의 양육효능감에 대한 인과관계 모형: 아동의 기질, 어머니의 사회적 지원 및 스트레스를 중심으로. 인간발달연구, 12(1), 51-67.

한영숙(2007). 부부의 자아분화 수준에 따른 부부갈등과 결혼만족도에 관한 연구. 한국생활과학회지, 16(2), 259-272.

허준 · 최인규(2000). Amos를 이용한 구조방정식 모형과 경로분석. 서울: SPSS아카데미.

Anastasi, A. (1961). *Psychological testing* (2nd ed.). New York: Macmillan.

Anderson, T. W., & Finn, J. D. (1996). *The new statistical analysis of data*. New York: Springer-Verlag.

Bentler, P. M., & Bonett, D. G. (1980). Significance tests and goodness-of-fit in the analysis of covariance structures. *Psychological Bulletin, 88*, 588-606.

Bentler, P. M., & Chou, C. (1987). Practical issues in structural modeling. *Sociological Methods & Research, 16*(1), 78-117.

Bornmuth, J. R. (1970). *On the theory of achievement test items*. Chicago: University of Chicago Press.

Brown, F. (1983). *Statistics for behavioral sciences*. The Dorsey Press.

Brown, F. G. (1976). *Principles of educational and psychological testing* (2nd ed.). Holt, Rinehart, & Winston.

____________ (1983). *Principles of educational and psychological testing* (3rd ed.). Holt, Rinehart, & Winston.

Brown, R. L. (1994). Efficacy of the indirect approach for estimating structural equation models with missing data: A comparison of five methods. *Structural Equation Modeling, 1,* 378–380.

Bryk, A., & Raudenbush, S. (1992). *Hierarchical linear models: Applications and data analysis methods.* CA : Sage publications, Inc.

Bullock, H. E., Harlow, L. L., & Mulaik, S. (1994). Causation issues in structural equation modeling. *Structural Equation Modeling, 1,* 253–267.

Byrne, B. M. (1994). *Structural Equation Modeling with EQS and EQS/windows: Basic concepts, applications, and programming.* CA : Sage Publications.

Campbell, D. T. (1960). Recommendations for APA test standards regarding construct, trait, and discriminant validity. *American Psychologist, 15,* 546–553.

Cattell, R. B. (1965). Factor analysis : An introduction to essentials. (I) The purpose and underlying models. (II) The role of factor analysis in research. *Biometrics, 21,* 190–215, 405–435.

Cohen, R. J., & Swerdlik, M. E. (2005). *Psychological testing and assessment: An introduction to tests and measurement* (6th ed.). McGraw–Hill.

Comrey, A. L., & Lee, H. B. (1992). *A First course in factor analysis* (2nd ed.). Hillsdale, NJ : Lawrence Erlbaum Associates.

Cone, J. D., & Foster, S. L. (1997). *Dissertations and theses from start to finish: Psychology and related fields.* Washington, DC: American Psychological Association.

Cronbach, L. J., Gleser, G. C., Nanda, H., & Rajaratnam, N. (1972). *The dependability of behavioral measurements.* New York : Wiley.

Curran, P. J., West, S. G., & Finch, J. (1996). The robustness of test statistics to non–normality and specification error in confirmatory factor analysis. *Psychological Methods, 1,* 16–29.

de la Fuente, M. J. (2006). Classroom L2 vocabulary acquisition: Investigating the role of pedagogical tasks and form–based instruction. *Language*

Teaching Research, 10(3), p. 277.

Ding, L., Velicer, W. F., & Harlow, L. L. (1995). Effects of estimation methods, number of indicators per factor and improper solutions on structural equation modeling fit indices. *Structural Equation Modeling, 3*, 307-322.

Doll, R. (1955). Etiology of lung cancer. *Advances in Research, 3,* 1-50.

DuBois, P. H. (1970). *A history of psychological testing*. Boston: Allyn & Bacon.

Dunteman, G. H. (1989). *Principal component analysis.* Thousand Oaks, CA: Sage Publications.

Erickson, M. L., & Jacobsen, R. B. (1973). On computer applications and statistics in sociology. *Teaching Sociology, 1*(1), 84-103.

Galton, F. (1889). *Natural inheritance.* London: Macmillan.

Garson, G. D. (2007). Multi-level models and hierarchical linear modeling, from statnotes: Topics in multivariate analysis. Retrieved April 2, 2007, from http://www.2.chass.ncsu.edu/garson/pa765/statnote.htm.

__________ (2009). "Structural equation modeling" from *Statnotes: Topics in multivariate analysis.* Retrieved 8/20/2009 from http://faculty.chass.ncsu.edu/garson/pa75=65/statenote.htm.

Greenhouse, S. W., & Geisser, S. (1959). On methods in the analysis of profile data. *Psychometrika, 24,* 95-112.

Hair, J. F., Anderson, R. E., Tatham, R. L., & Black, W. C. (1998). *Multivariate data analysis* (5th ed.). New Jersey: Prentice-Hall International, Inc.

Hair, J. F., Black, W. C., Babin, B. J., Anderson, R. E., & Tatham, R. (2006). *Multivariate data analysis* (6th ed.). New Jersey: Prentice-Hall International, Inc.

Hayduk, L. A. (1996). *LISREL issues, debates and strategies.* Baltimore: Johns Hopkins University Press.

Heise, D. R. (1975). *Causal analysis.* New York: Wiley.

Heppner, P. P., Heppner, M. J., Lee, D., Wang, Y., Park, H., & Wang, L. (2006). Development and validation of a collectivist coping styles inventory. *Journal of Counseling Psychology, 53*(1), p. 113.

Hively, W., Patterson, H. L., & Page, S. H. (1968). A "universe-defined" system of arithmatic achivement tests. *Journal of Educational Measurement, 5,* 275–290.

Hox, J. J. (1995). *Applied multi-level analysis* (2nd ed.). Amsterdam: TT-Publikaties.

__________(2002). *Multilevel analysis*. Mahwah, NJ: Lawrence Erlbaum Associates.

Hu, L., & Bentler, P. M. (1999). Cutoff criteria for fit indexes in covariance structure analysis: Conventional criteria versus new alternatives. *Structural Equation Modeling, 6*, 1–55.

Huck, S. W. (2008). *Reading statistics and research* (5th ed.). Allyn & Bacon.

Huck, S. W., & Cormier, W. H. (1996). *Reading statistics and research* (2nd ed.). NY: Harper Collins.

Huck, S. W., Cormier, W. H., & Bounds, W. G. (1974). *Reading statistics and research*. Harper & Row.

Huynh, H., & Feldt, L. S. (1976). Estimation of the Box correction for degrees of freedom from sample data in randomized block and split-plot designs. *Journal of educational statistics, 1*(1), 69–82.

James, L. R., Mulaik, S. A., & Brett, J. M. (1982). *Causal analysis: Assumptions, models, and data*. Beverly Hills, CA: Sage Publications.

Jo, J. K. (2003). A study on the history of statistics. *The Korean Communications in Statistics, 10*(3), 805–823.

Kerlinger, F. N. (1973). *Foundations of behavioral research* (2nd ed.). New York: Rinehart & Winston.

______________(1986). *Foundations of behavioral research* (3rd ed.). New York: Holt, Rinehart, & Winston.

Kezim, B., Pariseau, S. E., & Quinn, F. (2005). Is grade inflation related to faculty status? *Journal of Education for Business, 80*(6), p. 360.

King, B. M., & Minium, E. M. (2003). *Statistical reasoning in psychology and education* (4th ed.). John Wiley & Sons, Inc.

MacCullum, R. (1986). Specification searches in covariance structure modeling. *Psychological Bulletin, 100,* 107–120.

McCall, W. A. (1922). *How to measure in education*. New York: Macmillan.

______(1939). *Measurement.* New York: Macmillan.

Minium, E. W. (1978). *Statistical reasoning in psychology and education* (2nd ed.). New York: Wiley.

Mitchem, J. C., & Lane, E. C. (1968). Buoyancy of college women as predicted by certain anthropometric measures. *American Association for Health, Physical Education, and Recreation Research Quarterly, 39,* 1032-1036.

Pedhazur, E. J., & Schmelkin, L. (1991). *Measurement, design, and analysis: An integrated approach.* Lawrence Erlbaum Associates, Publishers.

Sabrin, M. (2000). A ranking of the most productive business ethics scholars: A five-year study. *Journal of Business Ethics, 36*(4), p. 373.

Salkind, N. J. (1985). *Theories of human development.* New York: John Wiley & Sons.

______(2004). *An introduction to theories of human development.* Sage Publications.

Schumacker, R. E., & Lomax, R. G. (2004). *A beginner's guide to structural equation modeling* (2nd ed.). New Jersey: Lawrence Erlbaum Associates.

Skinner, B. F. (1950). Are theories of learning necessary? *Psychological Review, 57,* 193-216.

Snijders, T. A. B., & Bosker, R. J. (1999). *Multilevel analysis: An introduction to basic and advanced multilevel modeling.* London: Sage Publications.

Stangor, C. (1998). *Research methods for the behavioral sciences.* Boston, New York: Houghton Mifflin Company.

Steiger, J. H. (1990). Structural model evaluation and modification: An interval estimation approach. *Multivariate Behavioral Research, 25,* 173-180.

Stevens, S. (1951). Mathematics, measurement, and psychophysics. In S. Stevens (Ed.). *Handbook of experimental psychology.* New York: Wiley.

Strong, E. K. (1943). *Vocational interests of men and women.* Stanford, CA: Stanford University Press.

Swiatek, M. A. (2005). Gifted students' self-perceptions of ability in specific subject domains: Factor structure and relationship with above 3-level test scores. *Roeper Review, 27*(2), p. 106.

Tabachnick, B. G., & Fidell, L. S. (2007). *Using multivariate statistics* (5th ed.). Allyn & Bacon.

Westergaard, H. L (1932). *Contributions to history of statistics*. P. S. King, London.

Wiggins, J. S. (1973). *Personality and prediction: Principles of personality assessment.* Reading, MA: Addison-Wesley.

Yates, F. (1934). Contingency table involving small numbers and χ^2 test. *Journal of Royal Statistical Society* (supplement) *1,* 217-235.

찾아보기

인 명

내 용

| 저자 소개 |

정옥분

약력

서울대학교 사범대학 가정학과 졸업
서울대학교 대학원 석사과정 졸업(아동학 석사)
미국 University of Maryland 박사과정 졸업(인간발달 전공 Ph.D.)
한국아동학회 회장, 한국인간발달학회 회장
미국 University of Maryland 교환교수
ISSBD 국제학술대회 조직위원회 위원장 역임
현재 고려대학교 사범대학 교수
고려대학교 안암병원, 구로병원, 안산병원 어린이집 고문
고려대학교 사회정서발달연구소 소장

저서

성인 · 노인심리학(학지사, 2008)
유아교육 연구방법(학지사, 2008)
청년발달의 이해(개정판, 학지사, 2008)
아동학 연구방법론(학지사, 2008)
전생애 인간발달의 이론(개정판, 학지사, 2007)
사회정서발달(학지사, 2006)
청년심리학(학지사, 2005)
발달심리학(학지사, 2004)
영유아발달의 이해(학지사, 2004)
아동발달의 이론(학지사, 2003)
아동발달의 이해(학지사, 2002)
성인발달과 노화(교육과학사, 2001)

공저

보육과정(학지사, 2009)
애착과 발달(학지사, 2009)
노인복지론(학지사, 2008)
보육학개론(학지사, 2008)
부모교육(학지사, 2008)
예비부모교육(학지사, 2008)
정서발달과 정서지능(학지사, 2007)
Parenting beliefs, behaviors, and parent-child relations:

A cross-cultural perspective(공편, Psychology Press, 2006)
결혼과 가족의 이해(시그마프레스, 2005)
고등학교 인간발달(교육인적자원부, 2003)
배려지향적 도덕성과 정의지향적 도덕성: 아산재단 연구총서 제123집(집문당, 2003)
부모교육: 부모역할의 이해(양서원, 2000)
개정판 인간발달: 발달심리적 접근(교문사, 1997)
사랑으로 크는 아이(계몽사, 1996)
유아의 심리(중앙적성출판사, 1994)
인간발달: 발달심리적 접근(교문사, 1989)
가족과 환경(교문사, 1986)

역서
학위논문작성법: 시작에서 끝내기까지(공역, 시그마프레스, 2004)
청년발달의 이론(공역, 양서원, 1999)
인간발달의 이론(교육과학사, 1995)
인간발달 II: 청년기, 성인기, 노년기(교육과학사, 1992)
부모교육 이론과 적용(공역, 국민서관, 1989)

논문
Sex-Role Identity and Self-Esteem among Korean and American College Students (University of Maryland 박사학위논문, 1983)
전통 '효' 개념에서 본 부모역할인식과 자녀양육행동(1997)
영아기 기질 및 부모의 양육행동에 따른 2~4세 아동의 행동억제에 관한 단기종단 연구: 8개국 비교문화연구를 위한 기초연구(2003)
Behavioral Inhibition in Toddlers: Initial Findings from the International Consortium for the Study of Social and Emotional Development(2004) 외 논문 다수

아동연구와
통계방법
학지사

아동연구와 통계방법

2010년 1월 20일 1판 1쇄 인쇄
2010년 1월 25일 1판 1쇄 발행

지은이 • 정옥분
펴낸이 • 김진환
펴낸곳 • (주) 학지사
121-837 서울특별시 마포구 서교동 352-29 마인드월드빌딩 5층
대표전화 • 02)330-5114 팩스 • 02)324-2345
등록번호 • 제313-2006-000265호

홈페이지 • http://www.hakjisa.co.kr
커뮤니티 • http://cafe.naver.com/hakjisa

ISBN 978-89-6330-218-8 93370

정가 19,000 원

파본은 구입처에서 교환해 드립니다.

이 책을 무단 전재 또는 복제 행위 시 저작권법에 따라 처벌을 받게 됩니다.

인터넷 학술논문 원문 서비스 **뉴논문** www.newnonmun.com